全国二级造价工程师职业资格考试（四川省）辅导教材

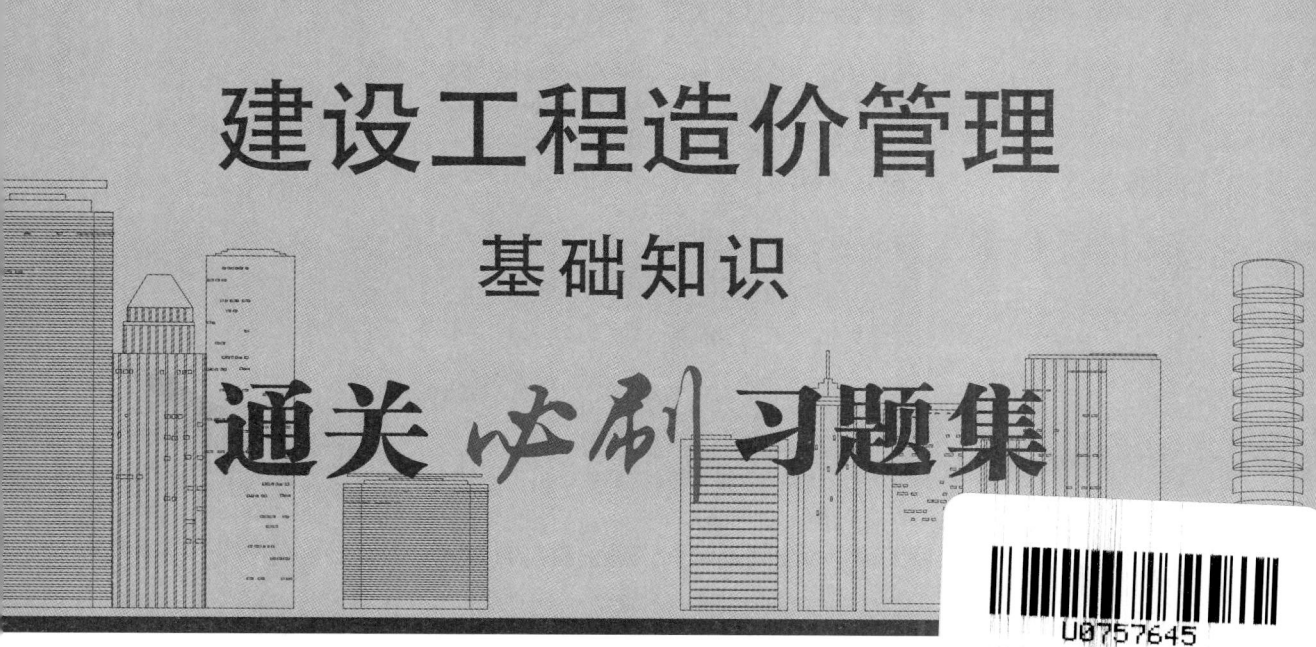

建设工程造价管理
基础知识
通关必刷习题集

二级造价工程师职业资格考试试题研究组 ◎ 编

西南交通大学出版社
·成都·

图书在版编目（CIP）数据

建设工程造价管理基础知识通关必刷习题集 / 二级造价工程师职业资格考试试题研究组编；何继坤，王飞主编. —成都：西南交通大学出版社，2021.9
全国二级造价工程师职业资格考试（四川省）辅导教材
ISBN 978-7-5643-8269-8

Ⅰ. ①建… Ⅱ. ①二… ②何… ③王… Ⅲ. ①建筑造价管理－资格考试－习题集 Ⅳ. ①TU723.3-44

中国版本图书馆 CIP 数据核字（2021）第 193582 号

全国二级造价工程师职业资格考试（四川省）辅导教材
Jianshe Gongcheng Zaojia Guanli Jichu Zhishi Tongguan Bishua Xitiji
建设工程造价管理基础知识通关必刷习题集

二级造价工程师职业资格考试试题研究组　编
何继坤　王　飞　主编

责任编辑	姜锡伟
封面设计	GT 工作室
出版发行	西南交通大学出版社 （四川省成都市金牛区二环路北一段 111 号 西南交通大学创新大厦 21 楼）
邮政编码	610031
发行部电话	028-87600564　028-87600533
网址	http://www.xnjdcbs.com
印刷	四川森林印务有限责任公司
成品尺寸	185 mm×260 mm
印张	23
字数	516 千
版次	2021 年 9 月第 1 版
印次	2021 年 9 月第 1 次
书号	ISBN 978-7-5643-8269-8
定价	119.00 元

课件咨询电话：028-81435775
图书如有印装质量问题　本社负责退换
版权所有　盗版必究　举报电话：028-87600562

本书编委会

主编　何继坤　王　飞

主审　霍海娥

编委　曹　丹　侯　君
　　　袁　萍　晨　曦

前　言

2017 年，人力资源和社会保障部发布了《关于公布国家职业资格目录的通知》（人社部发〔2017〕68 号），随后住房和城乡建设部、交通运输部、水利部、人力资源和社会保障部联合印发了《造价工程师职业资格制度规定》和《造价工程师职业资格考试实施办法》（建人〔2018〕67 号），对我国造价工程师考试制度做出了重大调整，将原造价工程师职业资格考试分为一级造价工程师职业资格考试和二级造价工程师职业资格考试。一级造价工程师职业资格考试全国统一大纲、统一命题、统一组织（纸考），二级造价工程师职业资格考试全国统一大纲，各省、自治区、直辖市自主命题并组织实施（纸考、机考）。

2019 年，住房和城乡建设部、交通运输部、水利部联合发布了经人力资源和社会保障部审定的《全国二级造价工程师职业资格考试大纲》，标志着二级造价工程师职业资格考试的帷幕正式拉开。2021 年，国务院印发了《关于深化"证照分离"改革进一步激发市场主体发展活力的通知》（国发〔2021〕7 号），进一步强化了市场对造价工程师的职业资格要求。

四川省于 2019 年开始组织二级造价工程师职业资格考试，于 2021 年 3 月进行了首次考试（纸考），并取得了良好的效果。鉴于广大考生平时工作任务繁重，备考时间紧，很难在短期内熟悉考试大纲的要求和掌握考试培训教材内容的现状，我们特聘请了长期从事造价师职业资格考试培训的专家，在剖析考试大纲、准确把握命题规律、全面预测考题动向的基础上，严格按照《全国二级造价工程师职业资格考试大纲》和四川省二级造价工程师职业资格考试指定教材用书编写了本丛书，旨在帮助考生尽快适应二级造价工程师考试大纲、最新培训教材、最新考试命题动态，在较短的时间内顺利通过考试，早日拿到职业资格证书持证上岗。

建议考生可按照以下顺序和方法进行复习并顺利通过考试：

（1）准确领会"**本章考纲要求**"，明确本章考试重点。

（2）全面掌握"**本章知识导图**"，对本章的主要内容和彼此的逻辑关系有充分了解，勾勒出本章清晰轮廓，明确各知识点在整个章节体系中的地位和作用，形成脉络分明的复习主线。

（3）根据每章节的复习主线，认真通过章节练习题进行自测，结合专家解析达到查缺补漏、巩固考点的效果。

（4）通过 3 套**全真模拟试卷和四川省 2020 年二级造价师工程师职业资格考试真题**，考生可深刻把握本科目的重要考点。同时，结合每道题的详细解析，考生能够掌握正确的解题思路和规范的解题步骤。此外，考生还可积累考试经验和掌握应试技巧，达到临场练兵、融会贯通，最终顺利通过考试的目的。

本书紧扣《全国二级造价工程师职业资格考试大纲》和四川省二级造价工程师职业资格考试指定教材，紧贴机考，全面覆盖所有知识点，总结归纳考点，突出重点和难点。题型按照《全国二级造价工程师职业资格考试大纲》的要求，力求丰富，难易程度适中，编排顺序按照教材每节知识点的先后顺序排列，便于考生与教材配合同步学习，为考生提供了大量练习、对比、掌握和提高的机会。希望本书能帮助考生提高复习效率，快速掌握本科目考试重点，最终顺利通过考试，为从事建设工程造价管理工作打下坚实的基础，从而为我国建设工程造价管理事业做出贡献。

本套丛书是专门针对四川省二级造价工程师职业资格考试的辅导教材，也可作为建设、设计、施工和工程咨询等单位从事工程造价的专业人员用书和高等院校工程造价专业的教学参考书。

为了给考生提供全面优质的服务，二级造价工程师职业资格考试试题研究组制作了相关的授课视频和在线题库，并适时组织线上免费答疑活动（QQ：3262069255）。通过"线上＋线下"相结合的方式，帮助考生消化知识难点，掌握应试技巧，顺利通过考试。

由于时间仓促，书中疏漏之处在所难免，还望广大考生和读者批评指正。本书使用过程中如有意见或建议，请发送至电子邮箱 3262069255@qq.com，以便于再版时修正。

二级造价工程师职业资格考试试题研究组

2021 年 9 月

目　录

第一章　工程造价管理相关法律法规与制度 ·············· 1
- 本章考纲要求 ·············· 1
- 本章知识导图 ·············· 1
第一节　工程造价管理相关法律法规 ·············· 2
- 本节知识导图 ·············· 2
- 本节习题精选 ·············· 3
- 本节习题解析 ·············· 22
第二节　工程造价管理制度 ·············· 41
- 本节知识导图 ·············· 41
- 本节习题精选 ·············· 41
- 本节习题解析 ·············· 43

第二章　工程项目管理 ·············· 47
- 本章考纲要求 ·············· 47
- 本章知识导图 ·············· 47
第一节　工程项目管理概述 ·············· 48
- 本节知识导图 ·············· 48
- 本节习题精选 ·············· 48
- 本节习题解析 ·············· 52
第二节　工程项目实施模式 ·············· 59
- 本节知识导图 ·············· 59
- 本节习题精选 ·············· 59
- 本节习题解析 ·············· 63

第三章　工程造价构成 ··· 68

　　本章考纲要求 ··· 68
　　本章知识导图 ··· 68
第一节　概　述 ··· 69
　　本节知识导图 ··· 69
　　本节习题精选 ··· 69
　　本节习题解析 ··· 71
第二节　建设项目总投资及工程造价 ··· 74
　　本节知识导图 ··· 74
　　本节习题精选 ··· 75
　　本节习题解析 ··· 77
第三节　建筑安装工程费 ··· 79
　　本节知识导图 ··· 79
　　本节习题精选 ··· 79
　　本节习题解析 ··· 84
第四节　设备及工器具购置费 ·· 90
　　本节知识导图 ··· 90
　　本节习题精选 ··· 90
　　本节习题解析 ··· 96
第五节　工程建设其他费用 ··· 103
　　本节知识导图 ·· 103
　　本节习题精选 ·· 103
　　本节习题解析 ·· 112
第六节　预备费和建设期利息 ··· 123
　　本节知识导图 ·· 123
　　本节习题精选 ·· 123
　　本节习题解析 ·· 125

第四章 工程计价方法及依据································128
　　本章考纲要求································128
　　本章知识导图································128
第一节　工程计价方法································129
　　本节知识导图································129
　　本节习题精选································129
　　本节习题解析································131
第二节　工程计价依据的分类································134
　　本节知识导图································134
　　本节习题精选································134
　　本节习题解析································135
第三节　预算定额、概算定额、概算指标、投资估算指标和
　　　　　工程造价指标································137
　　本节知识导图································137
　　本节习题精选································138
　　本节习题解析································140
第四节　人工、材料、机具台班消耗量定额································144
　　本节知识导图································144
　　本节习题精选································145
　　本节习题解析································148
第五节　人工、材料、机具台班单价及定额基价································152
　　本节知识导图································152
　　本节习题精选································152
　　本节习题解析································155
第六节　建筑安装工程费用定额································158
　　本节知识导图································158
　　本节习题精选································158
　　本节习题解析································160
第七节　工程造价信息及其应用································162
　　本节知识导图································162
　　本节习题精选································162
　　本节习题解析································163

第五章 工程决策和设计阶段造价管理 ································· 166
 本章考纲要求 ·· 166
 本章知识导图 ·· 166
 第一节 概 述 ·· 167
  本节知识导图 ·· 167
  本节习题精选 ·· 167
  本节习题解析 ·· 170
 第二节 投资估算的编制 ·· 173
  本节知识导图 ·· 173
  本节习题精选 ·· 173
  本节习题解析 ·· 178
 第三节 设计概算的编制 ·· 183
  本节知识导图 ·· 183
  本节习题精选 ·· 183
  本节习题解析 ·· 187
 第四节 施工图预算的编制 ·· 193
  本节知识导图 ·· 193
  本节习题精选 ·· 193
  本节习题解析 ·· 195

第六章 工程施工招投标阶段造价管理 ································· 199
 本章考纲要求 ·· 199
 本章知识导图 ·· 199
 第一节 施工招标方式和程序 ·· 200
  本节知识导图 ·· 200
  本节习题精选 ·· 200
  本节习题解析 ·· 202
 第二节 施工招投标文件组成 ·· 205
  本节知识导图 ·· 205
  本节习题精选 ·· 206
  本节习题解析 ·· 207

第三节　施工合同示范文本 ·· 209
　　本节知识导图 ·· 209
　　本节习题精选 ·· 210
　　本节习题解析 ·· 213
第四节　工程量清单编制 ·· 217
　　本节知识导图 ·· 217
　　本节习题精选 ·· 218
　　本节习题解析 ·· 221
第五节　最高投标限价编制 ·· 226
　　本节知识导图 ·· 226
　　本节习题精选 ·· 226
　　本节习题解析 ·· 228
第六节　投标报价编制 ··· 231
　　本节知识导图 ·· 231
　　本节习题精选 ·· 231
　　本节习题解析 ·· 233

第七章　工程施工和竣工阶段造价管理 ······································ 237

　　本章考纲要求 ·· 237
　　本章知识导图 ·· 237
第一节　工程施工成本管理 ·· 238
　　本节知识导图 ·· 238
　　本节习题精选 ·· 238
　　本节习题解析 ·· 240
第二节　工程变更管理 ··· 243
　　本节知识导图 ·· 243
　　本节习题精选 ·· 243
　　本节习题解析 ·· 244
第三节　工程索赔管理 ··· 246
　　本节知识导图 ·· 246
　　本节习题精选 ·· 246
　　本节习题解析 ·· 249

第四节　工程计量和支付 ··· 252
　　本节知识导图 ·· 252
　　本节习题精选 ·· 252
　　本节习题解析 ·· 255
第五节　工程结算 ··· 258
　　本节知识导图 ·· 258
　　本节习题精选 ·· 258
　　本节习题解析 ·· 261
第六节　竣工决算 ··· 264
　　本节知识导图 ·· 264
　　本节习题精选 ·· 265
　　本节习题解析 ·· 268

全真模拟试卷（一） ··· 272
全真模拟试卷（一）解析 ··· 282
全真模拟试卷（二） ··· 293
全真模拟试卷（二）解析 ··· 303
全真模拟试卷（三） ··· 314
全真模拟试卷（三）解析 ··· 324
四川省2020年建设工程造价管理基础知识真题 ························· 335
四川省2020年建设工程造价管理基础知识真题解析 ·················· 345
参考文献 ·· 355

第一章

工程造价管理相关法律法规与制度

本章考纲要求

1. 工程造价管理相关法律法规；
2. 工程造价管理制度。

本章知识导图

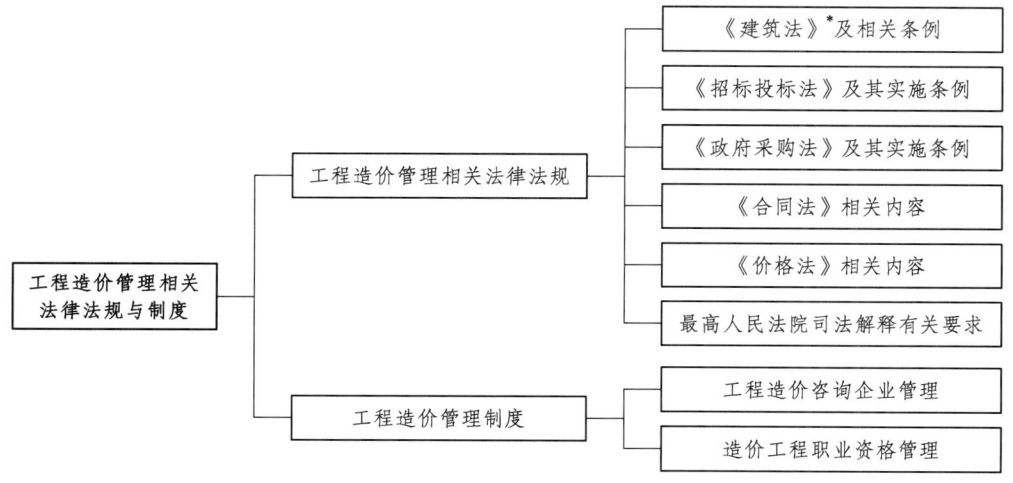

* 注：本书中涉及的我国法律、法规等，为叙述简便，均省略其题名中的"中华人民共和国"几字。

第一节 工程造价管理相关法律法规

本节知识导图

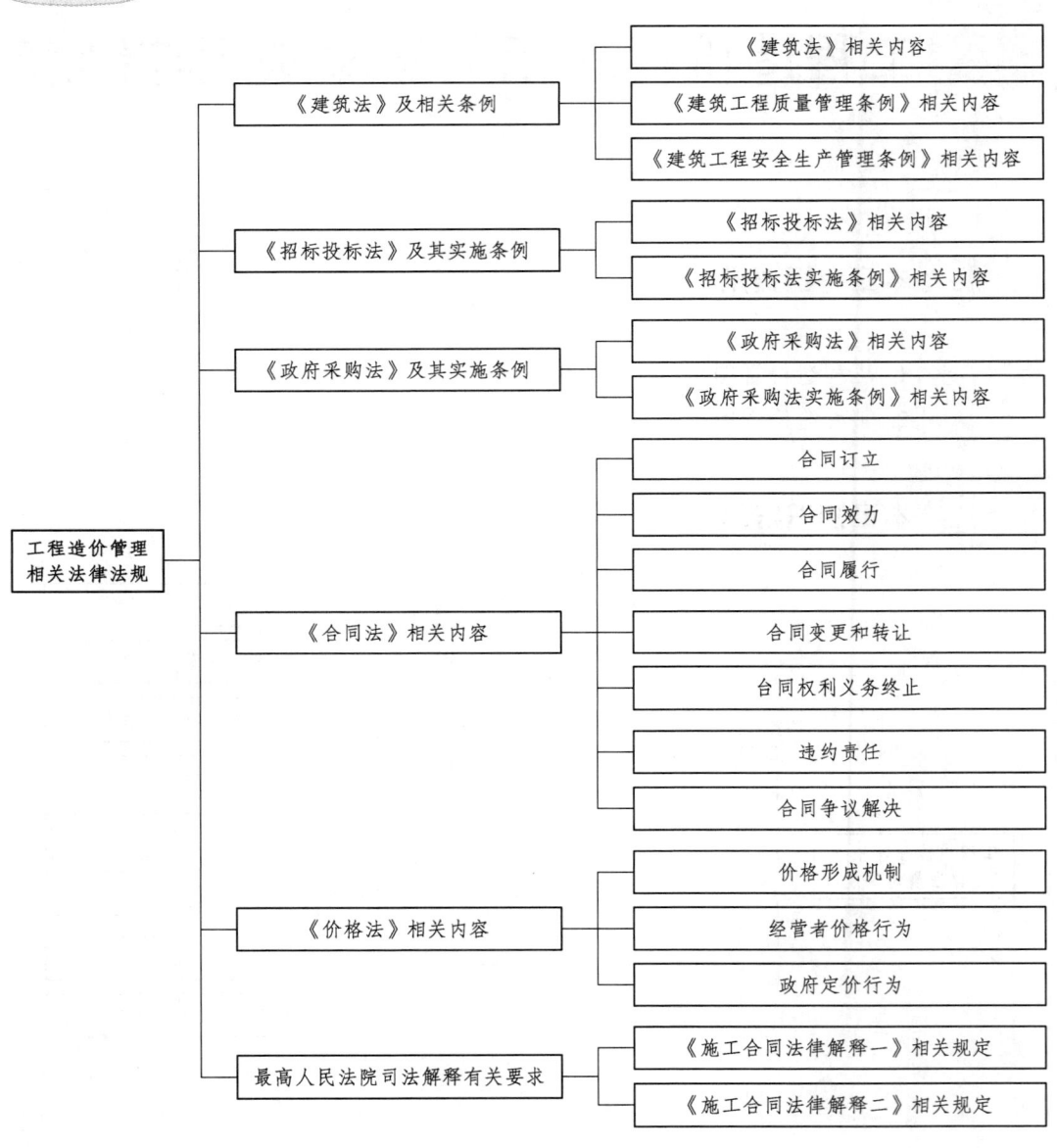

第一章 工程造价管理相关法律法规与制度

本节习题精选

一、判断题（判断正误，正确的打√，错误的打×）

1. 根据《建筑法》，按照国务院规定的权限和程序批准开工报告的建筑工程，不再领取施工许可证。（   ）

2. 根据《建筑法》，建设单位自领取施工许可证之日起，因故不能按期开工的，应当向发证机关申请延期；延期以一次为限，并且不超过3个月。（   ）

3. 根据《建筑法》，提倡对建筑工程实行总承包，在合同约定范围内可以将建筑工程肢解发包。（   ）

4. 根据《建筑法》，建筑施工企业应为从事危险作业的职工办理意外伤害保险，支付保险费。（   ）

5. 根据《建筑法》，某分包单位可将其承揽的项目分解分包给另外两个单位。（   ）

6. 建设单位与其委托的工程监理单位，应订立书面委托合同，实施监理前，应将监理单位、内容、权限书面通知施工单位。（   ）

7. 资格预审后联合体可根据实际情况增减成员。（   ）

8. 某建设单位因计划项目提前使用，可以要求施工单位压缩合理工期。（   ）

9. 某施工单位在施工过程中发现图纸中有差错，遂按照其施工经验，修改设计，更改图纸进行施工。（   ）

10. 某施工单位由于建设资金紧张而占用某项目的安全生产管理的费用。（   ）

11. 实行施工总承包的建设工程，由总承包单位负责上报事故。（   ）

12. 招标人设有标底的，标底必须保密。（   ）

13. 开标应由招标人主持，并由招标人检查投标文件的密封情况。（   ）

14. 招标人自收到潜在投标人对招标文件有异议之日起7日内作出答复，作出答复前，应当暂停招标投标活动。（   ）

15. 招标人可组织部分潜在投标人对项目现场进行踏勘。（   ）

16. 对于投标人认为技术复杂或者无法精确拟定技术规格的项目，投标人可以分两阶段进行投标。（   ）

17. 招标人要求提交投标保证金而投标方没有提交的，该投标文件应被否决。（   ）

18. 投标截止后投标人撤销投标文件的，招标人可以不退还投标保证金。（   ）

19. 评标完成后，评标委员会应当向招标人提交书面评标报告和中标候选人名单。中标候选人应当不超过5个，并标明排序。（   ）

20. 如果投标人或者其他利害关系人认为招标投标活动不符合法律、行政法规规定，可以自知道或者应当知道之日起15日内向有关行政监督部门投诉。（   ）

21. 根据《政府采购法》，不能事先计算出价格总额的项目应采用邀请招标的形式进行采购。（   ）

22. 根据《政府采购法实施条例》，技术、服务等标准统一的货物和服务项目的评价方法应当采用综合评分法。（   ）

23. 经协商，某设计单位为某建设单位设计一套图纸，该建设单位对该设计很满意并使用。根据《合同法》，该事项已构成实质性合同。（　　）

24. 王某向刘包工头发出一条微信：现有 100 t 钢筋，每吨售价 4 500 元*，如需要，请于 10 月 18 日前到我厂提货。根据《合同法》，该微信属于要约邀请。（　　）

25. 撤回要约的通知在受要约人发出承诺通知之后到达受要约人，该要约可以撤销。（　　）

26. 某施工单位提供虚假资质等级证明文件进行投标，导致招标人重新组织一次招标，由此造成的损失应由该施工单位负责。（　　）

27. 限制民事行为能力人订立的合同属于无效合同。（　　）

28. 甲将自己的电脑交予乙保管，但是乙转卖给了丙，丙不知道电脑并非乙所有，此时因为乙是无权代理人，所以相对人丙可以随时行使撤销权，撤销之后合同无效。（　　）

29. 因故意或者重大过失造成对方财产损失的免责条款无效。（　　）

30. 无效合同或者被撤销的合同自始没有法律约束力。（　　）

31. 根据法律的规定和合同约定，合同可以向第三人履行，也可以由第三人代为履行。（　　）

32. 债权人可以直接将合同的债权转让给第三人，可以不通知债务人。（　　）

33. 债权人下落不明的，债务人可以将标的物提存。（　　）

34. 根据《合同法》，违约责任属于刑事责任。（　　）

35. 根据《合同法》，约定的违约金过分高于造成的损失的，当事人可以请求人民法院或者仲裁机构予以适当减少。（　　）

36. A 司通过 B 快递公司寄送某货物，约定于 5 月 20 日寄出，由于 B 公司业务繁忙于 5 月 22 日寄出，5 月 23 日发生不可抗力事故，该货物破损，因为事件是不可抗力因素引起的，则 B 公司将免除责任。（　　）

37. 发生争议的合同当事人双方只能在"仲裁"或者"诉讼"两种方式中选择一种方式解决合同争议。（　　）

38. 当事人双方应当自觉执行裁决，不执行的，另一方当事人可以申请仲裁机构强制执行。（　　）

39. 当事人对仲裁协议的效力有异议的，可以请求仲裁机构做出决定或者请求人民法院做出裁定。（　　）

40. 当事人对欠付工程价款利息，没有约定的，按照中国人民银行发布的同期同类贷款利率计息。（　　）

41. 当事人约定按照固定价结算工程价款，一方当事人请求对建设工程造价进行鉴定的，应予支持。（　　）

42. 当事人在诉讼前已经对建设工程价款结算达成协议，诉讼中一方当事人申请对工程造价进行鉴定的，人民法院不予准许。（　　）

*注：本书中涉及的财务数据，未注明者均以人民币为计算基础。

二、单项选择题（每题的备选项中，只有一个最符合题意）

1. 下列情形中，可构成缔约过失责任的是（   ）。
   A. 因自然灾害，当事人无法执行签订合同的计划，造成对方的损失
   B. 当事人双方串通牟利签订合同，造成第三方损失
   C. 当事人因合同谈判破裂，泄露对方商业机密，造成对方损失
   D. 合同签订后，当事人拒付合同规定的预付款，使合同无法履行，造成对方损失

2. 根据《招标投标法》，下列关于招标投标的说法，正确的是（   ）。
   A. 招标分为公开招标、邀请招标和议标三种方式
   B. 联合体中标后，联合体各方应分别与招标人签订合同
   C. 招标人不得修改已发出的招标文件
   D. 投标文件应当对招标文件提出的实质性要求和条件作出响应

3. 根据《建筑法》，关于施工许可证的有效期限，下列说法正确的是（   ）。
   A. 建设单位应当自领取施工许可证之日起 6 个月内开工
   B. 既不开工又不申请延期或者超过延期时限的，施工许可证自行废止
   C. 延期以三次为限，每次不超过 3 个月
   D. 因故不能按期开工的，应当向当地政府申请延期

4. 判断合同是否成立的依据是（   ）。
   A. 合同是否生效　　　　　　　B. 合同是否产生法律约束力
   C. 要约是否生效　　　　　　　D. 承诺是否生效

5. 根据《招标投标法实施条例》，对于采用两阶段招标的项目，投标人在第一阶段向招标人提交的文件是（   ）。
   A. 不带报价的技术建议　　　　B. 带报价的技术建议
   C. 不带报价的技术方案　　　　D. 带报价的技术方案

6. 根据《招标投标法实施条例》，招标文件要求中标人提交履约保证金的，履约保证金不得超过中标合同金额的（   ）。
   A. 2%　　　　B. 5%　　　　C. 10%　　　　D. 20%

7. 根据《招标投标法实施条例》相关规定，下列选项中，可以不进行招标的是（   ）。
   A. 技术复杂，只有少量潜在投标人可供选择
   B. 采用公开招标方式的费用占用项目合同金额比例过大
   C. 已通过招标方式选定的特许经营项目投资人依法能够自行建设、生产或者提供
   D. 受自然环境限制，只有少量潜在投标人可供选择

8. 根据《建设工程质量管理条例》，建设工程的保修期自（   ）之日起计算。
   A. 工程交付使用　　　　　　　B. 竣工审计通过
   C. 工程价款结清　　　　　　　D. 竣工验收合格

9. 在标的物的提存时，债权人领取提存物的权利期限为（   ），超过该期限，提存物扣除提存费用后归国家所有。
   A. 1 年　　　　　　B. 2 年　　　　　　C. 3 年　　　　　　D. 5 年

10. 根据《合同法》，撤销权应自具有撤销权的当事人知道或者应当知道撤销事由之日起（   ）内行使。
    A. 5 年　　　　　　B. 3 年　　　　　　C. 2 年　　　　　　D. 1 年

11. 根据现行有关保修规定，承包人应向业主出具质量保修书。下列选项中，不属于保修书中约定内容的是（   ）。
    A. 保修范围　　　　　　　　　　　　B. 保修金额
    C. 保修责任　　　　　　　　　　　　D. 保修期限

12. 房屋拆除应当由具备保证安全条件的建筑施工单位承担，由（   ）对安全负责。
    A. 专业监理工程师　　　　　　　　　B. 项目经理
    C. 建筑施工单位负责人　　　　　　　D. 项目技术负责人

13. 关于投标有效期，下列说法正确的是（   ）。
    A. 招标人应当在招标文件中载明投标有效期
    B. 投标有效期从投标人提交投标文件之日起计算
    C. 投标有效期应超出投标保证金有效期 30 天
    D. 投标人拒绝延长投标有效期的，其投标保证金将被没收

14. 依据《合同法》的规定，当合同履行方式不明确时，按照（   ）的方式履行。
    A. 有利于实现合同目的　　　　　　　B. 有利于实现债权人的目的
    C. 有利于实现债务人的目的　　　　　D. 法律规定

15. 债务人将合同的义务全部或者部分转移给第三人的，应当（   ）。
    A. 通知债权人　　　　　　　　　　　B. 经第三人同意
    C. 经债权人的同意　　　　　　　　　D. 经批准、办理登记

16. 根据《招标投标法》的规定，下列施工项目中，不属于必须招标范围的是（   ）。
    A. 企业投资的图书馆
    B. 部分使用国有资金投资的住房
    C. 企业参与投资的市民体育馆
    D. 在资质等级许可范围内施工企业建设的自用办公楼

17. 根据《招标投标法实施条例》相关规定，下列选项中，可以进行邀请招标的是（   ）。
    A. 需要采用不可替代专利或者专有技术的
    B. 采用公开招标方式的费用占用项目合同金额比例过大
    C. 已通过招标方式选定的特许经营项目投资人依法能够自行建设、生产或者提供
    D. 采购人依法能够自行建设、生产或者提供

18. 根据《政府采购法》，政府采购合同履行中，采购人需追加与合同标的相同的货物、工程或服务的，在不改变合同其他条款的前提下，可以与供应商协商签订补充合同，

但所有补充合同的采购金额不得超过原合同采购金额的（　　）。
  A．10%   B．15%   C．20%   D．30%

19．根据《招标投标法实施条例》，投标保证金不得超过（　　）。
  A．投标报价的 2%   B．投标报价的 3%
  C．招标项目估算价的 2%   D．招标项目估算价的 3%

20．根据《合同法》，与限制行为能力人订立的合同属于（　　）。
  A．可撤销合同   B．效力待定合同
  C．有效合同   D．无效合同

21．根据《建筑法》，除国务院建设行政主管部门确定的限额以下的小型工程外，建筑工程开工前，按照国家有关规定申请领取施工许可证的单位是（　　）。
  A．建设单位 B．设计单位 C．施工单位 D．监理单位

22．根据《建筑法》，建筑工程开工前，建设单位应当按照国家有关规定向工程所在地（　　）申请领取施工许可证，但是，国务院建设行政主管部门确定的限额以下的小型工程除外。
  A．县级以上人民政府建设行政主管部门
  B．市级以上人民政府建设行政主管部门
  C．省级以上人民政府建设行政主管部门
  D．国务院建设行政主管部门

23．根据《建筑法》，建设单位应自领取施工许可证之日起（　　）内开工。
  A．1 个月 B．2 个月 C．3 个月 D．6 个月

24．根据《建筑法》，在建的建筑工程因故中止施工的，建设单位应当自中止施工之日起（　　）内，向发证机关报告。
  A．1 个月 B．2 个月 C．3 个月 D．6 个月

25．根据《建筑法》，建筑工程中止满（　　）的恢复施工前建设单位应当报发证机关核验施工许可证。
  A．3 个月 B．6 个月 C．1 年 D．2 年

26．根据《建筑法》，按照国务院有关规定批准开工报告的建筑工程，因故不能按期开工或者中止施工的，应当及时向批准机关报告情况。因故不能按期开工超过（　　）的，应当重新办理开工报告的批准手续。
  A．1 个月 B．2 个月 C．3 个月 D．6 个月

27．根据《建筑法》，施工单位按照其拥有的各项资质条件划分为不同的资质等级，下列选项中，不属于划分资质等级所依据的条件是（　　）。
  A．注册资本   B．专业技术人员
  C．已完成的建筑工程业绩   D．单位技术负责人的职称等级

28．根据《建筑法》，以下关于建筑工程发包的说法，不正确的是（　　）。
  A．建筑工程依法实行招标发包，对不适于招标发包的可以直接发包
  B．提倡对建筑工程实行总承包，禁止将建筑工程肢解发包

C. 按照合同约定，建筑材料、建筑构配件和设备由工程承包单位采购的，发包单位可以指定生产厂家或供应商

D. 建筑工程的发包单位可以将建筑工程的勘察、设计、施工、设备采购一并发包给一个工程总承包单位

29. 大型建筑工程或者结构复杂的建筑工程，可以由（　　）个以上的承包单位联合共同承包。

  A. 2个   B. 3个   C. 4个   D. 5个

30. 两个以上不同资质等级的单位实行联合共同承包的，应当按照（　　）单位的业务许可范围承揽工程。

  A. 资质等级高的   B. 资质等级低的

  C. 均可   D. 双方协商以一方确定

31. 根据《建筑法》，以下关于建筑工程承包说法不正确的是（　　）。

  A. 两个以上不同资质等级的单位实行联合共同承包的，应当按照资质等级高的单位的业务许可范围承揽工程

  B. 建筑工程总承包单位可以将承包工程中的部分工程发包给具有相应资质条件的分包单位

  C. 禁止建筑施工企业超越本企业资质等级许可范围承揽工程

  D. 建筑工程依法分包的，总承包单位和分包单位就分包工程对建设单位承担连带责任

32. 根据《建筑法》，建筑工程由多个承包单位联合共同承包的，关于承包合同履行责任的说法，正确的是（　　）。

  A. 由资质等级高的承包方承担主要责任

  B. 由资质等级低的承包方承担主要责任

  C. 由责任方承担

  D. 由承包各方承担连带责任

33. 建筑工程的发包单位与承包单位应依法订立（　　）合同，明确双方的权利和义务。

  A. 口头   B. 书面

  C. 口头与书面均可   D. 其他形式

34. 根据《建筑法》，下列选项中，关于建筑工程监理说法不正确的是（　　）。

  A. 实施监理前，建设单位应将监理单位、内容、权限书面通知施工单位

  B. 监理单位对建设工程质量、建设工期、建设资金使用等方面，代表建设单位实施的监督管理活动

  C. 监理单位发现设计不符合建筑工程质量标准或者合同约定的质量要求的，应直接要求设计单位改正

  D. 监理单位认为施工不符合工程设计要求、施工技术标准和合同约定的，有权要求建筑施工企业改正

35. 建筑工程安全生产管理必须坚持（　　）的方针，建立健全安全生产的责任制度和群防群治制度。
    A. 安全第一   B. 预防为主
    C. 安全第一、质量为主   D. 安全第一、预防为主
36. 施工现场的安全由（　　）负责。
    A. 建设单位   B. 设计单位   C. 施工单位   D. 监理单位
37. 工程设计的修改由（　　）负责。
    A. 施工单位   B. 监理单位   C. 建设单位   D. 原设计单位
38.《建设工程质量管理条例》关于施工单位对建筑材料、建筑构配件、设备和商品混凝土进行检验的具体规定错误的是（　　）。
    A. 检验必须按照工程设计要求、施工技术标准和合同约定进行
    B. 未经检验或者检验不合格的，不得使用
    C. 检验应当有书面记录和专人签字
    D. 检验结果未经监理工程师签字，不得使用
39.《建设工程质量管理条例》规定，建设工程的保修期自（　　）之日起计算。
    A. 竣工验收合格   B. 工程移交
    C. 竣工验收备案   D. 竣工报告提交
40. 在正常使用条件下，主体结构工程的最低保修年限为（　　）。
    A. 合理使用年限   B. 70 年
    C. 50 年   D. 40 年
41. 在正常使用条件下，屋面防水工程的最低保修年限为（　　）。
    A. 合理使用年限   B. 50 年
    C. 5 年   D. 2 年
42. 在正常使用条件下，装修工程的最低保修年限为（　　）。
    A. 合理使用年限   B. 50 年
    C. 5 年   D. 2 年
43. 建设单位应当自建设工程竣工验收合格之日起（　　）内，将建设工程竣工验收报告和规划、公安消防、环保等部门出具的认可文件或者准许使用文件报建设行政主管部门或者其他有关部门备案。
    A. 10 日   B. 15 日   C. 20 日   D. 30 日
44. 根据《建设工程安全生产管理条例》的规定，（　　）应当向施工单位提供施工现场及毗邻区域内地下管线资料，气象和水文观测资料，相邻建筑物和构筑物、地下工程的有关资料，并保证资料的真实、准确、完整。
    A. 规划部门   B. 设计单位   C. 建设单位   D. 监理单位
45. 根据《建设工程安全生产管理条例》的规定，（　　）在编制工程概算时，应当确定建设工程安全作业环境及安全施工措施所需费用。
    A. 施工单位   B. 设计单位   C. 建设单位   D. 监理单位

46. 根据《建设工程安全生产管理条例》的规定，（   ）依法对本单位的安全生产工作全面负责。
    A. 施工单位主要负责人   B. 项目经理
    C. 技术负责人   D. 安全员

47. 根据《建设工程安全生产管理条例》的规定，特种作业人员，必须按照国家有关规定经过专门的安全作业培训，并取得特种作业操作资格证书后，方可上岗作业。下列不属于特种作业人员的是（   ）。
    A. 起重信号工   B. 架子工
    C. 混凝土工   D. 塔吊司机

48. 施工单位应对达到一定规模的危险性较大的分部分项工程编制专项施工方案，并附具安全验算结果，经施工单位技术负责人、总监理工程师签字确认后实施。下列不属于危险性较大的工程的是（   ）。
    A. 起重吊装工程   B. 脚手架工程
    C. 土方开挖工程   D. 砌筑工程

49. 下列选项中，施工单位应当组织专家论证、审查的专项施工方案是（   ）。
    A. 拆除、爆破工程   B. 起重吊装工程
    C. 地下暗挖工程   D. 土方开挖工程

50. （   ）应当在施工现场入口处、施工起重机械、临时用电设施、脚手架、出入通道口、楼梯口、电梯井口、孔洞口、桥梁口、隧道口、基坑边沿、爆破物及有害危险气体和液体存放处等危险部位，设置明显的符合国家标准的安全警示标志。
    A. 建设单位   B. 监理单位
    C. 设计单位   D. 施工单位

51. 根据《招标投标法》相关规定，招标人对已发出的招标文件进行必要的澄清或修改的，应当在招标文件要求提交投标文件截止时间至少（   ）日前，以书面形式通知所有招标文件接受人。
    A. 10   B. 15   C. 20   D. 30

52. 根据《招标投标法》相关规定，对于依法必须进行招标的项目，自招标文件开始发出之日起至投标人提交投标文件截止之日止，最短不得少于（   ）日。
    A. 10   B. 15   C. 20   D. 30

53. 根据《招标投标法》相关规定，投标人少于（   ）个时，招标人应当重新招标。
    A. 3   B. 4   C. 5   D. 6

54. 根据《招标投标法》相关规定，招标人和中标人应当自中标通知书发出之日起（   ）日内，按照招标文件和中标人的投标文件订立书面合同。
    A. 10   B. 15   C. 20   D. 30

55. 根据《招标投标法》相关规定，开标工作应由（   ）主持。
    A. 投标选出的代表   B. 经济方面专家
    C. 技术方面专家   D. 招标人

56. 根据《招标投标法实施条例》相关规定，资格预审文件或者招标文件的发售期不得少于（　　）日。
   A. 3　　　　B. 5　　　　C. 15　　　　D. 20

57. 根据《招标投标法实施条例》相关规定，潜在投标人对资格预审文件有异议，应当在资格预审申请文件截止时间（　　）日前提出。
   A. 2　　　　B. 3　　　　C. 5　　　　D. 10

58. 根据《招标投标法实施条例》相关规定，潜在投标人对招标文件有异议，应当在投标截止时间（　　）日前提出。
   A. 2　　　　B. 3　　　　C. 5　　　　D. 10

59. 根据《招标投标法实施条例》相关规定，招标人应当自收到潜在投标人提出的异议之日起（　　）日内作出答复。
   A. 2　　　　B. 3　　　　C. 5　　　　D. 10

60. 投标人可以撤回已提交的投标文件，应当在（　　）书面通知招标人。
   A. 开标前　　　　　　　　B. 投标截止时间前
   C. 评标前　　　　　　　　D. 发出中标通知书前

61. 投标人在投标截止时间前撤回已提交的投标文件，招标人已收取投标保证金的，应当自收到投标人书面撤回通知之日起（　　）日内退还。
   A. 3　　　　B. 5　　　　C. 15　　　　D. 30

62. 下列行为属于投标人相互串通投标的是（　　）。
   A. 不同投标人的投标文件由同一单位或者个人编制
   B. 不同投标人的投标文件异常一致或者投标报价呈规律性差异
   C. 属于同一集团、协会、商会等组织成员的投标人按照该组织要求协同投标
   D. 不同投标人的投标文件相互混装

63. （　　）的评标委员会成员认为评标时间不够，招标人应当适当延长。
   A. 超过2/3　　B. 超过1/3　　C. 超过1/5　　D. 超过1/2

64. 招标人收到评标报告起（　　）日内公示，公示期不得少于（　　）日。
   A. 3，3　　　B. 3，5　　　C. 5，5　　　D. 10，10

65. 如果投标人或者其他利害关系人认为招标投标活动不符合法律、行政法规规定，可以自知道或者应当知道之日起（　　）日内向有关行政监督部门投诉。
   A. 3　　　　B. 5　　　　C. 10　　　　D. 15

66. 下列选项中，（　　）是政府采购的主要方式。
   A. 公开招标　　B. 邀请招标　　C. 竞争性谈判　　D. 询价

67. 根据《政府采购法》，下列选项中，应采用邀请招标方式采购的是（　　）。
   A. 属于地方预算的政府采购项目
   B. 具有特殊性，只能从有限范围的供应商处采购的
   C. 不能事先计算出价格总额的
   D. 技术复杂或性质特殊，不能确定详细规格或具体要求的

68. 根据《政府采购法》,招标文件要求投标人提交投标保证金的,投标保证金不得超过采购项目预算金额的( )。
    A. 2%　　　　　B. 3%　　　　　C. 5%　　　　　D. 10%

69. 根据《合同法》,以下行为属于要约的是( )。
    A. 招标　　　　B. 投标　　　　C. 中标通知书　　D. 签订合同

70. 根据《合同法》,要约生效的时间为( )。
    A. 合同签订之日　　　　　　　B. 双方约定的时间
    C. 要约到达受要约人时　　　　D. 要约寄出的时间

71. A公司于9月1日通过邮政快递向B公司发出一份要约,9月3日到达B公司所在地邮局,快递员于9月4日送至B公司传达室,B公司人员于9月5日看到该要约。根据《合同法》,要约生效的时间为( )。
    A. 9月1日　　　B. 9月3日　　　C. 9月4日　　　D. 9月5日

72. 根据《合同法》,要约可以撤回的时间为( )。
    A. 撤回要约的通知在要约到达受要约人之后
    B. 撤回要约的通知与要约同时到达受要约人
    C. 双方约定的时间
    D. 合同管理部门规定的时间

73. 根据《合同法》,要约可以撤销的时间为( )。
    A. 要约到达受要约人之前
    B. 与要约同时到达受要约人
    C. 要约人确定了承诺期限
    D. 受要约人发出承诺通知之前到达受要约人

74. 根据《合同法》,以下属于承诺生效的情形的是( )。
    A. 超出承诺期限做出的承诺
    B. 承诺的通知未到达要约人
    C. 承诺对要约作出非实质性变更、要约人及时反对
    D. 承诺不需要通知的,根据交易习惯已作出承诺行为

75. 根据《合同法》,以下说法正确的是( )。
    A. 投标文件送达招标人时生效
    B. 投标截止时投标文件生效
    C. 中标通知书送达中标人时生效
    D. 发出中标通知书时合同成立

76. 根据《合同法》,A公司与B公司订立的采购合同,负责钢筋的采购。于是A公司向B公司发函要求购买100 t钢筋。B公司回函表示"其中一部可以按要求期限交付,另一部则需延期十日方能交付"。B公司的回函属于( )。
    A. 要约邀请　　　　　　　　　B. 要约
    C. 承诺　　　　　　　　　　　D. 新要约

77. 根据《合同法》，下列关于承诺的说法正确的是（   ）。
    A. 承诺在达到要约人之前可以撤回
    B. 承诺在达到要约人后可以撤销
    C. 承诺可以对要约的内容做修改
    D. 承诺期限自要约发出时开始计算

78. 根据《合同法》，以下对于格式条款的解释不正确的是（   ）。
    A. 提供格式条款一方免除自己责任、加重对方责任，该条款无效
    B. 有两种以上解释的，做出不利于提供条款的一方的解释
    C. 格式条款与非格式条款不一致的，应采用格式条款
    D. 对格式条款的理解发生争议的，应当按照通常理解予以解释

79. 根据《合同法》，下列关于合同生效的说法不正确的是（   ）。
    A. 附生效期限的合同，自期限届至时生效
    B. 附终止期限的合同，自期限届满时失效
    C. 附生效条件的合同，自条件成立时生效
    D. 附生效条件的合同，合同的订立时间就是合同生效时间

80. 根据《合同法》，属于免责条款无效的选项是（   ）。
    A. 施工企业伪造资质等级证书，造成国家财产损失
    B. 阴阳合同
    C. 因故意或者重大过失造成对方财产损失的
    D. 施工合同约定质量标准低于国家标准

81. 根据《合同法》，施工企业伪造资质等级证书，造成国家财产损失所签订的合同属于（   ）。
    A. 可变更合同   B. 无效合同
    C. 效力待定合同   D. 可撤销合同

82. 根据《合同法》，无效合同或者被撤销的合同取得的财产处理方法不正确的是（   ）。
    A. 折价补偿
    B. 双方均有过错的，互相补偿对方损失
    C. 赔偿损失
    D. 归国家所有或者返还集体、第三人

83. 根据《合同法》，价款或者报酬不明确的，执行政府定价或政府指导价的商品，处理方法不正确的是（   ）。
    A. 按期交付的，遇价格下跌，按新价格
    B. 按期交付的，遇价格上涨，按新价格
    C. 逾期交付标的，遇价格上涨，按新价格
    D. 逾期交付标的，遇价格下跌，按新价格

84. 根据《合同法》，合同一方当事人取得对方当事人同意后，将合同的权利义务全部或部分转让给第三人的法律形式属于（   ）。
   A. 合同变更   B. 合同转让   C. 合同终止   D. 无效合同
85. 根据《合同法》，合同当事人一方违约时，承担违约责任的首选方式为（   ）。
   A. 继续履行   B. 采取补救措施
   C. 赔偿损失   D. 违约金
86. 根据《合同法》，收受定金的一方不履行约定的债务的，应当（   ）返还定金。
   A. 原数   B. 双倍   C. 三倍   D. 五倍
87. 根据《合同法》，建设工程施工合同纠纷的合同履行地是指（   ）。
   A. 施工行为地   B. 施工合同签订地
   C. 施工单位所在地   D. 施工项目业主住所地
88. 根据《价格法》，下列选项中，不属于政府在必要时可以实行政府指导价或政府定价的商品是（   ）。
   A. 原油、天然气   B. 自来水
   C. 公共交通   D. 奢侈品
89. 以下关于无效合同的价款结算正确的是（   ）。
   A. 建设工程经竣工验收合格，承包人请求参照合同约定支付工程价款的，不予支持
   B. 建设工程经竣工验收不合格的，修复后的建设工程经竣工验收合格，发包人请求承包人承担修复费用的，应予支持
   C. 建设工程经竣工验收不合格的，修复后的建设工程经竣工验收不合格，承包人请求支付工程价款的，应予部分支持
   D. 因建设工程不合格造成的损失，发包人有过错的，也应承担相应的刑事责任
90. 对于承包人已经提交竣工验收报告的，发包人拖延验收的，其竣工日期应为（   ）。
   A. 以实际竣工验收合格之日   B. 承包人提交验收报告之日
   C. 以合同约定的竣工验收日期   D. 相应顺延
91. 某建筑工程，5月30日工程施工完毕并提交竣工验收报告，6月8日发包人未经竣工验收擅自使用该建筑，6月20日发包人组织竣工验收并验收合格，则该工程的竣工日期应为（   ）。
   A. 5月30日   B. 6月8日
   C. 6月20日   D. 双方约定的其他时间
92. 当事人就同一建设工程另行订立的建设工程施工合同与经过备案的中标合同实质性内容不一致的，应当以（   ）作为结算工程价款的根据。
   A. 另行订立的合同   B. 备案的中标合同
   C. 重新订立合同   D. 双方选定的合同

93. 承包人经发包人同意已经实际进场施工的，则该工程的开工日期为（   ）。
   A. 开工通知载明的开工日期 B. 以双方约定的时间
   C. 实际进场施工时间 D. 以发包方规定的时间

三、多项选择题（每小题所设选项中有 2 个或 2 个以上正确答案，至少有 1 个错项）

1. 下列关于建筑工程发包与承包说法正确的有（   ）。
   A. 总承包单位和分包单位就分包工程对建设单位承担连带责任
   B. 提倡对建筑工程实行总承包，禁止将建筑工程肢解发包
   C. 禁止承包单位将其承包的全部建筑工程转包给他人
   D. 两个以上不同资质等级的单位实行联合共同承包的，应当按照资质等级高的单位的业务许可范围承揽工程
   E. 施工总承包的，建筑工程主体结构可以分包给有资质的分包单位

2. 下面关于施工单位对建设工程质量最低保修期限说法正确的有（   ）。
   A. 有防水要求的卫生间为 2 年
   B. 给排水管道为 5 年
   C. 电气设备安装工程为 2 年
   D. 供热与供冷系统，为 2 个采暖期、供冷期
   E. 装修工程为 2 年

3. 根据《建设工程安全生产管理条例》，施工单位应当组织专家进行论证、审查的专项施工方案有（   ）。
   A. 深基坑 B. 地下暗挖工程
   C. 高大模板工程 D. 基坑支护与降水工程
   E. 拆除爆破工程

4. 按照《合同法》的规定，合同的权利义务终止的情形有（   ）。
   A. 合同解除 B. 债务已经按照约定履行
   C. 债务人免除债务 D. 债务相互抵消
   E. 债权债务同归于一人

5. 《招标投标法》规定，在中华人民共和国境内，必须进行招标的工程建设项目包括（   ）。
   A. 大型基础设施、公用事业等社会公共利益、公共安全的项目
   B. 全部或者部分使用国家资金投资或者国家融资的项目
   C. 使用国际组织或者外国政府贷款、援助资金的项目
   D. 建筑艺术造型有特殊要求的项目
   E. 建设项目的勘察、设计，采用特定专利或者专有技术的项目

6. 根据《政府采购法》，下列项目中，可以采用单一来源采购方式的有（   ）。
   A. 采用公开招标所需时间不能满足用户紧急需要的项目
   B. 只能从唯一供应商处采购的项目

C. 采购的货物规格和标准统一，现货货源充足且价格变化幅度小的项目

D. 发生了不可预见的紧急情况不能从其他供应商处采购的项目

E. 技术复杂，事先不能计算出标的价格总额的项目

7. 根据《合同法》，下列合同中，属于效力待定合同的有（　　）。

　　A. 限制民事行为能力人订立的合同

　　B. 恶意串通损害第三人利益的合同

　　C. 在订立合同时显失公平的合同

　　D. 超越代理权限范围订立的合同

　　E. 因重大误解订立的合同

8. 工程建设项目招标的招标方式有（　　）。

　　A. 公开招标　　　　　　　　　　B. 邀请招标

　　C. 自行组织招标　　　　　　　　D. 委托工程招标代理机构代理招标

　　E. 上级主管部门组织招标

9. 《建筑法》规定的建筑许可内容有（　　）。

　　A. 建筑工程施工许可　　　　　　B. 建筑工程监理许可

　　C. 建筑工程规划许可　　　　　　D. 从业资格许可

　　E. 建设投资规模许可

10. 根据《建筑法》，申请领取建筑工程施工许可证需要具备的条件包括（　　）。

　　A. 已经取得工程规划许可证　　　B. 已经确定了施工企业

　　C. 已经拆迁完成　　　　　　　　D. 有保证工程质量和安全的具体措施

　　E. 有满足要求的施工图纸及技术资料

11. 实施建筑工程监理前，建设单位应将（　　）书面通知被监理的建筑施工企业。

　　A. 监理范围　　　　　　　　　　B. 监理单位

　　C. 监理内容　　　　　　　　　　D. 监理权限

　　E. 监理目标

12. 根据《建筑法》，以下关于建筑安全生产管理说法正确的是（　　）。

　　A. 建筑工程安全生产管理必须坚持安全第一、预防为主的方针

　　B. 实行总承包的由总承包负责，分包直接向建设单位负责

　　C. 建设单位涉及建筑主体和承重结构变动的装修工程，没有设计方案的按原方案施工

　　D. 建筑施工企业应当依法为职工缴纳工伤保险费

　　E. 建筑施工企业应对专业性较强的工程项目，编制专项安全施工组织设计，并采取安全技术措施

13. 根据《建筑法》，以下关于建筑工程质量管理说法正确的是（　　）。

　　A. 建筑设计单位根据工程具体情况，可以依据设计文件选用的建筑材料、建筑构配件和设备，可以指定生产厂、供应商

　　B. 建设单位不得以任何理由，要求降低工程质量施工

C. 建筑施工企业必须按照工程设计图纸和施工技术标准施工，不得偷工减料

D. 建筑工程未经验收或验收不合格的，不得交付使用

E. 建筑工程保修期限应当保证建筑物合理寿命年限内正常使用

14. 根据《建设工程质量管理条例》，监理工程师可以采取（　　）形式，对建设工程实施监理。

A. 旁站　　　　B. 见证　　　　C. 巡视

D. 抽检　　　　E. 平行检验

15. 根据《建设工程质量管理条例》，以下关于施工单位安全责任说法错误的是（　　）。

A. 施工单位项目负责人依法对本单位的安全生产工作全面负责

B. 施工单位对列入建设工程概算的安全作业环境及安全施工措施所需费用，应当用于施工安全防护用具及设施的采购和更新、安全施工措施的落实、安全生产条件的改善，不得挪作他用

C. 施工特种作业人员，必须按照国家有关规定经过专门的安全作业培训，并取得特种作业操作资格证书后，方可上岗作业

D. 施工单位应当在施工组织设计中编制安全技术措施和施工现场临时用电方案

E. 施工现场暂时停止施工，施工单位应当做好现场防护，所需费用由建设单位承担

16. 根据《招标投标法》，以下关于投标说法正确的是（　　）。

A. 投标文件应当对招标文件提出的实质性要求和条件作出相应

B. 在招标文件要求提交投标文件的截止日期之后，投标人可以修改已提交的投标文件

C. 在招标文件要求提交投标文件的截止日期之前，投标人可以撤回已提交的投标文件

D. 联合体投标的，联合体各方应具备承担项目的相应能力

E. 联合体中标的，联合体各方应当共同与招标人签订合同，就中标项目向招标人承担连带责任

17. 根据《招标投标法》，以下关于开标、评标和中标说法正确的是（　　）。

A. 开标应由招标人主持

B. 招标人和中标人应当自中标通知书发出之日起 20 日内，按照招标文件和中标人的投标文件订立书面合同

C. 评标委员会经评审，认为所有的投标都不符合招标文件的要求，可以否决所有投标

D. 招标人应向中标人发出中标通知书，并同时将中标结果通知所有未中标的投标人

E. 招标文件中要求中标人提交履约保证金的，中标人应当提交

18. 根据《招标投标法实施条例》，下列选项中，可以不进行招标的是（   ）。
   A. 技术复杂、有特殊要求或者受自然环境限制，只有少量潜在投标人可供选择
   B. 需要采用不可替代的专利
   C. 采购人依法能够自行建设、生产或者提供
   D. 采用公开招标方式的费用占项目合同金额的比例过大
   E. 需要向原中标人采购工程、货物或者服务，否则将影响施工或者功能配套要求

19. 根据《招标投标法实施条例》，下列选项中，属于招标人以不合理条件限制、排斥潜在投标人的是（   ）。
   A. 就同一招标项目对不同的潜在投标人提供有差别的项目信息
   B. 设定的资格、技术、商务条件与招标项目的具体特点和实际需要不相适应或者与合同履行无关
   C. 对潜在投标人采取不同的资格审查或者评标标准
   D. 限定或者指定特定的专利、商标、品牌、原产地或者供应商
   E. 对投标企业有资质等级要求

20. 根据《招标投标法实施条例》，下列选项中，视为投标人相互串通投标的情形的是（   ）。
   A. 不同投标人的投标文件由同一单位或者个人编制
   B. 投标人之间约定中标人
   C. 不同投标人的投标文件载明的项目管理成员为同一人
   D. 不同投标人的投标文件异常一致或者投标报价呈规律性差异
   E. 不同投标人的投标保证金从同一单位或者个人的账户转出

21. 根据《招标投标法实施条例》，下列选项中，属于投标人弄虚作假、骗取中标的情形的是（   ）。
   A. 不同投标人的投标文件相互混装
   B. 投标报价低于成本
   C. 使用伪造、变造的许可证件
   D. 提供虚假的信用状况
   E. 提供虚假的项目负责人或者主要技术人员简历、劳动关系证明

22. 根据《招标投标法实施条例》，以下选项中，属于招标人与投标人串通投标的情形的是（   ）。
   A. 招标人在开标前开启投标文件并将有关信息泄露给其他投标人
   B. 招标人直接或者间接向投标人泄露标底、评标委员会成员等信息
   C. 招标人明示或者暗示投标人压低或者抬高投标报价
   D. 招标人授意投标人撤换、修改投标文件
   E. 投标人之间约定部分投标人放弃投标或者中标

23. 根据《招标投标法实施条例》，下列选项中，评标委员会应当否决其投标的有（　　）。
   A. 投标文件未经投标单位盖章和单位负责人签字
   B. 投标联合体没有提交共同投标协议
   C. 投标文件没有对招标文件的实质要求和条件作出相应
   D. 投标文件中大写金额与小写金额不一致
   E. 对不同文字文本投标文件的解释有异议的

24. 根据《招标投标法实施条例》，下列关于中标的要求的说法中，正确的是（　　）。
   A. 招标人应当自收到评标报告之日起 5 日内公示中标候选人
   B. 国有资金占控股必须招标的项目，招标人应当确定排名第一的中标候选人为中标人
   C. 第一中标候选人放弃中标的，招标人应当确定第二中标候选人中标，不得重新招标
   D. 投标人对评标结果有异议的，招标人应当自收到异议之日起 3 日作出答复，作出答复前，应当暂停招标投标活动
   E. 中标人应按照合同约定履行义务，履约保证金不得超过中标合同金额的 10%

25. 根据《政府采购法》，政府采购的方式包括（　　）。
   A. 公开招标　　　　　　　　　B. 邀请招标
   C. 竞争性谈判　　　　　　　　D. 询价
   E. 集中自行采购

26. 根据《政府采购法》，下列关于政府采购程序正确的是（　　）。
   A. 招标文件的提供期限自招标文件开始发出之日起不得少于 5 个工作日
   B. 采购人澄清或修改的内容应当在投标截止时间至少 15 日前
   C. 投标文件要求投标人提交投标保证金，投标保证金不得超过采购项目预算金额的 3%
   D. 技术服务等标准统一的货物和服务项目，应当采用综合评分法
   E. 招标文件中没有规定的评标标准不得作为评审依据

27. 下列属于要约邀请的是（　　）。
   A. 招标公告　　　　　　　　　B. 投标报价
   C. 商业广告　　　　　　　　　D. 寄送的价目表
   E. 拍卖公告

28. 根据《合同法》，下列为要约失效的情形的是（　　）。
   A. 受要约人有理由认为要约是不可撤销的
   B. 拒绝要约的通知到达要约人
   C. 要约人依法撤销要约
   D. 承诺期限届满，受要约人作出承诺
   E. 受要约人对要约的内容作出实质性变更

29. 根据《合同法》，下列变更中属于新要约的是（   ）。
   A. 数量增减
   B. 履行地点变更
   C. 承诺生效地点变更
   D. 履行期限变更
   E. 违约责任变更

30. 根据《合同法》，以下关于缔约过失责任说法正确的是（   ）。
   A. 正当使用商业秘密
   B. 假借订立合同，恶意进行磋商
   C. 其他违背诚实信用原则的行为
   D. 提供虚假信息
   E. 没有按时完成合同内容

31. 根据《合同法》，以下关于附条件、附期限合同说法错误的是（   ）。
   A. 附生效期限的合同，自期限届至时生效
   B. 附终止期限的合同，自期限届满时失效
   C. 附生效条件的合同，自条件成就时生效，当事人为自己的利益不正当地阻止条件成就的，视为条件不成就
   D. 附解除条件的合同，自条件成就时失效，当事人为自己的利益不正当地促成条件成就的，视为条件已成就
   E. 合同生效是指合同具有法律约束力

32. 根据《合同法》，以下属于合同可变更或者撤销的情形的是（   ）。
   A. 损害社会公共利益的合同
   B. 显失公平订立的合同
   C. 因重大误解而订立的合同
   D. 恶意串通而订立的合同
   E. 违反法律、行政法规的强制性规定而订立的合同

33. 根据《合同法》，合同履行的原则包括（   ）。
   A. 协作履行原则
   B. 全面履行原则
   C. 经济合理原则
   D. 诚实信用原则
   E. 赏罚适当原则

34. 根据《合同法》，以下关于合同履行过程中，价款或者报酬不明确的处理方法正确的是（   ）。
   A. 逾期交付标的物的，遇价格上涨时，按新价格执行
   B. 逾期交付标的物的，遇价格下降时，按原价格执行
   C. 逾期提取标的物的，遇价格上涨时，按新价格执行
   D. 逾期提取标的物的，遇价格下降时，按原价格执行
   E. 一般商品，执行订立合同时合同履行地（工程所在地）的市场价格

35. 根据《合同法》，以下属于合同转让情形的是（   ）。
   A. 甲欠乙公司10万元，甲让丙偿还
   B. 甲欠乙公司10万元，乙让甲直接还给丙
   C. 甲欠乙公司10万元，丙给甲后再偿还乙
   D. 甲欠乙公司10万元，甲还给乙后，乙再还给丙
   E. 甲欠乙公司10万元，后又追加借款5万元

36. 根据《合同法》，违约责任的承担方式包括（　　）。
    A. 违约金责任				B. 继续履行
    C. 采取补救措施			D. 强制执行
    E. 定金责任

37. 下列选项中，关于违约责任的赔偿损失承担方式说法错误的有（　　）。
    A. 当事人一方违约后，另一方未采取适当措施致使损失扩大的，不得就扩大损失要求赔偿
    B. 当事人既约定违约金又约定定金的，可以共同适用
    C. 给付定金的一方不履行约定的债务的，无权要求返还定金
    D. 收受定金的一方不履行约定的债务的，应当双倍返还定金
    E. 违约方在支付违约金后，不需再履行债务

38. 下列选项中，属于合同当事人可以选择诉讼的方式解决合同争议的情形有（　　）。
    A. 仲裁裁决后，合同当事人就同一争议向人民法院提起诉讼
    B. 经过和解、调解未能解决合同争议
    C. 当事人没有订立仲裁协议
    D. 仲裁被人民法院依法裁定撤销或者不予执行的
    E. 合同争议的当事人不愿和解、调解

39. 《价格法》中所称的价格指的是（　　）。
    A. 员工工资				B. 有形产品价格
    C. 无形产品价格			D. 有偿服务费
    E. 市场价格

40. 根据《价格法》，下列属于政府定价的有（　　）。
    A. 属于市场调节的价格
    B. 重要的公用事业价格
    C. 重要的公益性服务价格
    D. 属于政府定价产品范围的新产品试销价格
    E. 资源稀缺的少数商品价格

41. 根据《合同法》，以下关于合同成立的说法正确的是（　　）。
    A. 承诺成效的地点即为合同成立的地点
    B. 承诺生效时合同成立
    C. 签订确认书时合同成立
    D. 一方已履行主要义务，对方接受的
    E. 合同成立要经历要约邀请、要约和承诺三个阶段

本节习题解析

一、判断题（判断正误，正确的打√，错误的打×）

1. 【答案】√
   【解析】本题考查的知识点是《建筑法》。根据《建筑法》，按照国务院规定的权限和程序批准开工报告的建筑工程，不再领取施工许可证。

2. 【答案】×
   【解析】本题考查的知识点是《建筑法》。因故不能按期开工的，应当向发证机关申请延期；延期以两次为限，每次不超过3个月。

3. 【答案】×
   【解析】本题考查的知识点是《建筑法》。根据《建筑法》，提倡对建筑工程实行总承包，禁止将建筑工程肢解发包。

4. 【答案】×
   【解析】本题考查的知识点是《建筑法》。建筑施工企业应当依法为职工参加工伤保险缴纳工伤保险费。鼓励企业为从事危险作业的职工办理意外伤害保险，支付保险费。

5. 【答案】×
   【解析】本题考查的知识点是《建筑法》。根据《建筑法》，禁止分包单位将其承包的工程再分包。

6. 【答案】√
   【解析】本题考查的知识点是《建筑法》。根据《建筑法》，建设单位与其委托的工程监理单位，应订立书面委托合同，实施监理前，应将监理单位、内容、权限书面通知施工单位。

7. 【答案】×
   【解析】本题考查的知识点是《招标投标法实施条例》。资格预审后联合体增减、更换成员，其投标无效。

8. 【答案】×
   【解析】本题考查的知识点是《建设工程质量管理条例》。根据《建设工程质量管理条例》，建设单位不得任意压缩合理工期。

9. 【答案】×
   【解析】本题考查的知识点是《建设工程质量管理条例》。根据《建设工程质量管理条例》，施工单位必须按照工程图纸和施工技术标准施工，不得擅自修改工程设计。施工单位在施工过程中发现设计文件和图纸有差错的，应当及时提出意见和建议。

10. 【答案】×
    【解析】本题考查的知识点是《建设工程安全生产管理条例》。根据《建设工程安全生产管理条例》，施工单位对列入建设工程概算的安全作业环境及安全施工措施所需费用，应当用于施工安全防护用具及设施的采购和更新、安全施工措施的落实、安全生产条件的改善，不得挪作他用。

11.【答案】√

【解析】本题考查的知识点是《建设工程安全生产管理条例》。根据《建设工程安全生产管理条例》，实行施工总承包的建设工程，由总承包单位负责上报事故。

12.【答案】√

【解析】本题考查的知识点是《招标投标法》。根据《招标投标法》，招标人设有标底的，标底必须保密。

13.【答案】×

【解析】本题考查的知识点是《招标投标法》。根据《招标投标法》，开标时，由投标人或者其推选的代表检查投标文件的密封情况，也可以由招标人委托的公证机构检查并公证。

14.【答案】×

【解析】本题考查的知识点是《招标投标法实施条例》。根据《招标投标法实施条例》，招标人应当自收到异议之日起3日内作出答复，作出答复前，应当暂停招标投标活动。

15.【答案】×

【解析】本题考查的知识点是《招标投标法实施条例》。根据《招标投标法实施条例》，招标人不得组织单个或者部分潜在投标人踏勘项目现场。

16.【答案】×

【解析】本题考查的知识点是《招标投标法实施条例》。根据《招标投标法实施条例》，对于技术复杂或者无法精确拟定技术规格的项目，招标人可以分两阶段进行招标。

17.【答案】√

【解析】本题考查的知识点是《招标投标法实施条例》。根据《招标投标法实施条例》，投标文件没有对招标文件的实质性要求和条件作出相应的投标将被否决。

18.【答案】√

【解析】本题考查的知识点是《招标投标法实施条例》。根据《招标投标法实施条例》，投标截止后投标人撤销投标文件的，招标人可以不退还投标保证金。

19.【答案】×

【解析】本题考查的知识点是《招标投标法实施条例》。根据《招标投标法实施条例》，中标候选人应当不超过3个，并标明排序。

20.【答案】×

【解析】本题考查的知识点是《招标投标法实施条例》。根据《招标投标法实施条例》，如果投标人或者其他利害关系人认为招标投标活动不符合法律、行政法规规定，可以自知道或者应当知道之日起10日内向有关行政监督部门投诉。

21. 【答案】×

 【解析】本题考查的知识点是《政府采购法》。根据《政府采购法》，不能事先计算出价格总额的项目应采用竞争性谈判的形式进行采购。

22. 【答案】×

 【解析】本题考查的知识点是《政府采购法实施条例》。根据《政府采购法实施条例》，技术、服务等标准统一的货物和服务项目的评价方法应当采用最低评标价法。

23. 【答案】√

 【解析】本题考查的知识点是《合同法》。根据《合同法》，当事人订立合同，有书面形式、口头形式和其他形式。该事项中的描述即属于其他形式。

24. 【答案】×

 【解析】本题考查的知识点是《合同法》。根据《合同法》，要约即为希望和他人订立合同的意思表示。判断要点：① 内容具体明确；② 特定人的意思表示；③ 经受要约人承诺，要约人即受该意思表示的约束。故该微信属于要约。

25. 【答案】×

 【解析】本题考查的知识点是《合同法》。根据《合同法》，撤回要约的通知在受要约人发出承诺通知之前到达受要约人的要约可以撤销。

26. 【答案】√

 【解析】本题考查的知识点是《合同法》。根据《合同法》，故意隐瞒与订立合同有关的重要事实或者提供虚假情况对对方造成损失的，应当承担损害赔偿责任。

27. 【答案】×

 【解析】本题考查的知识点是《合同法》。根据《合同法》，限制民事行为能力人订立的合同，经法定代理人追认后，该合同有效。

28. 【答案】×

 【解析】本题考查的知识点是《合同法》。根据《合同法》，如果甲在1个月内追认了乙的行为，该合同就不能撤销了。

29. 【答案】√

 【解析】本题考查的知识点是《合同法》。根据《合同法》，因故意或者重大过失造成对方财产损失的免责条款无效。

30. 【答案】√

 【解析】本题考查的知识点是《合同法》。根据《合同法》，无效合同或者被撤销的合同自始没有法律约束力。

31. 【答案】√

 【解析】本题考查的知识点是《合同法》。根据《合同法》，合同可以向第三人履行，也可以由第三人代为履行。

32.【答案】×

【解析】本题考查的知识点是《合同法》。根据《合同法》，债权人转让权利的，债权人应当通知债务人。

33.【答案】√

【解析】本题考查的知识点是《合同法》。根据《合同法》，债权人下落不明的，债务人可以将标的物提存。

34.【答案】×

【解析】本题考查的知识点是《合同法》。根据《合同法》，违约责任是民事赔偿责任。

35.【答案】√

【解析】本题考查的知识点是《合同法》。根据《合同法》，约定的违约金过分高于造成的损失的，当事人可以请求人民法院或者仲裁机构予以适当减少。

36.【答案】×

【解析】本题考查的知识点是《合同法》。根据《合同法》，当事人迟延履行后发生不可抗力的，不能免除责任。

37.【答案】×

【解析】本题考查的知识点是《合同法》。根据《合同法》，合同争议的解决方式有和解、调解、仲裁或者诉讼。和解和调解是解决合同争议的常用和有效方式。

38.【答案】×

【解析】本题考查的知识点是《合同法》。根据《合同法》，当事人双方应当自觉执行裁决，不执行的，另一方当事人可以申请有管辖权的人民法院强制执行。

39.【答案】√

【解析】本题考查的知识点是《合同法》。根据《合同法》，当事人对仲裁协议的效力有异议的，可以请求仲裁机构作出决定或者请求人民法院作出裁定。

40.【答案】√

【解析】本题考查的知识点是《施工合同法律解释一》。根据《施工合同法律解释一》，当事人对欠付工程价款利息，没有约定的，按照中国人民银行发布的同期同类贷款利率计息。

41.【答案】×

【解析】本题考查的知识点是《施工合同法律解释一》。根据《施工合同法律解释一》，当事人约定按照固定价结算工程价款，一方当事人请求对建设工程造价进行鉴定的，不予支持。

42.【答案】√

【解析】本题考查的知识点是《施工合同法律解释二》。根据《施工合同法律解释二》，当事人在诉讼前已经对建设工程价款结算达成协议，诉讼中一方当事人申请对工程造价进行鉴定的，人民法院不予准许。

二、单项选择题（每题的备选项中，只有一个最符合题意）

1. 【答案】C

   【解析】本题考查的知识点是缔约过失责任。缔约过失责任发生于合同不成立或者合同无效的缔约过程。其构成条件：① 当事人有过错，若无过错，则不承担责任；② 有损害后果的发生，若无损失，亦不承担责任；③ 当事人的过错行为与造成的损失有因果关系。当事人在订立合同过程中知悉的商业秘密，无论合同是否成立，不得泄露或者不正当地使用。泄露或者不正当地使用该商业秘密给对方造成损失的，应当承担损害赔偿责任。

2. 【答案】D

   【解析】本题考查的知识点是《招标投标法》。投标文件应当对招标文件提出的实质性要求和条件作出响应。

3. 【答案】B

   【解析】本题考查的知识点是《建筑法》。建设单位应当自领取施工许可证之日起 3 个月内开工。因故不能按期开工的，应当向发证机关申请延期；延期以两次为限，每次不超过 3 个月。既不开工又不申请延期或者超过延期时限的，施工许可证自行废止。

4. 【答案】D

   【解析】本题考查的知识点是合同成立依据。承诺生效时合同成立。

5. 【答案】A

   【解析】本题考查的知识点是《招标投标法实施条例》。对技术复杂或者无法精确拟定技术规格的项目，招标人可以分两阶段进行招标：第一阶段，投标人按照招标公告或者投标邀请书的要求提交不带报价的技术建议，招标人根据投标人提交的技术建议确定技术标准和要求，编制招标文件；第二阶段，招标人向在第一阶段提交技术建议的投标人提供招标文件，投标人按照招标文件的要求提交包括最终技术方案和投标报价的投标文件。如招标人要求投标人提供投标保证金，应当在第二阶段提出。

6. 【答案】C

   【解析】本题考查的知识点是《招标投标法实施条例》。招标文件要求中标人提交履约保证金的，履约保证金不得超过中标合同金额的 10%。

7. 【答案】C

   【解析】本题考查的知识点是《招标投标法实施条例》。可以不进行招标的项目包括：需要采用不可替代专利或者专有技术的；采购人依法能够自行建设、生产或者提供；需要向原中标人采购工程、货物或服务，否则将影响施工或者功能配套要求；已通过招标方式选定的特许经营项目投资人依法能够自行建设、生产或者提供；国家规定的其他情形。

8.【答案】D

【解析】本题考查的知识点是工程质量保修。建设工程的保修期,自竣工验收合格之日起计算。

9.【答案】D

【解析】本题考查的知识点是标的物提存。债权人领取提存物的权利期限为5年,超过该期限,提存物扣除提存费用后归国家所有。

10.【答案】D

【解析】本题考查的知识点是《合同法》。具有撤销权的当事人自知道或者应当知道撤销事由之日起1年内没有行使撤销权,则撤销权消灭。

11.【答案】B

【解析】本题考查的知识点是《建设工程质量管理条例》。建设工程实行质量保修制度。建设工程承包单位在向建设单位提交工程竣工验收报告时,应当向建设单位出具质量保修书。质量保修书中应当明确建设工程的保修范围、保修期限和保修责任等。

12.【答案】C

【解析】本题考查的知识点是《建筑法》。房屋拆除应当由具备保证安全条件的建筑施工单位承担,由建筑施工单位负责人对安全负责。

13.【答案】A

【解析】本题考查的知识点是《招标投标法实施条例》。招标人应在招标文件中载明投标有效期,投标有效期从投标人提交投标文件的截止之日起计算。投标人拒绝延长投标有效期的,投标人有权收回其投标保证金。

14.【答案】A

【解析】本题考查的知识点是合同履行的一般规定。当合同履行方式不明确时,按照有利于实现合同目的的方式履行。

15.【答案】C

【解析】本题考查的知识点是合同债务转移。债务人将合同的义务全部或者部分转移给第三人的,应当经债权人同意。

16.【答案】D

【解析】本题考查的知识点是《招标投标法》。《招标投标法》规定,必须招标的范围,① 大型基础设施、公用事业等关系社会公共利益、公众安全的项目;② 全部或者部分使用国有资金投资或者国家融资的项目;③ 使用国际组织或者外国政府贷款、援助资金的项目。

17.【答案】B

【解析】本题考查的知识点是《招标投标法实施条例》。可以邀请招标的情形包含:技术复杂、有特殊要求或受自然环境限制,只有少量潜在投标人可供选择;采用公开招标方式的费用占用项目合同金额比例过大。

18.【答案】A

【解析】本题考查的知识点是《政府采购法》。政府采购合同履行中，采购人需追加与合同标的相同的货物、工程或服务的，在不改变合同其他条款的前提下，可以与供应商协商签订补充合同，但所有补充合同的采购金额不得超过原合同采购金额的 10%。

19.【答案】C

【解析】本题考查的知识点是投标保证金。如招标人在招标文件中要求投标人提交投标保证金，投标保证金不得超过招标项目估算价的 2%。

20.【答案】B

【解析】本题考查的知识点是效力待定合同。效力待定合同是指合同已经成立，但因其不完全符合有关合同生效的要件，其效力能否发生还尚未确定的合同。效力待定合同主要是因为当事人缺乏缔约能力、处分能力和代理资格所造成的。限制行为能力人订立的合同属于效力待定的合同。

21.【答案】A

【解析】本题考查的知识点是《建筑法》。除国务院建设行政主管部门确定的限额以下的小型工程外，建筑工程开工前，建设单位应当按照国家有关规定向工程所在地县级以上人民政府建设行政主管部门申请领取施工许可证。

22.【答案】A

【解析】本题考查的知识点是《建筑法》。除国务院建设行政主管部门确定的限额以下的小型工程外，建筑工程开工前，建设单位应当按照国家有关规定向工程所在地县级以上人民政府建设行政主管部门申请领取施工许可证。

23.【答案】C

【解析】本题考查的知识点是《建筑法》。建设单位应当自领取施工许可证之日起 3 个月内开工。

24.【答案】A

【解析】本题考查的知识点是《建筑法》。在建的建筑工程因故中止施工的，建设单位应当自中止施工之日起 1 个月内，向发证机关报告，并按照规定做好建设工程的维护管理工作。

25.【答案】C

【解析】本题考查的知识点是《建筑法》。中止施工满 1 年的工程恢复施工前，建设单位应当报发证机关核验施工许可证。

26.【答案】D

【解析】本题考查的知识点是《建筑法》。按照国务院有关规定批准开工报告的建筑工程，因故不能按期开工或者中止施工的，应当及时向批准机关报告情况。因故不能按期开工超过 6 个月的，应当重新办理开工报告的批准手续。

27.【答案】D

【解析】本题考查的知识点是《建筑法》。从事建筑活动的施工企业、勘察、设

第一章　工程造价管理相关法律法规与制度

计和监理单位,按照其拥有的注册资本、专业技术人员、技术装备和已完成的建筑工程业绩等资质条件,划分为不同的资质等级,经资质审查合格,取得相应等级的资质证书后,方可在其资质等级许可的范围内从事建筑活动。

28. 【答案】C

【解析】本题考查的知识点是《建筑法》。建筑工程依法实行招标发包。对不适于招标发包的可以直接发包。提倡对建筑工程实行总承包,禁止将建筑工程肢解发包。建筑工程的发包单位可以将建筑工程的勘察、设计、施工、设备采购一并发包给一个工程总承包单位。但是,不得将应当由一个承包单位完成的建筑工程肢解成若干部分发包给几个承包单位。建筑材料、构件、设备由工程承包单位采购,发包单位不得指定购入或指定生产厂、供应商。

29. 【答案】A

【解析】本题考查的知识点是《建筑法》。大型建筑工程或结构复杂的建筑工程,可以由两个以上的承包单位联合共同承包。

30. 【答案】B

【解析】本题考查的知识点是《建筑法》。两个以上不同资质等级的单位实行联合共同承包的,应当按照资质等级低的单位的业务许可范围承揽工程。

31. 【答案】A

【解析】本题考查的知识点是《建筑法》。两个以上不同资质等级的单位实行联合共同承包的,应当按照资质等级低的单位的业务许可范围承揽工程。

32. 【答案】D

【解析】本题考查的知识点是《建筑法》。大型建筑工程或结构复杂的建筑工程,可以由两个以上的承包单位联合共同承包。共同承包的各方对承包合同的履行承担连带责任。

33. 【答案】B

【解析】本题考查的知识点是《建筑法》。建筑工程的发包单位与承包单位应依法订立书面合同,明确双方的权利和义务。

34. 【答案】C

【解析】本题考查的知识点是《建筑法》。发现设计不符合建筑工程质量标准或者合同约定的质量要求的,应当报告建设单位要求设计单位改正。

35. 【答案】D

【解析】本题考查的知识点是《建筑法》。建筑工程安全生产管理必须坚持安全第一、预防为主的方针,建立健全安全生产的责任制度和群防群治制度。

36. 【答案】C

【解析】本题考查的知识点是《建筑法》。施工现场的安全由施工单位负责。

37. 【答案】D

【解析】本题考查的知识点是《建筑法》。工程设计的修改由原设计单位负责,建筑施工企业不得擅自修改工程设计。

38. 【答案】D

【解析】本题考查的知识点是《建设工程质量管理条例》。施工单位必须按该工程设计要求、施工技术标准和合同约定，对建筑材料、建筑构配件、设备和商品混凝土进行检验，检验应当有书面记录和专人签字；未经检验或者检验不合格的，不得使用。

39. 【答案】A

【解析】本题考查的知识点是《建设工程质量管理条例》。建设工程的保修期，自竣工验收合格之日起计算。

40. 【答案】A

【解析】本题考查的知识点是《建设工程质量管理条例》。在正常使用条件下，地基基础和主体结构工程，为设计文件规定的合理使用年限为建设工程的保修期。

41. 【答案】C

【解析】本题考查的知识点是《建设工程质量管理条例》。屋面防水工程、有防水要求的卫生间、房间和外墙面的防渗漏的最低保修年限为 5 年。

42. 【答案】D

【解析】本题考查的知识点是《建设工程质量管理条例》。装修工程的最低保修年限为 2 年。

43. 【答案】B

【解析】本题考查的知识点是《建设工程质量管理条例》。建设单位应当自建设工程竣工验收合格之日起 15 日内，将建设工程竣工验收报告和规划、公安消防、环保等部门出具的认可文件或者准许使用文件报建设行政主管部门或者其他有关部门备案。

44. 【答案】C

【解析】本题考查的知识点是《建设工程安全生产管理条例》。建设单位应当向施工单位提供施工现场及毗邻区域内地下管线资料，气象和水文观测资料，相邻建筑物和构筑物、地下工程的有关资料，并保证资料的真实、准确、完整。

45. 【答案】C

【解析】本题考查的知识点是《建设工程安全生产管理条例》。建设单位在编制工程概算时，应当确定建设工程安全作业环境及安全施工措施所需费用；在申请领取施工许可证时，应当提供建设工程有关安全施工措施的资料。

46. 【答案】A

【解析】本题考查的知识点是《建设工程安全生产管理条例》。施工单位主要负责人依法对本单位的安全生产工作全面负责。

47. 【答案】C

【解析】本题考查的知识点是《建设工程安全生产管理条例》。垂直运输机械作业人员、安装拆卸工、爆破作业人员、起重信号工、登高架设作业人员等特种作业人员，必须按照国家有关规定经过专门的安全作业培训，并取得特种作业操作资格证书后，方可上岗作业。

48.【答案】D
【解析】本题考查的知识点是《建设工程安全生产管理条例》。对下列达到一定规模的危险性较大的分部（分项）工程编制专项施工方案，并附具安全验算结果：① 基坑支护与降水工程；② 土方开挖工程；③ 模板工程；④ 起重吊装工程；⑤ 脚手架工程；⑥ 拆除、爆破工程。

49.【答案】C
【解析】本题考查的知识点是《建设工程安全生产管理条例》。深基坑、地下暗挖、高大模板的专项施工方案，应组织专家论证。

50.【答案】D
【解析】本题考查的知识点是《建设工程安全生产管理条例》。施工单位应当在施工现场入口处、施工起重机械、临时用电设施、脚手架、出入通道口、楼梯口、电梯井口、孔洞口、桥梁口、隧道口、基坑边沿、爆破物及有害危险气体和液体存放处等危险部位，设置明显的符合国家标准的安全警示标志。

51.【答案】B
【解析】本题考查的知识点是《招标投标法》。招标人对已发出的招标文件进行必要的澄清或修改的，应当在招标文件要求提交投标文件截止时间至少15日前，以书面形式通知所有招标文件接受人。

52.【答案】C
【解析】本题考查的知识点是《招标投标法》。依法必须进行招标的项目，自招标文件开始发出之日起至投标人提交投标文件截止之日止，最短不得少于20日。

53.【答案】A
【解析】本题考查的知识点是《招标投标法》。投标人少于3个的，招标人应当依照《招标投标法》重新招标。

54.【答案】D
【解析】本题考查的知识点是《招标投标法》。招标人和中标人应当自中标通知书发出之日起30日内，按照招标文件和中标人的投标文件订立书面合同。

55.【答案】D
【解析】本题考查的知识点是《招标投标法》。开标应在招标人的主持下，在招标文件确定的提交投标文件截止时间的同一时间、招标文件中预先确定的地点公开进行。

56.【答案】B
【解析】本题考查的知识点是《招标投标法》。资格预审文件或者招标文件的发售期不得少于5日。

57.【答案】A
【解析】本题考查的知识点是《招标投标法》。潜在投标人或者其他利害关系人对资格预审文件有异议，资格预审申请文件截止时间 2 日前提出。

58.【答案】D

【解析】本题考查的知识点是《招标投标法》。潜在投标人或者其他利害关系人对资格预审文件有异议，应当在投标截止时间 10 日前提出。

59.【答案】B

【解析】本题考查的知识点是《招标投标法实施条例》。招标人应当自收到异议之日起 3 日内作出答复。

60.【答案】B

【解析】本题考查的知识点是《招标投标法实施条例》。投标人撤回已提交的投标文件，应当在投标截止时间前书面通知招标人。

61.【答案】B

【解析】本题考查的知识点是《招标投标法实施条例》。投标人撤回已提交的投标文件，应当在投标截止时间前书面通知招标人。招标人已收取投标保证金的，应当自收到投标人书面撤回通知之日起 5 日内退还。投标截止后投标人撤销投标文件的，招标人可以不退还投标保证金。

62.【答案】C

【解析】本题考查的知识点是《招标投标法实施条例》。有下列情形之一的，属于投标人相互串通投标：① 投标人之间协商投标报价等投标文件的实质性内容；② 投标人之间约定中标人；③ 投标人之间约定部分投标人放弃投标或者中标；④ 属于同一集团、协会、商会等组织成员的投标人按照该组织要求协同投标；⑤ 投标人之间为谋取中标或者排斥特定投标人而采取的其他联合行动。有下列情形之一的，视为投标人相互串通：① 不同投标人的投标文件由同一单位或者个人编制；② 不同投标人委托同一单位或者个人办理投标事宜；③ 不同投标人的投标文件载明的项目管理成员为同一人；④ 不同投标人的投标文件异常一致或者投标报价呈规律性差异；⑤ 不同投标人的投标文件相互混装；⑥ 不同投标人的投标保证金从同一单位或者个人的账户转出。

63.【答案】B

【解析】本题考查的知识点是《招标投标法实施条例》。如超过 1/3 的评标委员会成员认为评标时间不够，招标人应当适当延长。

64.【答案】A

【解析】本题考查的知识点是《招标投标法实施条例》。招标人收到评标报告起 3 日内公示，公示期不得少于 3 日。

65.【答案】C

【解析】本题考查的知识点是《招标投标法实施条例》。如果投标人或者其他利害关系人认为招标投标活动不符合法律、行政法规规定，可以自知道或者应当知道之日起 10 日内向有关行政监督部门投诉。

66. 【答案】A

【解析】本题考查的知识点是《政府采购法》。政府采购的方式有：公开招标、邀请招标、竞争性谈判、单一来源采购、询价，以及国务院采购监督管理部门认定的其他采购方式。公开招标应作为政府采购的主要采购方式。

67. 【答案】B

【解析】本题考查的知识点是《政府采购法》。采购人采购货物或者服务应当采用公开招标方式的，其具体数额标准，属于中央预算的政府采购项目，由国务院规定；属于地方预算的政府采购项目，由省、自治区、直辖市人民政府规定；因特殊情况需要采用公开招标以外的采购方式的，应当在采购活动开始前获得设区的市、自治州以上人民政府采购监督管理部门的批准。符合下列情形之一的货物或者服务，可以依照本法采用邀请招标方式采购：① 具有特殊性，只能从有限范围的供应商处采购的；② 采用公开招标方式的费用占政府采购项目总价值的比例过大的。符合下列情形之一的货物或者服务，可以依照本法采用竞争性谈判方式采购：① 招标后没有供应商投标或者没有合格标的或者重新招标未能成立的；② 技术复杂或者性质特殊，不能确定详细规格或者具体要求的；③ 采用招标所需时间不能满足用户紧急需要的；④ 不能事先计算出价格总额的。

68. 【答案】A

【解析】本题考查的知识点是《政府采购法》。招标文件要求投标人提交投标保证金的，投标保证金不得超过采购项目预算金额的2%。

69. 【答案】B

【解析】本题考查的知识点是《合同法》。要约指希望和他人订立合同的意思表示。要约邀请指邀请他人向自己发出要约。招标文件是要约邀请，投标文件是要约，中标通知书是承诺。

70. 【答案】C

【解析】本题考查的知识点是《合同法》。要约到达受要约人时生效。

71. 【答案】C

【解析】本题考查的知识点是《合同法》。要约到达受要约人时生效，9月4日送至B公司传达室即为要约到达受要约人。

72. 【答案】B

【解析】本题考查的知识点是《合同法》。要约可以撤回，撤回要约的通知应当在要约到达受要约人之前或者与要约同时到达受要约人。

73. 【答案】D

【解析】本题考查的知识点是《合同法》。要约可以撤销，撤销要约的通知应当在受要约人发出承诺通知之前到达受要约人。A、B均为要约可撤回的情形，D为可以撤销的情形。

74. 【答案】D

【解析】本题考查的知识点是《合同法》。承诺通知到达要约人时生效；承诺不需要通知的，根据交易习惯或者要约的要求作出承诺的行为时生效。采用数据电文形式订立合同的，承诺达到的时间适用于要约到达受要约人时间的规定。

75. 【答案】B

【解析】本题考查的知识点是《合同法》。① 要约到达受要约人时生效，但投标文件并非送达招标人时生效，而是自投标截止时生效；② 承诺到达要约人时生效，但中标通知书并非送达中标人时生效，而是发出时就生效；③ 承诺生效时合同成立，但建设工程合同为法律规定应当采用书面形式的合同，因此，发出中标通知书时合同不成立，而是自双方签订合同书时合同才成立；④ 如果双方没有订立合同书，而是已经开始履行合同主要义务，对方接受，则按事实合同处理。

76. 【答案】D

【解析】本题考查的知识点是《合同法》。如受要约人对要约的内容作出实质性变更，视为新要约。

77. 【答案】A

【解析】本题考查的知识点是《合同法》。选项A正确，承诺可以撤回，撤回承诺的通知应当在承诺通知到达要约人之前或者与承诺通知同时到达要约人。选项B错误，承诺可以撤回，撤回承诺的通知应当在承诺通知到达要约人之前或者与承诺通知同时到达要约人。选项C错误，承诺内容应当与要约内容一致。有关合同标的、数量、质量、价款或者报酬、履行期限、履行地点和方式、违约责任和解决争议方法等的变更，是对要约内容的实质性变更。受要约人对要约的内容作出实质性变更的，为新要约。选项D错误，要约没有确定承诺期限的，承诺应当依照下列规定到达：① 除非当事人另有约定，以对话方式做出的要约，应当即时作出承诺；② 以非对话方式做出的要约，承诺应当在合理期限内到达。

78. 【答案】C

【解析】本题考查的知识点是《合同法》。选项C错误。格式条款与非格式条款不一致的，应当采用非格式条款。

79. 【答案】D

【解析】本题考查的知识点是《合同法》。选项D错误。附生效条件的合同，自条件成立时生效。

80. 【答案】C

【解析】本题考查的知识点是《合同法》。选项A、B、D属于无效合同的情形，即整个合同无效。选项C属于免责条款无效的情形。

81. 【答案】B

【解析】本题考查的知识点是《合同法》。下列情形之一的，合同无效：① 一方以欺诈、胁迫的手段订立合同，损害国家利益；② 恶意串通，损害国家、集体或者第三人利益；③以合法形式掩盖非法目的；④损害社会公共利益；⑤违反法律、行政法规的强制性规定。

82.【答案】B

【解析】本题考查的知识点是《合同法》。合同无效或者被撤销后，因该合同取得的财产，应当予以返还；不能返还或者没有必要返还的，应当折价补偿。有过错的一方应当赔偿对方因此所受到的损失，双方都有过错的，应当各自承担相应的责任。

83.【答案】C

【解析】本题考查的知识点是《合同法》。执行政府定价或者政府指导价的，在合同约定的交付期限内政府价格调整时，按照交付时的价格计价。逾期交付标的物的，遇价格上涨时，按照原价格执行；价格下降时，按照新价格执行。逾期提取标的物或者逾期付款的，遇价格上涨时，按照新价格执行；价格下降时，按照原价格执行。

84.【答案】B

【解析】本题考查的知识点是《合同法》。合同一方当事人取得对方当事人同意后，将合同的权利义务全部或部分转让给第三人的法律形式属于合同转让。

85.【答案】A

【解析】本题考查的知识点是《合同法》。继续履行是合同当事人一方违约时，其承担违约责任的首选方式。

86.【答案】B

【解析】本题考查的知识点是《合同法》。收受定金的一方不履行约定的债务的，应当双倍返还定金。

87.【答案】A

【解析】本题考查的知识点是《合同法》。建设工程施工合同纠纷以施工行为地为合同履行地。

88.【答案】D

【解析】本题考查的知识点是《价格法》。下列商品和服务价格，政府在必要时可以实行政府指导价或者政府定价：①与国民经济发展和人民生活关系重大的极少数商品价格（关系民生的，原油、天然气）；②资源稀缺的少数商品价格（金银矿产品的收购价）；③自然垄断经营的商品价格（集中供热、自来水）；④重要的公用事业价格（公共交通）；⑤重要的公益性服务价格（学校、医院）。

89.【答案】B

【解析】本题考查的知识点是《施工合同法律解释一》。选项A错误，建设工程经竣工验收合格，承包人请求参照合同约定支付工程价款的，应予支持。选项C错误，建设工程经竣工验收不合格的，修复后的建设工程经竣工验收不合格，承包人请求支付工程价款的，不予支持。选项D不正确，因建设工程不合格造成的损失，发包人有过错的，也应承担相应的民事责任。

90.【答案】B

【解析】本题考查的知识点是《施工合同法律解释一》。承包人已经提交竣工验收报告，发包人拖延验收的，以承包人提交验收报告之日为竣工日期。

91.【答案】B

【解析】本题考查的知识点是《施工合同法律解释一》。建设工程未经竣工验收，发包人擅自使用的，以转移占有建设工程之日为竣工日期。

92.【答案】B

【解析】本题考查的知识点是《施工合同法律解释一》。当事人就同一建设工程另行订立的建设工程施工合同与经过备案的中标合同实质性内容不一致的，应当以备案的中标合同作为结算工程价款的根据。

93.【答案】C

【解析】本题考查的知识点是《施工合同法律解释二》。承包人经发包人同意已经实际进场施工的，以实际进场时间为开工日期。

三、多项选择题（每小题所设选项中有2个或2个以上正确答案，至少有1个错项）

1.【答案】ABC

【解析】本题考查的知识点是建筑工程发包与承包。选项D错误，两个以上不同资质等级的单位实行联合共同承包的，应当按照资质等级低的单位的业务许可范围承揽工程。选项E错误，施工总承包的，建筑工程主体结构的施工必须由总承包单位自行完成。

2.【答案】CDE

【解析】本题考查的知识点是建设工程的保修期。在正常使用条件下，建设工程最低保修期限为：（1）基础设施工程、房屋建筑的地基基础工程和主体结构工程，为设计文件规定的该工程合理使用年限。（2）屋面防水工程、有防水要求的卫生间、房间和外墙面的防渗漏，为5年。（3）供热与供冷系统，为2个采暖期、供冷期。（4）电气管道、给排水管道、设备安装和装修工程，为2年。

3.【答案】ABC

【解析】本题考查的知识点是《建设工程安全生产管理条例》相关内容。深基坑、地下暗挖工程、高大模板工程的专项施工方案，施工单位应当组织专家进行论证、审查。

4.【答案】ABDE

【解析】本题考查的知识点是合同权利义务终止。有下列情形之一的，合同的权利义务终止：债务已经按照约定履行；合同解除；债务相互抵消；债务人依法将标的物提存；债权人免除债务；债权债务同归于一人；法律规定或者当事人约定终止的其他情形。

5. 【答案】ABC

【解析】本题考查的知识点是《招标投标法》。必须进行招标的项目包括：

（1）大型基础设施、公用事业等关系社会公共利益、公众安全的项目。

（2）全部或者部分使用国有资金投资或者国家融资的项目。

（3）使用国际组织或者外国政府贷款、援助资金的项目。

6. 【答案】BD

【解析】本题考查的知识点是《政府采购法》。可以采用单一来源方式进行采购：（1）只能从唯一供应商处采购的；（2）发生了不可预见的紧急情况不能从其他供应商处采购的；（3）必须保证原有采购项目一致性或者服务配套的要求，需要继续从原供应商处添购，且添购资金总额不超过原合同采购金额10%的。

7. 【答案】AD

【解析】本题考查的知识点是《合同法》。效力待定合同包括：限制民事行为能力人订立的合同和无权代理人代订的合同。

8. 【答案】AB

【解析】本题考查的知识点是招标方式。招标分为公开招标和邀请招标两种方式。

9. 【答案】AD

【解析】本题考查的知识点是《建筑法》。建筑许可包括建筑工程施工许可和从业资格两个方面。

10. 【答案】ABDE

【解析】本题考查的知识点是《建筑法》。①已办理建筑工程用地批准手续；②依法应当办理建设工程规划许可证的，已取得规划许可证；③需要拆迁的，其拆迁进度符合施工要求；④已经确定建筑施工企业；⑤有满足施工需要的资金安排、施工图纸及技术资料；⑥有保证工程质量和安全的具体措施。

11. 【答案】BCD

【解析】本题考查的知识点是《建筑法》。实施建筑工程监理前，建设单位应将委托的工程监理单位、监理的内容及监理权限，书面通知被监理的建筑施工企业。

12. 【答案】ADE

【解析】本题考查的知识点是《建筑法》。选项B错误，实行总承包的由总承包负责，分包向总承包单位负责。选项C错误，建设单位涉及建筑主体和承重结构变动的装修工程，建设单位应当在施工前委托原设计单位或者具有相应资质等级条件的设计单位提出设计方案，没有设计方案的，不得施工。

13. 【答案】BCDE

【解析】本题考查的知识点是《建筑法》。选项A错误，建筑设计单位对设计文件选用的建筑材料、建筑构配件和设备，不得指定生产厂、供应商。

14. 【答案】ACE

    【解析】本题考查的知识点是《建设工程质量管理条例》。监理工程师应当按照工程监理规范的要求，采取旁站、巡视和平行检验等形式，对建设工程实施监理。

15. 【答案】ABCD

    【解析】本题考查的知识点是《建设工程质量管理条例》。选项 E 错误，施工现场暂时停止施工，施工单位应当做好现场防护，所需费用由责任方承担。

16. 【答案】ACDE

    【解析】本题考查的知识点是《招标投标法》。在招标文件要求提交投标文件的截止日期之前，投标人可以补充、修改后者撤回已提交的投标文件。

17. 【答案】ACDE

    【解析】本题考查的知识点是《招标投标法》。选项 B 错误，招标人和中标人应当自中标通知书发出之日起 30 日内，按照招标文件和中标人的投标文件订立书面合同。

18. 【答案】BCE

    【解析】本题考查的知识点是《招标投标法实施条例》。A、D 为邀请招标的情形。可以不进行招标的情形：① 需要采用不可替代专利或者专有技术；② 采购人依法能够自行建设、生产或者提供；③ 需要向原中标人采购工程、货物或服务，否则将影响施工或者功能配套要求；④ 已通过招标方式选定的特许经营项目投资人依法能够自行建设、生产或者提供；⑤ 国家规定的其他情形。

19. 【答案】ABCD

    【解析】本题考查的知识点是《招标投标法实施条例》。属于以不合理条件限制、排斥潜在投标人或投标人的情形：① 提供有差别的项目信息；② 设定的资格、技术、商务条件与招标项目的具体特点和实际需要不相适应或者与合同履行无关；③ 以特定行政区域或者特定行业的业绩、奖项作为加分条件或者中标条件；④ 采取不同的资格审查或者评标标准；⑤ 限定或者指定特定的专利、商标、品牌、原产地或者供应商；⑥ 非法限定所有制形式或者组织形式；⑦ 以其他不合理条件限制、排斥潜在投标人或者投标人。

20. 【答案】ACDE

    【解析】本题考查的知识点是《招标投标法实施条例》。投标人相互串通投标，包括相互串通投标和视为相互串通投标两种情形。B 为属于投标人相互串通投标行为。

21. 【答案】CDE

    【解析】本题考查的知识点是《招标投标法实施条例》。选项 A 为视为投标人相互串通投标的情形。选项 B 为评标委员会否决投标的情形。

22. 【答案】ABCD

　　【解析】本题考查的知识点是《招标投标法实施条例》。选项 E 为属于投标人相互串通投标的情形。

23. 【答案】ABC

　　【解析】本题考查的知识点是《招标投标法实施条例》。有下列情形之一的，评标委员会应当否决其投标：① 投标文件未经投标单位盖章和单位负责人签字；② 投标联合体没有提交共同投标协议；③ 投标人不符合国家或者招标文件规定的资格条件；④ 同一投标人提交两个以上不同的投标文件或者投标报价，但招标文件要求提交备选投标的除外；⑤ 投标报价低于成本或者高于招标文件设定的最高投标限价；⑥ 投标文件没有对招标文件的实质性要求和条件作出响应；⑦ 投标人有串通投标、弄虚作假、行贿等违法行为。

24. 【答案】BDE

　　【解析】本题考查的知识点是《招标投标法实施条例》。选项 A 错误，招标人应当自收到评标报告之日起 3 日内公示中标候选人。选项 C 错误，第一中标候选人放弃中标的，招标人应当确定第二中标候选人中标，也可以重新招标。

25. 【答案】ABCD

　　【解析】本题考查的知识点是《政府采购法》。政府采购方式包括：公开招标、邀请招标、竞争性谈判、单一来源采购、询价。

26. 【答案】ABE

　　【解析】本题考查的知识点是《政府采购法》。选项 C 错误，招标文件要求投标人提交投标保证金的，投标保证金不得超过采购项目预算金额的 2%。选项 D 错误，技术服务等标准统一的货物和服务项目，应当采用最低评标价法。

27. 【答案】ACDE

　　【解析】本题考查的知识点是《合同法》。投标报价为要约。

28. 【答案】BCE

　　【解析】本题考查的知识点是《合同法》。选项 A 为要约可撤销的情形。选项 D 错误，承诺期限届满，受要约人未作出承诺要约失效。

29. 【答案】ABDE

　　【解析】本题考查的知识点是《合同法》。有关合同标的、数量、质量、价款或者报酬、履行期限、履行地点和方式、违约责任和解决争议方法等内容的变更，是对要约内容的实质性变更。邀约人对要约的内容作出的实质性变更的，为新要约。

30. 【答案】BCD

　　【解析】本题考查的知识点是《合同法》。缔约过失责任包括：① 假借订立合同，恶意进行磋商；② 故意隐瞒与订立合同有关的重要事实或者提供虚假情况；③ 其他违背诚实信用原则的行为。

31. 【答案】CD

【解析】本题考查的知识点是《合同法》。选项 C 错误，应为附生效条件的合同，自条件成就时生效，当事人为自己的利益不正当地阻止条件成就的，视为条件已成就。选项 D 错误，应为附解除条件的合同，自条件成就时失效，当事人为自己的利益不正当地促成条件成就的，视为条件不成就。

32. 【答案】BC

【解析】本题考查的知识点是《合同法》。ADE 选项为无效合同的情形。

33. 【答案】BD

【解析】本题考查的知识点是《合同法》。合同履行的原则包括全面履行和诚实信用原则。

34. 【答案】CDE

【解析】本题考查的知识点是《合同法》。选项 A 错误，逾期交付标的物的，遇价格上涨时，按原价格执行。选项 B 错误，逾期交付标的物的，遇价格下降时，按新价格执行。

35. 【答案】AB

【解析】本题考查的知识点是《合同法》。合同转让是指合同一方当事人取得对方同意后，将合同的权利义务全部或者部分转让给第三人的法律行为。

36. 【答案】ABCE

【解析】本题考查的知识点是《合同法》。违约责任的承担方式：继续履行；采取补救措施；赔偿损失；违约金；定金。

37. 【答案】BE

【解析】本题考查的知识点是《合同法》。选项 B 错误，当事人既约定违约金又约定定金的，对方可以选择适用违约金或者定金条款。选项 E 错误，违约方在支付违约金后，仍需再履行债务。

38. 【答案】BCDE

【解析】本题考查的知识点是《合同法》。选项 A 错误，仲裁裁决后，当事人就同一争议再申请仲裁或者向人民法院起诉，仲裁机构或者人民法院不予受理。

39. 【答案】BCD

【解析】本题考查的知识点是《价格法》。《价格法》价格，包括商品价格和服务价格。商品价格指有形产品和无形资产价格。服务价格指有偿服务收费。

40. 【答案】BCE

【解析】本题考查的知识点是《价格法》。A、D 属于经营者可以自主定价的情况。

41. 【答案】ABCD

【解析】本题考查的知识点是《合同法》。选项 E 错误，合同成立经过要约、承诺两个阶段。

第二节 工程造价管理制度

本节知识导图

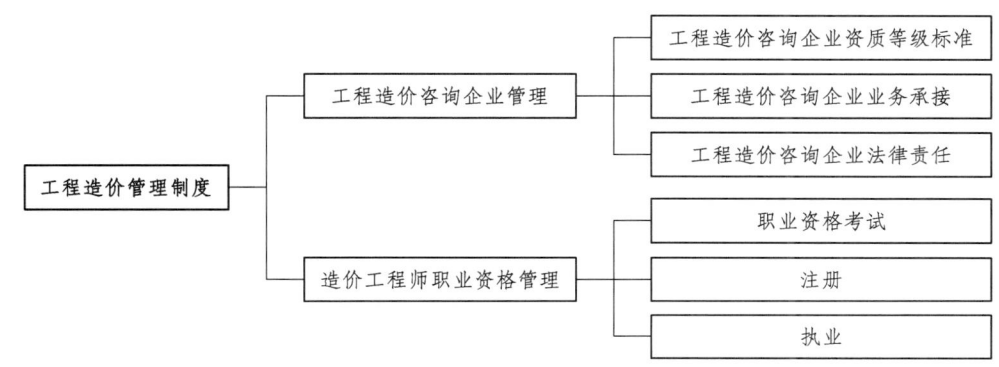

本节习题精选

一、判断题（判断正误，正确的打√，错误的打×）

1. 工程造价咨询成果文件可以由二级造价工程师审核并加盖执业印章。（　　）
2. 工程造价咨询企业乙级，暂定期内工程造价咨询营业收入累计不低于100万元。（　　）
3. 根据《工程造价咨询企业管理办法》，已取得乙级工程造价咨询企业资质证书满5年的企业，方可申请甲级资质。（　　）
4. 工程造价咨询企业跨省、自治区、直辖市承接业务不备案的，处以1万元以上3万元以下的罚款。（　　）

二、单项选择题（每题的备选项中，只有一个最符合题意）

1. 关于甲级工程造价咨询企业的资质标准，叙述错误的是（　　）。
   A. 企业与专职专业人员签订劳动合同，且专职专业人员符合国家规定的职业年龄
   B. 企业近3年工程造价咨询营业收入累计不低于500万元
   C. 已取得乙级工程造价咨询企业资质证书满3年
   D. 企业注册资本不少于80万元

2. 根据《工程造价咨询企业管理办法》的规定,甲级工程造价咨询单位的资质标准之一是:具有工程(或工程经济)类中级以上专业技术职称或者取得二级造价工程师注册证书的人员不少于(   ),取得一级造价工程师注册证书的人员不少于(   )。

   A. 12人;10人　　　　　　　　B. 10人;8人
   C. 12人;8人　　　　　　　　 D. 10人;6人

3. 乙级工程造价咨询企业可以从事工程造价(   )万元以下的各类建设项目的工程造价咨询业务。

   A. 5 000　　B. 10 000　　C. 20 000　　D. 25 000

4. 根据《工程造价咨询企业管理办法》,工程造价咨询企业可被处1万元以上3万元以下罚款的情形是(   )。

   A. 出租、出借资质证书的　　　　B. 跨地区承接业务不备案的
   C. 设立分支机构未备案的　　　　D. 提供虚假材料申请资质的

5. 未取得工程造价咨询企业资质从事工程造价咨询活动或者超越资质等级承接工程造价咨询业务的(   )。

   A. 出具的工程造价成果文件无效,但不给予处罚
   B. 出具的工程造价成果文件有效,由有关部门给予处罚
   C. 出具的工程造价成果文件有效,但不给予处罚
   D. 出具的工程造价成果文件无效,由有关部门给予处罚

6 根据《工程造价咨询企业管理办法》,下列不属于工程造价咨询企业业务范围的有(   )。

   A. 工程结算及竣工结(决)算报告的编制与审核
   B. 工程造价经济纠纷的鉴定和仲裁的裁决
   C. 编制工程项目经济评价报告
   D. 对工程造价经济纠纷的鉴定和仲裁的咨询

7. 根据《工程造价咨询企业管理办法》,提供虚假材料申请工程造价咨询企业资质的,在(   )年内不得再次申请工程造价咨询企业资质。

   A. 1　　　　B. 2　　　　C. 3　　　　D. 4

8. 工程造价咨询企业跨省、自治区、直辖市承接工程造价咨询业务的,应当自承接业务之日起(   )日内到建设工程所在地省、自治区、直辖市人民政府建设主管部门备案。

   A. 10　　　　B. 15　　　　C. 20　　　　D. 30

三、多项选择题(每小题所设选项中有2个或2个以上正确答案,至少有1个错项)

1. 按现行规定,下列关于工程造价咨询企业业务的承接说明,正确的是(   )。

   A. 工程造价咨询企业从事造价咨询活动,不受行政区域的限制
   B. 工程造价咨询企业应当依法取得工程造价咨询企业资质,并在其资质等级许可的范围内从事工程造价咨询活动

C. 工程造价成果文件应当由工程造价咨询企业加盖有企业名称、资质等级及证书编号的执业印章,并由执行咨询业务的注册造价工程师签字、加盖执业印章
D. 乙级工程造价咨询企业只能从事专业项目的工程造价咨询业务
E. 乙级工程造价咨询企业只能从事工程造价 5 000 万元以下的各类建设项目的工程造价咨询业务

2. 根据《注册造价工程师管理办法》,二级注册造价工程师的执业范围有(　　)。
A. 建设工程量清单、投标报价编制
B. 工程量清单的编制和审核
C. 建设工程招标投标文件工程量和造价的编制与审核
D. 建设工程施工图预算、设计概算编制
E. 建设工程合同价款的编制

3. 下列选项中,由县级以上地方人民政府建设主管部门或者有关专业部门给予警告,责令限期改正,并处以 1 万元以上 3 万元以下罚款的有(　　)。
A. 新设立的分支结构不备案的
B. 转包承接的工程造价咨询业务
C. 出借资质等级证书
D. 超越资质等级范围承接业务
E. 跨省承接业务不备案的

4. 以下属于工程造价咨询企业禁止行为的是(　　)。
A. 出借资质等级证书
B. 转包承接的工程造价咨询业务
C. 工程造价经济纠纷的仲裁咨询
D. 超越资质等级范围承接业务
E. 同时接受两个投标人对同一工程项目的工程造价咨询业务

5. 下列属于工程造价咨询业务范围的是(　　)。
A. 建设项目概预算的编制与审核
B. 建设项目建议书投资估算与审核
C. 建设项目合同价款的确定
D. 工程造价经济纠纷的仲裁
E. 工程竣工决算报告的编制

本节习题解析

一、判断题(判断正误,正确的打√,错误的打×)

1.【答案】×
【解析】本题考查的知识点是造价工程师的执业。工程造价咨询成果文件应由一级造价工程师审核并加盖执业印章。

2.【答案】×
【解析】本题考查的知识点是工程造价咨询企业资质等级标准。乙级企业资质标准:
(1)技术负责人已取得一级造价工程师注册证书,并具有工程或工程经济类高级专业技术职称,且从事工程造价专业工作 10 年以上。

（2）专职专业人员不少于 6 人，其中，具有工程（或工程经济）类中级以上专业技术职称或者取得二级造价工程师注册证书的人员不少于 4 人，取得一级造价工程师注册证书的人员不少于 3 人，其他人员具有从事工程造价专业工作的经历。

（3）企业与专职专业人员签订劳动合同，且专职专业人员符合国家规定的职业年龄（出资人除外）。

（4）企业为本单位专职专业人员办理的社会基本养老保险手续齐全。

（5）暂定期内工程造价咨询营业收入累计不低于 50 万元。

（6）在申请核定资质等级之日前无违规行为。

3.【答案】×

【解析】本题考查的知识点是工程造价咨询企业资质等级标准。取得乙级工程造价咨询企业资质证书满 3 年的企业，方可申请甲级资质。

4.【答案】×

【解析】本题考查的知识点是工程造价咨询企业法律责任。跨省、自治区、直辖市承接业务不备案的，由县级以上地方人民政府住房城乡建设主管部门或者有关专业部门给予警告，责令限期改正；逾期未改正的，可处以 5 000 元以上 2 万元以下的罚款。

二、单项选择题（每题的备选项中，只有一个最符合题意）

1.【答案】D

【解析】本题考查的知识点是工程造价咨询企业资质等级标准。甲级企业资质标准：

（1）已取得乙级工程造价咨询企业资质证书满 3 年。

（2）技术负责人已取得一级造价工程师注册证书，并具有工程或工程经济类高级专业技术职称，且从事工程造价专业工作 15 年以上。

（3）专职从事工程造价专业工作的人员（以下简称专职专业人员）不少于 12 人，其中，具有工程（或工程经济）类中级以上专业技术职称或者取得二级造价工程师注册证书的人员不少于 10 人，取得一级造价工程师注册证书的人员不少于 6 人，其他人员具有从事工程造价专业工作的经历。

（4）企业与专职专业人员签订劳动合同，且专职专业人员符合国家规定的职业年龄（出资人除外）。

（5）企业近 3 年工程造价咨询营业收入累计不低于 500 万元。

（6）企业为本单位专职专业人员办理的社会基本养老保险手续齐全。

（7）在申请核定资质等级之日前 3 年内无违规行为。

2.【答案】D

【解析】本题考查的知识点是工程造价咨询企业资质等级标准。甲级企业资质人员标准：专职从事工程造价专业工作的人员（以下简称专职专业人员）不少于12人，其中，具有工程（或工程经济）类中级以上专业技术职称或者取得二级造价工程师注册证书的人员不少于10人，取得一级造价工程师注册证书的人员不少于6人，其他人员具有从事工程造价专业工作的经历。

3. 【答案】C

【解析】本题考查的知识点是工程造价咨询企业业务承接。乙级工程造价咨询企业可以从事工程造价2亿元以下的各类建设项目的工程造价咨询业务。

4. 【答案】A

【解析】本题考查的知识点是工程造价咨询企业法律责任。涂改、倒卖、出租、出借资质证书，或者以其他形式非法转让资质证书，可被处以1万元以上3万元以下罚款。

5. 【答案】D

【解析】本题考查的知识点是工程造价咨询企业法律责任。未取得工程造价咨询企业资质从事工程造价咨询活动或者超越资质等级承接工程造价咨询业务的，出具的工程造价成果文件无效，由县级以上地方人民政府住房城乡建设主管部门或者有关专业部门给予警告，责令限期改正，并处以1万元以上3万元以下的罚款。

6. 【答案】B

【解析】本题考查的知识点是工程造价咨询企业业务承接。工程造价咨询业务范围包括：

（1）建设项目建议书及可行性研究投资估算、项目经济评价报告的编制和审核。

（2）建设项目概预算的编制与审核，并配合设计方案比选、优化设计、限额设计等工作进行工程造价分析与控制。

（3）建设项目合同价款的确定（包括招标工程工程量清单和标底、投标报价的编制和审核），合同价款的签订与调整（包括工程变更、工程洽商和索赔费用的计算）与工程款支付，工程结算及竣工结（决）算报告的编制与审核等。

（4）工程造价经济纠纷的鉴定和仲裁的咨询。

（5）提供工程造价信息服务等。

7. 【答案】A

【解析】本题考查的知识点是工程造价咨询企业法律责任。申请人隐瞒有关情况或者提供虚假材料申请工程造价咨询企业资质的，不予受理或者不予资质许可，并给予警告，申请人在1年内不得再次申请工程造价咨询企业资质。

8. 【答案】D

【解析】本题考查的知识点是工程造价咨询企业业务承接。工程造价咨询企业跨省、自治区、直辖市承接工程造价咨询业务的，应当自承接业务之日起30日内到建设工程所在地省、自治区、直辖市人民政府建设主管部门备案。

三、多项选择题（每小题所设选项中有2个或2个以上正确答案，至少有1个错项）

1. 【答案】ABC

   【解析】本题考查的知识点是工程造价咨询企业业务承接。乙级工程造价咨询企业可以从事工程造价2亿元以下的各类建设项目的工程造价咨询业务。

2. 【答案】ADE

   【解析】本题考查的知识点是造价工程师的执业。二级造价工程师执业范围：二级造价工程师主要协助一级造价工程师开展相关工作，可独立开展以下具体工作：

   ① 建设工程工料分析、计划、组织与成本管理，施工图预算、设计概算编制；

   ② 建设工程量清单、最高投标限价、投标报价编制；

   ③ 建设工程合同价款、结算价款和竣工决算价款的编制。

3. 【答案】BCD

   【解析】本题考查的知识点是工程造价咨询企业法律责任。选项A教材未提到；选项E应给予警告，责令限期改正，逾期未改正的，可处以5000元以上2万元以下的罚款。

4. 【答案】ABDE

   【解析】本题考查的知识点是工程造价咨询企业业务承接。选项C为工程造价咨询企业的业务范围。

5. 【答案】ABCE

   【解析】本题考查的知识点是工程造价咨询企业业务承接范围。选项D错误，工程造价咨询业务范围应为工程造价经济纠纷的仲裁咨询，而仲裁应由仲裁机构裁决。

第二章

工程项目管理

 本章考纲要求

1. 工程项目组成和分类;
2. 工程建设程序;
3. 工程项目管理目标和内容;
4. 工程项目实施模式。

 本章知识导图

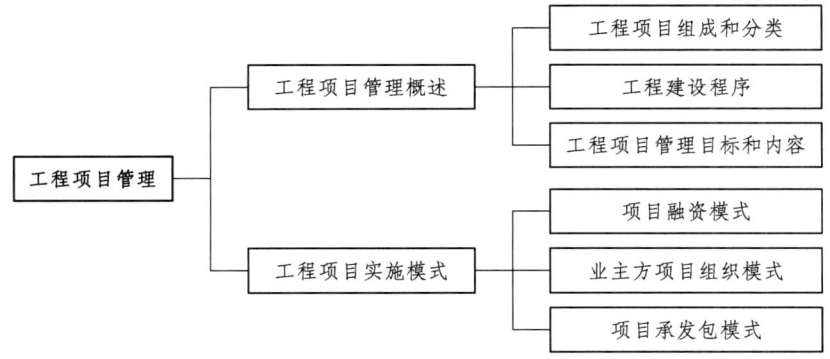

第一节 工程项目管理概述

本节知识导图

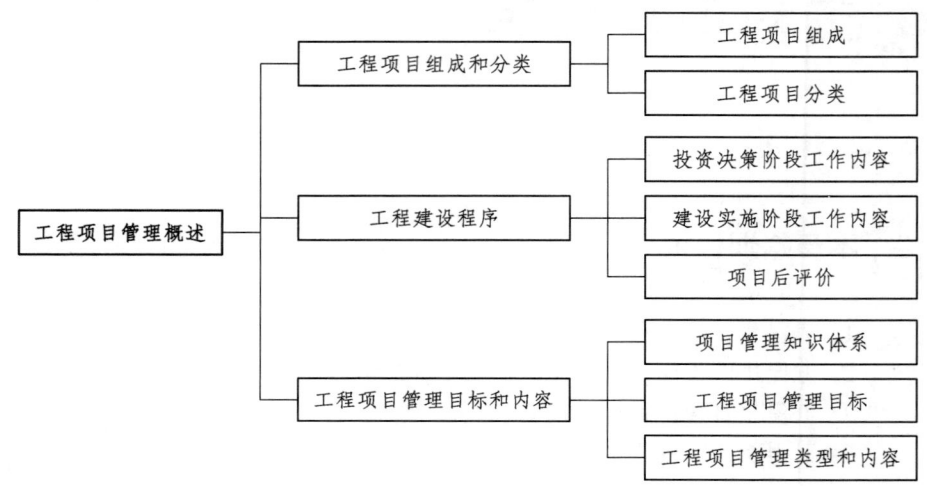

本节习题精选

一、判断题（判断正误，正确的打√，错误的打×）

1. 按投资效益和市场需求划分，工程项目可划分为竞争性项目、基础性项目和公益性项目。（　　）

2. 交通、能源、水利、城市公用设施等属于公益性项目。（　　）

3. 经营性政府投资项目应实行代建制。（　　）

4. 项目建议书经批准后，可进行可行性研究工作，但并不表明项目已经立项，批准的项目建议书不是工程项目最终决策。（　　）

5. 工程设计工作一般划分为两个阶段，即初步设计和施工图设计。重大项目和技术复杂项目，可根据需要增加技术设计阶段。（　　）

6. 如果初步设计提出的总概算超过可行性研究报告总投资的5%或其他主要指标需要变更时，应说明原因和计算依据，并重新向原审批单位报批可行性研究报告。（　　）

7. 工程项目管理的核心是控制项目三大基本目标：质量、造价和进度。（　　）

8. 凡结构形式改变、工艺改变、平面布置改变、项目改变以及有其他重大改变，不宜再在原施工图上修改补充者，应由施工单位负责重新绘制改变后的竣工图。（　　）

9. 单位工程是指具有独立的设计文件，竣工后可独立发挥生产能力和投资效益的工程项目。（　　）

10. 分项工程是工程项目施工生产活动的基础，也是计量工程用工用料和机械台班消耗的基本单元。（　　）

11. 政府投资项目一般要经过咨询机构的评估论证，对于特别重大的项目还应实行专家评议制度。（　　）

12. 对于实施核准制或备案制的项目，可不编制可行性研究报告。（　　）

13. 任何单位或个人不得擅自修改审查合格的施工图。（　　）

14. 建设单位在办理工程质量监督手续时，需要提供施工图设计文件。（　　）

15. 工程地质勘察，在某些情况下可算作正式开工日期。（　　）

16. 凡按图施工没有变动的，由监理单位在原施工图上加盖"竣工图"标志后作为竣工图。（　　）

17. 竣工图必须准确、完整、符合归档要求，方能竣工验收。（　　）

二、单项选择题（每题的备选项中，只有一个最符合题意）

1. 根据《建筑工程施工质量验收统一验收标准》，下列工程中，属于分项工程的是（　　）。
   A. 钢筋工程　　　　　　　　　B. 电气工程
   C. 屋面工程　　　　　　　　　D. 外墙防水工程

2. 下列工程中，属于分部工程的是（　　）。
   A. 既有工厂的车间扩建工程　　B. 工业车间的设备安装工程
   C. 基础工程中的土方开挖工程　D. 房屋建筑的装饰装修工程

3. 对于一般工业与民用建筑工程而言，下列工程中，属于分部工程的是（　　）。
   A. 电梯工程　　　　　　　　　B. 砌体工程
   C. 幕墙工程　　　　　　　　　D. 钢筋工程

4. 一座大型食品加工厂属于（　　）。
   A. 分部工程　　　　　　　　　B. 分项工程
   C. 单位工程　　　　　　　　　D. 单项工程

5. 以下关于项目建议书的说法，不正确的是（　　）。
   A. 经过批准的项目建议书是工程项目的最终决策
   B. 项目建议书经批准后，可以进行可行性研究工作，但并不表明项目已经立项
   C. 项目建议书是对工程项目的轮廓设想
   D. 项目建议书的主要作用是推荐一个拟建项目，供政府部门选择并确定是否进行下一步工作

6. 根据《国务院关于投资体制改革的决定》,特别重大的政府投资项目应实行( )制度。
   A. 网上公示   B. 咨询论证
   C. 民众听证   D. 专家评议

7. 根据《国务院关于投资体制改革的决定》,对于采用直接投资和资本金注入方式的政府投资项目,除特殊情况外,政府部门不再审批( )。
   A. 工程概算   B. 初步设计
   C. 开工报告   D. 可行性研究报告

8. 根据《国务院关于投资体制改革的决定》实行备案制的项目是( )。
   A. 政府直接投资的项目
   B. 采用资金注入方式的政府投资项目
   C. 《政府核准的投资项目目录》内的企业投资项目
   D. 《政府核准的投资项目目录》外的企业投资项目

9. 根据《国务院关于投资体制改革的决定》,对于采用贷款贴息方式的政府投资项目,政府需要审批( )。
   A. 资金申请报告   B. 可行性研究报告
   C. 工程概算   D. 项目建议书

10. 对于《政府核准的投资项目目录》以外的企业投资项目,实行( )。
    A. 核准制   B. 备案制   C. 审批制   D. 责任制

11. 应当按照国家有关规定办理工程质量监督手续的单位是( )。
    A. 施工单位 B. 设计单位 C. 监理单位 D. 建设单位

12. 下列项目开工建设准备工作中,在办理工程质量监督手续之后才能进行的工作是( )。
    A. 编制施工组织设计   B. 办理施工许可证
    C. 编制监理规划   D. 审查施工图设计文件

13. 建设工程施工许可证应当由( )申请领取。
    A. 施工单位 B. 设计单位 C. 监理单位 D. 建设单位

14. 竣工验收的准备工作不包括( )。
    A. 整理技术资料   B. 组织验收委员会
    C. 编制竣工决算   D. 绘制竣工图

15. 下列关于建设项目竣工验收表述正确的是( )。
    A. 建设项目竣工图应由建设单位绘制并加盖"竣工图"标志
    B. 施工中,有一般性设计变更,均应重新绘制施工图作为竣工图
    C. 凡项目有重大改变,不宜在原图上修改补充的,应重新绘制改变后的竣工图
    D. 由于设计原因造成项目重大改变,可由建设单位自行绘制竣工图

16. 根据《国务院关于投资体制改革的决定》(国发〔2004〕20号),实行核准制的项目,企业仅需向政府提交( )。

A. 项目建议书 B. 项目可行性研究报告
C. 项目开工报告 D. 项目申请报告

17. 根据《房屋建筑和市政基础设施工程施工图设计文件审查管理办法》(住房和城乡建设部令第 13 号)，施工图设计文件应当由（ ）委托有关审查机构进行审查。
A. 工程监理单位 B. 工程质量监督单位
C. 建设单位 D. 建设行政主管部门

18. 根据《房屋建筑和市政基础设施工程施工图设计文件审查管理办法》，施工图审查机构需要对施工图涉及公共利益、公众安全和（ ）的内容进行审查。
A. 施工组织方案 B. 工程建设强制性标准
C. 施工技术方案 D. 施工图预算

19. 建设工程项目管理工作的核心任务是（ ）。
A. 项目的目标控制
B. 为项目建设的决策和实施增值
C. 实现工程项目实施阶段的建设目标
D. 为工程建设和使用增值

20. 过程后评价是指对工程项目立项决策、设计施工、竣工投产、生产运营等全过程进行系统分析，找出项目后评价与（ ）之间的差异及其产生原因，使后评价结论有根有据，同时针对问题提出解决办法。
A. 原预期效益 B. 投资总额
C. 实际收益 D. 效益后评价

21. ( )的项目管理是全过程的项目管理，包括项目决策与实施阶段的各个环节。
A. 总承包方 B. 设计方 C. 施工方 D. 业主方

22. 项目后评价的基本方法是（ ）。
A. 打分法 B. 审批法 C. 对比法 D. 表格法

23. 项目管理的内容不包括（ ）。
A. 合同管理 B. 信息管理 C. 地质勘测 D. 目标控制

24. 为了保护环境，在项目实施阶段应做到"三同时"。这里的"三同时"是指主体工程与环保措施工程要（ ）。
A. 同时施工、同时验收、同时投入运行
B. 同时审批、同时设计、同时施工
C. 同时施工、同时移交、同时使用
D. 同时设计、同时施工、同时投入运行

三、多项选择题（每小题所设选项中有 2 个或 2 个以上正确答案，至少有 1 个错项）

1. 建设单位应认真做好工程竣工验收的准备工作，主要内容包括（ ）。
A. 技术准备 B. 整理技术资料

C. 绘制竣工图 D. 生产运营管理
E. 编制竣工决算

2. 项目后评价的基本方法是对比法，具体体现为（   ）。
   A. 效益后评价 B. 调查后评价
   C. 过程后评价 D. 报告后评价
   E. 成果后评价

3. 业主通常签订的工程合同主要包括（   ）。
   A. 工程总承包合同 B. 施工合同
   C. 勘察设计合同 D. 材料设备采购合同
   E. 分部工程承包合同

4. 分项工程是分部工程的组成部分，一般按（   ）等进行划分。
   A. 主要工种 B. 材料
   C. 施工工艺 D. 专业性质
   E. 设备类别

5. 根据《建筑工程施工质量验收统一标准》，当分部工程较大时，可按（   ）将分部工程划分为若干子分部工程。
   A. 施工工艺 B. 专业性质
   C. 施工程序 D. 材料种类
   E. 工艺特点

6. 根据现行有关规定，建设项目经批准开工建设后，其正式开工时间应是（   ）的时间。
   A. 水库等工程开始进行测量放线
   B. 在不需要开槽的情况下正式开始打桩
   C. 公路工程开始进行现场准备
   D. 任何一项永久性工程第一次正式破土开槽
   E. 铁路工程开始进行土石方工程

7. 下列工程中，需要实行项目法人责任制的有（   ）。
   A. 司法机关的办公楼项目 B. 公立学校项目
   C. 某企业家投资兴建的工厂 D. 集体单位的投资项目
   E. 政府投资的铁路项目

本节习题解析

一、判断题（判断正误，正确的打√，错误的打×）

1.【答案】√
【解析】本题考查的知识点是工程项目分类。按投资效益和市场需求划分，工程项目可划分为竞争性项目、基础性项目和公益性项目。

2. 【答案】×

【解析】本题考查的知识点是工程项目分类。交通、能源、水利、城市公用设施等属于基础性项目。基础性项目是指具有自然垄断性、建设周期长、投资额大而收益低的基础设施和需要政府重点扶持的一部分基础工业项目，以及直接增强国力的符合经济规模的支柱产业项目，如交通、能源、水利、城市公用设施等。政府应集中必要的财力、物力，通过经济实体投资建设这些工程项目，同时还应广泛吸收企业参与投资，有时还可吸收外商直接投资。

3. 【答案】×

【解析】本题考查的知识点是工程项目分类。经营性政府投资项目应实行项目法人责任制，由项目法人对项目的策划、资金筹措、建设实施、生产经营、债务偿还和资产的保值增值，实行全过程负责，使项目建设与建成后运营实现一条龙管理。

4. 【答案】√

【解析】本题考查的知识点是编报项目建议书。项目建议书经批准后，可进行可行性研究工作，但并不表明项目已经立项，批准的项目建议书不是工程项目最终决策。

5. 【答案】√

【解析】本题考查的知识点是工程设计。工程设计工作一般划分为两个阶段，即初步设计和施工图设计。重大项目和技术复杂项目，可根据需要增加技术设计阶段。

6. 【答案】×

【解析】本题考查的知识点是工程设计。初步设计不得随意改变被批准的可行性研究报告所确定的建设规模、产品方案、工程标准、建设地址和总投资等控制目标。如果初步设计提出的总概算超过可行性研究报告总投资的10%或其他主要指标需要变更时，应说明原因和计算依据，并重新向原审批单位报批可行性研究报告。

7. 【答案】√

【解析】本题考查的知识点是工程项目管理目标。工程项目管理的核心是控制项目基本目标（质量、造价、进度），最终实现项目功能。

8. 【答案】×

【解析】本题考查的知识点是竣工验收。凡结构形式改变、工艺改变、平面布置改变、项目改变以及有其他重大改变，不宜再在原施工图上修改补充者，应重新绘制改变后的竣工图。由于设计原因造成的，由设计单位负责重新绘图；由于施工原因造成的，由施工承包单位负责重新绘图；由于其他原因造成的，由建设单位自行绘图或委托设计单位绘图，施工单位负责在新图上加盖"竣工图"标志，并附以有关记录和说明，作为竣工图。

9. 【答案】×

【解析】本题考查的知识点是单项工程。单项工程是指具有独立的设计文件,竣工后可独立发挥生产能力和投资效益的工程项目,如车间、厂房建筑、学校建筑等。

10. 【答案】√

【解析】本题考查的知识点是分项工程。分项工程是工程项目施工生产活动的基础,也是计量工程用工用料和机械台班消耗的基本单元。

11. 【答案】√

【解析】本题考查的知识点是工程项目分类。政府投资项目一般要经过咨询机构的评估论证,对于特别重大的项目还应实行专家评议制度。

12. 【答案】×

【解析】本题考查的知识点是工程项目分类。对于实施核准制或备案制的项目,虽然政府不再审批项目建议书和可行性研究报告,但并不意味着企业不需要编制可行性研究报告。为了保证企业投资决策的质量,投资企业也应该编制可行性研究报告。

13. 【答案】√

【解析】本题考查的知识点是工程设计。任何单位或个人不得擅自修改审查合格的施工图。

14. 【答案】×

【解析】本题考查的知识点是建设准备。建设单位在办理工程质量监督手续时,需提供的一项资料是施工图设计文件的审查报告和批准书。

15. 【答案】×

【解析】本题考查的知识点是施工安装。工程地质勘察、平整场地、旧建筑物拆除、临时建筑、施工用临时道路和水、电等工程开始施工的日期均不能算作正式开工日期。

16. 【答案】×

【解析】本题考查的知识点是竣工验收。加盖"竣工图"标志的主体应是施工单位,而不是监理单位。

17. 【答案】√

【解析】本题考查的知识点是竣工验收。竣工图必须准确、完整、符合归档要求,方能交工验收。

二、单项选择题（每题的备选项中,只有一个最符合题意）

1. 【答案】A

【解析】本题考查的知识点是分项工程。分项工程是指将分部工程按主要工种、材料、施工工艺、设备类别等划分的工程,例如土方开挖、土方回填、钢筋、模板、混凝土、砖砌体、木门窗制作与安装、钢结构基础等工程。

2. 【答案】D

【解析】本题考查的知识点是分部工程。分部工程是指将单位工程按专业性质、建筑部位等划分的工程。根据《建筑工程施工质量验收统一标准》GB 50300—2013，建筑工程包括地基与基础、主体结构、建筑装饰装修、屋面、建筑给排水及采暖、建筑电气、智能建筑、通风与空调、电梯、建筑节能等分部工程。选项A，应该属于单项工程；选项B，属于单位工程；选项C，属于分项工程。

3. 【答案】A

【解析】本题考查的知识点是分部工程。分部工程是单位工程的组成部分，应按专业性质、建筑部位确定。一般工业与民用建筑工程的分部工程包括：地基与基础工程、主体结构工程、装饰装修工程、屋面工程、给排水及采暖工程、电气工程、智能建筑工程、通风与空调工程、电梯工程。

4. 【答案】D

【解析】本题考查的知识点是单项工程。单项工程是指具有独立的设计文件，竣工后可以独立发挥生产能力、投资效益的一组配套齐全的工程项目。因此，选项D正确。

5. 【答案】A

【解析】本题考查的知识点是编报项目建议书。批准的项目建议书不是工程项目最终决策。

6. 【答案】D

【解析】本题考查的知识点是投资决策管理制度。根据《国务院关于投资体制改革的决定》，特别重大的政府投资项目应实行专家评议制度。

7. 【答案】C

【解析】本题考查的知识点是投资决策管理制度。对于采用直接投资和资本金注入方式的政府投资项目，政府需要从投资决策的角度审批项目建议书和可行性研究报告，除特殊情况外，不再审批开工报告，同时还要严格审批其初步设计和概算；对于采用投资补助、转贷和贷款贴息方式的政府投资项目，则只审批资金申请报告。

8. 【答案】D

【解析】本题考查的知识点是投资决策管理制度。根据《国务院关于投资体制改革的决定》（国发〔2004〕20号），政府投资项目实行审批制；非政府投资项目实行核准制或登记备案制。对于《政府核准的投资项目目录》以外的企业投资项目，实行备案制。除国家另有规定外，由企业按照属地原则向地方政府投资主管部门备案。

9. 【答案】A

【解析】本题考查的知识点是投资决策管理制度。根据《国务院关于投资体制改革的决定》：① 对于采用直接投资和资本金注入方式的政府投资项目，政府需要从投资决策的角度审批项目建议书和可行性研究报告，除特殊情况外不再审批开工报告，同时还要严格审批其初步设计和概算；②对于采用投资补助、转贷和贷款贴息方式的政府投资项目，则只审批资金申请报告。

10.【答案】B

【解析】本题考查的知识点是投资决策管理制度。对于企业不使用政府资金投资建设的项目，政府不再进行投资决策性质的审批，区别不同情况实行核准制或登记备案制。

（1）核准制。企业投资建设《政府核准的投资项目目录》中的项目时，仅需向政府提交项目申请报告，不再经过批准项目建议书、可行性研究报告和开工报告的程序。

（2）备案制。对《政府核准的投资项目目录》以外的企业投资项目，实行备案制。除国家另有规定外，由企业按照属地原则向地方政府投资主管部门备案。

11.【答案】D

【解析】本题考查的知识点是建设准备。建设单位在办理施工许可证之前应当到规定的工程质量监督机构办理工程质量监督手续。

12.【答案】B

【解析】本题考查的知识点是建设准备。建设单位在办理施工许可证之前应当到规定的工程质量监督机构办理工程质量监督手续。选项A、C、D中涉及的内容是办理质量监督手续时需提供的资料。

13.【答案】D

【解析】本题考查的知识点是建设准备。从事各类房屋建筑及其附属设施的建造、装修装饰和与其配套的线路、管道、设备安装，以及城镇市政基础设施工程施工，建设单位在开工前应当向工程所在地县级以上人民政府建设行政主管部门申请领取施工许可证。必须申请领取施工许可证的建筑工程未取得施工许可证的，一律不得开工。

14.【答案】B

【解析】本题考查的知识点是竣工验收。工程竣工验收准备工作主要包括：①整理技术资料；②绘制竣工图；③编制竣工决算。

15.【答案】C

【解析】本题考查的知识点是竣工验收。虽有一般性设计变更，但能将原施工图加以修改补充作为竣工图的，可不重新绘制。由于施工原因造成的由施工承包单位负责重新绘图；由于其他原因造成的由建设单位自行绘图或委托设计单位绘图，施工单位负责在新图上加盖"竣工图"。

16.【答案】D

【解析】本题考查的知识点是投资决策管理制度。企业投资建设《政府核准的投资项目目录》中的项目时，仅需向政府提交项目申请报告，不再经过批准项目建议书、可行性研究报告和开工报告的程序。

17. 【答案】C

【解析】本题考查的知识点是工程设计。建设单位应当将施工图送施工图审查机构审查。

18. 【答案】B

【解析】本题考查的知识点是工程设计。施工图审查内容的第一条就是"是否符合工程建设强制性标准"。

19. 【答案】A

【解析】本题考查的知识点是工程项目管理目标。工程项目管理的核心是控制项目基本目标（质量、造价、进度），最终实现项目功能，以满足项目使用者及利益相关者需求。

20. 【答案】A

【解析】本题考查的知识点是过程后评价。过程后评价是指对工程项目立项决策、设计施工、竣工投产、生产运营等全过程进行系统分析，找出项目后评价与原预期效益之间的差异及其产生原因，使后评价结论有根有据，同时针对问题提出解决办法。

21. 【答案】D

【解析】本题考查的知识点是工程项目管理类型。业主方项目管理是全过程项目管理，包括项目策划决策与建设实施阶段各个环节。

22. 【答案】C

【解析】本题考查的知识点是项目后评价。项目后评价的基本方法是对比法，具体分为效益后评价和过程后评价。

23. 【答案】C

【解析】本题考查的知识点是工程项目管理内容。工程项目管理内容有很多，概括起来主要包括合同管理、组织协调、目标控制、风险管理、信息管理、环保节能等。

24. 【答案】D

【解析】本题考查的知识点是工程项目管理内容。在工程建设中应强化环保意识，对于环保方面有要求的工程项目在进行可行性研究时，必须提出环境影响评价报告；在项目实施阶段，必须做到"三同时"，即主体工程与环保措施工程同时设计、同时施工、同时投入运行。

三、多项选择题（每小题所设选项中有2个或2个以上正确答案，至少有1个错项）

1. 【答案】BCE

【解析】本题考查的知识点是竣工验收。工程竣工验收准备工作主要包括：

（1）整理技术资料。技术资料主要包括土建施工、设备安装方面及各种有关的文件、合同和试生产情况报告等。

（2）绘制竣工图。工程项目竣工图是真实记录各种地下、地上建筑物等详细情况的技术文件，是对工程进行交工验收、维护、扩建、改建的依据，同时也是使用单位长期保存的技术资料。

（3）编制竣工决算。建设单位必须及时清理所有财产、物资和未用完或应收回的资金，编制工程竣工决算，分析概（预）算执行情况。

2.【答案】AC

【解析】本题考查的知识点是项目后评价。项目后评价的基本方法是对比法，具体体现为效益后评价和过程后评价。

3.【答案】ABCD

【解析】本题考查的知识点是工程项目管理内容。工程总承包合同、勘察设计合同、施工合同、材料设备采购合同、项目管理合同、监理合同及有关咨询服务合同等均是建设单位与参与项目实施各主体之间明确权利义务关系的具有法律效力的协议文件。

4.【答案】ABCE

【解析】本题考查的知识点是分项工程。分项工程是指将分部工程按主要工种、材料、施工工艺、设备类别等划分的工程，例如土方开挖、土方回填、钢筋、模板、混凝土、砖砌体、木门窗制作与安装、钢结构基础等工程均属于分项工程。

5.【答案】CDE

【解析】本题考查的知识点是分部（子分部）工程。当分部工程较大或较复杂时，可按材料种类、工艺特点、施工程序、专业系统及类别等划分为若干子分部工程。

6.【答案】BDE

【解析】本题考查的知识点是施工安装。项目新开工时间，是指工程项目设计文件中规定的任何一项永久性工程第一次正式破土开槽开始施工的日期。不需开槽的工程，正式开始打桩的日期就是开工日期。铁路、公路、水库等需要进行大量土、石方工程的，以开始进行土方、石方工程的日期作为正式开工日期。工程地质勘察、平整场地、旧建筑物拆除、临时建筑、施工用临时道路和水、电等工程开始施工的日期不能算作正式开工日期。分期建设的项目分别按各期工程开工的日期计算，如二期工程应根据工程设计文件规定的永久性工程开工的日期计算。

7.【答案】CDE

【解析】本题考查的知识点是工程项目分类。经营性政府投资项目应实行项目法人责任制，非经营性政府投资项目应推行"代建制"；非政府投资项目一般均实行项目法人责任制。

第二节 工程项目实施模式

本节知识导图

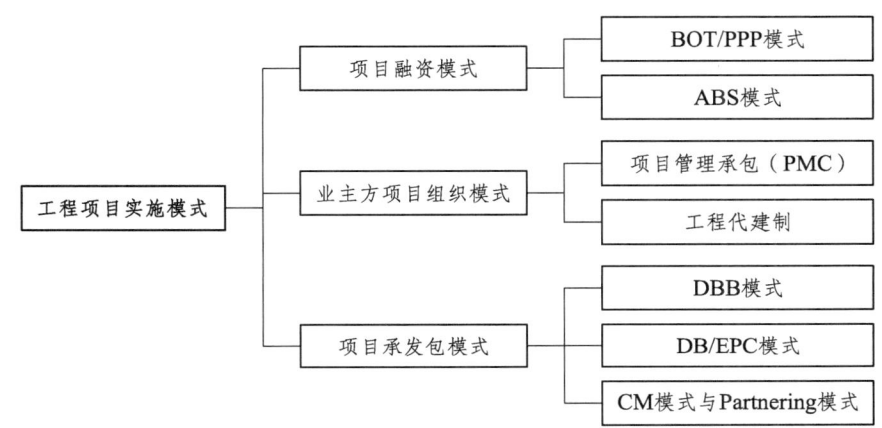

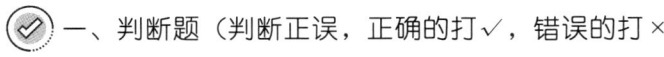

一、判断题（判断正误，正确的打√，错误的打×）

1. BT 模式的实质就是"垫资承包"。（　　）

2. 私有化 PPP 项目所产生的一切费用及收益和项目所有权都归社会资本方所有，并且还不具备有限追索特征，因此社会资本方在私有化类 PPP 项目中承担的风险最大。（　　）

3. 工程代建单位不参与工程项目前期的策划决策，但应负责建成后的经营管理。（　　）

4. 成功组建 SPC 是 ABS 能够成功运作的基本条件和关键因素。（　　）

5. ABS 模式的操作复杂、难度大。（　　）

6. DB 模式是指从事工程总承包的单位受建设单位委托，按照合同约定，承担工程设计和施工任务。（　　）

7. Partnering 协议等同于法律意义上的合同。（　　）

8. 特许项目公司根据政府特许权建设并拥有某项基础设施，但最终不将该基础设施移交给项目所在国政府的模式，称为 BOOT 模式。（　　）

9. 在 ABS 模式中，原始权益人将所拥有的项目资产未来现金收入权利转让给 SPC，转让的目的是实现利润最大化。（　　）

10. 在基础设施领域，ABS 模式的应用范围要比 BOT/PPP 模式广泛。（   ）

11. 为了保证政府投资的合理使用，代建单位须提交工程预算金额 10% 左右的履约保函。（   ）

12. 项目法人责任制适用于政府投资的非经营性项目。（   ）

13. DB 是一种传统的工程承发包模式，主要体现的是专业化分工。（   ）

二、单项选择题（每题的备选项中，只有一个最符合题意）

1. 下列关于工程代建制的说法中，正确的是（   ）。
   A. 工程代建制由专业化的工程项目管理单位作为代建单位
   B. 工程代建单位参与工程项目前期的策划决策和建成后的经营管理
   C. 在项目建设期间，工程代建单位存在经营性亏损或盈利
   D. 工程代建制是一种针对经营性政府投资项目的建设实施组织方式

2. 业主将建设工程项目的设计、设备与材料采购、施工任务全部发包给一个承包商的合同属于（   ）。
   A. 单项工程或者特殊专业工程承包合同
   B. 施工总承包合同
   C. 工程施工合同
   D. EPC 承包合同

3. 下列关于 CM 模式的说法中，错误的是（   ）。
   A. CM 模式特别适用于实施周期长、工期要求紧迫的大型复杂工程项目
   B. CM 模式有利于控制工程质量和造价
   C. CM 承包模式使工程项目实现有条件的"边设计、边施工"
   D. 快速路径法施工并不适合 CM 承包模式

4. 采用 ABS 方式融资，组建 SPC 作用是（   ）。
   A. 由 SPC 公司运营项目
   B. 由 SPC 公司与商业银行签订贷款协议
   C. SPC 公司作为项目法人
   D. 由 SPC 公司直接在资金市场上发行债券

5. 下列关于 PMC 的说法正确的是（   ）。
   A. 采用 PMC 管理模式时，绝大部分项目管理工作均由项目管理承包商承担
   B. PMC 模式中项目管理承包商参与项目全寿命周期管理
   C. PMC 是项目管理咨询公司代理业主或承包商进行项目管理
   D. 采用 PMC 管理模式时，项目管理承包商承担了业主的大部分风险

6. 社会资本方承担的风险相对较小的 PPP 模式是（   ）。
   A. 私有化类   B. 民营化类
   C. 外包类   D. 特许经营类

7. 下列项目融资方式中，通过已建成项目为其他新项目进行融资的是（　　）。
   A. TOT B. BT C. BOT D. PFI

8. 与 BOT 融资方式相比，TOT 融资方式的特点是（　　）。
   A. 不需要设立具有特许权的专门机构
   B. 项目产权结构易于稳定
   C. 融资对象更为广泛，可操作性更强
   D. 项目招标程序大为简化

9. 工程项目代建合同生效后，为了保证政府投资的合理使用，代建单位须提交工程概算投资（　　）左右的履约保函。
   A. 5% B. 10% C. 15% D. 20%

10. 采用 ABS 融资方式进行项目融资的物质基础是（　　）。
    A. 债权发行机构的注册资金
    B. 项目原始权益人的全部资产
    C. 具有可靠未来现金流量的项目资产
    D. 债权承销机构的担保资产

11. CM 承包模式的特点是（　　）。
    A. 采用快速路径法施工
    B. 建设单位与分包单位直接签订合同
    C. 采用流水施工法施工
    D. CM 单位可赚取总分包之间的差价

12. 建设工程采用 DBB 模式的特点是（　　）。
    A. 不利于控制工程质量
    B. 责权利分配明确，指令易贯彻
    C. 业主组织管理简单
    D. 工程造价控制难度小

13. 债权人在项目融资过程中，关注的重点是（　　）。
    A. 项目贷款期内可用于还款的现金流量
    B. 项目公司的资信等级
    C. 抵押人所提供的抵押物的价值
    D. 项目投资人的实力和信用等级

14. 关于 Partnering 模式的说法，正确的是（　　）。
    A. Partnering 协议不是法律意义上的合同
    B. Partnering 协议是业主与承包商之间的协议
    C. Partnering 模式是一种独立存在的承发包模式
    D. Partnering 模式特别强调工程参建各方基层人员的参与

15. 代建单位的责任范围主要在工程项目的（　　）阶段。
    A. 建设实施 B. 项目策划 C. 运营管理 D. 资金筹措

16. 建设单位分别与勘察设计单位、施工单位签订合同，这种工程承发包模式称为（   ）。
    A. DB 模式   B. EPC 模式   C. CM 模式   D. DBB 模式
17. 下列选项中，不属于 DB/EPC 模式优点的是（   ）。
    A. 各司其职，责权利分配明确   B. 便于提前确定工程造价
    C. 责任主体单一化   D. 有利于缩短建设工期
18. 下列模式中，社会资本方在 PPP 项目中承担的风险最大的是（   ）。
    A. 外包类   B. 私有化类   C. 公有化类   D. 特许经营类

三、多项选择题（每小题所设选项中有 2 个或 2 个以上正确答案，至少有 1 个错项）

1. 与 ABS 融资方式相比，BOT 融资方式的特点是（   ）。
    A. 融资成本较高   B. 投资风险大
    C. 适用范围小   D. 运营方式灵活
    E. 运作程序简单
2. 关于项目承发包模式，下列说法正确的有（   ）。
    A. 采用 DB/EPC 模式，不利于缩短建设周期
    B. 采用 DB/EPC 模式，对工程总承包单位的综合实力和管理水平有较高要求
    C. 采用 CM 模式，不仅有利于缩短建设周期，而且有利于控制工程质量和造价
    D. Partnering 模式是一种独立存在的承发包模式
    E. 采用 DBB 模式，建设单位直接管理工程设计和施工
3. 关于 DBB 管理模式的说法正确的有（   ）。
    A. 建设周期长
    B. 设计的可施工性差
    C. DBB 模式主要体现的是专业化分工
    D. 责任主体少
    E. 协调工作量小
4. 建设工程项目采用 Partnering 模式的特点有（   ）。
    A. Partnering 协议是工程建设参与各方共同签署的协议
    B. Partnering 协议是工程合同文件的组成部分
    C. Partnering 模式可以独立于其他承包模式而存在
    D. Partnering 模式需要工程建设参与各方高层管理者的参与
    E. Partnering 模式强调资源共享和风险分担
5. 下列关于工程代建制和项目法人责任制的说法，正确的是（   ）。
    A. 对于实施工程代建制的项目，工程代建单位不负责建设资金的筹措
    B. 对于实施项目法人责任制的项目，项目法人的责任范围只是在工程项目建设实施阶段

C. 对于实施工程代建制的项目，工程代建单位不负责项目运营期间的资产保值增值
D. 建设期间，工程代建单位不承担任何风险
E. 工程代建制适用于政府投资的经营性项目

6. 下列关于 DB/EPC 模式的说法中，正确的是（　　）。
A. DB/EPC 模式下会增加工程实施中争议和索赔发生的数量
B. EPC 模式只负责采购材料和工程设备及工程施工
C. 业主承担大部分风险
D. EPC 模式下工程总承包单位报价高
E. 对业主而言，合同关系简单，组织协调工作量小

本节习题解析

一、判断题（判断正误，正确的打√，错误的打×）

1. 【答案】×
【解析】本题考查的知识点是 BOT 模式（建设—运营—转让模式）演变模式。在 BT 模式中，民营机构用于项目建设的资金大多来自银行的有限追索权贷款，这是和垫资承包最大的区别。

2. 【答案】√
【解析】本题考查的知识点是 PPP 模式（政府与社会资本合作模式）及其分类。私有化 PPP 项目所产生的一切费用及收益和项目所有权都归社会资本方所有，并且不具备有限追索特征，因此社会资本方在私有化类 PPP 项目中承担的风险最大。

3. 【答案】×
【解析】本题考查的知识点是工程代建制。工程代建单位不参与工程项目前期的策划决策和建成后的经营管理，也不对投资收益负责。

4. 【答案】√
【解析】本题考查的知识点是 ABS 模式（资产支持证券化模式）。由于 SPC（特别用途公司）是进行 ABS 融资的载体，成功组建 SPC 是 ABS 能够成功运作的基本条件和关键因素。

5. 【答案】×
【解析】本题考查的知识点是 ABS 模式。ABS 模式操作简单，融资成本低。

6. 【答案】√
【解析】本题考查的知识点是 DB/EPC 模式（设计—施工/设计—采购—施工总承包模式）。DB 模式是指从事工程总承包的单位受建设单位委托，按照合同约定，承担工程设计和施工任务。

7. 【答案】×

【解析】本题考查的知识点是 Partnering 模式（伙伴合同模式）。Partnering 协议和工程合同是两个完全不同的文件，该协议主要用来确定参建各方在工程建设过程中的共同目标、任务分工和行为规范。

8. 【答案】×

【解析】本题考查的知识点是 BOT 模式及其基本形式。特许项目公司根据政府特许权建设并拥有某项基础设施，但最终不将该基础设施移交给项目所在国政府的模式，称为 BOO，即建设—拥有—经营。

9. 【答案】×

【解析】本题考查的知识点是 ABS 模式运作流程。转让的目的主要在于将原始权益人本身的风险隔断。这样，SPC 进行 ABS 融资时，其融资风险仅与项目资产未来现金收入有关，而与工程项目原始受益人本身的风险无关。

10. 【答案】√

【解析】本题考查的知识点是 ABS 与 BOT/PPP 的区别。在基础设施领域，ABS 模式的应用范围要比 BOT/PPP 模式广泛。

11. 【答案】×

【解析】本题考查的知识点是工程代建性质。为了保证政府投资的合理使用，代建单位须提交工程概算投资 10% 左右的履约保函。

12. 【答案】×

【解析】本题考查的知识点是工程代建制与项目法人责任制的区别。项目法人责任制适用于政府投资的经营性项目，工程代建制适用于政府投资的非经营性项目。

13. 【答案】×

【解析】本题考查的知识点是 DBB 模式（设计—招标—建造模式）。DBB 是一种传统的工程承发包模式，即建设单位分别与勘察设计单位、施工单位签订合同，主要体现的是专业化分工。

二、单项选择题（每题的备选项中，只有一个最符合题意）

1. 【答案】A

【解析】本题考查的知识点是工程代建制。工程代建制是一种针对非经营性政府投资项目的建设实施组织方式，专业化的工程项目管理单位作为代建单位，在工程项目建设过程中按照委托合同的约定代行建设单位职责。在项目建设期间，工程代建单位不存在经营性亏损或盈利，通过与政府投资管理机构签订代建合同，只收取代理费、咨询费。如果在项目建设期间使投资节约，可按合同约定从所节约的投资中提取一部分作为奖励。

2. 【答案】D

【解析】本题考查的知识点是 DB/EPC 模式。EPC 承包合同是指业主将建设工程项目的设计、设备与材料采购、施工任务全部发包给一个承包商的合同。

3.【答案】D

【解析】本题考查的知识点是 CM 模式。CM（Construction Management）模式是指由建设单位委托一家 CM 单位承担项目管理工作，该 CM 单位以承包商身份进行施工管理，并在一定程度上影响工程设计活动，组织快速路径（Fast-Track）的生产方式，使工程项目实现有条件的"边设计、边施工"。CM 模式特别适用于实施周期长、工期要求紧迫的大型复杂工程项目。采用 CM 模式，不仅有利于缩短工程项目建设周期，而且有利于控制工程质量和造价。

4.【答案】D

【解析】本题考查的知识点是 ABS 模式。ABS 由 SPC 公司直接在资金市场上发行债券。

5.【答案】A

【解析】本题考查的知识点是项目管理承包（PMC）。项目管理承包（Project Management Contract）是指业主聘请专业工程公司或咨询公司，代表其在项目实施全过程或其中若干阶段进行项目管理。被聘请的工程公司或咨询公司被称为项目管理承包商（Project Management Contractor）。采用 PMC 管理模式时，业主仅需保留很少部分项目管理力量对一些关键问题进行决策，绝大部分项目管理工作均由项目管理承包商承担。

6.【答案】C

【解析】本题考查的知识点是 PPP 模式及其分类。外包类 PPP 项目中政府出资并承担项目经营和收益风险，社会资本方通过政府付费实现收益，承担的风险相对较少。

7.【答案】A

【解析】本题考查的知识点是 BOT 模式演变形式。从项目融资的角度看，TOT（移交—经营—移交）是通过转让已建成项目的产权和经营权来融资的，而 BOT 是政府给予投资者特许经营权的许诺后由投资者融资新建项目；即 TOT 是通过已建成项目为其他新项目进行融资，BOT 则是为筹建中的项目进行融资。

8.【答案】C

【解析】本题考查的知识点是 BOT 模式演变形式。与 BOT 模式相比，采用 TOT 模式时，融资对象更为广泛，可操作性更强，使项目引资成功的可能性增加。

9.【答案】B

【解析】本题考查的知识点是工程代建制。工程代建单位不参与工程项目前期的策划决策和建成后的经营管理，也不对投资收益负责。工程项目代建合同生效后，为了保证政府投资的合理使用，代建单位须提交工程概算投资 10%左右的履约保函。

10.【答案】C

【解析】本题考查的知识点是 ABS 模式。具有未来现金流量所代表的资产，是 ABS 融资模式的物质基础。

11.【答案】A

【解析】本题考查的知识点是 CM 模式。CM 模式是指由建设单位委托一家 CM 单位承担项目管理工作，该 CM 单位以承包商身份进行施工管理，并在一定程度上影响工程设计活动，组织快速路径的生产方式，使工程项目实现有条件的"边设计、边施工"。

12.【答案】B

【解析】本题考查的知识点是 DBB 模式。采用 DBB 模式的优点是：建设单位、设计单位、施工总承包单位及分包单位在合同约束下，各自行使其职责和履行义务，责权利分配明确；建设单位直接管理工程设计和施工，指令易贯彻。而且由于该模式应用广泛、历史长，相关管理方法较成熟，工程参建各方对有关程序都比较熟悉。

13.【答案】A

【解析】本题考查的知识点是项目融资模式。债权人在项目融资过程中主要关注项目在贷款期内能产生多少现金流量用于还款，能够获得的贷款数量、融资成本高低及融资结构设计等都与项目的预期现金流量和资产价值紧密联系在一起。

14.【答案】A

【解析】本题考查的知识点是 Partnering 模式。Partnering 模式的主要特征：（1）出于自愿。（2）高层管理的参与。（3）Partnering 协议不是法律意义上的合同。（4）信息的开放性。

15.【答案】A

【解析】本题考查的知识点是业主方项目组织模式的相关内容。对于实施工程代建制的项目，代建单位的责任范围只是在工程项目建设实施阶段。

16.【答案】D

【解析】本题考查的知识点是 DBB 模式。DBB 模式，即建设单位分别与勘察设计单位、施工单位签订合同，体现了专业化分工。

17.【答案】A

【解析】本题考查的知识点是 DB/EPC 模式的优点。建设单位、设计单位、施工单位及分包单位在合同约束下，各自行使其职责和履行义务，责权利分配明确，这属于 DBB 模式的优点，因此选项 D 是错误的。

18.【答案】B

【解析】本题考查的知识点是 PPP 模式及其分类。私有化类 PPP 项目是指社会资本方负责项目全部投资建造、运营管理等，政府只负责监管社会资本方的定价和服务质量，项目所产生的一切费用及收益和项目所有权都归社会资本方所有，并且不具备有限追索特征，因此社会资本方在私有化类 PPP 项目中承担的风险最大。

三、多项选择题（每小题所设选项中有 2 个或 2 个以上正确答案，至少有 1 个错项）

1. 【答案】ABC

   【解析】本题考查的知识点是 ABS 与 BOT/PPP 的区别。BOT 融资投资风险大、适用范围小、融资成本较高。

2. 【答案】BCE

   【解析】本题考查的知识点是项目承发包模式。采用 DB/EPC 模式，有利于缩短建设周期。Partnering 模式不是一种独立存在的模式，它通常需要与工程项目其他承包模式中的某一种结合使用。

3. 【答案】ABC

   【解析】本题考查的知识点是 DBB 模式。DDB 模式主要体现的是专业化分工。采用 DBB 模式的不足：工程设计、招标、施工按顺序依次进行，建设周期长；由于施工单位无法参与工程设计，设计的可施工性差，导致设计与施工的协调困难，设计变更频繁，可能使建设单位利益受损；工程的责任主体较多，包括设计单位、施工单位、材料设备供应单位等，一旦工程项目出现问题，建设单位不得不分别面对这些参与方，容易出现互相推诿现象，协调工作量大。

4. 【答案】ADE

   【解析】本题考查的知识点是 Partnering 模式。Partnering 协议不是法律意义上的合同。Partnering 协议与工程合同是两个完全不同的文件。Partnering 模式不是一种独立存在的模式。

5. 【答案】AC

   【解析】本题考查的知识点是工程代建制与项目法人责任制的区别。对于实施工程代建制的项目，工程代建单位不负责建设资金的筹措，因此也不负责偿还贷款，选项 A 正确；对于实施项目法人责任制的项目，项目法人的责任范围覆盖工程项目策划决策及建设实施过程，包括项目策划、资金筹措、建设实施、运营管理、贷款偿还及资产的保值增值，因此选项 B 错误；对于实施工程代建制的项目，工程代建单位仅负责项目建设期间资金的使用，在批准的投资范围内保证建设工程项目实现预期功能，使政府投资效益最大化，不负责项目运营期间的资产保值增值，因此选项 C 正确；代建单位要承担相应的管理、咨询风险，因此选项 D 错误；工程代建制适用于政府投资的非经营性项目（主要是公益性项目），选项 E 错误。

6. 【答案】DE

   【解析】本题考查的知识点是 DB/EPC 模式。DB/EPC 模式的优点：有利于缩短建设工期；便于建设单位提前确定工程造价；使工程项目责任主体单一化；由工程总承包单位负责工程设计和施工，减少了工程实施中争议和索赔发生的数量；可减轻建设单位合同管理的负担。

   DB/EPC 模式的不足：道德风险高；建设单位前期工作量大；工程总承包单位报价高。

第三章

工程造价构成

 本章考纲要求

1. 建设项目总投资与工程造价；
2. 建筑安装工程费；
3. 设备及工器具购置费用；
4. 工程建设其他费用；
5. 预备费；
6. 建设期利息。

 本章知识导图

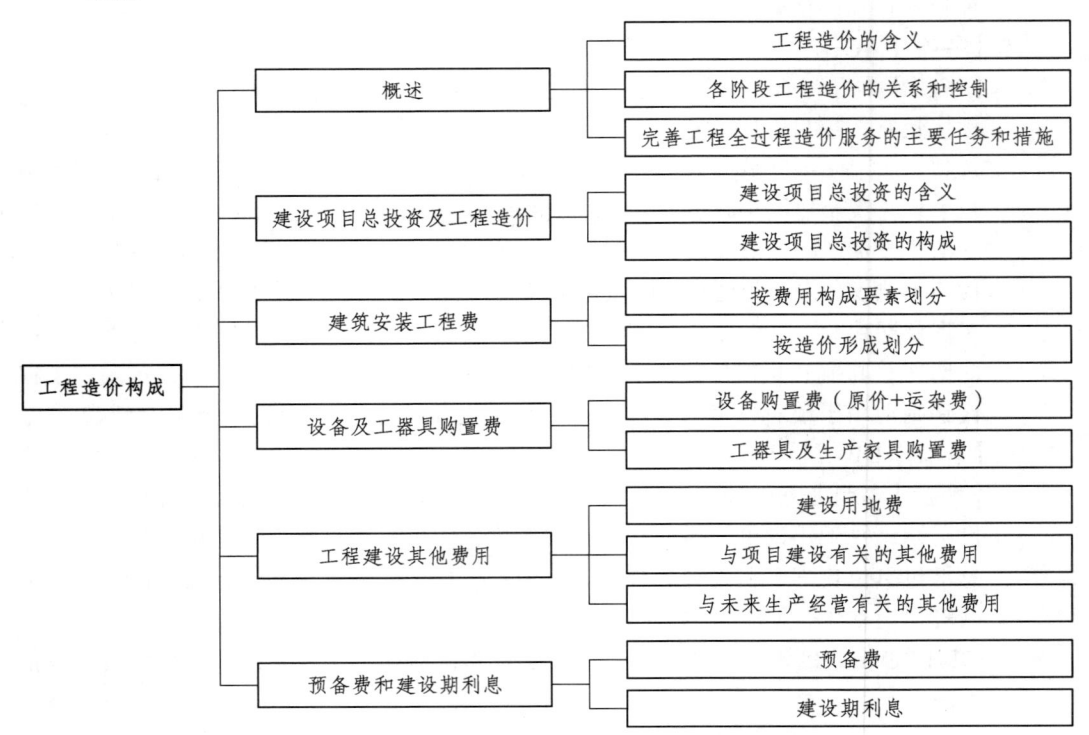

第一节 概 述

本节知识导图

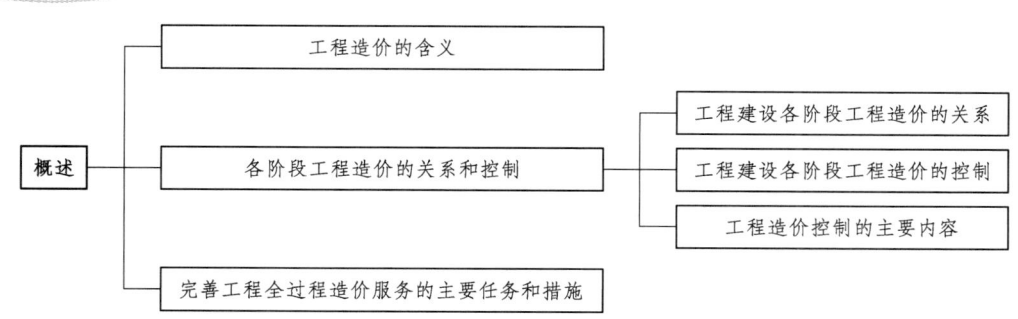

本节习题精选

一、判断题（判断正误，正确的打√，错误的打×）

1. 要有效地控制工程造价，就要把控制重点转移到建设前期阶段上来，尤其抓住设计这个关键阶段。（   ）
2. 施工图设计是工程设计投资控制的最关键环节。（   ）
3. 在工程施工阶段，事前控制工作重点是控制工程变更和防止发生索赔。（   ）
4. 推行工程全过程造价咨询服务，应更加注重施工阶段的造价控制和确定。（   ）

二、单项选择题（每题的备选项中，只有一个最符合题意）

1. 推行限额设计时，初步设计阶段的工程造价目标值是（   ）。
   A. 经批准的设计概算   B. 经批准的投资估算
   C. 经批准的施工图预算   D. 经确定的工程合同价
2. 有效控制工程造价中，不属于应关键把握的环节是（   ）。
   A. 决策阶段做好投资估算
   B. 招标投标阶段重视施工招标
   C. 施工阶段加强合同管理与事前控制
   D. 施工阶段强调限额设计
3. 在项目作出投资决策后，控制工程造价的关键就在于（   ）。
   A. 审核施工图预算   B. 进度款支付
   C. 竣工结算   D. 设计

4. 工程造价控制，就是在优化建设方案、设计方案的基础上，在建设程序的各个阶段，采用一定的方法和措施把工程造价控制在合理的范围和核定的造价限额以内，要用投资估算价控制（   ）。
  A. 初步设计概算造价和施工图设计
  B. 设计方案的选择和初步设计概算造价
  C. 技术设计和修正概算造价
  D. 施工图设计和预算造价

5. 工程施工阶段，以（   ）等为控制依据，通过控制工程变更、风险管理等方法，按照承包人实际完成的工程量，严格确定施工阶段实际发生的工程费用。
  A. 工程合同价　　　　　　　　B. 工程设计文件
  C. 被批准的设计概算　　　　　D. 拟建项目的功能要求和使用要求

6. 作为工程造价控制的最高限额，（   ）也是控制工程造价的主要依据。
  A. 施工图预算　　　　　　　　B. 招标控制价
  C. 工程合同价　　　　　　　　D. 经批准的设计概算

7. 建设项目是一个从抽象到实际的建设过程，工程造价也从投资估算阶段的投资预计，到竣工决算的实际投资，形成最终的建设工程（   ）。
  A. 签约合同价　　　　　　　　B. 实际造价
  C. 概算造价　　　　　　　　　D. 预算造价

8. 建设工程造价的最高限额是按照有关规定编制并经有关部门批准的（   ）。
  A. 设计概算　　　　　　　　　B. 施工图预算
  C. 施工标底　　　　　　　　　D. 初步投资估算

9. 建设项目决策阶段工程造价控制的关键控制环节是（   ）。
  A. 进行方案比选　　　　　　　B. 进行财务评价
  C. 做好投资估算　　　　　　　D. 做好项目定义

10. 重视设计多方案选择，深入技术领域研究节约投资的可能，属于造价控制中的（   ）。
  A. 技术措施　　B. 组织措施　　C. 经济措施　　D. 合同措施

11. 项目施工图设计阶段造价控制的重点是以被批准的（   ）为控制目标，应用限额设计、价值工程等方法，以设计概算为控制目标控制和修改施工图设计。
  A. 设计概算　　B. 施工图预算　　C. 投资估算　　D. 工程结算

12. 为了有效地控制建设工程造价，造价工程师可采取的组织措施是（   ）。
  A. 重视工程设计多方案的选择　　B. 严格审查施工组织设计
  C. 明确造价控制者及其任务　　　D. 严格审核各项费用支出

13. 为了有效地控制工程造价，应将工程造价管理的重点放在工程项目的（   ）阶段。
  A. 初步设计和招标　　　　　　B. 施工图设计和预算
  C. 方案设计和概算　　　　　　D. 策划决策和设计

三、多项选择题（每小题所设选项中有 2 个或 2 个以上正确答案，至少有 1 个错项）

1. 工程造价控制的初步设计阶段，运用（　　）等，以可行性研究报告中被批准的投资估算为工程造价目标书，控制和修改初步设计直至满足要求。
   A. 设计概算　　　　　　　　B. 价值工程
   C. 设计标准　　　　　　　　D. 限额设计方法
   E. 标准设计

2. 有效控制工程造价应体现的原则包括（　　）等。
   A. 主动控制，以取得令人满意的结果
   B. 以设计阶段为重点的建设全过程造价控制
   C. 以目标值与实际值的比较为手段
   D. 技术与经济相结合是控制工程造价最有效的手段
   E. 重点控制施工阶段审核施工图预算、结算建安工程价款

3. 下列关于有效控制工程造价的做法，说法正确的是（　　）。
   A. 工程造价控制的关键在于施工前的投资决策和设计阶段
   B. 作出投资决策后，控制工程造价的关键在于设计
   C. 应积极作为，主动地控制工程造价
   D. 经济为主，技术为辅
   E. 重视设计多方案选择，深入技术领域研究节约投资的可能

本节习题解析

一、判断题（判断正误，正确的打√，错误的打×）

1. 【答案】√

   【解析】本题考查的知识点是以设计阶段为重点的工程造价控制。要有效地控制工程造价，就要坚决地把控制重点转移到建设前期阶段上来，尤其抓住设计这个关键阶段。

2. 【答案】×

   【解析】本题考查的知识点是初步设计阶段的工程造价控制。初步设计是工程设计投资控制的最关键环节，经批准的设计概算是工程造价控制的最高限额。

3. 【答案】√

   【解析】本题考查的知识点是工程施工阶段的工程造价控制。事前控制工作重点是控制工程变更和防止发生索赔。

4. 【答案】×

   【解析】本题考查的知识点是完善工程全过程造价服务的主要任务和措施。推行工程全过程造价咨询服务，应更加注重项目前期和设计的造价确定。

二、单项选择题（每题的备选项中，只有一个最符合题意）

1. 【答案】B

   【解析】本题考查的知识点是初步设计阶段的工程造价控制。运用设计标准与标准设计、价值工程和限额设计方法等，以可行性研究报告中被批准的投资估算为工程造价目标值，控制和修改初步设计以满足投资控制目标的要求。

2. 【答案】D

   【解析】本题考查的知识点是各阶段工程造价控制的主要内容。各阶段的控制重点和关键环节如下：

   （1）项目决策阶段：在投资决策过程中，特别是从工程规划阶段开始，预先对工程投资额度进行估算，有助于业主对工程建设各项技术经济方案作出正确决策，从而对今后工程造价的控制起到决定性的作用。

   （2）初步设计阶段：设计阶段是仅次于决策阶段影响投资的关键。为了避免浪费，采取方案比选、限额设计等是控制工程造价的有力措施。

   （3）施工图设计阶段：通过对设计过程中所形成的工程造价层层限额把关，以实现工程项目设计阶段的工程造价控制目标。

   （4）工程施工招标阶段：业主通过施工招标这一经济手段，择优选定承包商，不仅有利于确保工程质量和缩短工期，更有利于降低工程造价，是工程造价控制的重要手段。

   （5）工程施工阶段：施工阶段是工程造价的执行和完成阶段。在施工中通过跟踪管理，对发承包双方的实际履约行为掌握第一手资料，经过动态纠偏，及时发现和解剖施工中的问题，有效地控制工程质量、进度和造价。事前控制工作重点是控制工程变更和防止发生索赔。

   （6）竣工验收阶段：全面汇总工程建设中的全部实际费用，编制竣工结算与决算，如实体现建设项目的工程造价，并总结经验，积累技术经济数据和资料，不断提高工程造价管理水平。

3. 【答案】D

   【解析】本题考查的知识点是以设计阶段为重点的建设全过程造价控制。工程造价控制贯穿于项目建设全过程，但是必须重点突出。很显然，工程造价控制的关键在于施工前的投资决策和设计阶段，而在项目作出投资决策后，控制工程造价的关键就在于设计。

4. 【答案】B

   【解析】本题考查的知识点是工程造价各阶段工程造价的控制。所谓工程造价控制，就是在优化建设方案、设计方案的基础上，在建设程序的各个阶段，采用一定的方法和措施把工程造价控制在合理的范围和核定的限额以内。具体来说，即要用投资估算价控制设计方案的选择和初步设计概算造价，用概算造价控制技设计和修正概算造价,用概算造价或修正概算造价控制施工图设计和预算造价,用最高投标限价控制投标价等,以求合理使用人力、物力和财力,取得较好的投资效益。控制造价在这里强调的是限定项目投资。

5. 【答案】A

【解析】本题考查的知识点是工程施工阶段的工程造价控制。以工程合同价等为控制依据,通过控制工程变更、风险管理等方法,按照承包人实际应予计量的工程量,并考虑物价上涨、工程变更等因素,合理确定进度款和结算款,控制工程费用的支出。

6. 【答案】D

【解析】本题考查的知识点是初步设计阶段的工程造价控制。初步设计是工程设计投资控制的最关键环节,经批准的设计概算是工程造价控制的最高限额,也是控制工程造价的主要依据。

7. 【答案】B

【解析】本题考查的知识点是各阶段工程造价的关系和控制。建设项目是一个从抽象到实际的建设过程,工程造价也从投资估算阶段的投资预计,到竣工决算的实际投资,形成最终的建设工程实际造价。

8. 【答案】A

【解析】本题考查的知识点是初步设计阶段的工程造价控制。初步设计是工程设计投资控制的最关键环节,经批准的设计概算是工程造价控制的最高限额,也是控制工程造价的主要依据。

9. 【答案】C

【解析】本题考查的知识点是项目决策阶段的工程造价控制。投资估算对工程造价起到指导性和总体控制的作用。在投资决策过程中,特别是从工程规划阶段开始,预先对工程投资额度进行估算,有助于业主对工程建设各项技术经济方案作出正确决策,从而对今后工程造价的控制起到决定性的作用。

10. 【答案】A

【解析】本题考查的知识点是控制工程造价的技术措施。要有效地控制工程造价,应从组织、技术、经济等多方面采取措施。其中,从技术上采取的措施包括重视设计多方案选择,严格审查监督初步设计、技术设计、施工图设计、施工组织设计,深入技术领域研究节约投资的可能。

11. 【答案】A

【解析】本题考查的知识点是施工图设计阶段的工程造价控制。以被批准的设计概算为控制目标,应用限额设计、价值工程等方法进行施工图设计。

12. 【答案】C

【解析】本题考查的知识点是控制工程造价的组织措施。技术与经济相结合是控制工程造价最有效的手段。要有效地控制工程造价,应从组织、技术、经济等多方面采取措施。从组织上采取的措施，包括明确项目组织结构，明确造价控制者及其任务，明确管理职能分工；从技术上采取的措施，包括重视设计多方案选择，严格审查监督初步设计、技术设计、施工图设计、施工组织设计，深入技术领域研究节约投资的可能；从经济上采取的措施，包括动态地比较造价的计划值和实际值，严格审核各项费用支出，采取对节约投资的有力奖励措施等。

13.【答案】D

【解析】本题考查的知识点是工程建设各阶段工程造价的控制。工程造价管理的关键在于前期决策和设计阶段，而在项目投资决策后，控制工程造价的关键就在于设计。

三、多项选择题（每小题所设选项中有 2 个或 2 个以上正确答案，至少有 1 个错项）

1.【答案】BCDE

【解析】本题考查的知识点是初步设计阶段的工程造价控制。工程造价控制的初步设计阶段，运用设计标准与标准设计、价值工程和限额设计方法等，以可行性研究报告中被批准的投资估算为工程造价目标值，控制和修改初步设计直至满足要求。

2.【答案】ABD

【解析】本题考查的知识点是工程建设各阶段工程造价的控制。有效控制工程造价应体现以下原则：（1）以设计阶段为重点的建设全过程造价控制。（2）主动控制，以取得令人满意的结果。（3）技术与经济相结合是控制工程造价最有效的手段。

3.【答案】ABCE

【解析】本题考查的知识点是工程建设各阶段工程造价的控制。技术与经济相结合，是控制工程造价最有效的手段，因此选项 D 是错误的。

第二节　建设项目总投资及工程造价

本节知识导图

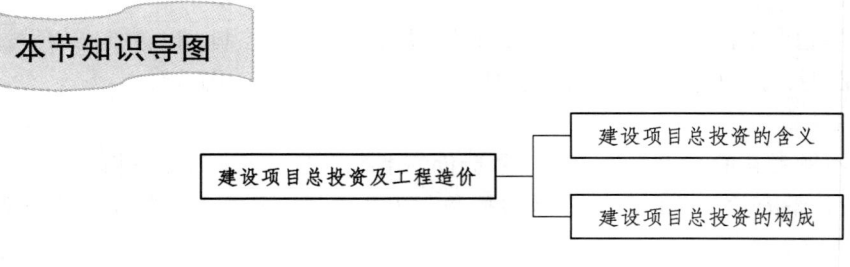

本节习题精选

一、判断题（判断正误，正确的打√，错误的打×）

1. 生产性建设项目总投资包括固定资产投资和流动资产投资。（　　）
2. 建设投资是工程造价中的主要构成部分，包括工程费用、工程建设其他费用和建设期利息。（　　）
3. 对于非生产性建设项目的总投资，一般而言就等同于工程造价。（　　）

二、单项选择题（每题的备选项中，只有一个最符合题意）

1. 根据现行建设项目投资构成相关规定，固定资产投资应与（　　）相对应。
   A. 工程费用+工程建设其他费用
   B. 建设项目总投资
   C. 建设安装工程费+设备及工器具购置费
   D. 建设投资+建设期利息
2. 根据项目总投资的构成规定，工程费用由（　　）构成。
   A. 建筑工程费、安装工程费、设备及工器具购置费
   B. 建筑工程费、建设用地费、基本预备费
   C. 建筑安装工程费、设备及工器具购置费、建设期利息
   D. 建筑安装工程费、工程建设其他费、建设期利息
3. 建设投资由（　　）三项费用构成。
   A. 工程费用、建设期利息、预备费
   B. 工程费用、建设期利息、流动资金
   C. 建筑安装工程费、设备及工器具购置费、工程建设其他费用
   D. 工程费用、工程建设其他费用、预备费
4. 在某建设项目投资构成中，设备及工器具购置费为800万元，建筑安装工程费为1 200万元，工程建设其他费为500万元，基本预备费为150万元，价差预备费为100万元，建设期贷款为1 800万元，应计利息为180万元，流动资金500万元，则该建设项目的建设投资为（　　）万元。
   A. 2 750　　　　B. 2 620　　　　C. 2 980　　　　D. 3 480
5. （　　）包括工程造价（或固定生产投资）和流动资金。
   A. 工程费用　　　　　　　　B. 生产性建设项目总投资
   C. 建设投资　　　　　　　　D. 非生产性建设项目总投资
6. 工程造价（固定资产投资）包括（　　）和建设期利息。
   A. 工程费用　　　　　　　　B. 工程建设其他费用
   C. 建设投资　　　　　　　　D. 预备费

7. 下列选项中，不属于建设投资的是（　　）。
   A. 建筑安装工程费 B. 建设期利息
   C. 工程建设其他费用 D. 基本预备费
8. （　　）指为进行正常生产经营，用于购买原材料、燃料、支付工资等所需的周转资金。
   A. 基本预备费 B. 工程建设其他费用
   C. 流动资金 D. 价差预备费
9. 下列选项中，不属于工程建设其他费用的是（　　）。
   A. 建筑安装工程费 B. 建设用地费
   C. 与项目建设有关的其他费用 D. 与未来生产经营有关的其他费用
10. 建设期利息属于（　　）的费用范畴。
    A. 固定资产投资 B. 建设投资
    C. 工程费用 D. 预备费
11. （　　）是工程造价中的主要构成部分，是为完成工程项目建设，在建设期内投入且形成现金流出的全部费用。
    A. 固定资产投资 B. 建设投资
    C. 工程费用 D. 预备费
12. 下列属于动态投资费用的是（　　）。
    A. 建设用地费 B. 基本预备费
    C. 建设期利息 D. 建筑安装工程费

三、多项选择题（每小题所设选项中有2个或2个以上正确答案，至少有1个错项）

1. 工程费用包括（　　）。
   A. 基本预备费 B. 安装工程费
   C. 建筑工程费 D. 设备及工器具购置费
   E. 价差预备费
2. 建设投资包括（　　）。
   A. 工程造价 B. 建设期利息
   C. 流动资金 D. 工程费用
   E. 预备费
3. 工程建设其他费用包括（　　）。
   A. 建筑安装工程费 B. 建设用地费
   C. 与项目建设相关的其他费用 D. 与未来生产经营有关的其他费用
   E. 设备及工器具购置费
4. 预备费包括（　　）。
   A. 固定资产投资 B. 基本预备费
   C. 价差预备费 D. 流动资产投资
   E. 建设期利息

5. 建设投资包括（　　）。
    A. 工程费用
    B. 工程建设其他费用
    C. 建设期利息
    D. 预备费
    E. 流动资金

本节习题解析

一、判断题（判断正误，正确的打√，错误的打×）

1.【答案】√
【解析】本题考查的知识点是建设项目总投资的含义。生产性建设项目总投资包括固定资产投资和流动资产投资。

2.【答案】×
【解析】本题考查的知识点是建设投资的构成。建设投资是工程造价中的主要构成部分，包括工程费用、工程建设其他费用和预备费。

3.【答案】√
【解析】本题考查的知识点是建设项目总投资的含义。非生产性建设项目总投资一般仅指工程造价。

二、单项选择题（每题的备选项中，只有一个最符合题意）

1.【答案】D
【解析】本题考查的知识点是建设项目总投资的构成。建设项目总投资的组成如图 3-1 所示。

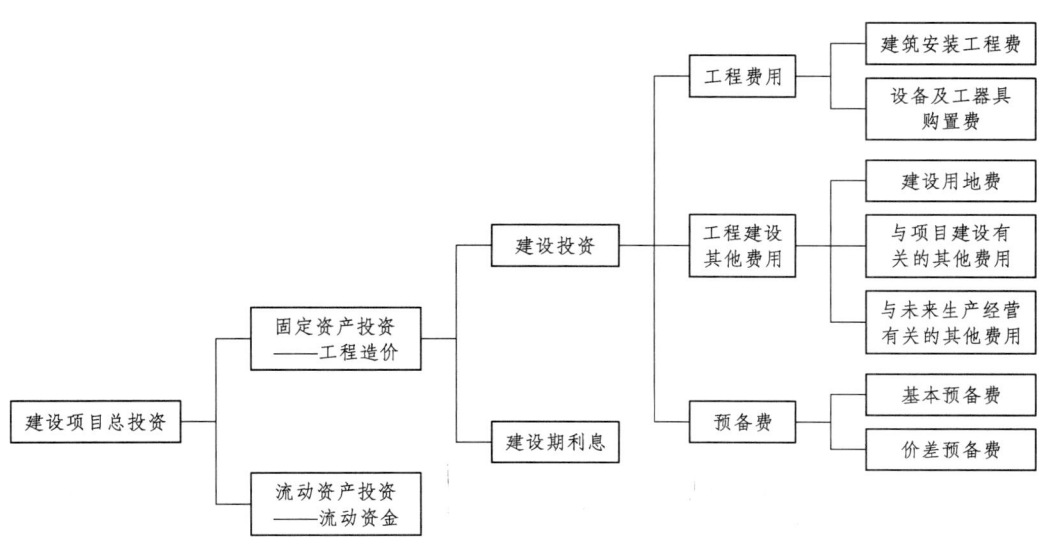

图 3-1　建设项目总投资的构成

2.【答案】A

【解析】本题考查的知识点是建设项目总投资的构成。工程费用＝设备及工器具购置费＋建筑安装工程费；生产性总投资＝固定资产投资＋流动资产投资＝工程造价＋流动资金；非生产性总投资＝固定资产投资；工程造价＝建设投资＋建设期利息；建设投资＝工程费用＋工程建设其他费用＋预备费。

3.【答案】D

【解析】本题考查的知识点是建设投资的构成。

建设投资是工程造价中的主要构成部分，是为完成工程项目建设，在建设期内投入且形成现金流出的全部费用。建设投资包括工程费用、工程建设其他费用和预备费三部分。

4.【答案】A

【解析】本题考查的知识点是建设投资的构成。在我国现行工程造价的构成中，建设投资包括设备及工器具购置费用、建筑安装工程费用、工程建设其他费用、预备费，不包含建设期利息和流动资金。因此，该建设项目的建设投资＝（800＋1 200＋500＋150＋100）万元＝2 750万元。

5.【答案】B

【解析】本题考查的知识点是建设项目总投资的含义。生产性建设项目总投资包括工程造价（或固定生产投资）和流动资金。

6.【答案】C

【解析】本题考查的知识点是工程造价（固定资产投资）的构成。工程造价（固定资产投资）包括建设投资和建设期利息。

7.【答案】B

【解析】本题考查的知识点是建设投资的构成。建设投资包括工程费用、工程建设其他费用和预备费，因此选项B是错误的。

8.【答案】C

【解析】本题考查的知识点是流动资金。流动资金指为进行正常生产经营，用于购买原材料、燃料、支付工资等所需的周转资金。

9.【答案】A

【解析】本题考查的知识点是工程建设其他费。选项A属于工程费用，因此选项A是错误的。

10.【答案】A

【解析】本题考查的知识点是固定资产投资的构成。固定资产投资即工程造价，包括建设投资和建设期利息。

11.【答案】B

【解析】本题考查的知识点是建设投资。建设投资是工程造价中的主要构成部分，是为完成工程项目建设，在建设期内投入且形成现金流出的全部费用。建设投资包括工程费用、工程建设其他费用和预备费。

12.【答案】C

【解析】本题考查的知识点是建设项目总投资的构成。在建设项目总投资费用构成中，价差预备费和建设期利息属于动态投资，因此选项 C 是正确的。

三、多项选择题（每小题所设选项中有 2 个或 2 个以上正确答案，至少有 1 个错项）

1.【答案】BCD

【解析】本题考查的知识点是工程费用的构成。工程费用包括建筑工程费、设备及工器具购置费、安装工程费。

2.【答案】DE

【解析】本题考查的知识点是建设投资的构成。建设投资包括工程费用、工程建设其他费用和预备费。

3.【答案】BCD

【解析】本题考查的知识点是工程建设其他费的构成。工程建设其他费包括建设用地费、与项目建设相关的其他费用和与未来生产经营有关的其他费用。

4.【答案】BC

【解析】本题考查的知识点是预备费的组成。预备费包括基本预备费和价差预备费。

5.【答案】ABD

【解析】本题考查的知识点是建设投资的构成。建设投资包括工程费用、工程建设其他费用和预备费。

第三节　建筑安装工程费

本节知识导图

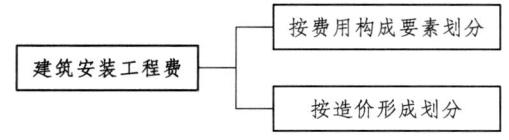

本节习题精选

一、判断题（判断正误，正确的打√，错误的打×）

1. 仪器仪表使用费属于企业管理费。（　　　）
2. 城市维护建设税、教育费附加、地方教育费附加均属于企业管理费。（　　　）

3. 住房公积金属于企业管理费。（   ）
4. 其他项目费包括暂列金额、计日工、二次搬运费和总承包服务费。（   ）
5. 工程排污费已于 2018 年 1 月停止征收。（   ）
6. 增值税按税前造价乘以增值税税率确定。（   ）
7. 按费用构成要素划分，建筑安装工程费用包括分部分项工程费、措施项目费、其他项目费、规费和增值税。（   ）
8. 工程设备费属于施工机具使用费。（   ）
9. 暂列金额属于措施项目费。（   ）
10. 社会保险费包括养老保险费、失业保险费、医疗保险费、工伤保险费和劳动保险费。（   ）

二、单项选择题（每题的备选项中，只有一个最符合题意）

1. 下列选项中，不属于施工机械使用费组成部分的是（   ）。
   A. 折旧费　　　　　　　　　　B. 检修及维护费
   C. 人工及燃料动力费　　　　　D. 大型机械进出场费

2. 根据国家相关法律、法规和政策规定，因停工学习、执行国家或社会义务等，按计时工资标准支付的工资属于人工费中的（   ）。
   A. 特殊情况下支付的工资　　　B. 基本工资
   C. 奖金　　　　　　　　　　　D. 津贴补贴

3. 施工机械使用费是指施工机械作业所发生的机械使用费以及机械安拆费和场外运费，施工机械台班单价不包括的费用是（   ）。
   A. 折旧费　　　　　　　　　　B. 检修费
   C. 二次搬运费　　　　　　　　D. 安拆费及场外运费

4. 下列选项中，属于措施项目费的是（   ）。
   A. 安全文明施工费　　　　　　B. 建设用地费
   C. 工程排污费　　　　　　　　D. 施工机械使用费

5. 根据我国现行建筑安装工程费用项目组成的规定，下列费用中应计入暂列金额的是（   ）。
   A. 应建设单位要求，完成建设项目之外的零星项目费用
   B. 对建设单位自行采购的材料进行保管所发生的费用
   C. 特殊地区施工增加费
   D. 施工过程中可能发生的工程变更以及索赔、现场签证等费用

6. 根据现行建筑安装工程费用项目组成的规定，下列费用项目中，属于施工机具使用费的是（   ）。
   A. 仪器仪表使用费　　　　　　B. 大型机械安拆费
   C. 施工机械财产保险费　　　　D. 大型机械进出场费

7. 检验试验费不包括（　　）。
   A. 对构件进行破坏性试验　　　　B. 对构件的一般鉴定
   C. 对建筑安装物的一般鉴定　　　D. 对建筑材料检验
8. 施工企业管理人员工资是指其管理人员的基本工资、工资性补贴、职工福利费、劳动保护费等，其属于（　　）。
   A. 直接工程费　　　　　　　　　B. 企业管理费
   C. 人工费　　　　　　　　　　　D. 现场施工费
9. 职工教育经费是指企业为职工进行专业技术和职业技术培训，按职工工资总额计提的费用，其属于（　　）。
   A. 企业管理费　　　　　　　　　B. 规费
   C. 职工福利费　　　　　　　　　D. 间接费
10. 下列费用项目中，属于按费用构成要素划分的是（　　）。
    A. 分部分项工程费　　　　　　　B. 措施项目费
    C. 其他项目费　　　　　　　　　D. 规费
11. 下列费用中，项目属于按费用构成要素划分的是（　　）。
    A. 分部分项工程费　　　　　　　B. 措施项目费
    C. 其他项目费　　　　　　　　　D. 增值税
12. 下列费用项目中，属于按造价形成划分的是（　　）。
    A. 人工费　　　　　　　　　　　B. 材料费
    C. 分部分项工程费　　　　　　　D. 企业管理费
13. 下列费用项目中，属于按造价形成划分的是（　　）。
    A. 人工费　　　　　　　　　　　B. 施工机具使用费
    C. 措施项目费　　　　　　　　　D. 利润
14. 下列费用项目中，属于按造价形成划分的是（　　）。
    A. 其他项目费　　　　　　　　　B. 施工机具使用费
    C. 企业管理费　　　　　　　　　D. 利润
15. 工程设备的费用，应列入（　　）。
    A. 材料费　　　　　　　　　　　B. 施工机具使用费
    C. 企业管理费　　　　　　　　　D. 规费
16. 下列不属于材料单价所包含的费用的是（　　）。
    A. 材料原价　　　　　　　　　　B. 施工损耗
    C. 运杂费　　　　　　　　　　　D. 运输损耗费
17. 仪器仪表的费用，应列入（　　）。
    A. 材料费　　　　　　　　　　　B. 施工机具使用费
    C. 企业管理费　　　　　　　　　D. 规费

18. 下列费用中，不属于施工仪器仪表台班单价的是（   ）。
    A. 折旧费   B. 维护费
    C. 动力费   D. 检测费

19. 关于人工费的内容，下列选项中，不属于特殊情况下支付的工资的是（   ）。
    A. 婚丧假   B. 探亲假
    C. 工伤   D. 高温作业

20. 下列选项中，不属于企业管理费的是（   ）。
    A. 利润   B. 管理人员工资
    C. 劳动保护费   D. 财产保险费

21. 下列税金中，不属于企业管理费所包含税金的是（   ）。
    A. 房产税   B. 增值税
    C. 印花税   D. 城市维护建设税

22. 目前已停止征收的费用是（   ）。
    A. 城市维护建设税   B. 教育费附加
    C. 工程排污费   D. 地方教育费附加

23. 下列选项中，不属于规费的是（   ）。
    A. 养老保险费   B. 生育保险费
    C. 住房公积金   D. 绿化费

24. 下列选项中，不属于社会保险费的是（   ）。
    A. 养老保险费   B. 医疗保险费
    C. 工伤保险费   D. 劳动保险费

25. （   ）是指发生于该工程施工前和施工过程中的技术、生活、安全、环境保护等方面的费用。
    A. 分部分项工程费   B. 措施项目费
    C. 其他项目费   D. 环境保护费

26. 下列选项中，不属于安全文明施工费的是（   ）。
    A. 安全施工费   B. 文明施工费
    C. 环境保护费   D. 二次搬运费

27. 下列选项中，不属于措施项目费的是（   ）。
    A. 暂列金额   B. 工程定位复测费
    C. 夜间施工增加费   D. 冬雨季施工增加费

28. 下列选项中，不属于措施项目费的是（   ）。
    A. 脚手架工程费   B. 模板工程费
    C. 安全文明施工费   D. 总承包服务费

29. 下列选项中，不属于其他项目费的是（   ）。
    A. 暂列金额   B. 特殊地区施工增加费
    C. 计日工   D. 总承包服务费

三、多项选择题（每小题所设选项中有 2 个或 2 个以上正确答案，至少有 1 个错项）

1. 根据我国现行建筑安装工程费用项目组成规定，下列施工企业发生的费用中，应计入企业管理费的是（　　）。
   A. 建筑材料、构件一般性鉴定检查费
   B. 支付给企业离休干部的经费
   C. 施工现场工程排污费
   D. 施工生产用仪器仪表使用费
   E. 履约担保所发生的费用

2. 建筑安装工程费按费用构成要素划分包括（　　）。
   A. 施工机具使用费   B. 材料费
   C. 利润   D. 风险费用
   E. 增值税

3. 在建筑安装工程费用项目组成中，暂列金额主要用于（　　）。
   A. 施工合同签订时尚未确定的材料设备采购费用
   B. 施工图纸以外的零星项目所需的费用
   C. 隐藏工程二次检验的费用
   D. 施工中可能发生的工程变更、价款调整的费用
   E. 项目施工现场签证确认的费用

4. 下列费用中，属于建筑安装工程人工费的有（　　）。
   A. 生产工人在法定节假日的加班工资
   B. 生产工人的流动施工津贴
   C. 生产工人的增收节支奖金
   D. 生产工人的技能培训费用
   E. 项目管理人员的计时工资

5. 材料单价由（　　）等费用组成。
   A. 直接费   B. 运输损耗费
   C. 材料运杂费   D. 采购及保管费
   E. 材料原价

6. 根据建标〔2013〕44 号文件，按照造价形成划分建安工程费，属于措施项目费的有（　　）。
   A. 检验试验费   B. 工程排污费
   C. 大型机械设备进出场及安拆费   D. 雨季施工需增加的临时设施费
   E. 临时设施费

7. 建筑安装工程费用按造价形成划分，包括（　　）。
   A. 分部分项工程费   B. 措施项目费
   C. 其他项目费   D. 企业管理费
   E. 利润

8. 下列选项中,属于材料费的是（   ）。
   A. 材料原价
   B. 外购配套件费
   C. 运杂费
   D. 运输损耗费
   E. 采购及保管费

9. 仪器仪表使用费包括（   ）。
   A. 折旧费
   B. 维护费
   C. 校验费
   D. 动力费
   E. 检测费

10. 下列选项中,属于企业管理费的包括（   ）。
    A. 管理人员工资
    B. 劳动保险费
    C. 财产保险费
    D. 社会保险费
    E. 住房公积金

11. 企业管理费中的检验试验费,不包括（   ）。
    A. 新结构的试验费
    B. 新材料的试验费
    C. 施工企业对建筑材料进行一般鉴定、检查所发生的费用
    D. 对构件做破坏性试验的费用
    E. 建设单位委托检测机构进行检测的费用

12. 下列选项中,不属于规费的是（   ）。
    A. 养老保险费
    B. 失业保险费
    C. 住房公积金
    D. 财产保险费
    E. 劳动保险费

13. 其他项目费包括（   ）。
    A. 暂列金额
    B. 安全施工费
    C. 计日工
    D. 文明施工费
    E. 总承包服务费

本节习题解析

一、判断题（判断正误,正确的打√,错误的打×）

1.【答案】×
【解析】本题考查的知识点是建筑安装工程费的构成。仪器仪表使用费属于施工机具使用费。

2.【答案】√
【解析】本题考查的知识点是企业管理费的构成。企业管理费中的税金包含：城市维护建设税、教育费附加、地方教育附加等各项税费。

3.【答案】×

【解析】本题考查的知识点是规费的构成。住房公积金属于规费。

4.【答案】×

【解析】本题考查的知识点是其他项目费的构成。二次搬运费属于措施项目费。

5.【答案】√

【解析】本题考查的知识点是建筑安装工程费的构成。原列入规费的工程排污费已经于 2018 年 1 月停止征收。

6.【答案】√

【解析】本题考查的知识点是增值税的计算。

7.【答案】×

【解析】本题考查的知识点是建筑安装工程费按费用构成要素划分。按造价形成划分，建筑安装工程费用包括分部分项工程费、措施项目费、其他项目费、规费和增值税。

8.【答案】×

【解析】本题考查的知识点是材料费。工程设备费属于材料费。

9.【答案】×

【解析】本题考查的知识点是其他项目费。其他项目费包括暂列金额、计日工和总承包服务费。

10.【答案】×

【解析】本题考查的知识点是规费。社会保险费包括养老保险费、失业保险费、医疗保险费、工伤保险费和生育保险费。劳动保险费属于企业管理费。

二、单项选择题（每题的备选项中，只有一个最符合题意）

1.【答案】D

【解析】本题考查的知识点是施工机具使用费。施工机械台班单价通常由折旧费、检修费、维护费、安拆费及场外运费、人工费、燃料动力费和其他费用组成。

2.【答案】A

【解析】本题考查的知识点是人工费。特殊情况下支付的工资是指根据国家法律、法规和政策规定，因病、工伤、产假、计划生育假、婚丧假、事假、探亲假、定期休假、停工学习、执行国家或社会义务等按计时工资标准或计件工资标准的一定比例支付的工资。

3.【答案】C

【解析】本题考查的知识点是施工机具使用费。施工机械台班单价通常由折旧费、检修费、维护费、安拆费及场外运费、人工费、燃料动力费和其他费用组成。

4. 【答案】A

【解析】本题考查的知识点是措施项目费。措施项目费是指为完成建设工程施工，发生于该工程施工前和施工过程中的技术、生活、安全、环境保护等方面的费用。内容包括：（1）安全文明施工费：环境保护费、文明施工费、安全施工费、临时设施费；（2）夜间施工增加费；（3）二次搬运费；（4）冬雨季施工增加费；（5）已完工程及设备保护费；（6）工程定位复测费；（7）特殊地区施工增加费；（8）大型机械设备进出场及安拆费；（9）脚手架工程费。

5. 【答案】D

【解析】本题考查的知识点是其他项目费。暂列金额是指建设单位在工程量清单中暂定并包括在工程合同价款中的一笔款项。用于施工合同签订时尚未确定或者不可预见的所需材料、工程设备、服务的采购，施工中可能发生的工程变更、合同约定调整因素出现时的工程价款调整以及发生的索赔、现场签证确认等的费用。选项A属于计日工；选项B属于总承包服务费；选项C属于措施项目增加费。

6. 【答案】A

【解析】本题考查的知识点是施工机具使用费。施工机具使用费是指施工作业所发生的施工机械、仪器仪表使用费或其租赁费。

7. 【答案】A

【解析】本题考查的知识点是企业管理费。检验试验费不包括新结构、新材料的试验费，对构件做破坏性试验及其他特殊要求检验试验的费用和建设单位委托检测机构进行检测的费用。

8. 【答案】B

【解析】本题考查的知识点是企业管理费。施工企业管理人员工资属于企业管理费。

9. 【答案】A

【解析】本题考查的知识点是企业管理费。职工教育经费是指按职工工资总额的规定比例计提，企业为职工进行专业技术和职业技能培训，专业技术人员继续教育、职工职业技能鉴定、职业资格认定以及根据需要对职工进行各类文化教育所发生的费用。

10. 【答案】D

【解析】本题考查的知识点是建筑安装工程费。按费用构成要素划分，建筑安装工程费可划分为人工费、材料费、施工机具使用费、企业管理费、利润、规费和增值税，因此选项D是正确的。

11. 【答案】D

【解析】本题考查的知识点是建筑安装工程费。按费用构成要素划分，建筑安装工程费可划分为人工费、材料费、施工机具使用费、企业管理费、利润、规费和增值税，因此选项D是正确的。

12. 【答案】C

【解析】本题考查的知识点是建筑安装工程费。按造价形成划分，建筑安装工程费可划分为分部分项工程费、措施项目费、其他项目费、规费和增值税，因此选项 C 是正确的。

13. 【答案】C

    【解析】本题考查的知识点是建筑安装工程费。按造价形成划分，建筑安装工程费可划分为分部分项工程费、措施项目费、其他项目费、规费和增值税，因此选项 C 是正确的。

14. 【答案】A

    【解析】本题考查的知识点是建筑安装工程费。按造价形成划分，建筑安装工程费可划分为分部分项工程费、措施项目费、其他项目费、规费和增值税，因此选项 A 是正确的。

15. 【答案】A

    【解析】本题考查的知识点是建筑安装工程费。材料费是指施工过程中消耗的原材料、辅助材料、工程设备以及周转材料的摊销费用，因此选项 A 是正确的。

16. 【答案】B

    【解析】本题考查的知识点是建筑安装工程费。材料单价是指建筑材料从其来源地运到施工工地仓库直至出库形成的综合平均单价，由材料原价、运杂费、运输损耗费、采购及保管费构成，因此选项 B 是错误的。

17. 【答案】B

    【解析】本题考查的知识点是建筑安装工程费。施工机具使用费是指施工作业所发生的施工机械、仪器仪表使用费或其租赁费。

18. 【答案】D

    【解析】本题考查的知识点是建筑安装工程费。施工仪器仪表台班单价由四项费用组成，包括折旧费、维护费、校验费和动力费，不包括检测软件的相关费用。

19. 【答案】D

    【解析】本题考查的知识点是建筑安装工程费。选项 D 属于津贴补贴，不属于在特殊情况下支付的工资。

20. 【答案】A

    【解析】本题考查的知识点是建筑安装工程费。利润是建筑安装工程费用构成中的一部分，不属于企业管理费。

21. 【答案】B

    【解析】本题考查的知识点是建筑安装工程费。增值税是建筑安装工程费用构成中的一部分，不属于企业管理费。

22. 【答案】C

    【解析】本题考查的知识点是建筑安装工程费。原列入规费的工程排污费已经于 2018 年 1 月停止征收。

23. 【答案】D

　　【解析】本题考查的知识点是建筑安装工程费。选项 D 属于企业管理费，因此是错误的。

24. 【答案】D

　　【解析】本题考查的知识点是建筑安装工程费。选项 D 属于企业管理费，因此是错误的。

25. 【答案】B

　　【解析】本题考查的知识点是建筑安装工程费。措施项目费，是指发生于该工程施工前和施工过程中的技术、生活、安全、环境保护等方面的费用。

26. 【答案】D

　　【解析】本题考查的知识点是建筑安装工程费。安全文明施工费包括环境保护费、文明施工费、安全施工费和临时设施费。

27. 【答案】A

　　【解析】本题考查的知识点是建筑安装工程费。选项 A 属于其他项目费，因此是错误的。

28. 【答案】D

　　【解析】本题考查的知识点是建筑安装工程费。选项 D 属于其他项目费，因此是错误的。

29. 【答案】B

　　【解析】本题考查的知识点是建筑安装工程费。选项 B 属于措施项目费，因此是错误的。

三、多项选择题（每小题所设选项中有 2 个或 2 个以上正确答案，至少有 1 个错项）

1. 【答案】ABE

　　【解析】本题考查的知识点是企业管理费。选项 C 属于规费。选项 D 属于施工机具使用费。

2. 【答案】ABCE

　　【解析】本题考查的知识点是建筑安装工程费。按照费用构成要素划分，建筑安装工程费包括：人工费、材料费、施工机具使用费、企业管理费、利润、规费和增值税。

3. 【答案】ADE

　　【解析】本题考查的知识点是其他项目费。暂列金额是指建设单位在工程量清单中暂定并包括在工程合同价款中的一笔款项，用于施工合同签订时尚未确定或者不可预见的所需材料、工程设备、服务的采购，施工中可能发生的工程变更、合同约定调整因素出现时的工程价款调整以及发生的索赔、现场签证确认等的费用。

4.【答案】ABC

【解析】本题考查的知识点是人工费。人工费是指按工资总额构成规定，支付给从事建筑安装工程施工的生产工人和附属生产单位工人的各项费用。内容包括：① 计时工资或计件工资；② 奖金；③ 津贴补贴；④ 加班加点工资；⑤ 特殊情况下支付的工资。

5.【答案】BCDE

【解析】本题考查的知识点是材料费。材料单价由下列费用组成：① 材料原价(供应价格)；② 材料运杂费；③ 运输损耗费；④ 采购及保管费。

6.【答案】CDE

【解析】本题考查的知识点是措施项目费。工程排污费属于规费，检验试验费属于企业管理费。

7.【答案】ABC

【解析】本题考查的知识点是建筑安装工程费。建筑安装工程费用按造价形成划分，包括分部分项工程费、措施项目费、其他项目费、规费和税金。选项 D、E 属于按费用构成要素划分的费用内容，因此是错误的。

8.【答案】ACDE

【解析】本题考查的知识点是建筑安装工程费。材料费包括材料原价、运杂费、运输损耗费和采购及保管费。

9.【答案】ABCD

【解析】本题考查的知识点是建筑安装工程费。施工仪器仪表台班单价中的费用组成不包括检测软件的相关费用，因此选项 E 是错误的。

10.【答案】ABC

【解析】本题考查的知识点是建筑安装工程费。选项 D、E 属于规费的内容，因此是错误的。

11.【答案】ABDE

【解析】本题考查的知识点是建筑安装工程费。企业管理费中的检验试验费，仅包括施工企业按照有关标准规定，对建筑以及材料、构件和建筑安装物进行一般鉴定、检查所发生的费用。

12.【答案】DE

【解析】本题考查的知识点是建筑安装工程费。选项 D、E 均属于企业管理费的内容，因此是错误的。

13.【答案】ACE

【解析】本题考查的知识点是建筑安装工程费。选项 B、D 属于措施项目费中的安全文明施工费，因此是错误的。

第四节 设备及工器具购置费

本节知识导图

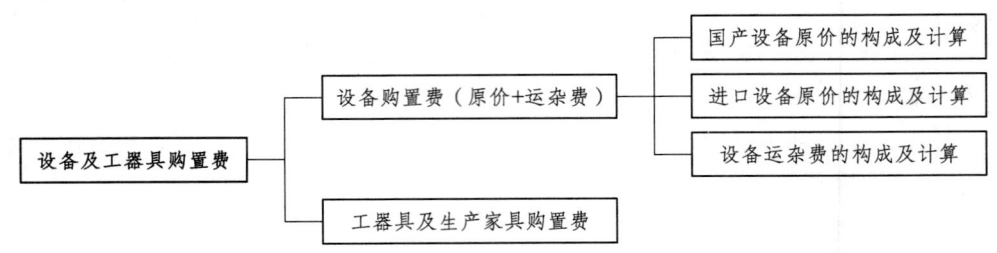

本节习题精选

一、判断题（判断正误，正确的打√，错误的打×）

1. 在新建或扩建工程建设中设备及工器具购置费用占工程造价比重的增大，意味着生产技术的进步和资本有机构成的提高。（　　）

2. 非标准设备原价有多种不同的计算方法，如成本计算估价法、系列设备插入估价法、分部组合估价法、定额估价法等。但无论采用哪种方法都应该使非标准设备计价接近实际出厂价，并且计算方法要简便。（　　）

3. 在CIF条件下，由卖方办理投保，而CFR为买方办理投保，但货物运输途中的风险均由买方承担。（　　）

4. 使用FOB贸易术语时，买卖双方风险划分在装运港船边。（　　）

5. 贸易术语中，可能使用空运方式的是FOB或CFR方式。（　　）

6. FOB、CFR和CIF三种术语的价格构成的主要不同点在于包含的费用不同。（　　）

7. 国际贸易中，卖方不负责办理出口手续及支付相关费用的是采用FOB。（　　）

二、单项选择题（每题的备选项中，只有一个最符合题意）

1. 下列费用项目中，属于工器具及生产家具购置费计算内容的是（　　）。
   A. 引进设备时备品备件的测绘费
   B. 引进设备的专利使用费
   C. 未达到固定资产标准的设备购置费
   D. 达到固定资产标准的生活家具购置费

2. 货物灭失或损坏的风险在货物交到船上时转移,同时买方承担自那时起的一切费用。该种交易价格被称为（　　）。
　　A. 运费在内价　　　　　　　　　　B. 离岸价
　　C. 到岸价　　　　　　　　　　　　D. 抵岸价

3. 下列费用项目中,应计入进口设备运杂费中的是（　　）。
　　A. 国际运费　　　　　　　　　　　B. 国际运输保险费
　　C. 进口环节税费　　　　　　　　　D. 到岸后外埠中转运输费

4. 外贸手续费指委托具有外贸经营权的经贸公司采购而发生的按外贸手续费率计取的费用,外贸手续费率一般取（　　）。
　　A. 2.5%　　　B. 3%　　　C. 1.5%　　　D. 2.8%

5. 关于设备及工器具购置费用,下列说法中正确的是（　　）。
　　A. 由设备购置费和工器具及生活家具购置费组成
　　B. 是流动资产投资中的组成部分
　　C. 在工业建设中,该费用占工程造价比重的增大意味着生产技术的进步
　　D. 在民用建设中,该费用占工程造价比重的增大意味着资本有机构成的提高

6. 已知国内制造厂某非标准设备所用材料费、加工费、辅助材料费、专用工具费、废品损失费共 20 万元,外购配套费 3 万元,非标准设备设计费 1 万元,包装费率 1%,利润率为 8%,若其他费用不考虑,则该设备的原价为（　　）。
　　A. 25.82 万元　　B. 25.85 万元　　C. 26.09 万元　　D. 29.09 万元

7. 抵达买方边境港口或边境车站,且交完各种手续费、税费后形成的价格,被称为（　　）。
　　A. 交货价　　　B. 到岸价　　　C. 离岸价　　　D. 原价

8. 关于进口设备到岸价的构成及计算,下列公式中正确的是（　　）。
　　A. 到岸价 = 离岸价 + 运输保险费
　　B. 到岸价 = 离岸价 + 进口从属费
　　C. 到岸价 = 运费在内费 + 进口从属费
　　D. 到岸价 = 运费在内价 + 运输保险费

9. 某项目购买一台国产设备,其购置费为 2 500 万元,运杂费率为 15%,则该设备的原价为（　　）万元。
　　A. 2 165.89　　B. 2 173.91　　C. 2 265.38　　D. 2 364.16

10. 设备运杂费通常的构成不包括（　　）。
　　A. 废品损失费　　　　　　　　　　B. 包装费
　　C. 运费和装卸费　　　　　　　　　D. 设备供销部门的手续费

11. 某进口设备的到岸价为 200 万元,银行财务费为 0.8 万元,外贸手续费费率为 1.5%,关税税率为 20%,增值税税率为 16%,该设备无消费税和海关监管手续费,则该进口设备的抵岸价为（　　）万元。
　　A. 277.52　　B. 282.20　　C. 288.55　　D. 280.88

12. 国产非标准设备原价的确定可采用的方法是（   ）。
    A. 概算指标法和定额估价法
    B. 成本计算估价法和概算指标法
    C. 成本计算估价法和分部组合估价法
    D. 分部组合估价法和百分比法

13. 采用成本计算估价法计算非标准设备原价时，下列表述中正确的是（   ）。
    A. 包装费的计算基数中不应包含废品损失费
    B. 利润的计算基数中不应包含外购配套件费
    C. 专用工具费 =（材料费 + 加工费）× 专用工具费率
    D. 加工费 = 设备总质量 ×（1 + 加工损耗系数）× 设备每吨加工费

14. 关于设备运杂费估算的说法，正确的是（   ）。
    A. 国产设备运至工地后发生的装卸费不应包括在运杂费中
    B. 国产设备运杂费包括由设备制造厂交货地点运至工地仓库所发生的运费
    C. 设备运杂费不包括设备供应部门办公和仓库所占固定资产使用费
    D. 工程承包公司采购设备的相关费用不应计入运杂费

15. 按成本计算估价法，非标准设备的原价组成不包括（   ）。
    A. 材料费   B. 专用工具费
    C. 临时设施费   D. 外购配套件费

16. 设备购置费是指为建设项目购置或自制的达到（   ）的设备所需的费用。
    A. 固定资产标准   B. 设计标准
    C. 带备件的标准   D. 生产规模

17. 设备购置费包括（   ）。
    A. 工器具购置费   B. 设备运杂费
    C. 生活家具购置费   D. 生产家具购置费

18. 下列关于设备原价的说法，正确的是（   ）。
    A. 进口设备的原价是指其到岸价
    B. 国产设备原价是指自制设备的原材料价格
    C. 国产设备原价通常包含备件费在内
    D. 进口设备原价指运到工地指定地点的全部费用

19. 编制设计预算时，国产标准设备的原价一般选用（   ）。
    A. 不含设备的出厂价   B. 设备制造厂的成本价
    C. 带有备件的出厂价   D. 设备制造厂的出厂价加运杂费

20. 用成本计算估价法计算国产非标准设备原价时，需要考虑的费用项目有（   ）。
    A. 厂家询价使其接近实际出厂价   B. 供销部门手续费
    C. 成品损失费及运输包装费   D. 外购配套件费

21. 某工程采购一台国产非标准设备，制造厂生产该设备的材料费、加工费和辅助材料费合计 20 万元，专用工具费率为 2%，废品损失率为 8%，利润率为 10%，增值税率为 17%。假设不再发生其他费用，则该设备的增值税为（　　）万元。

　　A. 4.08　　　　　B. 4.09　　　　　C. 4.11　　　　　D. 4.12

22. 某台非标准设备需订制加工，需材料费 18 万元，加工费 2 万元，专用工具费率 5%，设备损失费率 10%，包装费 0.4 万元，利润率为 10%，用成本计算估价法计算该设备的利润是（　　）万元。

　　A. 2.00　　　　　B. 2.10　　　　　C. 2.31　　　　　D. 2.35

23. 进口设备的原价是指进口设备的（　　）。

　　A. 到岸价　　　B. 抵岸价　　　C. 离岸价　　　D. 运费在内价

24. 货物灭失或损坏的风险在货物交到船上时转移，卖方必须签订合同，并支付必要的成本和运费，将货物运至指定的目的港。这种交易价格被称为（　　）。

　　A. 离岸价　　　B. 运费在内价　　　C. 到岸价　　　D. 抵岸价

25. 在以 CIF 和 CFR 术语成交的条件下，货物运输保险分别由卖方和买方办理，运输途中货物灭失和损坏的风险（　　）。

　　A. 前者由卖方负担，后者由买方负担
　　B. 均由卖方负担
　　C. 前者由买方负担，后者由卖方负担
　　D. 均由买方负担

26. 就卖方承担的费用而言，下列术语排列顺序中，正确的是（　　）。

　　A. FOB 大于 CFR 大于 CIF　　　B. FOB 大于 CIF 大于 CFR
　　C. CIF 大于 FOB 大于 CFR　　　D. CIF 大于 CFR 大于 FOB

27. 在采用 FOB 贸易术语交货时，买卖双方风险的转移是在（　　）。

　　A. 工厂　　　　　　　　　　　B. 卖方境内
　　C. 装运港船上　　　　　　　　D. 买方港口

28. 某进口设备到岸价为 1 500 万元，银行财务费、外贸手续费合计 36 万元，关税 300 万元，消费税和增值税税率分别为 10%、17%，则该进口设备原价为（　　）万元。

　　A. 2 386.8　　　B. 2 376.0　　　C. 2 362.9　　　D. 2 352.6

29. 某批进口设备离岸价为 1 000 万元，国际运费为 100 万元，运输保险费费率为 1%，则该批设备的到岸价应为（　　）万元。

　　A. 1 100.00　　　B. 1 110.00　　　C. 1 111.00　　　D. 1 111.11

30. 某进口设备的货价为 50 万元，国际运费费率为 10%，运输保险费费率为 3%，进口关税税率为 20%，则该设备应支付关税税额是（　　）万元。

　　A. 11.34　　　B. 11.14　　　C. 11.00　　　D. 10.00

31. 下列费用项目中，不属于设备及工器具购置费的是（　　）。

　　A. 备品备件费　　　　　　　　B. 生产家具购置费用
　　C. 办公家具购置费用　　　　　D. 仪器购置费用

三、多项选择题（每小题所设选项中有 2 个或 2 个以上正确答案，至少有 1 个错项）

1. 下列关于设备运杂费的构成及计算的说法中，正确的有（　　）。
   A. 运费和装卸费是由设备制造厂交货地点至施工安装作业面所发生的费用
   B. 进口设备运杂费是由我国到岸港口或边境车站至工地仓库所发生的费用
   C. 原价中没有包含的、为运输而进行包装所支出的各种费用应计入包装费
   D. 设备运杂费为设备原价与设备运杂费率的乘积
   E. 采购与仓库保管费不含采购人员和管理人员的工资

2. 到岸价格（CIF）作为关税完税价格，包括（　　）等费用。
   A. 国际运费　　　　　　　　B. 国内运费
   C. 运输保险费　　　　　　　D. 外贸手续费
   E. 离岸价格

3. 国产非标准设备原价的计算方法有（　　）。
   A. 生产设备系数法　　　　　B. 成本计算估价法
   C. 定额估价法　　　　　　　D. 系列设备插入估价法
   E. 分部组合估价法

4. 进口设备原价的费用构成中，应以到岸价为计算基数的有（　　）。
   A. 银行财务费　　　　　　　B. 进口环节增值税
   C. 国际运费　　　　　　　　D. 外贸手续费
   E. 进口关税

5. 采购与仓库保管费指采购、验收、保管和收发设备所发生的各种费用，包括（　　）等。
   A. 工具用具购买及出售费
   B. 工资附加费、办公费、差旅交通费
   C. 设备供应部门办公和仓库所占固定资产使用费
   D. 设备采购人员、保管人员和管理人员的工资
   E. 劳动保护费、检验试验费

6. 计算设备进口环节增值税时，作为计算基数的计税价格包括（　　）。
   A. 外贸手续费　　　　　　　B. 设备运杂费
   C. 到岸价　　　　　　　　　D. 关税
   E. 消费税

7. 在国际贸易中，CFR 交货方式下买方的基本义务有（　　）。
   A. 在合同约定的装运港领受货物
   B. 承担运输途中因遭遇风险引起的额外费用
   C. 承担货物在装运港装上指定船只以后的一切风险
   D. 负责租船订舱
   E. 办理进口清关手续

8. 建设项目的设备及工器具购置费包括（　　）。
   A. 设备购置费　　　　　　　　B. 工器具购置费
   C. 联合试运转费　　　　　　　D. 生产家具购置费
   E. 建设单位管理费

9. 某扩建项目为保证初期正常生产购置以下物品，应列入工器具及生产家具购置费的有（　　）。
   A. 运输车辆　　　　　　　　　B. 工具
   C. 备件　　　　　　　　　　　D. 器具
   E. 生产家具

10. 下列各项费用中属于设备及工器具购置费的是（　　）。
    A. 设备采购人员的工资、工资附加费
    B. 新建项目购置的未达固定资产标准的生产家具和备品备件费
    C. 进口设备消费税
    D. 进口设备担保费
    E. 进口设备关税

11. 国产非标准设备按成本构成估算其原价时，下列计算式正确的有（　　）。
    A. 材料费 = 材料净重 × 每吨材料综合价
    B. 加工费 = 设备总质量 × 设备每吨加工费
    C. 辅助材料费 = 设备总质量 × 辅助材料费指标
    D. 增值税 = 进项税额 – 当期销项税额
    E. 当期销项税额 = 不含税销售额 × 适用增值税率

12. 某建设项目的进口设备采用装运港船上交货价，则买方的责任有（　　）。
    A. 负责租船并将设备装上船只
    B. 支付运费、保险费
    C. 负担货物在装运港越过船舷后的各种费用以及货物灭失或损坏的一切风险
    D. 受领卖方提供的各种单证，按合同规定支付货款
    E. 办理出口手续

13. FOB、CFR、CIF 术语的相同点有（　　）。
    A. 适用的运输方式相同　　　　B. 风险转移的地点相同
    C. 装卸费用的负担相同　　　　D. 交货地点相同
    E. 保险费用的负担相同

14. 下列费用项目中，以"到岸价 + 关税 + 消费税"为基数，乘以各自给定费（税）率进行计算的有（　　）。
    A. 外贸手续费　　　　　　　　B. 关税
    C. 银行财务费　　　　　　　　D. 进口环节增值税
    E. 车辆购置税

15. 下列费用中应计入设备运杂费的有（　　）。

　　A. 设备保管人员的工资

　　B. 设备采购人员的工资

　　C. 设备自生产厂家运至交货地点的运费、装卸费

　　D. 运输中的设备包装支出

　　E. 设备仓库所占用的固定资产使用费

本节习题解析

一、判断题（判断正误，正确的打√，错误的打×）

1. 【答案】×

   【解析】本题考查的知识点是设备及工器具购置费。在生产性工程建设中设备及工器具购置费用占工程造价比重的增大，意味着生产技术的进步和资本有机构成的提高。

2. 【答案】√

   【解析】本题考查的知识点是国产设备原价的构成。非标准设备原价有多种不同的计算方法，如成本计算估价法、系列设备插入估价法、分部组合估价法、定额估价法等。但无论采用哪种方法都应该使非标准设备计价接近实际出厂价，并且计算方法要简便。

3. 【答案】√

   【解析】本题考查的知识点是进口设备原价的构成。风险转移均为装港货物置于船上，故风险均由买方承担。

4. 【答案】×

   【解析】本题考查的知识点是进口设备原价的构成。风险划分在装运港船上，详见表3-1。

表 3-1　常用国际贸易术语对比表

术语名称	交货地点	风险转移	办理运输	办理保险	出口手续	进口手续
FOB	装运港船上	装港货物置于船上	买方	买方	卖方	买方
CFR	装运港船上	装港货物置于船上	卖方	买方	卖方	买方
CIF	装运港船上	装港货物置于船上	卖方	卖方	卖方	买方

5. 【答案】×

   【解析】本题考查的知识点是进口设备原价的构成。FOB或CFR仅限于海运或内河水运。

6. 【答案】√

【解析】本题考查的知识点是进口设备原价的构成。CFR 为成本加运费，CIF 为成本、保险费加运费。

7. 【答案】×

【解析】本题考查的知识点是进口设备原价的构成。三个术语中买卖双方分别承担的主要责任和义务详见表 3-1。

二、单项选择题（每题的备选项中，只有一个最符合题意）

1. 【答案】C

【解析】本题考查的知识点是工器具及生产家具购置费。工器具及生产家具购置费，是指新建或扩建项目初步设计规定的，保证初期正常生产必须购置的没有达到固定资产标准的设备、仪器、工卡模具、器具、生产家具和备品备件等的购置费用。一般以设备费为计算基数，按照部门或行业规定的工具、器具及生产家具费率计算。计算公式为：工器具及生产家具购置费 = 设备购置费 × 定额费率。

2. 【答案】B

【解析】本题考查的知识点是进口设备原价的构成。装运港船上交货时的价格亦称为离岸价格。货物灭失或损坏的风险在货物交到船上时转移，同时买方承担自那时起的一切费用。

3. 【答案】D

【解析】本题考查的知识点是设备运杂费。设备运杂费是指国内采购设备自来源地、国外采购设备自到岸港运至工地仓库或指定堆放地点发生的采购、运输、运输保险、保管、装卸等费用。对于进口设备来说就是到岸后外埠中转运输费。国际运费、国际运输保险费及进口环节税费都属于进口设备原价。

4. 【答案】C

【解析】本题考查的知识点是进口设备原价的构成及计算。外贸手续费指按规定的外贸手续费率计取的费用，外贸手续费率一般取 1.5%。计算公式为：外贸手续费 = 到岸价格（CIF）× 人民币外汇汇率 × 外贸手续费率。

5. 【答案】C

【解析】本题考查的知识点是设备及工器具购置费。在生产性工程建设中，设备及工器具购置费用占工程造价比重的增大，意味着生产技术的进步和资本有机构成的提高。

6. 【答案】B

【解析】本题考查的知识点是国产设备原价的构成及计算。
设备原价 = [（20 + 3）× 1.01 - 3] × 1.08 + 1 + 3 万元 = 25.85 万元。

7. 【答案】D

【解析】本题考查的知识点是进口设备原价的构成及计算。进口设备的原价是指进口设备的抵岸价，即抵达买方边境港口或边境车站，且交完手续费、税费后形成的价格。进口设备抵岸价的构成与进口设备的交货类别有关。

8.【答案】D

【解析】本题考查的知识点是进口设备原价的构成及计算。到岸价 = 离岸价格 + 国际运费 + 运输保险费 = 运费在内价 + 运输保险费。

9.【答案】B

【解析】本题考查的知识点是设备购置费。设备购置费 = 设备原价 + 设备运杂费，设备运杂费 = 设备原价 × 设备运杂费率，设备原价 = 设备购置费/（1 + 设备运杂费率）= 2 500 万元/（1 + 15%），设备原价 = 2 173.91 万元。

10.【答案】A

【解析】本题考查的知识点是设备运杂费的构成及计算。设备运杂费是指国内采购设备自来源地、国外采购设备自到岸港运至工地仓库或指定堆放地点发生的采购、运输、运输保险、保管、装卸等费用。通常由下列各项构成：① 运费和装卸费；② 包装费；③ 设备供销部门的手续费；④ 采购与仓库保管费。

11.【答案】B

【解析】本题考查的知识点是进口设备原价的构成及计算。

外贸手续费 = [装运港船上交货价（FOB）+ 国际运费 + 运输保险费] × 外贸手续费率 = 200 万元 × 1.5% = 3 万元

关税 = 到岸价格（CIF）× 进口关税税率 = 200 万元 × 20% = 40 万元

组成计税价格 = 关税完税价格 + 关税 + 消费税

进口产品增值税额 = 组成计税价格 × 增值税税率

进口产品增值税额 =（200 + 200 × 20%）万元 × 16% = 38.4 万元

进口设备抵岸价 = 到岸价 + 银行财务费 + 外贸手续费 + 关税 + 增值税 + 消费税 + 车辆购置附加费

所以：进口设备抵岸价 =（200 + 0.8 + 3 + 40 + 38.4）万元 = 282.2 万元。

12.【答案】C

【解析】本题考查的知识点是国产设备原价的构成及计算。国产非标准设备原价有多种不同的计算方法，如成本计算估价法、系列设备插入估价法、分部组合估价法、定额估价法。

13.【答案】B

【解析】本题考查的知识点是国产设备原价的构成及计算。

专用工具费 =（材料费 + 加工费 + 辅助材料费）× 专用工具费率

加工费 = 设备总质量（t）× 设备每吨加工费

包装费 =（材料费 + 加工费 + 辅助材料费 + 专用工具费 + 废品损失费 + 外购配套件费）× 包装费率

利润 =（材料费 + 加工费 + 辅助材料费 + 专用工具费 + 废品损失费 + 包装费）× 利润率

14. 【答案】B

【解析】本题考查的知识点是设备运杂费的构成及计算。选项 A，国产设备运至工地后发生的装卸费应包括在运杂费中；选项 C，设备运杂费包括设备供应部门办公和仓库所占固定资产使用费；选项 D，工程承包公司采购设备的相关费用应计入运杂费。所以选项 B 正确。

15. 【答案】C

【解析】本题考查的知识点是国产设备原价的构成及计算。按成本计算估价法，非标准设备的原价由以下各项组成：① 材料费；② 加工费；③ 辅助材料费；④ 专用工具费；⑤ 废品损失费；⑥ 外购配套件费；⑦ 包装费；⑧ 利润；⑨ 非标准设备设计费；⑩ 增值税。

16. 【答案】A

【解析】本题考查的知识点是设备购置费。设备购置费是指购置或自制的达到固定资产标准的设备所需的费用，由设备原价和设备运杂费构成。

17. 【答案】B

【解析】本题考查的知识点是设备购置费。设备购置费是指购置或自制的达到固定资产标准的设备所需的费用，由设备原价和设备运杂费构成。

18. 【答案】C

【解析】本题考查的知识点是设备原价的构成及计算。国产设备原价一般指的是设备制造厂的工厂交货价（出厂价）。一般根据生产厂家或供应商的询价、报价、合同价确定，或采用一定的方法计算确定。国产设备原价分为国产标准设备原价和国产非标准设备原价。进口设备的原价是指其抵岸价。

19. 【答案】C

【解析】本题考查的知识点是国产设备原价的构成及计算。国产标准设备一般按设备原价计算。在计算时，一般采用带有备件的原价。

20. 【答案】D

【解析】本题考查的知识点是国产非标准设备原价的构成及计算。采用成本计算估价法时，国产非标准设备原价包括：材料费、加工费、辅助材料费（简称辅材费）、专用工具费、废品损失费、外购配套件费、包装费、利润、非标准设备设计费、增值税。

21. 【答案】D

【解析】本题考查的知识点是国产非标准设备原价的构成及计算。增值税 = 20 万元 × （1 + 2%）× （1 + 8%）× （1 + 10%）× 17% = 4.12 万元。

22. 【答案】D

【解析】本题考查的知识点是国产非标准设备原价的构成及计算。

专用工具费 =（18 + 2）万元 × 5% = 1 万元

废品损失费 = (18 + 2 + 1)万元 × 10% = 2.1万元

该设备的利润 = (材料费 + 加工费 + 辅助材料费 + 专用工具费 + 废品损失费 + 包装费) × 利润率 = (18 + 2 + 1 + 2.1 + 0.4)万元 × 10% = 2.35万元

23. 【答案】B

【解析】本题考查的知识点是进口设备原价的构成及计算。进口设备的原价是指进口设备的抵岸价，即设备抵达买方边境、港口或车站，交纳完各种手续费、税费后形成的价格。抵岸价通常是由进口设备到岸价（CIF）和进口从属费构成。进口设备的到岸价，即抵达买方边境港口或边境车站的价格。

24. 【答案】B

【解析】本题考查的知识点是进口设备常用国际贸易术语。CIF 成本加运费，又称运费在内价，是指卖方在船上交货或以取得已经这样交付的货物方式交货，货物灭失或损坏的风险在货物交到船上时转移，卖方必须签订合同，并支付必要的成本和运费，将货物运至指定的目的港。

25. 【答案】D

【解析】本题考查的知识点是进口设备原价的构成及计算。

26. 【答案】D

【解析】本题考查的知识点是进口设备原价的构成及计算。

27. 【答案】C

【解析】本题考查的知识点是进口设备原价的构成及计算。

28. 【答案】B

【解析】本题考查的知识点是进口设备原价的构成及计算。消费税 = (1 500 + 300)万元 × 10%/(1 − 10%) = 200万元，增值税 = (1 500 + 300 + 200)万元 × 17% = 340万元。进口设备原价 = (1 500 + 36 + 300 + 200 + 340)万元 = 2 376万元。

29. 【答案】D

【解析】本题考查的知识点是进口设备原价的构成及计算。

运输保险费 = (1 000 + 100)万元 × 1%/(1 − 1%) = 11.11万元

到岸价 = 离岸价 + 国际运费 + 运输保险费 = (1 000 + 100 + 11.11)万元 = 1 111.11万元

30. 【答案】A

【解析】本题考查的知识点是进口设备原价的构成及计算。

CFR = FOB + 运费 = 50万元 + 50万元 × 10% = 55万元；CIF = CFR × 保险费费率/(1 − 保险费费率) + CFR = 55万元 × 3%/(1 − 3%) + 55万元 = 56.701万元

关税 = CIF × 税率 = 56.701万元 × 20% = 11.34万元

31. 【答案】C

【解析】本题考查的知识点是设备及工器具购置费。设备工器具投资的是设备，工器具购置费主要是指购置用于项目建设的设备及生产性工具、仪器、工卡模具、器具、生产家具和备品备件的费用。根据其作用和单位价值的高低分为固定资产和不够固定资产标准的设备、仪器、工卡模具、器具、生产家具和备品备件等。在备选答案中，A、B、D 都属于直接为生产服务的设施设备工具等，而办公家具等虽然也是为项目建设服务的，但其主要作用是为生产服务的，而不直接参加生产活动，其需要的投资属于工程建设其他费用。

三、多项选择题（每小题所设选项中有 2 个或 2 个以上正确答案，至少有 1 个错项）

1. 【答案】BCD
   【解析】本题考查的知识点是设备运杂费的构成及计算。运费和装卸费对国产设备是由制造厂交货地点起至工地仓库（或施工组织设计指定的需要安装设备的堆放地点）止所发生的运费和装卸费，对进口设备则是由我国到岸港口或边境车站起至工地仓库（或施工组织设计指定的需要安装设备的堆放地点）止所发生的运费和装卸费，故 A 选项错误。采购与仓库保管费指采购、验收、保管和收发设备所发生的各种费用，包括设备采购人员、保管人员和管理人员的工资、工资附加费、办公费、差旅交通费，故 E 选项错误。

2. 【答案】ACE
   【解析】本题考查的知识点是进口设备原价的构成及计算。进口设备到岸价的计算公式如下：
   设备到岸价（CIF）= 离岸价（FOB）+ 国际运费 + 运输保险费

3. 【答案】BCDE
   【解析】本题考查的知识点是国产设备原价的构成及计算。国产非标准设备原价有多种不同的计算方法，如成本计算估价法、系列设备插入估价法、分部组合估价法、定额估价法等。但无论采用哪种方法都应该使非标准设备计价接近实际出厂价，并且计算方法要简便。成本计算估价法是一种比较常用的估算非标准设备原价的方法。

4. 【答案】DE
   【解析】本题考查的知识点是进口设备原价的构成及计算。选项 A 错误，国际运费计算基数是离岸价格 FOB；选项 B 错误，进口环节增值税的计算基数是关税完税价格 + 关税 + 消费税；选项 C 错误，银行财务费的计算基数是离岸价格 FOB。

5. 【答案】BCDE
   【解析】本题考查的知识点是设备运杂费的构成及计算。采购与仓库保管费，指采购、验收、保管和收发设备所发生的各种费用，包括设备采购人员、保管人员和管理人员的工资、工资附加费、办公费、差旅交通费，设备供应部门办公和仓库所占固定资产使用费、工具用具使用费、劳动保护费、检验试验费等这些费用可按主管部门规定的采购与保管费费率计算。

6. 【答案】CDE

   【解析】本题考查的知识点是进口设备原价的构成及计算。
   进口环节增值税 =（关税完税价格 + 关税 + 消费税）× 增值税税率

7. 【答案】BCE

   【解析】本题考查的知识点是进口设备原价的构成及计算。卖方负责租船订舱。买方应在合同约定的目的港领受货物。

8. 【答案】ABD

   【解析】本题考查的知识点是设备及工器具购置费。设备购置费是指购置或自制的达到固定资产标准的设备、工器具及生产家具等所需的费用。它由设备原价和设备运杂费构成。

9. 【答案】BCDE

   【解析】本题考查知识点是工器具及生产家具购置费。工器具及生产家具购置费，是指新建或扩建项目初步设计规定的，保证初期正常生产必须购置的没有达到固定资产标准的设备、仪器、工卡模具、器具、生产家具和备品备件等的购置费用。

10. 【答案】ABCE

    【解析】本题考查的知识点是设备及工器具购置费。设备购置费是指购置或自制的达到固定资产标准的设备、工器具及生产家具等所需的费用。它由设备原价和设备运杂费构成。

11. 【答案】BCE

    【解析】本题考查的知识点是国产非设备原价的构成及计算。材料费 = 材料净重 ×（1 + 加工损耗系数）× 每吨材料综合价，故 A 选项错误。增值税 = 当期销项税额 – 进项税额，故 D 选项错误。

12. 【答案】BCD

    【解析】本题考查的知识点是进口设备原价的构成及计算。采用船上交货价时买方的基本义务有：（1）负责租船订舱，按时派船到合同约定的装运港接运货物，支付运费，并将船期、船名及装船地点及时通知卖方；（2）负担货物在装运港越过船舷后的各种费用以及货物灭失或损坏的一切风险；（3）负责获取进口许可证或其他官方文件，以及办理货物入境手续；（4）受领卖方提供的各种单证，按合同规定支付货款。卖方负责租船订舱。

13. 【答案】ABD

    【解析】本题考查的知识点是进口设备原价的构成及计算。

14. 【答案】DE

    【解析】本题考查的知识点是进口设备原价的构成及计算。在进口设备从属费中，进口环节增值税和进口车辆购置税都是以"到岸价 + 关税 + 消费税"为基数进行计算。

15.【答案】ABDE

【解析】本题考查的知识点是设备运杂费的构成及计算。设备运杂费通常由下列各项构成：（1）运费和装卸费。（2）包装费，指在设备原价中没有包含的，为运输而进行的包装支出的各种费用。（3）设备供销部门的手续费。（4）采购与仓库保管费，包括设备采购人员、保管人员和管理人员的工资、工资附加费、办公费、差旅交通费，设备供应部门办公和仓库所占固定资产使用费、工具用具使用费、劳动保护费、检验试验费等。

第五节　工程建设其他费用

本节知识导图

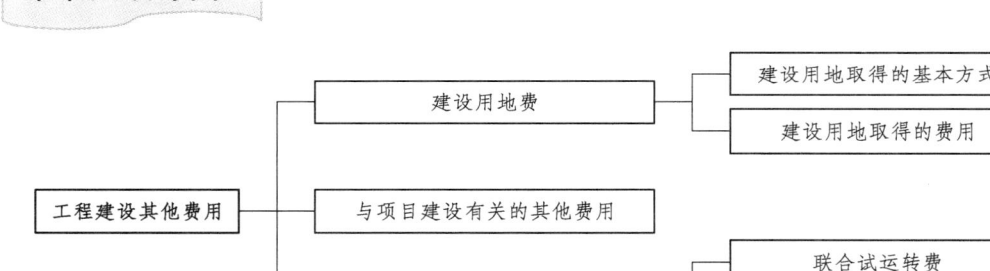

本节习题精选

一、判断题（判断正误，正确的打√，错误的打×）

1. 以协议方式出让国有土地使用权的出让金不得低于土地评估机构确定的评估价。（　　）
2. 以划拨方式取得的土地使用权，因企业改制或改变土地用途等不再符合划拨条件的，必须无条件收回。（　　）
3. 安置补助费只能发放给安置劳动力的单位。（　　）
4. 建设项目开工前"三通一平"等所发生的费用，应列入临时设施费。（　　）
5. 政府有关部门对建设项目实施审批、核准或备案管理，需委托专业服务机构等中介提供评估评审等服务的，有关评审费用等由委托评估的单位承担，不得向项目单位收取。（　　）

6. 政府有关部门对建设项目管理监督所发生的,并由财政支出的费用,不得列入建设项目的工程造价。(   )

7. 土地使用权划拨,是指省级以上人民政府依法批准,在土地使用者缴纳补偿、安置等费用后将该幅土地交付其使用,或者将土地使用权无偿交付给土地使用者使用的行为。(   )

8. 土地使用权划拨,经县级以上人民政府依法批准后,不必缴纳费用,无偿交付给土地使用者使用,到期无补贴收回。(   )

9. 关于青苗补偿费,农民承包土地的应付给本人,属于集体种植的可纳入当年集体收益。(   )

10. 地上附着物补偿费,应按"拆什么、补什么;拆多少,补多少;不低于将来水平"原则确定。(   )

11. 征收耕地的安置补助费,按照需要安置的农业人口数计算。(   )

12. 纳税人占用鱼塘进行非农业建设,应缴纳耕地占用税。(   )

13. 建设管理费一般以工程费用为基数乘以其管理费率计算。(   )

14. 实行代建制管理的项目,计列代建管理费等同建设单位管理费,不得同时计列建设单位管理费。(   )

15. 监理费应根据委托的监理范围和监理深度在监理合同中商定。(   )

16. 采用工程总承包方式的建设项目,总承包管理费由建设单位与分包单位根据合同约定,从建设管理费中支出。(   )

17. 建设单位为满足施工建设需要而提供的未列入工程费用的临时水、电等工程和临时仓库等建(构)筑物的建设或租赁费用,应列入场地准备费。(   )

18. 建设项目建设场地的大型土石方工程,应进入工程费用中的总图运输费用中。(   )

19. 计算新建项目的场地准备和临时设施费时,如发生拆除清理费可按新建同类工程造价或主材费、设备费的比例计算,凡可回收材料的拆除工程采用以料抵工方式抵充拆除清理费。(   )

20. 市政公用设施费只能是属于项目界区内配套的水、电、路、信等,包括绿化、人防等缴纳的费用。(   )

二、单项选择题(每题的备选项中,只有一个最符合题意)

1. 通过出让方式获取国有土地使用权的具体方式不包括(   )。
    A. 招标   B. 划拨   C. 拍卖   D. 协议

2. 建设单位通过市场机制取得建设用地,不仅应承担征地补偿费用、拆迁补偿费用,还须向土地所有者支付(   )。
    A. 安置补助费   B. 土地管理费
    C. 青苗补偿费   D. 土地出让金

3. 关于联合试运转费,下列说法中正确的是( )。
   A. 包括施工单位参加试运转人员的工资及专家指导费
   B. 包括对整个生产线或装置运行无负荷和有负荷试运转所发生的费用
   C. 包括试运转中暴露的因设备缺陷发生的处理费用
   D. 包括对单台设备进行单机试运转工作的调试费
4. 下列费用项目中,计入工程建设其他费中专利及专有技术使用费的是( )。
   A. 专利及专有技术在项目全寿命期的使用费
   B. 在生产期支付的商标权费
   C. 国外设计资料费
   D. 国内设计资料费
5. 工业用地使用权出让最高年限为( )年。
   A. 30   B. 40   C. 50   D. 70
6. 建设单位管理费以( )作为基数。
   A. 建筑安装工程费用与设备工器具购置费之和
   B. 建筑工程造价
   C. 安装工程造价
   D. 设备工器具购置费
7. 建设单位管理费是指建设单位发生的( )的开支。
   A. 办公费   B. 职工福利费
   C. 基本医疗保险费   D. 管理性质
8. 土地补偿费和安置补助费的总和不得超过土地被征收前三年平均年产值的( )倍。
   A. 10   B. 15   C. 20   D. 30
9. 下列费用项目中,属于工程建设其他费中研究试验费的是( )。
   A. 新产品试制费
   B. 水文地质勘察费
   C. 委托专业机构验证设计参数而发生的验证费
   D. 特殊设备安全监督检验费
10. 在我国建设项目投资中,取得土地使用权而支付的土地使用权出让金属于( )。
    A. 建设用地费   B. 工程费用
    C. 与项目建设有关的其他费用 D. 与未来生产经营有关的其他费用
11. 采用工程总承包方式发包的工程,其工程总承包管理费应从( )中支出。
    A. 建设单位管理费   B. 建设管理费
    C. 建筑安装工程费   D. 基本预备费
12. 关于工程建设其他费用,下列说法中正确的是( )。
    A. 建设单位管理费一般按建筑安装工程费乘以相应费率计算

B. 改扩建项目的场地准备及临时设施费一般只计拆除清理费

C. 研究试验费包括新产品试制费

D. 研究试验费包括对建筑材料、构件和建筑物进行一般鉴定、检查所发生的费用

13. 关于征地补偿费用，下列表述中正确的是（　　）。
    A. 征收耕地占用税时，对于占用前三年曾用于种植农作物的土地不得视为耕地
    B. 土地补偿和安置补偿费的总和不得超过土地被征用前三年平均年产值的15倍
    C. 征用未开发的规划菜地按一年只种一茬的标准缴纳新菜地开发建设基金
    D. 地上附着物补偿应根据协调征地方案前地上附着物的实际情况确定

14. 下列费用项目中，属于联合试运转费中试运转支出的是（　　）。
    A. 单台设备的单机试运转费
    B. 施工单位参加试运转人员的工资
    C. 试运转中暴露出来的施工缺陷处理费用
    D. 试运转中暴露出来的设备缺陷处理费用

15. 工程建设其他费用是指建设期发生的与土地使用权取得、整个工程建设以及未来生产经营有关的构成建设投资，但不包括在（　　）中的费用。
    A. 建筑安装工程费用和设备、工器具购置费
    B. 建筑安装工程费用和建设管理费
    C. 建设管理费和设备、工器具购置费
    D. 建设用地费和研究试验费

16. 工程建设其他费用中，不包括（　　）。
    A. 土地使用费
    B. 与项目建设有关的费用
    C. 与未来企业生产经营有关的费用
    D. 企业管理费用

17. 下列关于建设用地，说法中正确的有（　　）。
    A. 建设用地只能是国有土地
    B. 建设用地使用权出让，是指国家将国有土地使用权出让给土地使用者
    C. 建设用地使用权的取得方式为出让，严禁以划拨方式取得
    D. 建设用地可以通过租赁和转让方式取得

18. 建设用地以（　　）方式取得，除法律、法规另有规定外，没有使用期限的限制。
    A. 租赁和转让　　　　　　　　B. 划拨
    C. 招标、竞拍、挂牌三种　　　　D. 协议

19. 对于建设用地取得的相关方式，下列说法正确的是（　　）。
    A. 获取国有土地使用权的基本方式包括租赁和转让
    B. 通过协议出让获取土地使用权的方式分为招标、竞拍、挂牌三种

C. 城市公益事业用地不得以划拨方式取得

D. 依法以划拨方式取得土地使用权的,其土地使用年限最高为 70 年

20. 下列与建设用地有关的费用中,归农村集体经济组织所有的是(　　)。
    A. 土地补偿费　　　　　　　　　B. 青苗补偿费
    C. 拆迁补偿费　　　　　　　　　D. 新菜地开发建设基金

21. 被征用的土地,有正在生长的农作物,应给予被征者农作物补偿的费用是指(　　)。
    A. 耕地占用补偿费　　　　　　　B. 青苗补偿费
    C. 拆迁补偿费　　　　　　　　　D. 新菜地补偿费

22. 每一个需要安置的农业人口的安置补助费标准,为该耕地被征收前三年平均年产值的(　　),最高不得超过(　　)。
    A. 2~3 倍;10 倍　　　　　　　　B. 3~5 倍;10 倍
    C. 4~6 倍;15 倍　　　　　　　　D. 8~10 倍;15 倍

23. 下列与建设用地有关的费用,属于征地补偿费构成的是(　　)。
    A. 耕地占用补偿费　　　　　　　B. 青苗补偿费
    C. 拆迁补偿费　　　　　　　　　D. 新菜地补偿费

24. 在征地补偿费用中,对于协商征地方案后抢种的农作物,其青苗补偿费应(　　)。
    A. 视情况补偿　　　　　　　　　B. 按照正常标准费用的一半补偿
    C. 按照标准补偿费用补偿　　　　D. 不予补偿

25. 以下关于新菜地开发建设基金,说法不正确的是(　　)。
    A. 这里的菜地是指连续 4 年以上常年种菜的商品菜地
    B. 这里的菜地是指连续 3 年以上常年养殖鱼、虾的精养鱼塘
    C. 征用未开发的规划用地或一年只种一茬或因调整茬口安排种植蔬菜的,不缴纳此项费用
    D. 这项费用交给地方政府

26. 下面对耕地占用税的理解,错误的是(　　)。
    A. 在占用耕地环节一次性征收
    B. 占用前三年曾用于种植农作物的土地也需征收
    C. 按实际占用的面积和规定的税额征收
    D. 农村居民占用耕地新建住宅,免税

27. 下关于征地补偿费用,下列表述中正确的是(　　)。
    A. 地上附着物补偿应根据协调征地方案前地上附着物的实际价值确定
    B. 土地补偿和安置补偿费的总和不得超过土地被征用前三年平均年产值的 15 倍
    C. 征用未开发的规划菜地按一年只种一茬的标准缴纳新菜地开发建设基金
    D. 征收耕地占用税时,对于占用前三年曾用于种植农作物的土地不得视为耕地

28. 根据我国有关规定，土地管理费的收费标准一般是在（　　）四项费用之和的基础上提取2%～4%。
    A. 土地补偿费、青苗补偿费、新菜地开发建设基金和耕地占用税
    B. 安置补助费、土地补偿费、青苗补偿费和耕地占用税
    C. 土地补偿费、青苗补偿费、地面附着物补偿费和安置补助费
    D. 耕地占用税、土地补偿费、新菜地开发建设基金和地面附着物补偿费

29. 拆迁补偿费中，拆迁人应当向每个被拆迁房屋使用人支付的费用是（　　）。
    A. 临时安置补助费　　　　　　　　B. 停产、停业补偿费
    C. 搬迁补助费　　　　　　　　　　D. 拆迁补偿费

30. 已知工程费用为2 000万元，其中，建安工程费为800万元，建设单位管理费费率为15%，则建设单位管理费为（　　）万元。
    A. 300　　　　B. 120　　　　C. 100　　　　D. 150

31. 下列不属于与项目建设有关的其他费用中研究试验费的是（　　）。
    A. 按施工验收规定在施工中必须进行一般鉴定所需费用
    B. 为项目提供设计参数所进行的试验费
    C. 为项目验证设计参数所进行的试验费
    D. 按设计规定在施工中必须进行的试验、验证所需费用

32. 建设单位临时设施费属于建设项目中的（　　）。
    A. 措施项目费　　　　　　　　　　B. 与项目建设有关的其他费用
    C. 建安工程费　　　　　　　　　　D. 建设管理费

33. 关于工程建设其他费用中场地准备及临时设施费的内容，下列说法中正确的是（　　）。
    A. 施工现场临时供水管道的费用计入建设单位临时设施费
    B. 建设单位临时设施费不包括已列入建筑安装工程费用中的施工单位临时设施费用
    C. 新建和改扩建项目的场地准备和临时设施费可按工程费用的比例计算
    D. 建设场地的大型土石方工程计入场地准备费

34. 特殊设备安全监督检验费无具体规定的，在编制投资估算和概算时可按（　　）的比例估算。
    A. 建设管理费　　　　　　　　　　B. 工程监理费
    C. 设备及工器具购置费　　　　　　D. 受检设备现场安装费

35. 关于市政公用设施费，以下说法正确的是（　　）。
    A. 按照工程所在地政府有关规定标准计列
    B. 市政公用设施是指界区内配套的水、电、路、信
    C. 不包括绿化缴纳的费用
    D. 不包括人防缴纳的费用

36. 工程建设其他费用，是指建设期发生的与土地使用权取得、整个工程建设以及未来生产经营有关的构成建设投资。下列费用中，与未来生产经营有关的其他费用为（　　）。
  A. 办公和生活家具购置费　　　　B. 建设单位管理费
  C. 研究试验费　　　　　　　　　D. 工程保险费

37. 联合试运转费是指（　　）。
  A. 各车间的装置独立联动无负荷试运转的调试费
  B. 系统无负荷联动试运转的调试费
  C. 整个生产线或装置联合试运转发生的费用
  D. 整个生产线或装置联合试运转发生的费用支出大于试运转收入的亏损部分

38. 下列选项中，不属于专利及专有技术使用费的是（　　）。
  A. 生产人员培训费　　　　　　　B. 技术保密费
  C. 商标权使用费　　　　　　　　D. 国外设计及技术资料费

39. 生产准备费的内容不包括（　　）。
  A. 人员培训费
  B. 施工单位为保证初期正常生产所必需的生产办公、生活家具用具购置费
  C. 为保证初期正常生产所必需的生产办公、生活家具用具购置费
  D. 人员提前进厂费

三、多项选择题（每小题所设选项中有2个或2个以上正确答案，至少有1个错项）

1. 下列建设用地取得费用中，属于征地补偿费的有（　　）。
  A. 土地补偿费　　　　　　　　　B. 安置补助费
  C. 土地管理费　　　　　　　　　D. 搬迁补助费
  E. 土地转让金

2. 以下可以以划拨方式取得土地使用权的有（　　）。
  A. 职工福利房用地　　　　　　　B. 国家机关用地和军事用地
  C. 城市基础设施用地　　　　　　D. 公益事业用地
  E. 国家重点扶持的能源、交通、水利等基础设施用地

3. 下列费用中，属于与项目建设有关的其他费用的有（　　）。
  A. 专有技术使用费　　　　　　　B. 联合试运转费
  C. 市政公用设施费　　　　　　　D. 可行性研究费
  E. 场地准备及临时设施费

4. 下列征地补偿费用中，最终交给财政，而不得将其分给被征地单位或个人的费用包括（　　）。
  A. 土地补偿费　　　　　　　　　B. 耕地占用税
  C. 新菜地开发建设基金　　　　　D. 安置补助费
  E. 青苗补偿费

5. 以下关于工程建设其他费用，说法不正确的有（　　）。
   A. 该费用是指建设期发生的除划拨土地外与土地使用权取得有关的费用
   B. 该费用是建设投资构成，但不包括在工程费中的费用
   C. 该费用包括与未来生产经营有关的其他费用
   D. 该费用是保证未来正常生产准备必需的有关生产、劳保用具购置费用
   E. 该费用是指建设期取得国有土地使用权的有关费用

6. 下列关于建设用地费的叙述中，正确的是（　　）。
   A. 建设用地若通过划拨方式取得，则须承担征地补偿费用和对原用地单位或个人的拆迁补偿费用
   B. 拆迁补偿的方式可以实行货币补偿，也可以实行房屋产权调换
   C. 被拆迁人或者房屋承租人使用拆迁人提供的周转房时，拆迁人可支付部分临时安置补助费
   D. 在有偿出让和转让土地时，政府对地价不作统一规定
   E. 通过出让方式获取国有土地使用权的，土地使用者每年应按规定的标准缴纳土地使用费

7. 以下关于土地使用权出让最高年限，说法正确的有（　　）。
   A. 居住用地 70 年　　　　　　　B. 工业用地 50 年
   C. 卫生、体育用地 50 年　　　　D. 商业、旅游用地 50 年
   E. 综合或者其他用地 50 年

8. 以下属于建设用地取得方式的有（　　）。
   A. 转让　　　　　　　　　　　　B. 出让
   C. 划拨　　　　　　　　　　　　D. 租赁
   E. 赠予

9. 通过出让方式取得国有土地使用权的方式有（　　）。
   A. 招标　　　　　　　　　　　　B. 拍卖
   C. 挂牌　　　　　　　　　　　　D. 协议
   E. 转让

10. 对建设用地使用权的获得方式，下列说法正确的是（　　）。
    A. 建设用地使用权，可以采取划拨方式取得
    B. 工业、商业、旅游、娱乐和商品住宅等经营性用地，应当采取拍卖、招标等公开竞价的方式出让
    C. 建设用地使用权，可以采取出让方式取得
    D. 同一土地有两个以上意向用地者的，应当采取招标、拍卖等公开竞价的方式出让
    E. 国有土地使用权，只可以通过转让方式取得

11. 关于建设用地取得及费用，下列说法中正确的有（　　）。
    A. 通过出让获得国有土地使用权的方式有招标、拍卖、挂牌和协议
    B. 工业、商业、旅游、娱乐用地的土地使用权出让最长年限为 40 年
    C. 以划拨方式取得的土地使用权，因企业改制不再符合划拨用地目录，应实行有偿使用
    D. 通过市场机制获得的土地使用权，不再承担征地补偿费或拆迁补偿费
    E. 拆迁补偿费的标准，由各省、自治区、直辖市人民政府规定

12. 以下属于建设用地取得费用的有（　　）。
    A. 征地补偿费
    B. 拆迁补偿费用
    C. 土地补偿费
    D. 土地出让金
    E. 土地管理费

13. 下列选项中，可以不缴纳新菜地开发建设基金的有（　　）。
    A. 连续 2 年常年种菜的商品菜地
    B. 这里的菜地是指连续 3 年以上常年养殖鱼、虾的精养鱼塘
    C. 征用未开发的规划用地
    D. 一年只种一茬或因调整茬口安排种植蔬菜
    E. 在蔬菜产销放开后，能满足供应的城市

14. 下列选项中，符合耕地占用税规定的有（　　）。
    A. 纳税义务人是占用耕地建设非农业用房的单位和个人，从事农业用房建设的不属于耕地占用税的纳税义务人
    B. 纳税义务人包括从事非农业建设的单位和个人
    C. 征税范围包括国家和集体所有的耕地
    D. 征税范围不包括茶园、果园和其他种植经济林木的土地
    E. 征收耕地占用税时，对于占用前三年曾用于种植农作物的土地不得视为耕地

15. 下列选项中，关于土地出让金的说法不正确的有（　　）。
    A. 土地出让金是用地单位向国家支付的土地所有权收益
    B. 土地出让时，政府对地价有统一规定，以保证地价与当地社会承受能力相适应
    C. 出让金标准一般参考城市基准地价并结合其他因素制定
    D. 基准地价由市物价局统一确定
    E. 确定地价应考虑对目前投资环境不产生大的影响

16. 关于与项目建设有关的其他费用中的研究试验费，说法正确的有（　　）。
    A. 包括自行设计或委托其他部门研究所需的人工、材料、试验设备及仪器使用费
    B. 包括科技三项费用（即新产品试制费、中间试验费和重要科研补助费）
    C. 不包括应由勘察设计费或工程费用中开支的项目
    D. 不包括施工企业技术革新的研究试验费用
    E. 包括施工企业对建筑材料进行一般鉴定所发生的费用

17. 下列与项目建设有关的其他费用中，实行市场调节价计算费用的有（   ）。
    A. 工程监理费   B. 可行性研究费
    C. 研究试验费   D. 勘察、设计费
    E. 专项评价费

18. 新建项目的场地准备和临时设施费应按（   ）计算。
    A. 实际工程量估算   B. 按工程费用比例
    C. 拆除清理费   D. 总图运输费
    E. 施工单位临时设施费用

19. 与项目建设有关的其他费用中的工程保险费，包括（   ）。
    A. 建筑安装工程一切险   B. 工程质量保险
    C. 进口设备财产保险   D. 人身意外伤害险
    E. 工伤保险

20. 关于专利及专有技术使用费计算，说法正确的有（   ）。
    A. 按专利使用许可和专有技术使用合同的规定计列
    B. 专有技术的界定应以省、部级鉴定的批准为依据
    C. 专利及专有技术费，项目投资中只计算建设期支付的此费用，生产期支付的应在生产成本中核算
    D. 商品、商誉及特许经营权费，一次性支付按或合同规定计列，生产期支付的计入生产成本
    E. 为项目配套的专有设施投资（如火车），由建设单位投资但无产权的，作无形资产处理

21. 下列关于生产准备费计算的叙述中，正确的有（   ）。
    A. 新建项目按设计定员为基数计算
    B. 改扩建项目按新增设计定员为基数计算
    C. 生产准备费包括为保证项目初期正常生产必需的生产工具、器具、用具购置费
    D. 生产准备费可采用综合的生产准备费指标进行计算
    E. 生产准备费可按费用内容的分类指标计算

本节习题解析

一、判断题（判断正误，正确的打√，错误的打×）

1.【答案】×
【解析】本题考查的知识点是建设用地取得的基本方式。以协议方式出让国有土地使用权的出让金不得低于按国家规定所确定的最低价。

2.【答案】×

【解析】本题考查的知识点是建设用地取得的基本方式。土地使用权划拨，以划拨方式取得的土地使用权，因企业改制或改变土地用途等不再符合划拨条件的，应当实行有偿使用。

3.【答案】×

【解析】本题考查的知识点是建设用地费。安置补助费应支付给被征地单位和安置劳动力的单位。

4.【答案】×

【解析】本题考查的知识点是场地准备及临时设施费。场地准备费，是指建设项目为达到工程开工条件，由建设单位组织进行的场地平整等准备工作发生的费用。

5.【答案】√

【解析】本题考查的知识点是工程建设其他费。政府有关部门对建设项目实施审批、核准或备案管理，需委托专业服务机构等中介提供评估评审等服务的，有关评审费用等由委托评估的单位承担，不得向项目单位收取。

6.【答案】√

【解析】本题考查的知识点是工程建设其他费。政府有关部门对建设项目管理监督所发生的，并由财政支出的费用，不得列入建设项目的工程造价。

7.【答案】×

【解析】本题考查的知识点是建设用地取得的基本方式。土地使用权划拨，批准权是县级以上人民政府。

8.【答案】×

【解析】本题考查的知识点是建设用地取得的基本方式。土地使用权划拨，是指县级以上人民政府依法批准，在土地使用者缴纳补偿、安置等费用后将该幅土地交付其使用，或者将土地使用权无偿交付给土地使用者使用的行为。

9.【答案】√

【解析】本题考查的知识点是建设用地取得的费用。关于青苗补偿费，农民承包土地的应付给本人，属于集体种植的可纳入当年集体收益。

10.【答案】×

【解析】本题考查的知识点是建设用地取得的费用。地上附着物补偿费，应按"拆什么、补什么；拆多少、补多少；不低于原来水平"原则确定。

11.【答案】√

【解析】本题考查的知识点是建设用地取得的费用。征收耕地的安置补助费，按照需要安置的农业人口数计算。

12.【答案】√

【解析】本题考查的知识点是建设用地取得的费用。耕地占用税征收范围，不仅包括占用耕地，还包括占用鱼塘、园地、菜地及其农业用地建房或者从事其他非农业建设。

13.【答案】√

【解析】本题考查的知识点是建设管理费。

建设单位管理费 = 工程费用 × 建设单位管理费费率

14.【答案】√

【解析】本题考查的知识点是建设管理费。实行代建制管理的项目，计列代建管理费等同建设单位管理费，不得同时计列建设单位管理费。

15.【答案】√

【解析】本题考查的知识点是建设管理费。监理费应根据委托的监理工作范围和监理深度在监理合同中商定或按当地或所属行业部门有关规定计算。

16.【答案】×

【解析】本题考查的知识点是建设管理费。建设单位采用工程总承包方式，其总包管理费由建设单位与总包单位根据总包工作范围在合同中商定，从建设管理费中支出。

17.【答案】×

【解析】本题考查的知识点是场地准备及临时设施费。临时设施费，是指建设单位为满足施工建设需要而提供的未列入工程费用的临时水、电等工程和临时仓库等建（构）筑物的建设、维修、拆除、摊销或租赁费用，以及货场、码头租赁等费用。

18.【答案】√

【解析】本题考查的知识点是场地准备及临时设施费。建设项目建设场地的大型土石方工程，应进入工程费用中的总图运输费用中。

19.【答案】√

【解析】本题考查的知识点是场地准备及临时设施费。计算新建项目的场地准备和临时设施费时，如发生拆除清理费可按新建同类工程造价或主材费、设备费的比例计算，凡可回收材料的拆除工程采用以料抵工方式抵充拆除清理费。

20.【答案】×

【解析】本题考查的知识点是市政公用设施费。市政公用设施费可以是界区外配套的水、电、路、信等，包括绿化、人防等缴纳的费用。

二、单项选择题（每题的备选项中，只有一个最符合题意）

1.【答案】B

【解析】本题考查的知识点是建设用地取得的基本方式。通过出让方式获取土地使用权又可以分成两种具体方式：一是通过招标、拍卖、挂牌等竞争出让方式获取国有土地使用权，二是通过协议出让方式获取国有土地使用权。

2.【答案】D

【解析】本题考查的知识点是建设用地费。建设用地若通过市场机制取得，则不但承担征地补偿费用、拆迁补偿费用,还须向土地所有者支付有偿使用费,即土地出让金。

3. 【答案】A

【解析】本题考查的知识点是联合试运转费。联合试运转费是试运转支出大于收入的差额部分费用,其中试运转支出包括试运转所需原材料、燃料及动力消耗、低值易耗品、其他物料消耗、工具用具使用费、机械使用费、保险金、施工单位参加试运转人员工资以及专家指导费等。

4. 【答案】C

【解析】本题考查的知识点是专利及专有技术使用费。专利及专有技术使用费的主要内容包括:① 国外设计及技术资料费、引进有效专利、专有技术使用费和技术保密费;② 国内有效专利、专有技术使用费用;③ 商标权、商誉和特许经营权费等。

5. 【答案】C

【解析】本题考查的知识点是建设用地取得的基本方式。土地使用权出让最高年限按下列用途确定:① 居住用地 70 年;② 工业用地 50 年;③ 教育、科技、文化、卫生、体育用地 50 年;④ 商业、旅游、娱乐用地 40 年;⑤ 综合或者其他用地 50 年。

6. 【答案】A

【解析】本题考查的知识点是建设管理费。建设单位管理费一般是以工程费用为基数乘以建设单位管理费费率确定。

建设单位管理费 = 工程费用 × 建设单位管理费费率

7. 【答案】D

【解析】本题考查的知识点是建设管理费。建设单位管理费是指项目建设单位从项目筹建之日起至办理竣工财务决算之日止发生的管理性质的支出,包括工作人员薪酬及相关费用、办公费、办公场地租用费、差旅交通费、劳动保护费、工具用具使用费、固定资产使用费、招募生产工人费、技术图书资料费(含软件)、业务招待费、竣工验收费和其他管理性质开支。

8. 【答案】D

【解析】本题考查的知识点是建设用地费。每一个需要安置的农业人口的安置补助费标准,为该耕地被征收前三年平均年产值的 4~6 倍。但是,每公顷被征收耕地的安置补助费,最高不得超过被征收前三年平均年产值的 15 倍。土地补偿费和安置补助费,尚不能使需要安置的农民保持原有生活水平的,经省、自治区、直辖市人民政府批准,可以增加安置补助费。但是,土地补偿费和安置补助费的总和不得超过土地被征收前三年平均年产值的 30 倍。

9. 【答案】C

【解析】本题考查的知识点是研究试验费。研究试验费是指为建设项目提供或验证设计数据、资料等进行必要的研究试验及按照相关规定在建设过程中必须进行试验、验证所需的费用，包括自行或委托其他部门研究试验所需人工费、材料费、试验设备及仪器使用费等。这项费用按照设计单位根据本工程项目的需要提出的研究试验内容和要求计算。在计算时要注意不应包括以下项目：应由科技三项费用（即新产品试制费、中间试验费和重要科学研究补助费）开支的项目；应在建筑安装费用中列支的施工企业对建筑材料、构件和建筑物进行一般鉴定、检查所发生的费用及技术革新的研究试验费；应由勘察设计费或工程费用中开支的项目。

10.【答案】A

【解析】本题考查的知识点是建设用地取得的费用。建设用地费是指为获得工程项目建设土地的使用权而在建设期内发生的各项费用，包括通过划拨方式取得土地使用权而支付的土地征用及迁移补偿费，或者通过土地使用权出让方式取得土地使用权而支付的土地使用权出让金。

11.【答案】B

【解析】本题考查的知识点是建设管理费。建设管理费包括建设单位管理费、工程监理费、工程总承包管理费。

12.【答案】B

【解析】本题考查的知识点是场地准备及临时设施费。新建项目的场地准备和临时设施费应根据实际工程量估算，或按工程费用的比例计算。改扩建项目一般只计拆除清理费。

13.【答案】D

【解析】本题考查的知识点是建设用地费。A 选项，占用前三年曾用于种植农作物的土地也视为耕地。B 选项，土地补偿费和安置补助费不能使安置的农民保持原有生活水平的，可增加安置补助费。但土地补偿费和安装补助费的总和不得超过土地被征收前三年平均年产值的 30 倍。C 选项，一年只种一茬或因调整茬口安排种植蔬菜的不作为开发基金。

14.【答案】B

【解析】本题考查的知识点是联合试运转费。试运转支出包括试运转所需原材料、燃料及动力消耗、低值易耗品、其他物资消耗、工具用具使用费、机械使用费、保险金、施工单位参加试运转人员工资以及专家指导费等；试运转收入包括试运转期间的产品销售收入和其他收入。联合试运转费不包括应由设备安装工程费用开支的调试及试车费用，以及在试运转中暴露出来的因施工原因或设备缺陷等发生的处理费用。

15.【答案】A

【解析】本题考查的知识点是工程建设其他费用。工程建设其他费用是指建设期发生的与土地使用权取得、整个工程项目建设以及未来生产经营有关的构成建设投资但不包括在工程费用中的费用。工程费用指建设期内直接用于工程建造、设备购置及其安装的建设投资，可以分为建筑安装工程费和设备及工器具购置费。

16. 【答案】D

【解析】本题考查的知识点是工程建设其他费用。工程建设其他费用可以分为三类：土地使用费、与项目建设有关的费用、与未来企业生产经营有关的费用。

17. 【答案】D

【解析】本题考查的知识点是建设用地取得的基本方式。

建设用地使用权的除了国有土地外，还可以是集体土地。国有土地使用权，可以采取出让或者划拨等方式取得。因此 A、C 项错误。国家将国有土地使用权出让给土地使用者是指国有土地使用权出让，因此 B 错误。建设用地取得基本方式还包括租赁和转让，D 项正确。

18. 【答案】B

【解析】本题考查的知识点是建设用地取得的基本方式。依法以划拨方式取得土地使用权的，除法律、行政法规另有规定外，没有使用期限的限制。

19. 【答案】A

【解析】本题考查的知识点是建设用地取得的基本方式。选项 B，通过竞争出让获取土地使用权的方式分为招标、竞拍、挂牌三种；选项 C，城市公益事业用地可以划拨方式取得；选项 D，依法以划拨方式取得土地使用权的，除法律法规另有规定外，没有使用期限的限制。

20. 【答案】A

【解析】本题考查的知识点是建设用地取得的费用。土地补偿费是对农村集体经济组织因土地被征用而造成的经济损失的一种补偿，故 A 项正确；青苗补偿费是因征地时对其正在生长的农作物受到损害而作出的一种赔偿，农民自行承包土地的青苗补偿费应付给本人，属于集体种植的青苗补偿费可纳入当年集体收益，故 B 项错误；拆迁补偿费用是在城市规划区内国有土地上实施房屋拆迁，拆迁人应对被拆迁人给予补偿、安置，故 C 项错误；新菜地开发建设基金指征用城市郊区商品菜地时支付的费用，这项费用交给地方政府，作为开发建设菜地的投资，故 D 项错误。

21. 【答案】B

【解析】本题考查的知识点是建设用地取得的费用。青苗补偿费是指被征用的土地，有正在生长的农作物，应给予被征者农作物补偿的费用。

22. 【答案】C

【解析】本题考查的知识点是建设用地取得的费用。每一个需要安置的农业人口的安置补助费标准，为该耕地被征收前三年平均年产值的 4～6 倍，最高不得超过 15 倍。

23. 【答案】B

【解析】本题考查的知识点是建设用地取得的费用。征地补偿费包括：土地补偿费、青苗补偿费、新菜地开发建设基金、耕地占用税、土地管理费。

24. 【答案】D

【解析】本题考查的知识点是建设用地取得的费用。凡在协商征地方案后抢种的农作物、树木等，一律不予补偿青苗补偿费。

25. 【答案】A

【解析】本题考查的知识点是建设用地取得的费用。新菜地开发建设基金是指征用城市郊区商品菜地时支付的费用，菜地是指连续 3 年以上常年种菜或者养殖鱼、虾的商品菜地和精养鱼塘。

26. 【答案】D

【解析】本题考查的知识点是建设用地取得的费用。耕地占用税征收范围，不仅包括占用耕地，还包括占用鱼塘、园地、菜地及其农业用地建房或者从事其他非农业建设。均按实际占用的面积和规定的税额一次性征收。其中，耕地是指用于种植农作物的土地。占用前三年曾用于种植农作物的土地也视为耕地。

27. 【答案】A

【解析】本题考查的知识点是建设用地取得的费用。B 选项，土地补偿费和安置补助费不能使安置的农民保持原有生活水平的，可增加安置补助费。但土地补偿费和安装补助费的总和不得超过土地被征收前三年平均年产值的 30 倍。C 选项，一年只种一茬或因调整茬口安排种植蔬菜的不作为开发基金。D 选项，占用前三年曾用于种植农作物的土地也视为耕地。

28. 【答案】C

【解析】本题考查的知识点是建设用地取得的费用。土地管理费的收取标准一般是在土地补偿费、青苗补偿费、地面附着物补偿费、安置补助费四项费用之和的基础上提取 2%～4%。如果是征地包干，还应在四项费用之和后再加上粮食价差、副食补贴、不可预见费等费用，在此基础上提取 2%～4%作为土地管理费。

29. 【答案】C

【解析】本题考查的知识点是建设用地取得的费用。拆迁补偿费中，拆迁人应当对被拆迁房屋使用人支付搬迁补助费。

30. 【答案】A

【解析】本题考查的知识点是建设管理费。

建设单位管理费 = 工程费用 × 建设单位管理费费率 = 2 000 万元 × 15% = 300 万元。

31. 【答案】A

【解析】本题考查的知识点是研究试验费。研究试验费是指为建设项目提供或验证设计数据、资料等进行必要的研究试验及按照设计规定在建设过程中必须进行试验、验证所需的费用。

32. 【答案】B

【解析】本题考查的知识点是场地准备及临时设施费。与项目建设有关的其他费用，包括：建设管理费、可行性研究费、研究试验费、……、建设单位场地准备及临时设施费。

33. 【答案】C

【解析】本题考查的知识点是场地准备及临时设施费。选项 A 错：施工单位临时设施费用属措施费；选项 B 错：场地准备及临时设施费。选项 D 错：建设场地的大型土石方工程应进入工程费用中的总图运输费用中。

34. 【答案】D

【解析】本题考查的知识点是特殊设备安全监督检验费。特殊设备安全监督检验费无具体规定的，在编制投资估算和概算时可按受检设备现场安装费的比例估算。

35. 【答案】A

【解析】本题考查的知识点是市政公用设施费。市政公用设施费是指使用市政公用设施的工程项目，按照项目所在地政府规定建设或缴纳配套费用。市政公用设施可以是界区外配套的水电路信等，包括绿化、人防等缴纳的费用。此项费用按项目所在地政府规定标准计列。

36. 【答案】A

【解析】本题考查的知识点是与未来生产经营有关的其他费用。与未来企业生产和经营活动有关费用中的生产准备费，指在建设期内，建设单位为保证项目正常生产而发生的人员培训费、提前进厂费以及投产使用必备的办公、生活家具用具等的购置费用。

37. 【答案】D

【解析】本题考查的知识点是联合试运转费。联合试运转费是指新建或新增加生产能力的工程项目，在交付生产前按照设计文件规定的工程质量标准和技术要求，对整个生产线或装置进行负荷联合试运转所发生的费用净支出（试运转支出大于收入的差额部分费用）。

38. 【答案】A

【解析】本题考查的知识点是专利及专有技术使用费。专利及专有技术使用费包括：国外设计及技术资料费、引进有效专利、专有技术使用费和技术保密费；国内有效专利、专有技术使用费；商标使用费、特许经营权费等。A 项属于生产准备费的内容。

39.【答案】B

【解析】本题考查的知识点是生产准备费。生产准备及开办费是指在建设期内，建设单位为保证正常生产（或营业、使用）而发生的人员培训费、提前进厂费以及投产使用必备的生产办公、生活家具用具及工器具等购置费用，不包括施工单位的费用。

三、多项选择题（每小题所设选项中有2个或2个以上正确答案，至少有1个错项）

1.【答案】ABC

【解析】本题考查的知识点是建设用地费。征地补偿费包括：① 土地补偿费；② 青苗补偿费和地上附着物补偿费；③ 安置补助费；④ 新菜地开发建设基金；⑤ 耕地占用税；⑥ 土地管理费。

2.【答案】BCDE

【解析】本题考查的知识点是建设用地取得的基本方式。下列建设用地，经县级以上人民政府依法批准，可以以划拨方式取得：① 国家机关用地和军事用地；② 城市基础设施用地和公益事业用地；③ 国家重点扶持的能源、交通、水利等基础设施用地；④ 法律、行政法规规定的其他用地。

3.【答案】CDE

【解析】本题考查的知识点是与项目建设有关的其他费用。与项目建设有关的其他费用包括建设管理费、可行性研究费、研究试验费、勘察设计费、专项评价及验收费、场地准备及临时设施费、引进技术和引进设备其他费、工程保险费、特殊设备安全监督检验费、市政公用设施费。选项A、B属于与未来生产经营有关的其他费用。

4.【答案】BC

【解析】本题考查的知识点是建设用地费。新菜地开发建设基金交给地方财政；耕地占用税是一种税收，税收交国家财政。

5.【答案】ADE

【解析】本题考查的知识点是工程建设其他费用。工程建设其他费用是指建设期发生的与土地使用权取得，整个工程项目建设以及未来生产经营有关的，构成建设投资但不包括在工程建设费中的费用。这里土地使用权是指建设用地使用权，取得方式包括划拨。

6.【答案】BDE

【解析】本题考查的知识点是建设用地费。A：建设用地如通过行政划拨方式取得，则须承担征地补偿费用或对原用地单位或个人的拆迁补偿费用。（通过划拨方式取得建设用地，需支付征地补偿费或拆迁补偿费这两种费用中的其中一种。）C：在过渡期限内，被拆迁人或者房屋承租人自行安排住处的，拆迁人应当支付临时安置补助费；被拆迁人或者房屋承租人使用拆迁人提供的周转房，拆迁人不支付临时安置补助费。

7. 【答案】ABCE

【解析】本题考查的知识点是建设用地取得的基本方式。D 错误，应为：商业、旅游用地 40 年。

8. 【答案】ABCD

【解析】本题考查的知识点是建设用地取得的基本方式。建设用地的取得实质是依法获得国有土地使用权，取得国有土地使用权的基本方式是出让和划拨，建设土地取得的基本方式还包括租赁和转让方式。

9. 【答案】ABCD

【解析】本题考查的知识点是建设用地取得的基本方式。通过出让方式取得国有土地使用权可分两种具体方式：一是通过招标、拍卖、挂牌等竞争出让方式，二是通过协议出让方式。

10. 【答案】ABCD

【解析】本题考查的知识点是建设用地取得的基本方式。获得国有土地使用权的基本方式有出让和划拨两种。建设用地使用权，可以采取出让、划拨、租赁和转让等方式。工业、商业、旅游、娱乐和商品住宅等经营性用地以及同一土地有两个以上意向用地者的，应当采取招标、拍卖等公开竞价的方式出让。E 错，国有土地使用权，可以采取出让、划拨方式取得。

11. 【答案】ACE

【解析】本题考查的知识点是建设用地取得的费用。选项 B 错误，工业用地的土地使用权出让最长年限为 50 年。选项 D 错误，建设用地如通过行政划拨方式取得，则须承担征地补偿费用或对原用地单位或个人的拆迁补偿费用；若通过市场机制取得，则不但承担以上费用，还须向土地所有者支付有偿使用费，即土地出让金。拆迁补偿费的标准，由各省、自治区、直辖市人民政府规定。

12. 【答案】ABD

【解析】本题考查的知识点是建设用地取得的费用。建设用地取得的费用包括：征地补偿费、拆迁补偿费用和出让金。

13. 【答案】ACDE

【解析】本题考查的知识点是建设用地取得的费用。新菜地开发建设基金是指征用城市郊区商品菜地时支付的费用，菜地是指连续 3 年以上常年种菜或者养殖鱼、虾的商品菜地和精养鱼塘。

14. 【答案】BC

【解析】本题考查的知识点是建设用地取得的费用。A 选项错误，耕地占用税的纳税义务人是占用耕地建房或从事非农业建设的单位和个人。D 选项错误，耕地占用税的征税范围包括纳税人为建房或从事其他非农业建设而占用的国家所有和集体所有的耕地。E 选项错误，对于占用前三年曾用于种植农作物的土地也视为耕地。

15. 【答案】BD

【解析】本题考查的知识点是建设用地取得的费用。土地出让金是用地单位向国家支付的土地所有权收益，出让金标准一般参考城市基准地价并结合其他因素制定。基准地价由市土地管理局会同市物价局、市资产管理局等综合平衡后报市级人民政府审定通过。政府对地价不作统一规定，但应坚持以下原则：地价对目前投资环境不产生大的影响，地价与当地社会承受能力相适应。

16. 【答案】ACD

【解析】本题考查的知识点是研究试验费。研究试验费包括自行设计或委托其他部门研究所需的人工、材料、试验设备及仪器使用费。研究试验费不包括：（1）应由科技三项费用（即新产品试制费、中间试验费和重要科学研究补助费）开支的费用。（2）应在建安工程费用中开支的施工企业对建筑材料、构件和对工程质量进行的一般鉴定、检验所发生的费用及技术革新的研究试验费。（3）应由勘察设计费或勘察设计单位事业费开支的研究试验费。

17. 【答案】ABDE

【解析】本题考查的知识点是与项目建设有关的其他费用。工程监理费，可行性研究费，勘察、设计费，专项评价费，实行市场调节价；研究试验费按照设计单位根据工程项目的需要提出的研究实验内容和要求计算。

18. 【答案】AB

【解析】本题考查的知识点是场地准备和临时设施费。新建项目的场地准备和临时设施费应按实际工程量估算或按工程费用比例计算，改扩建项目一般只计拆除清理费。建设项目建设场地的大型土石方工程，应进入工程费用中的总图运输费用中。此项费用不包括施工单位临时设施费用。

19. 【答案】ABCD

【解析】本题考查的知识点是工程保险费。工程保险费包括：建筑安装工程一切险、工程质量保险、进口设备财产保险、人身意外伤害险。

20. 【答案】ABCD

【解析】本题考查的知识点是专利及专有技术使用费。
专利及专有技术使用费计算：① 按专利使用许可和专有技术使用合同的规定计列；② 专有技术的界定应以省、部级鉴定的批准为依据；③ 专利及专有技术费，项目投资中只计算建设期支付的此费用，生产期支付的应在生产成本中核算；④ 商品、商誉及特许经营权费，一次性支付按或合同计列，或合同中规定在生产期支付的，在生产成本中核算；⑤ 为项目配套的专有设施投资，包括专用铁路、公路、通信设施等，由建设单位投资但无产权的，作无形资产处理。

21. 【答案】ABDE

【解析】本题考查的知识点是生产准备费。生产准备费指在建设期内，建设单位为保证项目正常生产而发生的人员培训费、提前进厂费以及投产使用必备的办公、生活家具用具等的购置费用（不包括生产工器具）。

第六节　预备费和建设期利息

本节知识导图

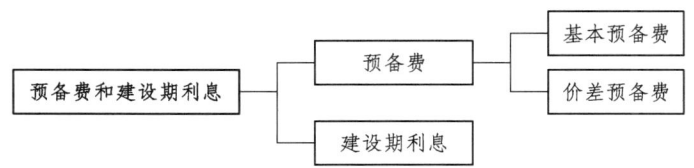

本节习题精选

一、判断题（判断正误，正确的打√，错误的打×）

1. 超大设备增加的设备费用，将计入基本预备费。（　　）
2. 建设期利息中的债务资金，包括向国内银行和国外政府贷款、国际商业银行贷款以及境内外发行的债券等。（　　）
3. 价差预备费费率的大小，应根据建设项目的设计阶段和具体的设计深度，以及在估算中所采用的各项估算指标与设计内容的贴近度、项目所属行业主管部门的具体规定确定。（　　）
4. 价差预备费的测算方法，一般根据国家规定的投资综合价格指数，按估算年份价格水平的投资额为基数，根据价格变动趋势，预测价值上涨率，采用复利计算。（　　）
5. 建设期利息应计入固定资产原值。（　　）

二、单项选择题（每题的备选项中，只有一个最符合题意）

1. 在我国建设项目投资构成中，超规超限设备运输增加的费用属于（　　）。
   A. 基本预备费　　　　　　　　B. 设备及工器具购置费
   C. 工程建设其他费　　　　　　D. 建筑安装工程费
2. 根据我国现行建设项目投资构成，下列费用项目中属于建设期利息包含内容的是（　　）。
   A. 建设单位建设期后发生的利息　　B. 施工单位建设期长期贷款利息
   C. 国外贷款机构收取的转贷费　　　D. 国内代理机构收取的贷款管理费
3. 建设工程价差预备费的计算应（　　）。
   A. 以编制年费的静态投资额为基数，采用单利方法
   B. 以编制年费的静态投资额为基数，采用复利方法

C. 以估算年份价格水平的投资额为基数，采用单利方法

D. 以估算年份价格水平的投资额为基数，采用复利方法

4. 基本预备费的计费基数是（　　）。
   A. 设备及工器具购置费+建筑安装工程费
   B. 设备及工器具购置费+建筑安装工程费+工程建设其他费用
   C. 设备及工器具购置费
   D. 建筑安装工程费

5. 在建设期内因各种不可预见因素的变化而预留的可能增加的费用，是指（　　）。
   A. 基本预备费　　　　　　　　B. 价差预备费
   C. 暂列金额　　　　　　　　　D. 预备费

6. 基本预备费的构成，其中不包括（　　）。
   A. 夜间施工增加费
   B. 局部地基处理增加费用
   C. 预防自然灾害所采取的措施费用
   D. 竣工验收时为鉴定工程质量对隐蔽工程进行必要的挖掘和修复费用

7. 在建设期间因利率、汇率或价格等因素的变化而预留的可能增加的费用是指（　　）。
   A. 基本预备费　　　　　　　　B. 价差预备费
   C. 涨价预备费　　　　　　　　D. 预备费

8. 下列费用中，不属于建设期利息包含内容的是（　　）。
   A. 转贷费　　　　　　　　　　B. 手续费
   C. 承诺费　　　　　　　　　　D. 汇率调整增加的费用

三、多项选择题（每小题所设选项中有2个或2个以上正确答案，至少有1个错项）

1. 国外贷款利息的计算中，应包括国外贷款银行根据贷款协议向贷款方以年利率的方式收取的（　　）。
   A. 担保费　　　　　　　　　　B. 管理费
   C. 承诺费　　　　　　　　　　D. 转贷费
   E. 手续费

2. 建设利息主要是指在建设期内发生的为工程项目筹措资金的（　　）。
   A. 复利费　　　　　　　　　　B. 单利费
   C. 融资费用　　　　　　　　　D. 债务资金利息
   E. 建设资金

3. 价差预备费中可能增加费用的有（　　）。
   A. 人材机的价差费　　　　　　B. 建安工程费调整
   C. 工程建设其他费用调整　　　D. 利率、汇率调整
   E. 基本预备费调整

4. 建设期利息中的融资费用和应计入固定资产原值的利息包括（　　）。
   A. 手续费　　　　　　　　　　B. 预备费
   C. 承诺费　　　　　　　　　　D. 借款（或债券）利息
   E. 管理费
5. 下列费用中，可以计入建设期利息的有（　　）。
   A. 股票发行费　　　　　　　　B. 债券发行手续费
   C. 银行借款手续费　　　　　　D. 银行借款承诺费
   E. 进口设备银行财务费

本节习题解析

一、判断题（判断正误，正确的打√，错误的打×）

1. 【答案】×
   【解析】本题考查的知识点是基本预备费。基本预备费内容是超规超宽限"设备运输"等可能增加的费用，而不是超大设备增加的"设备费用"。

2. 【答案】√
   【解析】本题考查的知识点是建设期利息。建设期利息中的债务资金，包括向国内银行和其他非银行金融机构贷款、出口信贷、国外政府贷款、国际商业银行贷款以及境内外发行的债券等。

3. 【答案】×
   【解析】本题考查的知识点是基本预备费。基本预备费费率的大小，应根据建设项目的设计阶段和具体的设计深度，以及在估算中所采用的各项估算指标与设计内容的贴近度、项目所属行业主管部门的具体规定确定。

4. 【答案】√
   【解析】本题考查的知识点是价差预备费。价差预备费的测算方法，一般根据国家规定的投资综合价格指数，按估算年份价格水平的投资额为基数，根据价格变动趋势，预测价值上涨率，采用复利计算。

5. 【答案】√
   【解析】本题考查的知识点是建设期利息。建设期利息要计入固定资产原值。

二、单项选择题（每题的备选项中，只有一个最符合题意）

1. 【答案】A
   【解析】本题考查的知识点是基本预备费。基本预备费是指在投资估算或设计概算阶段预留的，由于工程实施中不可预见的工程变更及洽商、一般自然灾害处理、地下障碍物处理、超规超限设备运输等可能增加的费用。

2. 【答案】D

【解析】本题考查的知识点是建设期利息。建设期利息主要是指在建设期内发生的为工程项目筹措资金的融资费用及债务资金利息。债务资金包括向国内银行和其他非银行金融机构贷款、出口信贷、外国政府贷款、国际商业银行贷款以及在境内外发行的债券等。融资费用和应计入固定资产原值的利息包括借款（或债券）利息及手续费、承诺费、管理费等。建设期利息要计入固定资产原值。

国外贷款利息的计算中，还应包括国外贷款银行根据贷款协议向贷款方以年利率的方式收取的手续费、管理费、承诺费，以及国内代理机构经国家主管部门批准的以年利率的方式向贷款单位收取的转贷费、担保费、管理费等。

3. 【答案】D

【解析】本题考查的知识点是价差预备费。价差预备费的测算方法，一般根据国家规定的投资综合价格指数，按估算年份价格水平的投资额为基数，根据价格变动趋势，预测价值上涨率，采用复利方法计算。

4. 【答案】B

【解析】本题考查的知识点是基本预备费。基本预备费估算，一般是以建设项目的工程费用和工程建设其他费用之和为基础，乘以基本预备费率进行计算。

5. 【答案】D

【解析】本题考查的知识点是预备费。预备费是指在建设期内因各种不可预见因素的变化而预留的可能增加的费用。

6. 【答案】A

【解析】本题考查的知识点是基本预备费。基本预备费内容包括：① 在批准的基础设计和概算范围内增加的设计变更、局部地基处理等费用；② 一般自然灾害造成的损失和预防自然灾害所采取的措施费用；③ 竣工验收时为鉴定工程质量对隐蔽工程进行必要的挖掘和修复费用；④ 超规超限设备运输等可能增加的费用。

7. 【答案】B

【解析】本题考查的知识点是价差预备费。价差预备费是指在建设期间因利率、汇率或价格等因素的变化而预留的可能增加的费用。

8. 【答案】D

【解析】本题考查的知识点是建设期利息。选项 D 属于价差预备费。建设期利息包含内容：国内借款（或债券）利息及手续费、承诺费、管理费等。国外贷款利息的计算中，还应包括国外贷款银行根据贷款协议向贷款方，以年利率的方式收取的手续费、管理费、承诺费，以及国内代理机构经国家主管部门批准的以年利率的方式向贷款单位收取的转贷费、担保费、管理费。

三、多项选择题（每小题所设选项中有 2 个或 2 个以上正确答案，至少有 1 个错项）

1. 【答案】BCE

【解析】本题考查的知识点是建设期利息。国外贷款利息的计算中，还应包括国外贷款银行根据贷款协议向贷款方以年利率的方式收取的手续费、管理费、承诺费；以及国内代理机构经国家主管部门批准的以年利率的方式向贷款单位收取的转贷费、担保费、管理费等。

2.【答案】CD

【解析】本题考查的知识点是建设期利息。建设利息主要是指在建设期内发生的为工程项目筹措资金的融资费用和债务资金利息。

3.【答案】ABCD

【解析】本题考查的知识点是价差预备费。价差预备费包括：人工、设备、材料、施工机械的价差费，建安工程费及工程建设其他费用调整，利率、汇率调整等增加的费用。

4.【答案】ACDE

【解析】本题考查的知识点是建设期利息。建设期利息中的融资费用和应计入固定资产原值的利息包括：借款（或债券）利息及手续费、承诺费、管理费等。

5.【答案】BCD

【解析】本题考查的知识点是建设期利息。选项 A 和 E 错误。建设期利息中的融资费用和应计入固定资产原值的利息包括：借款（或债券）利息及手续费、承诺费、管理费等。

第四章

工程计价方法及依据

本章考纲要求

1. 工程计价方法；
2. 工程计价依据及其作用；
3. 工程造价信息及其应用。

本章知识导图

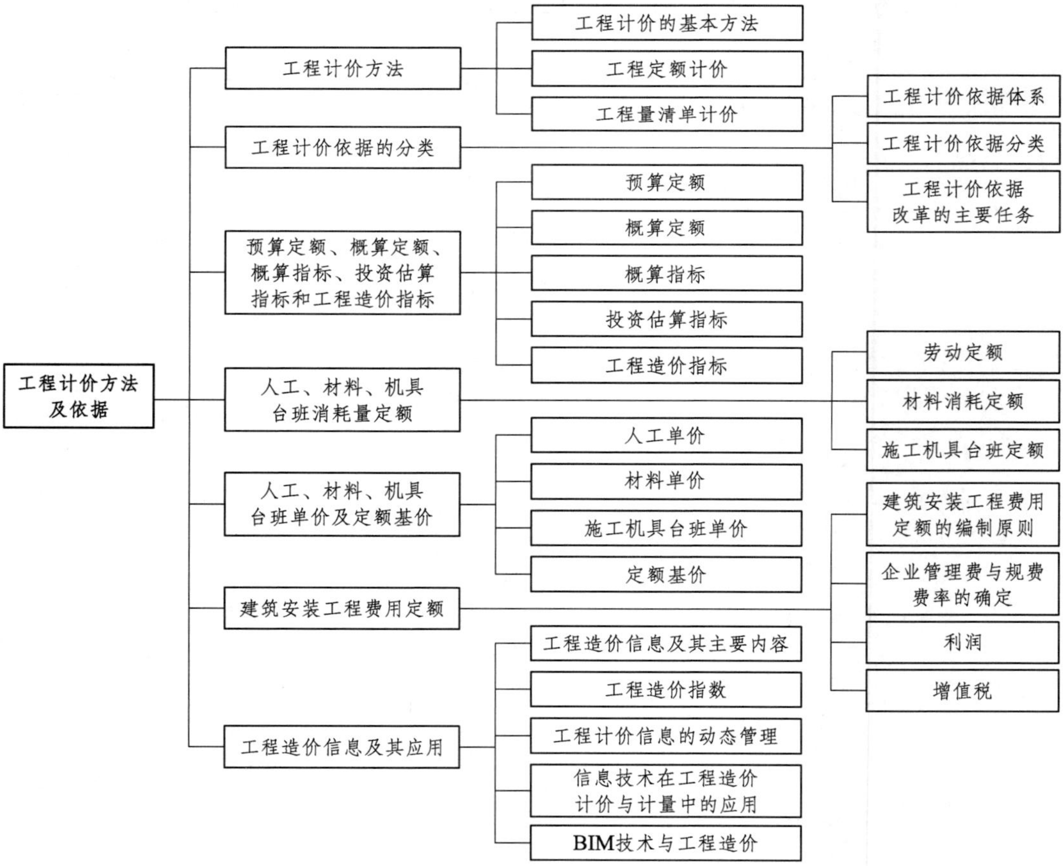

```
                                              ┌── 工程计价的基本方法
                      ┌── 工程计价方法 ────────┼── 工程定额计价
                      │                       └── 工程量清单计价
                      │                                           ┌── 工程计价依据体系
                      ├── 工程计价依据的分类 ──────────────────────┼── 工程计价依据分类
                      │                                           └── 工程计价依据改革的主要任务
                      │                       ┌── 预算定额
                      │   预算定额、概算定额、 ├── 概算定额
                      ├── 概算指标、投资估算 ──┼── 概算指标
                      │   指标和工程造价指标   ├── 投资估算指标
                      │                       └── 工程造价指标
                      │                                           ┌── 劳动定额
工程计价方法 ─────────┼── 人工、材料、机具 ────────────────────────┼── 材料消耗定额
及依据                │   台班消耗量定额                           └── 施工机具台班定额
                      │                       ┌── 人工单价
                      │   人工、材料、机具    ├── 材料单价
                      ├── 台班单价及定额基价 ──┼── 施工机具台班单价
                      │                       └── 定额基价
                      │                                           ┌── 建筑安装工程费用定额的编制原则
                      ├── 建筑安装工程费用定额 ────────────────────┼── 企业管理费与规费费率的确定
                      │                                           ├── 利润
                      │                                           └── 增值税
                      │                       ┌── 工程造价信息及其主要内容
                      │                       ├── 工程造价指数
                      └── 工程造价信息及其应用 ┼── 工程计价信息的动态管理
                                              ├── 信息技术在工程造价计价与计量中的应用
                                              └── BIM技术与工程造价
```

第一节 工程计价方法

本节知识导图

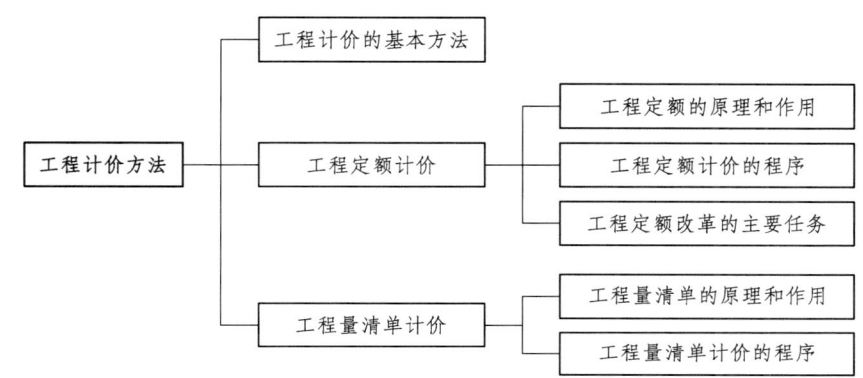

本节习题精选

一、判断题（判断正误，正确的打√，错误的打×）

1. 在市场经济体制下，工程计价时采用的资源要素的价格应该是综合单价。（　　）
2. 工程量清单计价程序和工程定额计价程序中的费用计算方法是相同的。（　　）
3. 工程量清单项目套价的结果是计算该清单项目的造价。（　　）
4. 资源要素的价格是影响工程造价的关键因素。（　　）
5. 工程定额是指在先进施工条件下完成规定计量单位的合格建筑安装工程所消耗的人工、材料、施工机具台班、工期天数及相关费率等的数量标准。（　　）
6. 当施工图纸的某些设计要求与定额项目特征相差甚远，既不能直接套用也不能换算、调整时，必须编制补充定额。（　　）

二、单项选择题（每题的备选项中，只有一个最符合题意）

1. 工程造价计价的顺序是（　　）。
   A. 工程项目单价→单项工程造价→单位工程造价→建设项目总造价
   B. 单项工程造价→单位工程造价→工程项目单价→建设项目总造价
   C. 单位工程造价→单项工程造价→工程项目单价→建设项目总造价
   D. 分部分项工程造价→单位工程造价→单项工程造价→建设项目总造价

2. 施工组织设计是由（　　）根据施工特点、现场情况、施工工期等有关条件编制的，用来确定施工方案、布置现场、安排进度，计价时应注意施工组织设计中影响工程费用的因素。

  A. 监理单位　　　B. 施工单位　　　C. 建设单位　　　D. 设计单位

3. 下列各项定额中，不属于按照用途分类的是（　　）。

  A. 企业定额　　　B. 施工定额　　　C. 预算定额　　　D. 概算定额

4. 影响工程造价的主要因素是（　　）。

  A. 单位价格和实物工程数量　　　B. 建筑设计和工艺设计

  C. 项目建设规模和设备方案　　　D. 工程方案和环境保护措施

5. 工程定额计价法的第二阶段的工作内容是（　　）。

  A. 套定额单价　　　B. 熟悉图纸和现场

  C. 计算工程量　　　D. 收集资料

6. 下列定额中，项目划分最细的计价定额是（　　）。

  A. 材料消耗定额　　　B. 劳动定额

  C. 预算定额　　　D. 概算定额

7. 根据《建设工程工程量清单计价规范》GB 50500—2013，下列费用项目中需纳入分部分项工程项目综合单价的是（　　）。

  A. 专业工程暂估价　　　B. 机械费

  C. 暂列金额　　　D. 计日工费

8. 关于工程计价方法，下列说法正确的是（　　）。

  A. 分部分项工程费 = 基本构造单元工程量 × 工料单价

  B. 工料单价指人工、材料和施工机械台班单价

  C. 总价措施项目 = ∑（措施项目工程量 × 措施项目综合单价）

  D. 单位工程造价 = 分部分项工程费 + 措施项目费 + 其他项目费 + 规费 + 增值税

9. 分部分项工程项目综合单价组成不包括（　　）。

  A. 人工费　　　B. 材料费

  C. 管理费　　　D. 税金

10. 工程定额计价的主要程序有：① 计算工程量；② 套用定额单价；③ 费用计算；④ 复核；⑤ 熟悉施工图纸和现场。正确的步骤是（　　）。

  A. ④—⑤—①—②—③　　　B. ⑤—①—②—③—④

  C. ⑤—②—①—④—③　　　D. ⑤—①—④—②—③

三、多项选择题（每小题所设选项中有2个或2个以上正确答案，至少有1个错项）

1. 按工程定额的用途，建设工程定额可划分为（　　）。

  A. 施工定额　　　B. 企业定额

  C. 预算定额　　　D. 概算定额

  E. 投资估算指标

2. 按定额的编制单位和执行范围，工程建设定额可分为（　　）。
   A. 补充定额　　　　　　　　B. 地区统一定额
   C. 劳动定额　　　　　　　　D. 行业定额
   E. 企业定额
3. 关于投资估算指标，下列说法中正确的有（　　）。
   A. 应以分项工程为编制对象
   B. 是反映建设总投资及其各项费用的经济指标
   C. 投资估算指标是一种计价定额
   D. 投资估算指标主要用于编制投资估算
   E. 投资估算指标只能反映建设项目、单项工程、单位工程的相应费用指标

本节习题解析

一、判断题（判断正误，正确的打√，错误的打×）

1. 【答案】×
   【解析】本题考查的知识点是工程计价的基本方法。在市场经济体制下，工程计价时采用的资源要素的价格应该是市场价格。
2. 【答案】×
   【解析】本题考查的知识点是工程定额计价和工程量清单计价的程序。工程定额计价程序中的费用计算：按所套用的相应定额单价计算人材机费，进而计算企业管理费、利润、规费及增值税等各种费用。工程量清单计价程序中的费用计算：在工程量计算、综合单价分析经复查无误后，即可进行分部分项工程费、措施项目费、其他项目费、规费和税金的计算。
3. 【答案】×
   【解析】本题考查的知识点是工程量清单计价。工程量清单项目套价的结果是计算该清单项目的综合单价。
4. 【答案】√
   【解析】本题考查的知识点是工程计价的基本方法。资源要素的价格是影响工程造价的关键因素。
5. 【答案】×
   【解析】本题考查的知识点是工程定额计价。工程定额是指在正常施工条件下完成规定计量单位的合格建筑安装工程所消耗的人工、材料、施工机具台班、工期天数及相关费率等的数量标准。
6. 【答案】√
   【解析】本题考查的知识点是工程定额计价的程序。当施工图纸的某些设计要求与定额项目特征相差甚远，既不能直接套用也不能换算、调整时，必须编制补充定额。

二、单项选择题（每题的备选项中，只有一个最符合题意）

1. 【答案】D

   【解析】本题考查的知识点是工程计价的基本方法。工程计价的方法有多种，各有差异，但工程计价的基本过程和原理是相同的。从工程费用计算角度分析，工程计价的顺序是：分部分项工程造价→单位工程造价→单项工程造价→建设项目总造价。

2. 【答案】B

   【解析】本题考查的知识点是工程计价的程序。施工组织设计是由施工单位根据施工特点、现场情况、施工工期等有关条件编制的，用来确定施工方案、布置现场、安排进度，计价时应注意施工组织设计中影响工程费用的因素。

3. 【答案】A

   【解析】本题考查的知识点是工程定额的分类。工程定额按照不同用途，可以分为施工定额、预算定额、概算定额、概算指标和估算指标等。按编制单位和执行范围的不同可以分为全国统一定额、行业定额、地区统一定额、企业定额、补充定额。

4. 【答案】A

   【解析】本题考查的知识点是工程计价的基本方法。从工程费用计算角度分析，工程计价的顺序是：分部分项工程造价→单位工程造价→单项工程造价→建设项目总造价。影响工程造价的主要因素是两个，即单位价格和实物工程数量。

5. 【答案】B

   【解析】本题考查的知识点是工程定额计价的程序。工程定额计价的程序：第一阶段，收集资料；第二阶段，熟悉图纸和现场；第三阶段，计算工程量；第四阶段，套定额单价；第五阶段，编制工料分析表；第六阶段，费用计算；第七阶段，复核；第八阶段，编制说明。

6. 【答案】C

   【解析】本题考查的知识点是工程定额计价。项目划分最细的计价定额是预算定额，详见表4-1。

表4-1　不同类别定额的性质

定额类别	施工定额	预算定额	概算定额	概算指标	投资估算指标
对象	施工过程或基本工序	分项工程或结构构件	扩大分项工程或扩大结构构件	建筑物或构筑物	建设项目、单项工程、单位工程
用途	编制施工预算	编制施工图预算	编制扩大初步设计概算	编制初步设计概算	编制投资估算
项目划分	最细	细	较粗	粗	很粗
定额水平	平均先进	平均	平均	平均	平均
定额性质	生产性定额	计价性定额			

7.【答案】B

【解析】本题考查的知识点是综合单价的组成。分部分项工程项目综合单价由人工费、材料费、机械费、管理费和利润组成，并考虑风险因素。

8.【答案】D

【解析】本题考查的知识点是工程量清单计价的程序。分部分项工程费＝基本构造单元工程量×相应单价，A错误；工料单价仅包括人工、材料、机具使用费用，是各种人工消耗量、各种材料消耗量、各类施工机具台班消耗量与其相应单价的乘积，B错误；总价措施项目＝∑（措施项目计费基数×费率），C错误。

9.【答案】D

【解析】本题考查的知识点是综合单价的组成。分部分项工程项目综合单价由人工费、材料费、机械费、管理费和利润组成，并考虑风险因素。

10.【答案】B

【解析】本题考查的知识点是工程定额计价的程序。定额单价法编制施工图预算的基本步骤如下：第一阶段，收集资料；第二阶段，熟悉图纸和现场；第三阶段，计算工程量；第四阶段，套定额单价；第五阶段，编制工料分析表；第六阶段，费用计算；第七阶段，复核；第八阶段，编制说明。

三、多项选择题（每小题所设选项中有2个或2个以上正确答案，至少有1个错项）

1.【答案】ACDE

【解析】本题考查的知识点是工程定额的分类。工程定额按照不同用途，可以分为施工定额、预算定额、概算定额、概算指标和估算指标等。

2.【答案】ABDE

【解析】本题考查的知识点是工程定额的分类。工程建设定额按编制单位和执行范围的不同可以分为全国统一定额、行业定额、地区统一定额、企业定额、补充定额。

3.【答案】BCD

【解析】本题考查的知识点是投资估算指标。投资估算指标是以建设项目、单项工程、单位工程为对象，反映建设总投资及其各项费用构成的经济指标，故A选项错误。投资估算指标反映其建设总投资及其各项费用构成的经济指标，故选项B正确。投资估算指标也是一种计价定额，故选项C正确。投资估算指标主要用于编制投资估算，故选项D正确。投资估算指标基本反映建设项目、单项工程、单位工程的相应费用指标，也可以反映其人、材、机消耗量，包括建设项目综合估算指标、单项工程估算指标和单位工程估算指标，故选项E错误。

第二节 工程计价依据的分类

本节知识导图

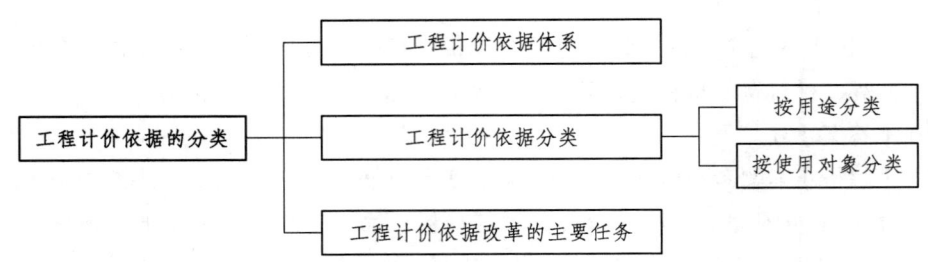

本节习题精选

一、判断题（判断正误，正确的打√，错误的打×）

1. 价格指数是计算分部分项工程人工、材料、机具台班消耗量及费用的依据。（　　）
2. 工程变更及施工现场签证是计算设备数量和工程量的依据。（　　）
3. 《建筑安装工程费用项目组成》（建标〔2013〕44号）属于法律法规类计价依据。（　　）
4. 《建筑工程建筑面积计算规范》GB/T 50353—2013属于法律法规类计价依据。（　　）
5. 用地指标属于计算工程建设其他费用的依据。（　　）

二、单项选择题（每题的备选项中，只有一个最符合题意）

1. 工程造价的计价依据按用途分类可以分为7大类，下列属于计算设备费依据的是（　　）。
   A. 各项工程建设其他费用定额
   B. 概算指标、概算定额、预算定额
   C. 间接费定额
   D. 设备价格、运杂费费率等

2. 下列属于计算分部分项工程人工、材料、机械台班消耗量及费用依据的是（   ）。
   A. 工程建设其他费定额
   B. 工程造价信息
   C. 间接费定额
   D. 运杂费率

3. 下列属于计算建筑安装工程费用依据的是（   ）。
   A. 费用定额
   B. 工程建设其他费定额
   C. 用地指标
   D. 运杂费率

三、多项选择题（每小题所设选项中有2个或2个以上正确答案，至少有1个错项）

1. 计算分部分项工程人工、材料、机械台班消耗量及费用的依据是（   ）。
   A. 设备价格、运杂费率
   B. 工程造价信息
   C. 人工单价
   D. 材料预算单价
   E. 机具台班单价

2. 工程计价依据必须满足的要求包括（   ）。
   A. 准确可靠，符合实际
   B. 定性描述清晰，便于正确利用
   C. 社会平均合理水平高
   D. 可信度高，具有权威性
   E. 数据化表达，便于计算

本节习题解析

一、判断题（判断正误，正确的打√，错误的打×）

1.【答案】×
【解析】本题考查的知识点是工程计价依据的分类。价格指数是计算建筑安装工程费用的依据。

2. 【答案】√

   【解析】本题考查的知识点是工程计价依据的分类。工程变更及施工现场签证是计算设备数量和工程量的依据。

3. 【答案】×

   【解析】本题考查的知识点是工程计价依据体系。《建筑安装工程费用项目组成》（建标〔2013〕44号）属于部门规章类计价依据。

4. 【答案】×

   【解析】本题考查的知识点是工程计价依据体系。《建筑工程建筑面积计算规范》GB/T 50353—2013属于国家标准类计价依据。

5. 【答案】√

   【解析】本题考查的知识点是工程计价依据的分类。计算工程建设其他费用的依据包括用地指标、各项工程建设其他费用定额等。

二、单项选择题（每题的备选项中，只有一个最符合题意）

1. 【答案】D

   【解析】本题考查的知识点是工程计价依据的分类。计算设备费的依据：设备价格、运杂费率等。

2. 【答案】B

   【解析】本题考查的知识点是工程计价依据的分类。计算分部分项工程人工、材料、机具台班消耗量及费用的依据：① 概算指标、概算定额、预算定额；② 人工单价；③ 材料预算单价；④ 机具台班单价；⑤ 工程造价信息。

3. 【答案】A

   【解析】本题考查的知识点是工程计价依据的分类。计算建筑安装工程费用的依据：① 费用定额；② 价格指数。

三、多项选择题（每小题所设选项中有2个或2个以上正确答案，至少有1个错项）

1. 【答案】BCDE

   【解析】本题考查的知识点是工程计价依据的分类。计算分部分项工程人工、材料、机具台班消耗量及费用的依据：① 概算指标、概算定额、预算定额；② 人工单价；③ 材料预算单价；④ 机具台班单价；⑤ 工程造价信息。

2. 【答案】ABDE

   【解析】本题考查的知识点是对工程计价依据的要求。工程计价依据必须满足以下要求：① 准确可靠，符合实际；② 可信度高，具有权威；③ 数据化表达，便于计算；④ 定性描述清晰，便于正确利用。

第三节　预算定额、概算定额、概算指标、投资估算指标和工程造价指标

本节知识导图

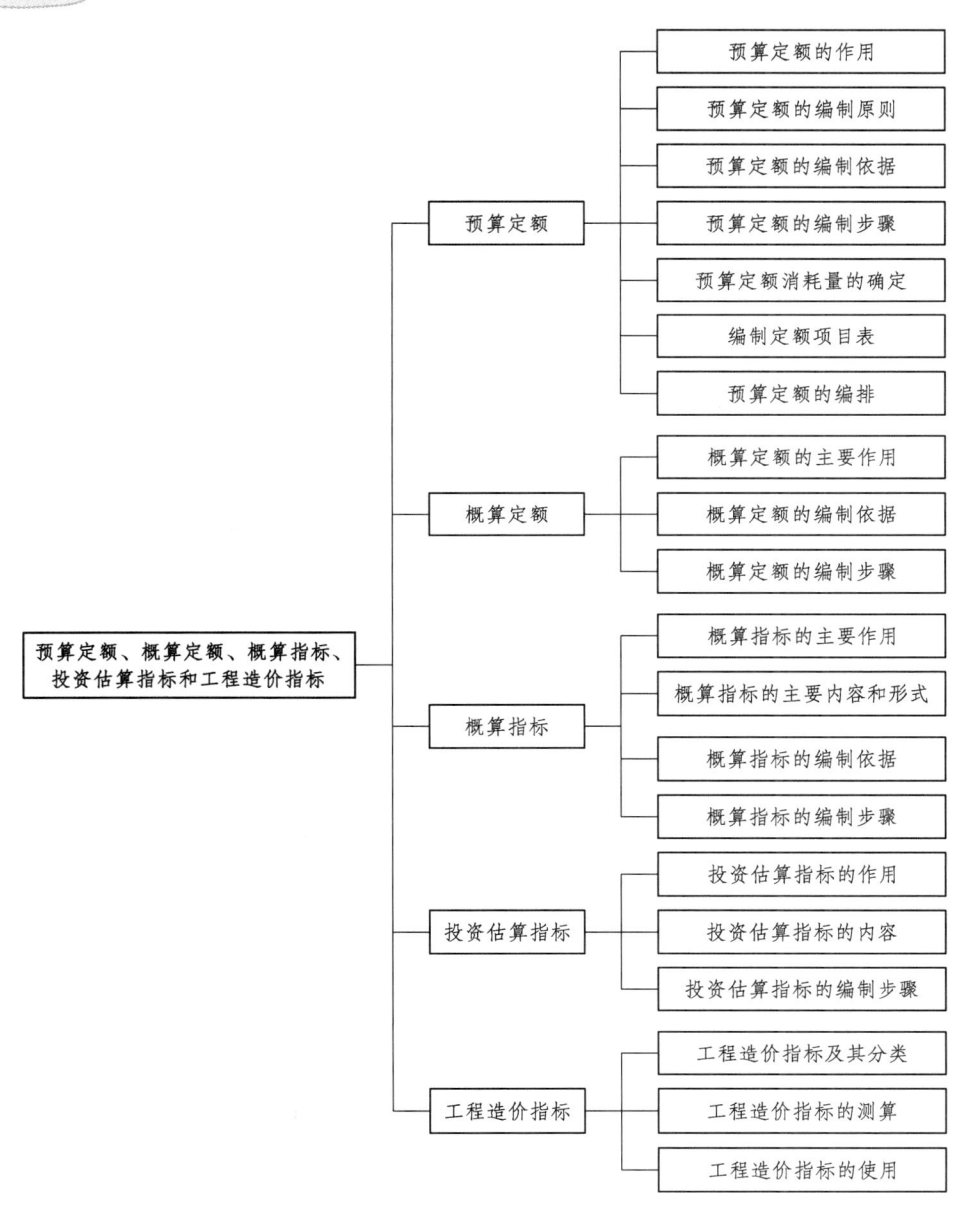

本节习题精选

一、判断题（判断正误，正确的打√，错误的打×）

1. 预算定额中的材料超运距用工是指材料、半成品的平均运距比企业定额的平均运距远。（　　）

2. 预算定额编制中，机械每个台班按机械工作 10 h 计算，人工每个工日按工作 8 h 计算。（　　）

3. 预算定额项目中的施工机具是配合工人班组工作的，如砌墙按个人小组配置砂浆搅拌机，可不增加机械幅度差。（　　）

4. 预算定额是编制施工图预算、确定建筑安装工程造价的基础。（　　）

5. 工程建设投资估算指标是编制项目建议书、可行性研究报告等前期工作阶段投资估算的依据，也可以作为编制固定资产长远规划投资额的参考。（　　）

6. 材料损耗量是指在正常施工条件下，不可避免的材料损耗，如现场内材料运输损耗及施工操作过程中的损耗等。（　　）

7. 投资估算指标一般可分为建设项目综合指标、单项工程指标和分部分项工程指标三个层次。（　　）

8. 单位工程指标指规定应列入能独立设计、施工的工程项目的费用，即建筑安装工程费用。（　　）

9. 预算定额中的辅助材料是指构成工程实体的除主要材料以外的其他材料，如垫木、钉子、铅丝等。（　　）

10. 预算定额中的其他材料是指施工生产中用量很少、价格低廉、对直接费影响不大的一些零星材料，如棉纱、编号用的油漆等。（　　）

二、单项选择题（每题的备选项中，只有一个最符合题意）

1. 编制概算定额的基础是（　　）。
   A. 施工定额　　B. 劳动定额　　C. 预算定额　　D. 概算指标

2. 完成某单位分部（分项）工程需要基本用工 4.2 工日，超运距用工 0.3 工日，辅助用工 1 工日，人工幅度系数为 10%，则该单位分部（分项）工作预算定额人工消耗量为（　　）工日。
   A. 5.92　　B. 5.95　　C. 6.02　　D. 6.05

3. 建设项目综合指标一般以项目的（　　）表示。
   A. 综合生产能力单位投资　　　　B. 单项工程生产能力单位投资
   C. 建筑安装工程费用　　　　　　D. 投资估算指标的编制

4. 下列不属于预算定额编制细则的是（　　）。
   A. 统一计算口径、计量单位和小数点位数的要求
   B. 统一的名称、用字、专业用语

C. 统一编制表格及编制方法
D. 统一的工程量计算规则

5. 基本建设管理部门编制投资估算、编制基本建设计划、估算主要材料用量计划的依据是（　　）。
   A. 概算指标　　　B. 施工定额　　　C. 预算定额　　　D. 概算定额

6. 预算定额是按照（　　）编制的。
   A. 社会平均水平　　　　　　　B. 社会先进水平
   C. 行业平均水平　　　　　　　D. 社会平均先进水平

7. 关于概算定额的主要作用，下列说法不正确的是（　　）。
   A. 概算定额是编制最高投标限价的依据
   B. 概算定额是编制预算定额的依据
   C. 概算定额是编制建设项目主要材料计划的参考依据
   D. 概算定额是对设计项目进行技术经济分析和比较的基础资料之一

8. 在计算预算定额人工工日消耗量时，包含在人工幅度差内的用工是（　　）。
   A. 超运距用工
   B. 材料加工用工
   C. 机械土方工程的配合用工
   D. 工种交叉作业相互影响的停歇用工

9. 下列不属于人工幅度差的是（　　）。
   A. 隐蔽工程验收的影响时间
   B. 工程质量检查的占用时间
   C. 各工种交叉作业配合工作的停歇时间
   D. 加工材料所需的时间

10. 既是编制项目建议书、可行性研究报告等前期工作阶段投资估算的依据，也可以作为编制固定资产长远规划投资额的参考的是（　　）。
    A. 工程建设投资估算指标　　　B. 概算指标
    C. 预算定额　　　　　　　　　D. 概算定额

11. 质量检查和隐蔽工程验收工作造成的工时损失属于（　　）。
    A. 辅助用工　　　　　　　　　B. 人工幅度差
    C. 基本用工　　　　　　　　　D. 超运距用工

12. 人工消耗指标中，筛沙子、淋石灰膏等增加的用工量属于（　　）。
    A. 辅助用工　　　　　　　　　B. 人工幅度差用工
    C. 超运距用工　　　　　　　　D. 零星用工

三、多项选择题（每小题所设选项中有 2 个或 2 个以上正确答案，至少有 1 个错项）

1. 概算定额的编制依据包括（　　）。
   A. 现行的预算定额　　　　　　B. 选择的典型工程施工图

C. 施工定额 D. 概算指标
E. 人工工资标准、材料预算价格和机械台班预算价格

2. 下列用工属于辅助用工的有（　　）。
   A. 调制砂浆的用工 B. 砌砖的用工
   C. 运砖的用工 D. 筛沙子的用工
   E. 淋石灰膏的用工

3. 下列属于预算定额作用的有（　　）。
   A. 编制施工图预算的依据
   B. 编制投资估算的依据
   C. 编制施工单位进行经济活动分析的依据
   D. 编制概算定额的基础
   E. 编制施工组织设计的依据

4. 预算定额中的人工消耗量是指完成该分项工程必须消耗的各种用工，具体包括（　　）。
   A. 基本用工 B. 材料超运距用工
   C. 人工幅度差 D. 标准用工
   E. 辅助用工

5. 下列选项中，属于预算定额编制原则的有（　　）。
   A. 社会平均水平的原则 B. 合理确定定额水平的原则
   C. 定性与定量分析相结合的原则 D. 简明适用的原则
   E. 诚实信用的原则

6. 工程造价指标按用途的不同，主要分为（　　）。
   A. 工程经济指标 B. 工程量指标
   C. 工料价格指标 D. 工料消耗量指标
   E. 施工机具消耗量指标

7. 工程造价指标的测算方法有（　　）。
   A. 数据统计法 B. 工程量指标法
   C. 典型工程法 D. 汇总计算法
   E. 工料消耗量指标法

本节习题解析

一、判断题（判断正误，正确的打√，错误的打×）

1. 【答案】×
【解析】本题考查的知识点是材料超运距用工。预算定额中的材料、半成品的平均运距要比劳动定额的平均运距远，因此超过劳动定额运距的材料要计算超运距用工。

2. 【答案】×

【解析】本题考查的知识点是机械台班的概念。预算定额的机具台班消耗量的计量单位是"台班"。按现行规定，每个工作台班按机械工作 8 h 计算。

3. 【答案】√

【解析】本题考查的知识点是机具台班消耗量的确定。预算定额项目中的施工机具是配合工人班组工作的，所以施工机具要按工人小组配置使用，如砌墙是按工人小组配置塔吊、卷扬机、砂浆搅拌机等。配合工人小组施工的机械不增加机械幅度差。

4. 【答案】√

【解析】本题考查的知识点是预算定额的作用。预算定额是编制施工图预算、确定建筑安装工程造价的基础。

5. 【答案】√

【解析】本题考查的知识点是投资估算指标的作用。工程建设投资估算指标是编制项目建议书、可行性研究报告等前期工作阶段投资估算的依据，也可以作为编制固定资产长远规划投资额的参考。

6. 【答案】√

【解析】本题考查的知识点是预算定额消耗量的确定。材料损耗量是指在正常施工条件下，不可避免的材料损耗，如现场内材料运输损耗及施工操作过程中的损耗等。

7. 【答案】×

【解析】本题考查的知识点是投资估算指标。投资估算指标一般可分为建设项目综合指标、单项工程指标和单位工程指标三个层次。

8. 【答案】√

【解析】本题考查的知识点是投资估算指标。单位工程指标指规定应列入能独立设计、施工的工程项目的费用，即建筑安装工程费用。

9. 【答案】√

【解析】本题考查的知识点是预算定额中人、材、机消耗量的确定。预算定额中的辅助材料是指构成工程实体的除主要材料以外的其他材料，如垫木、钉子、铅丝等。

10. 【答案】√

【解析】本题考查的知识点是预算定额中人、材、机消耗量的确定。预算定额中的其他材料是指施工生产中用量很少、价格低廉、对直接费影响不大的一些零星材料，如棉纱、编号用的油漆等。

二、单项选择题（每题的备选项中，只有一个最符合题意）

1. 【答案】C

【解析】本题考查的知识点是预算定额的作用。预算定额是编制概算定额的基础。

概算定额是在预算定额基础上综合扩大编制的。利用预算定额作为编制依据，不但可以节省编制工作的大量人力、物力和时间，收到事半功倍的效果，还可以使概算定额在水平上与预算定额保持一致，以免造成执行中的不一致。

2. 【答案】D

【解析】本题考查的知识点是预算定额人工消耗量的确定。人工消耗量 =（1 + 10%）×（4.2 + 0.3 + 1）工日 = 6.05 工日。

3. 【答案】A

【解析】本题考查的知识点是投资估算指标。建设项目综合指标一般以项目的综合生产能力单位投资表示，如"元/t""元/kW"；或以使用功能表示，如医院床位"元/床"。

4. 【答案】D

【解析】本题考查的知识点是预算定额的确定编制细则。主要包括：统一编制表格及编制方法；统一计算口径、计量单位和小数点位数的要求；有关统一性规定，包括名称统一、用字统一、专业用语统一、符号代码统一，简化字要规范，文字要简练明确。

5. 【答案】A

【解析】本题考查的知识点是概算指标的主要作用。概算指标的主要作用：（1）是基本建设管理部门编制投资估算和编制基本建设计划、估算主要材料用量计划的依据；（2）是设计单位编制初步设计概算、选择设计方案的依据；（3）是考核基本建设投资效果的依据。

6. 【答案】A

【解析】本题考查的知识点是预算定额的编制原则。预算定额是确定和控制建筑安装工程造价的主要依据。因此它必须遵照价值规律的客观要求，即按生产过程中所消耗的社会必要劳动时间确定定额水平。所以预算定额的平均水平是在正常的施工条件、合理的施工组织和工艺条件、平均劳动熟练程度和劳动强度下，完成单位分项工程基本构造要素所需要的劳动时间。

7. 【答案】B

【解析】本题考查的知识点是概算定额的主要作用。（1）概算定额是扩大初步设计阶段编制设计概算和技术设计阶段编制修正概算的依据；（2）概算定额是对设计项目进行技术经济分析和比较的基础资料之一；（3）概算定额是编制建设项目主要材料计划的参考依据；（4）概算定额是编制概算指标的依据；（5）概算定额是编制最高投标限价的依据。

8. 【答案】D

【解析】本题考查的知识点是预算定额中人工消耗量的确定。人工幅度差主要指正常施工条件下，劳动定额中没有包含的用工因素，例如各工种交叉作业配合工作的停歇时间，工程质量检查和工程隐蔽、验收等所占的时间。

9.【答案】D

【解析】本题考查的知识点是人工消耗量的确定。辅助用工指施工现场发生的加工材料等的用工，如筛沙子、淋石灰膏的用工。人工幅度差主要指正常施工条件下，劳动定额中没有包含的用工因素，例如各工种交叉作业配合工作的停歇时间，工程质量检查和工程隐蔽、验收等所占的时间。

10.【答案】A

【解析】本题考查的知识点是投资估算指标。工程建设投资估算指标是编制项目建议书、可行性研究报告等前期工作阶段投资估算的依据，也可以作为编制固定资产长远规划投资额的参考。投资估算指标为完成项目建设的投资估算提供依据和手段，它在固定资产的形成过程中起着投资预测、投资控制、投资效益分析的作用，是合理确定项目投资的基础。

11.【答案】B

【解析】本题考查的知识点是预算定额中人、材、机消耗量的确定。人工幅度差是指正常施工条件下，劳动定额中没有包含的用工因素，例如各工种交叉作业配合工作的停歇时间，工程质量检查和工程隐蔽、验收等所占的时间。

12.【答案】A

【解析】本题考查的知识点是预算定额中人、材、机消耗量的确定。辅助用工指施工现场发生的加工材料等用工，如筛沙子、淋石灰膏等用工。

三、多项选择题（每小题所设选项中有 2 个或 2 个以上正确答案，至少有 1 个错项）

1.【答案】ABE

【解析】本题考查的知识点是概算定额的编制依据。（1）现行的预算定额；（2）设计及施工技术规范；（3）选择的典型工程施工图及其他有关资料；（4）人工工资标准、材料预算价格和机具台班预算价格。

2.【答案】DE

【解析】本题考查的知识点是辅助用工。辅助用工指施工现场发生的加工材料等的用工，如筛沙子、淋石灰膏的用工。

3.【答案】ACDE

【解析】本题考查的知识点是预算定额的作用。预算定额的作用有：（1）预算定额是编制施工图预算、确定建筑安装工程造价的基础。（2）预算定额是编制施工组织设计的依据。（3）预算定额是施工单位进行经济活动分析的依据。（4）预算定额是编制概算定额的基础。（5）预算定额是合理编制最高投标限价的基础。

4.【答案】ABCE

【解析】本题考查的知识点是预算定额中的人工消耗量。预算定额中的人工消耗量是指完成该分项工程必须消耗的各种用工，包括基本用工、材料超运距用工、辅助用工和人工幅度差。

5.【答案】AD

【解析】本题考查的知识点是预算定额的编制原则。（1）社会平均水平原则：预算定额是确定和控制建筑安装工程造价的主要依据。因此它必须遵照价值规律的客观要求，即按生产过程中所消耗的社会必要劳动时间确定定额水平。（2）简明适用原则：简明适用一是指在编制预算定额时，对于那些主要的、常用的、价值量大的项目，分项工程划分宜细；次要的、不常用的、价值量相对较小的项目则可以粗一些。二是指预算定额要项目齐全。三是要求合理确定预算定额的计量单位，简化工程量的计算，尽可能地避免同一种材料用不同的计量单位和一量多用，尽量减少定额附注和换算系数。

6.【答案】ABCD

【解析】本题考查的知识点是工程造价指标及其分类。按照用途的不同，工程造价指标可以分为工程经济指标、工程量指标、工料价格指标及消耗量指标。

7.【答案】ACD

【解析】本题考查的知识点是工程造价指标测算方法。工程造价指标的测算方法主要包括数据统计法、典型工程法、汇总计算法。

第四节　人工、材料、机具台班消耗量定额

本节知识导图

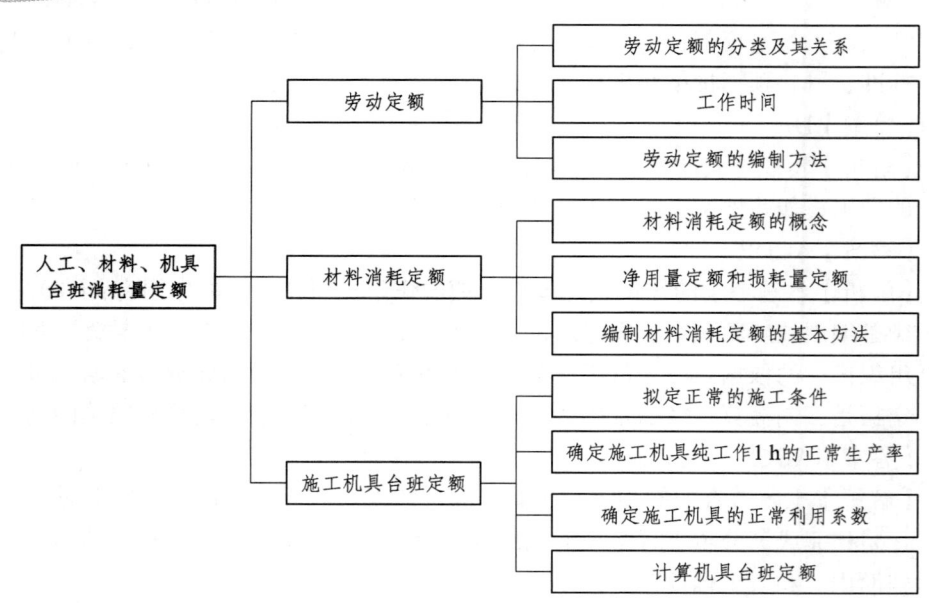

本节习题精选

一、判断题（判断正误，正确的打√，错误的打×）

1. 时间定额与产量定额是正比的关系。（　　）
2. 工作时间是指工作班的延续时间。建筑安装企业工作班的延续时间为 12 h（每个工日）。（　　）
3. 在工作班内工人迟到、早退、闲谈、办私事等原因造成的工时损失属于停工时间。（　　）
4. 正常负荷下的工作时间、有根据地降低负荷下的工作时间属于机械有效工作时间。（　　）
5. 由于工人或技术人员的过错所造成的施工机具在降低负荷的情况下工作的时间属于机械损失时间。（　　）
6. 劳动定额编制方法中的经验估计法一般适用于多品种生产或单件、小批量生产的企业，以及新产品试制和临时性生产。（　　）
7. 试验法是在实验室内采用专用的仪器设备，通过试验的方法来确定材料消耗定额的一种方法。用这种方法提供的数据虽然精确度高，但容易脱离现场实际情况。（　　）
8. 工人转移工作地点属于基本工作时间。（　　）
9. 一般生产条件比较正常、产品较固定、原始记录和统计工作比较健全的企业均可采用技术测定法编制劳动定额。（　　）
10. 周转性材料在定额中按照多次使用、多次摊销的方法计算。（　　）
11. 汽车装卸货物的停车时间、给机械加油的时间、工人休息时的停机时间属于机械损失时间。（　　）
12. 不可避免的施工操作损耗不属于材料消耗定额包括的内容。（　　）

二、单项选择题（每题的备选项中，只有一个最符合题意）

1. 编制人工定额时，基本工作结束后整理劳动工具时间应计入（　　）。
   A. 休息时间　　　　　　　　B. 不可避免的中断时间
   C. 有效工作时间　　　　　　D. 损失时间
2. 在人工定额的损失时间里，工人在工作班内消耗的工作时间属于人工损失时间的是（　　）。
   A. 休息时间　　　　　　　　B. 停工时间
   C. 不可避免的中断时间　　　D. 准备与结束工作时间
3. 编制压路机台班使用定额时，属于必须消耗的时间的是（　　）。
   A. 施工组织不好引起的停工时间
   B. 压路机在工作区末端调头时间
   C. 压路机操作人员擅离岗位引起的停工时间
   D. 暴雨时压路机的停工时间

4. 针对结构上相似、工艺上同类、条件上具有可比性及变化规律性的产品，其人工定额制定宜采用的方法是（　　）。
  A. 比较类推法　　　　　　　　B. 技术测定法
  C. 统计分析法　　　　　　　　D. 经验估计法

5. 在正常施工条件和合理使用材料的情况下，生产质量合格的单位产品所必须消耗的建筑安装材料的数量标准属于（　　）。
  A. 材料消耗定额　　　　　　　B. 机械台班消耗定额
  C. 施工定额　　　　　　　　　D. 概算定额

6. 在编制材料消耗定额的基本方法中，（　　）比较适合计算块状、板状、卷状等材料的消耗量。
  A. 现场技术测定法　　　　　　B. 试验法
  C. 统计法　　　　　　　　　　D. 理论计算法

7. 若完成某分项工程需要某种材料的净耗量为 0.95 t，损耗率为 5%，那么，该材料必需消耗量为（　　）t。
  A. 0.8　　　　B. 0.95　　　　C. 1.05　　　　D. 0.997 5

8. 工程计价最基础的定额包括（　　）。
  A. 施工定额、预算定额、概算定额
  B. 建筑工程定额、设备安装工程定额、建筑安装工程费用定额
  C. 劳动定额、机械台班消耗量定额、材料消耗量定额
  D. 概算指标、投资估算指标、概算定额

9. 编制材料消耗定额的基本方法中，（　　）主要是为了取得编制材料损耗定额的资料。
  A. 统计法　　　　　　　　　　B. 试验法
  C. 现场技术测定法　　　　　　D. 理论计算法

10. 编制材料消耗定额的基本方法中，（　　）可获得材料消耗的各项数据，用以编制材料消耗定额。
  A. 理论计算法　　　　　　　　B. 统计法
  C. 试验法　　　　　　　　　　D. 现场技术测定法

11. 1 m³ 的一砖厚砖墙中，若材料为标准砖，灰缝厚度为 10 mm，砖损耗率为 2%，砂浆损耗率为 1%，则砂浆消耗量为（　　）m³。
  A. 0.062　　　B. 0.081　　　C. 0.205　　　D. 0.228

12. （　　）是工程计价最基础的定额，是地方和行业部门编制预算定额的基础。
  A. 估算指标　　　　　　　　　B. 预算定额
  C. 概算指标　　　　　　　　　D. 人工、材料、机具台班消耗量定额

13. 工人工作时间中的损失时间与产品生产无关，而与（　　）的缺点有关。
  A. 设计方案　　　　　　　　　B. 设计概算
  C. 投资估算　　　　　　　　　D. 施工组织和技术

三、多项选择题（每小题所设选项中有 2 个或 2 个以上正确答案，至少有 1 个错项）

1. 编制人工定额时，属于工人工作必须消耗的时间有（　　）。
   A. 基本工作时间　　　　　　　　B. 辅助工作时间
   C. 违背劳动纪律损失时间　　　　D. 准备与结束工作时间
   E. 不可避免的中断时间

2. 人工、材料、机具台班消耗量指标以（　　）的形式来表现。
   A. 劳动定额　　　　　　　　　　B. 材料消耗定额
   C. 机具台班定额　　　　　　　　D. 施工定额
   E. 企业定额

3. 劳动定额的编制方法主要有（　　）。
   A. 技术测定法　　　　　　　　　B. 经验估计法
   C. 统计分析法　　　　　　　　　D. 比较类推法
   E. 理论计算法

4. 编制材料消耗定额的基本方法包括（　　）。
   A. 试验法　　　　　　　　　　　B. 理论计算法
   C. 造价额度法　　　　　　　　　D. 现场技术测定法
   E. 统计法

5. 完成任何施工过程都必须消耗一定的工作时间，根据工作时间的性质、范围和具体情况进行科学划分、归类，明确（　　），以充分利用工作时间，提高劳动生产率。
   A. 人工定额　　　　　　　　　　B. 材料定额
   C. 定额时间　　　　　　　　　　D. 非定额时间
   E. 机械定额

6. 对工作时间消耗的研究可以分为两个系统进行，包括（　　）。
   A. 定额时间　　　　　　　　　　B. 工人工作时间的消耗
   C. 产量时间　　　　　　　　　　D. 预算时间
   E. 工人所使用的机器工作时间消耗

7. 材料消耗定额包括（　　）。
   A. 采购的材料　　　　　　　　　B. 直接用于建筑安装工程上的材料
   C. 回收的余料　　　　　　　　　D. 不可避免产生的施工废料
   E. 不可避免的施工操作损耗

8. 下列工人工作时间中，属于有效工作时间的是（　　）。
   A. 基本工作时间　　　　　　　　B. 辅助工作时间
   C. 准备工作时间　　　　　　　　D. 结束工作时间
   E. 休息时间

9. 下列工人工作时间中,属于基本工作时间的是（   ）。
   A. 砌砖施工过程中的挂线时间   B. 砌砖施工过程中的铺灰浆时间
   C. 砌砖施工过程中的砌砖时间   D. 砌砖施工过程中工人的休息时间
   E. 砌砖施工完毕工人清理场地的时间

本节习题解析

一、判断题（判断正误,正确的打√,错误的打×）

1. 【答案】×
   【解析】本题考查的知识点是时间定额与产量定额的关系。时间定额与产量定额是互为倒数的关系。

2. 【答案】×
   【解析】本题考查的知识点是工人工作时间。工作时间是指工作班的延续时间。建筑安装企业工作班的延续时间为 8 h（每个工日）。

3. 【答案】×
   【解析】本题考查的知识点是工人工作时间。违反劳动纪律的损失时间：在工作班内工人迟到、早退、闲谈、办私事等原因造成的工时损失。

4. 【答案】√
   【解析】本题考查的知识点是机械工作时间。机械有效工作时间：包括正常负荷下的工作时间、有根据地降低负荷下的工作时间。

5. 【答案】√
   【解析】本题考查的知识点是机械工作时间。低负荷下工作时间：由于工人或技术人员的过错所造成的施工机具在降低负荷的情况下工作的时间。低负荷下工作时间属于损失时间。

6. 【答案】√
   【解析】本题考查的知识点是劳动定额的编制方法。经验估计法一般适用于多品种生产或单件、小批量生产的企业，以及新产品试制和临时性生产。

7. 【答案】√
   【解析】本题考查的知识点是材料消耗定额的编制方法。试验法是在实验室内采用专用的仪器设备，通过试验的方法来确定材料消耗定额的一种方法。用这种方法提供的数据虽然精确度高，但容易脱离现场实际情况。

8. 【答案】×
   【解析】本题考查的知识点是工人工作时间。工人转移工作地点属于辅助工作时间。

9. 【答案】×
   【解析】本题考查的知识点是劳动定额的编制方法。一般生产条件比较正常、产品较固定、原始记录和统计工作比较健全的企业均可采用统计分析法编制劳动定额。

10.【答案】√

【解析】本题考查的知识点是材料消耗定额的编制方法。周转性材料在定额中按照多次使用、多次摊销的方法计算。

11.【答案】×

【解析】本题考查的知识点是机械工作时间。不可避免的中断时间：与工艺过程的特点、机械使用中的保养、工人休息等有关的中断时间，如汽车装卸货物的停车时间、给机械加油的时间、工人休息时的停机时间。不可避免的中断时间属于必须消耗的时间。

12.【答案】×

【解析】本题考查的知识点是净用量定额和损耗量定额。材料消耗定额包括：① 直接用于建筑安装工程上的材料；② 不可避免产生的施工废料；③ 不可避免的施工操作损耗。

二、单项选择题（每题的备选项中，只有一个最符合题意）

1.【答案】C

【解析】本题考查的知识点是工人工作时间。基本工作结束后的整理工作属于准备与结束工作时间，是有效工作时间。

2.【答案】B

【解析】本题考查的知识点是工人工作时间。损失时间是与产品生产无关，而与施工组织和技术上的缺点有关，与工人在施工过程中的个人过失或某些偶然因素有关的时间消耗，包括：① 多余和偶然工作时间；② 停工时间；③ 违反劳动纪律的损失时间。

3.【答案】B

【解析】本题考查的知识点是机械工作时间。施工组织不好引起的停工时间，属于损失时间，故 A 选项错误；工作区末端的调头时间，属于不可避免的无负荷工作时间，为必须消耗的时间，故 B 选项正确。压路机操作人员擅离岗位引起的停工时间属于损失时间，故 C 选项错误；暴雨时压路机的停工时间，属于损失时间，故 D 选项错误。

4.【答案】A

【解析】本题考查的知识点是劳动定额的编制方法。比较类推法也叫典型定额法。比较类推法是在相同类型的项目中选择有代表性的典型项目，然后根据测定的定额用比较类推的方法编制其他相关定额的一种方法。比较类推法应具备的条件是：结构上的相似性、工艺上的同类性、条件上的可比性、变化的规律性。

5. 【答案】A

【解析】本题考查的知识点是材料消耗定额。材料消耗定额是指在正常的施工条件和合理使用材料的情况下，生产质量合格的单位产品所必须消耗的建筑安装材料的数量标准。

6. 【答案】D

【解析】本题考查的知识点是材料消耗定额的编制方法。理论计算法是运用一定的计算公式计算材料消耗量，确定消耗定额的一种方法。这种方法较适合计算块状、板状、卷状等材料的消耗量。

7. 【答案】D

【解析】本题考查的知识点是材料消耗定额。

$$材料损耗率 = \frac{材料损耗量}{材料净用量} \times 100\%$$

材料消耗定额（材料总消耗量）= 材料消耗净用量 + 材料损耗量，材料消耗定额（材料总消耗量）= 0.95 t × 5% + 0.95 t = 0.997 5 t。

8. 【答案】C

【解析】本题考查的知识点是人工、材料、机具台班消耗量定额。人工、材料、机具台班消耗量以劳动定额、材料消耗量定额、机具台班消耗量定额的形式来表现，它是工程计价最基础的定额，是地方和行业部门编制预算定额的基础，也是个别企业依据其自身的消耗水平编制企业定额的基础。

9. 【答案】C

【解析】本题考查的知识点是材料消耗定额的编制方法。现场技术测定法主要是为了取得编制材料损耗定额的资料。材料消耗中的净用量比较容易确定，但材料消耗中的损耗量不能随意确定，需通过现场技术测定来区分哪些属于难以避免的损耗，哪些属于可以避免的损耗，从而确定出较准确的材料损耗量。

10. 【答案】B

【解析】本题考查的知识点是材料消耗定额的编制方法。统计法是通过对现场用料的大量统计资料进行分析计算的一种方法。用该方法可获得材料消耗的各项数据，用以编制材料消耗定额。

11. 【答案】D

【解析】本题考查的知识点是材料消耗定额的编制方法。

1 m³/（0.24 × 0.125 × 0.063）m³ = 529.1 块

0.24 × 0.115 × 0.053 = 0.001 462 8 m³

（1 − 0.001 462 8 × 529.1）×（1 + 1%）= 0.228 m³

12. 【答案】D

【解析】本题考查的知识点是人工、材料、机具台班消耗量定额。人工、材料、机具台班消耗量以劳动定额、材料消耗量定额、机具台班消耗量定额的形式来表现，它是工程计价最基础的定额，是地方和行业部门编制预算定额的基础。

13.【答案】D

【解析】本题考查的知识点是工人工作时间。损失时间是与产品生产无关，而与施工组织和技术上的缺点有关，与工人在施工过程中的个人过失或某些偶然因素有关的时间消耗。

三、多项选择题（每小题所设选项中有 2 个或 2 个以上正确答案，至少有 1 个错项）

1.【答案】ABDE

【解析】本题考查的知识点是工人工作时间。工人工作必须消耗的时间：有效工作时间（基本工作时间、准备与结束工作时间、辅助工作时间）、休息时间和不可避免的中断时间。

2.【答案】ABC

【解析】本题考查的知识点是人工、材料、机具台班消耗量定额。人工、材料、机具台班消耗量以劳动定额、材料消耗量定额、机具台班消耗量定额的形式来表现，它是工程计价最基础的定额，是地方和行业部门编制预算定额的基础，也是个别企业依据其自身的消耗水平编制企业定额的基础。

3.【答案】ABCD

【解析】本题考查的知识点是劳动定额的编制方法。劳动定额的编制方法有：经验估计法、统计分析法、技术测定法、比较类推法。

4.【答案】ABDE

【解析】本题考查的知识点是材料消耗定额的编制方法。编制材料消耗定额的基本方法包括：现场技术测定法、试验法、统计法、理论计算法。

5.【答案】CD

【解析】本题考查的知识点是工作时间。工作时间的研究是将劳动者整个生产过程中所消耗的工作时间，根据其性质、范围和具体情况进行科学划分、归类，明确规定哪些属于定额时间，哪些属于非定额时间，找出非定额时间损失的原因，以便拟定技术组织措施，消除产生非定额时间的因素，以充分利用工作时间，提高劳动生产率。

6.【答案】BE

【解析】本题考查的知识点是对工作时间消耗的研究。对工作时间消耗的研究可以分为两个系统进行，即工人工作时间的消耗和工人所使用的机器工作时间消耗。

7.【答案】BDE

【解析】本题考查的知识点是材料消耗定额。材料消耗定额包括：① 直接用于建筑安装工程上的材料；② 不可避免产生的施工废料；③ 不可避免的施工操作损耗。

8.【答案】ABCD

【解析】本题考查的知识点是工人工作时间。有效工作时间是从生产效果来看与产品生产直接有关的时间消耗,包括基本工作时间、辅助工作时间、准备与结束工作时间的消耗。

9.【答案】ABC

【解析】本题考查的知识点是工人工作时间。基本工作时间:工人完成与产品生产直接有关的工作时间,如砌砖施工过程的挂线、铺灰浆、砌砖等工作时间。

第五节 人工、材料、机具台班单价及定额基价

本节知识导图

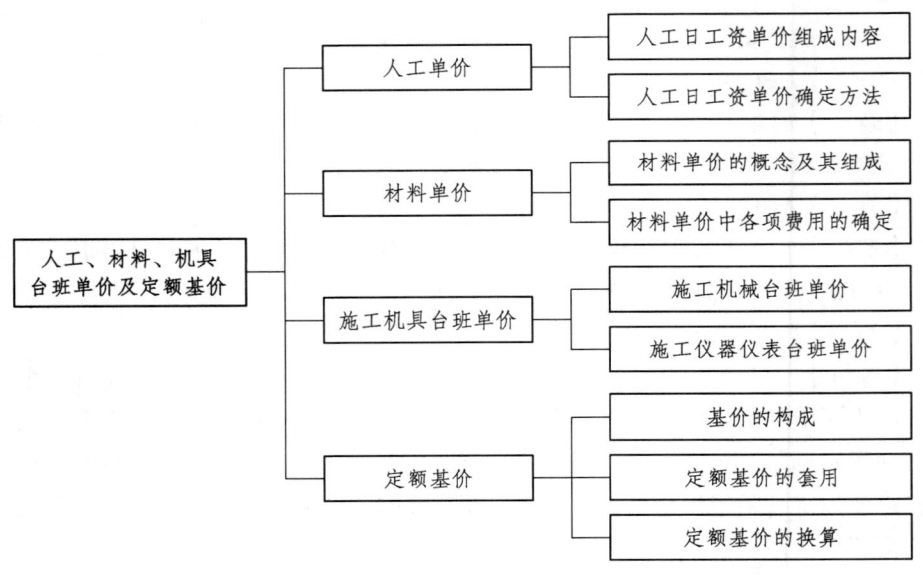

本节习题精选

一、判断题(判断正误,正确的打√,错误的打×)

1. 津贴补贴,是指为了补偿职工特殊或额外的劳动消耗和因其他原因支付给个人的津贴,以及为了保证职工工资水平不受物价影响支付给个人的物价补贴。(   )

2. 年平均每月法定工作日 = 年工作天数/12。(   )

3. 施工机械台班单价组成中,台班维护费 = 台班检修费。(   )

4. 不需相关机械辅助运输的自行移动机械,不计算场外运费。( )

5. 普工最低日工资单价不得低于工程所在地人力资源和社会保障部门所发布的最低工资标准的 1.5 倍。( )

6. 材料运输损耗费的计算基础是材料原价。( )

7. 安拆简单、移动需要起重及运输机械的轻型施工机械,其安拆费及场外运费计入台班单价。( )

8. 材料原价是指材料、工程设备的成本价格。( )

9. 材料运输损耗是指材料在运输和装卸过程中不可避免的损耗。一般通过损耗率来规定损耗标准。材料运输损耗 = 材料原价 × 运输损耗率。( )

二、单项选择题(每题的备选项中,只有一个最符合题意)

1. 不计入人工日工资单价的费用是( )。
   A. 劳动保险费   B. 津贴补贴
   C. 劳动竞赛奖   D. 特殊情况下支付的工资

2. 某材料原价为 300 元/t,运杂费及运输损耗费合计为 50 元/t,采购及保管费费率为 3%,则该材料预算单价为( )元/t。
   A. 350.0   B. 359.0   C. 360.5   D. 360.8

3. 在计算施工机械的台班单价时,不考虑( )。
   A. 折旧费   B. 车船税   C. 原材料费 D. 人工费

4. 某装修公司采购一批花岗石,运至施工现场,已知该花岗石出厂价为 1 000 元/m²,运杂费 30 元/m²,当地造价管理部门规定材料采购及保管费率为 1%,则该花岗石的材料单价为( )元/m²。
   A. 1 034   B. 1 040.3   C. 1 044.34 D. 1 054.68

5. 根据国家相关法律、法规和政策规定,因停工学习、执行国家或社会义务等,按计时工资标准支付的工资属于人工日工资单价中的( )。
   A. 基本工资   B. 奖金
   C. 津贴补贴   D. 特殊情况下支付的工资

6. 关于施工机械安拆费和场外运费的说法,正确的是( )。
   A. 安拆费指安拆一次所需的人工、材料和机械使用费之和
   B. 安拆费中包括机械辅助设施的折旧费
   C. 能自行开动机械的安拆费不予计算
   D. 塔式起重机安拆费的超高增加费应计入机械台班单价

7. 从甲、乙两地采购某工程材料,采购量及有关费用如表 4-2 所示,则该工程材料的材料单价为( )元/t。

表 4-2 某工程采购量及有关费用

来源	采购量/t	（原价＋运杂费）/（元/t）	运输损耗费/%	采购及保管费率/%
甲	600	260	1	3
乙	400	240		

A. 262.08　　B. 262.16　　C. 262.42　　D. 262.50

8. 为了补偿职工特殊或额外的劳动消耗和因其他原因支付给个人的津贴，以及为了保证职工工资水平不受物价影响支付给个人的物价补贴属于（　　）。

　　A. 计时工资或计件工资　　　　B. 奖金
　　C. 津贴补贴　　　　　　　　　D. 特殊情况下支付的工资

9. 材料单价是建筑材料从其来源地运到（　　），形成的综合平均单价。

　　A. 施工工地入口　　　　　　　B. 施工工地仓库
　　C. 施工工地仓库，直至出库　　D. 施工工地仓库，直至施工现场

10. 某大型施工机械预算价格为 5 万元，机械耐用总台班为 1 250 台班，检修周期数为 4，一次检修费为 2 000 元，维护费系数为 60%，机上人工费和燃料动力费为 60 元/台班。不考虑残值和其他有关费用，则该机械台班单价为（　　）元/台班。

　　A. 52.80　　B. 107.68　　C. 110.24　　D. 112.80

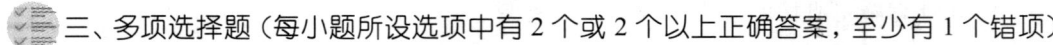三、多项选择题（每小题所设选项中有 2 个或 2 个以上正确答案，至少有 1 个错项）

1. 下列费用项目中，构成施工仪器仪表台班单价的有（　　）。

　　A. 折旧费　　　　　　　　　　B. 检修费
　　C. 维护费　　　　　　　　　　D. 人工费
　　E. 校验费

2. 根据现行建筑安装工程费用项目组成规定，下列费用项目中已包括在人工日工资单价内的有（　　）。

　　A. 节约奖　　　　　　　　　　B. 流动施工津贴
　　C. 高温作业临时津贴　　　　　D. 劳动保护费
　　E. 探亲假期间工资

3. 关于材料单价的构成和计算，下列说法中正确的有（　　）。

　　A. 材料单价指材料由其来源地运达工地仓库的入库价
　　B. 运输损耗指材料在场外运输装卸及施工现场搬运发生的不可避免损耗
　　C. 采购及保管费包括组织材料采购、供应过程中发生的费用
　　D. 材料单价中包括材料仓储费和工地保管费
　　E. 当采用一般计税方法时，材料单价中的材料原价、运杂费等均应扣除增值税进项税额

4. 人工日工资单价由（　　）组成。
   A. 计时工资　　　　　　　　B. 计件工资
   C. 奖金　　　　　　　　　　D. 津贴补贴
   E. 企业管理费
5. 人工日工资单价中特殊情况下支付的工资是指根据国家法律、法规和政策规定，因（　　）等按计时工资标准或计件工资标准的一定比例支付的工资。
   A. 病、工伤　　　　　　　　B. 计划生育假、婚丧假
   C. 事假　　　　　　　　　　D. 旷工
   E. 停工学习、执行国家或社会义务

本节习题解析

一、判断题（判断正误，正确的打√，错误的打×）

1.【答案】√
【解析】本题考查的知识点是人工单价。津贴补贴是指为了补偿职工特殊或额外的劳动消耗和因其他原因支付给个人的津贴，以及为了保证职工工资水平不受物价影响支付给个人的物价补贴。

2.【答案】×
【解析】本题考查的知识点是人工日工资单价确定方法。年平均每月法定工作日 =（全年日历日 – 法定假日）/12。

3.【答案】×
【解析】本题考查的知识点是施工机械台班单价。台班维护费 = 台班检修费 × K，其中，K 为维护费系数，指维护费占检修费的百分数。

4.【答案】√
【解析】本题考查的知识点是施工机械台班单价。不需相关机械辅助运输的自行移动机械，不计算场外运费。

5.【答案】×
【解析】本题考查的知识点是人工单价。最低日工资单价不得低于工程所在地人力资源和社会保障部门所发布的最低工资标准的：普工 1.3 倍、一般技工 2 倍、高级技工 3 倍。

6.【答案】×
【解析】本题考查的知识点是材料单价。材料运输损耗费的计算基础是材料原价 + 材料运杂费，材料运输损耗 =（材料原价 + 材料运杂费）× 运输损耗率。

7.【答案】√
【解析】本题考查的知识点是机械台班单价。安拆简单、移动需要起重及运输机械的轻型施工机械，其安拆费及场外运费计入台班单价。

8. 【答案】×

【解析】本题考查的知识点是材料单价。材料原价是指材料、工程设备的出厂价格或商家供应价格。

9. 【答案】×

【解析】本题考查的知识点是材料单价。材料运输损耗 =（材料原价 + 材料运杂费）× 运输损耗率。

二、单项选择题（每题的备选项中，只有一个最符合题意）

1. 【答案】A

【解析】本题考查的知识点是人工单价。人工单价由计时工资或计件工资、奖金、津贴补贴以及特殊情况下支付的工资组成。

2. 【答案】C

【解析】本题考查的知识点是材料单价。材料单价 = [（材料原价 + 运杂费）×（1 + 运输损耗率）] ×（1 + 采购及保管费费率）=（300 + 50）元/t ×（1 + 3%）= 360.5 元/t。

3. 【答案】C

【解析】本题考查的知识点是施工机械台班单价。施工机械台班单价包括：折旧费、修理费、维护费、安拆费及场外运输费、燃料动力费、人工费、其他费用（车船税、保险费及检测费）等。

4. 【答案】B

【解析】本题考查的知识点是材料单价。材料单价 = [（材料原价 + 运杂费）×（1 + 运输损耗费）] ×（1 + 采购及保管费率）=（1 000 + 30）元/m² ×（1 + 1%）= 1 040.3 元/m²。

5. 【答案】D

【解析】本题考查的知识点是人工单价。特殊情况下支付的工资：工伤、产假、婚丧假、生育假、事假、停工学习、执行国家或社会义务等。

6. 【答案】B

【解析】本题考查的知识点是施工机具台班单价。安拆费指施工机械（大型机械除外）在现场进行安装与拆卸所需的人工、材料、机械和试运转费用以及机械辅助设施的折旧、搭设、拆除等费用，所以 A 项错误。不需安装又能自行开动的不计算，所以 C 项错误。D 选项应为各地区自行确定。

7. 【答案】B

【解析】本题考查的知识点是材料单价。材料单价 =（供应价格 + 运杂费）×（1 + 运输损耗率）×（1 + 采购及保管费率），该工程材料的材料费单价 =（600 × 260 + 400 × 240）元 ×（1 + 1%）×（1 + 3%）/（600 + 400）t = 262.16 元/t。

8. 【答案】C

【解析】本题考查的知识点是人工单价。津贴补贴，是指为了补偿职工特殊或额外的劳动消耗和因其他原因支付给个人的津贴，以及为了保证职工工资水平不受物价影响支付给个人的物价补贴。

9. 【答案】C

【解析】本题考查的知识点是材料单价。材料单价是建筑材料从其来源地运到施工工地仓库，直至出库形成的综合平均单价。

10. 【答案】B

【解析】本题考查的知识点是施工机具台班单价。

台班折旧费 = 机械预算价格/耐用总台班 = 50 000 元/1 250 台班 = 40 元/台班

检修费 = 2 000 元 ×（4 - 1）/1 250 台班 = 4.8 元/台班

维护费 = 4.8 元 × 60% = 2.88 元/台班

则机械台班单价 =（40 + 4.8 + 2.88 + 60）元/台班 = 107.68 元/台班

三、多项选择题（每小题所设选项中有 2 个或 2 个以上正确答案，至少有 1 个错项）

1. 【答案】ACE

【解析】本题考查的知识点是施工机具台班单价。B、D 属于施工机械台班单价。

2. 【答案】ABCE

【解析】本题考查的知识点是人工单价。人工日工资单价由计时工资或计件工资、奖金、津贴补贴以及特殊情况下支付的工资组成，A 项属于奖金，B、C 项属于津贴补贴，E 项属于特殊情况下支付的工资。

3. 【答案】CDE

【解析】本题考查的知识点是材料单价。材料单价是指建筑材料从其来源地运到施工工地仓库，直至出库形成的综合平均单价。材料运输损耗是指材料在运输和装卸过程中不可避免的损耗。

4. 【答案】ABCD

【解析】本题考查的知识点是人工单价。人工单价由计时工资或计件工资、奖金、津贴补贴以及特殊情况下支付的工资组成。

5. 【答案】ABCE

【解析】本题考查的知识点是人工单价。特殊情况下支付的工资，是指根据国家法律、法规和政策规定，因病、工伤、产假、计划生育假、婚丧假、事假、探亲假、定期休假、停工学习、执行国家或社会义务等原因按计时工资标准或计件工资标准的一定比例支付的工资。

第六节 建筑安装工程费用定额

本节知识导图

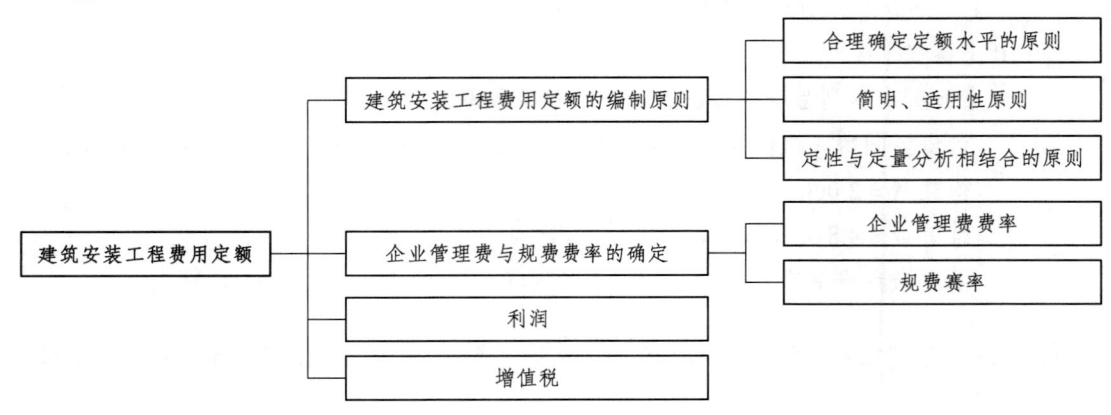

本节习题精选

一、判断题（判断正误，正确的打√，错误的打×）

1. 采用一般计税方法时，税前造价为人工费、材料费、施工机具使用费、企业管理费、利润和规费之和，各费用项目均以不包含增值税可抵扣进项税额的价格计算。（　　）
2. 一般纳税人为甲供工程提供的建筑服务，应选择适用简易计税方法计税。（　　）
3. 企业管理费由承包人投标报价时自主确定。（　　）
4. 企业管理费可以人工费和材料费合计为计算基础。（　　）
5. 当采用简易计税方法时，建筑业增值税税率为3%。（　　）
6. 利润的取费基数可以是人工费，也可以是直接费，或者是直接费+间接费。（　　）
7. 建筑安装工程费用定额的水平应按照社会平均劳动量确定。（　　）

二、单项选择题（每题的备选项中，只有一个最符合题意）

1. 关于建筑安装工程费用中建筑业增值税的计算，下列说法中正确的是（　　）。
   A. 当事人可以自主选择一般计税法或简易计税法计税
   B. 一般计税法、简易计税法中的建筑业增值税税率均为11%
   C. 采用简易计税法时，税前造价不包含增值税的进项税额
   D. 采用一般计税法时，税前造价不包含增值税的进项税额

2. 在计算建筑安装工程费中的企业管理费时，不能以（   ）为计算基数。
   A. 人工费 + 材料费
   B. 人工费 + 材料费 + 机械费
   C. 人工费 + 机械费
   D. 人工费

3. 关于简易计税方法的适用情况，说法错误的是（   ）。
   A. 小规模纳税人发生应税行为
   B. 一般纳税人以清包工方式提供的建筑服务
   C. 一般纳税人为甲供工程提供的建筑服务
   D. 一般纳税人为国有资金投资工程提供的建筑服务

4. 下列不属于规费计算基础的是（   ）。
   A. 人、材、机费之和
   B. 人工费和机械费合计
   C. 人工费
   D. 人工费和材料费合计

三、多项选择题（每小题所设选项中有 2 个或 2 个以上正确答案，至少有 1 个错项）

1. 建筑安装工程费用定额的编制原则包括（   ）。
   A. 合理确定定额水平的原则
   B. 简明、适用性原则
   C. 定性与定量分析相结合的原则
   D. 标准化原则
   E. 公平原则

2. 利润的取费基数可以是（   ）。
   A. 人工费   B. 人工费 + 材料费
   C. 人工费 + 机械费   D. 直接费
   E. 直接费 + 间接费

3. 下列选项中，关于企业管理费费率说法正确的是（   ）。
   A. 企业管理费由发包人给定费率，投标报价时，承包人按发包人给定的费率进行计算
   B. 企业管理费的计算基础可以是直接费
   C. 企业管理费的计算基础可以是直接费 + 间接费
   D. 企业管理费的计算基础可以是定额人工费
   E. 企业管理费的计算基础可以是人工费 + 机械费

4. 下列选项中，属于规费费率综合取定所需数据的是（　　）。
   A. 每万元发承包价中人工费含量和机械费含量
   B. 人工费占人、材、机费的比例
   C. 每万元发承包价中人工费含量和材料费、机械费的含量
   D. 人工费占直接费的比例
   E. 每万元发承包价格中所含规费缴纳标准的各项基数

本节习题解析

一、判断题（判断正误，正确的打√，错误的打×）

1.【答案】√
【解析】本题考查的知识点是一般计税法时增值税。采用一般计税方法时，税前造价为人工费、材料费、施工机具使用费、企业管理费、利润和规费之和，各费用项目均以不包含增值税可抵扣进项税额的价格计算。

2.【答案】×
【解析】本题考查的知识点是简易计税法时增值税。一般纳税人为甲供工程提供的建筑服务，可以选择适用简易计税方法计税。

3.【答案】√
【解析】本题考查的知识点是企业管理费。企业管理费由承包人投标报价时自主确定。

4.【答案】×
【解析】本题考查的知识点是企业管理费。企业管理费的计算基础可以是：直接费、人工费和施工机具使用费之和，或人工费。

5.【答案】√
【解析】本题考查的知识点是增值税。当采用简易计税方法时，建筑业增值税税率为3%。

6.【答案】√
【解析】本题考查的知识点是利润。利润的取费基数可以是人工费，也可以是直接费，或者是直接费+间接费。

7.【答案】×
【解析】本题考查的知识点是建筑安装工程费用定额的编制原则。建筑安装工程费用定额的水平应按照社会必要劳动量确定。

二、单项选择题（每题的备选项中，只有一个最符合题意）

1.【答案】D

【解析】本题考查的知识点是建筑安装工程费用定额。采用一般计税法时，税前造价不包含增值税的进项税额。

2.【答案】A

【解析】本题考查的知识点是企业管理费。在计算建筑安装工程费中的企业管理费时，可分别以人工费＋材料费＋机械费、人工费＋机械费、人工费为计算基数。

3.【答案】D

【解析】本题考查的知识点是简易计税法。简易计税方法主要适用于以下几种情况：① 小规模纳税人发生应税行为适用简易计税方法计税。② 一般纳税人以清包工方式提供的建筑服务，可以选择适用简易计税方法计税。③ 一般纳税人为甲供工程提供的建筑服务，可以选择适用简易计税方法计税。④ 一般纳税人为建筑工程老项目提供的建筑服务，可以选择适用简易计税方法计税。

4.【答案】D

【解析】本题考查的知识点是规费费率的计算公式。规费计算基础，包括人、材、机费，人工费和机械费合计，人工费。

三、多项选择题（每小题所设选项中有 2 个或 2 个以上正确答案，至少有 1 个错项）

1.【答案】ABC

【解析】本题考查的知识点是建筑安装工程费用定额的编制原则。建筑安装工程费用定额的编制原则：① 合理确定定额水平的原则；② 简明、适用性原则；③ 定性与定量分析相结合的原则。

2.【答案】ADE

【解析】本题考查的知识点是利润的计算。利润的计算公式如下：利润＝取费基数×相应利润率；取费基数可以是人工费，也可以是直接费，或者是直接费＋间接费。

3.【答案】BD

【解析】本题考查的知识点是企业管理费。企业管理费由承包人投标报价时自主确定。其取费基础为：直接费、人工费＋施工机具使用费、人工费三种。

4.【答案】ABE

【解析】本题考查的知识点是规费费率。根据本地区典型工程发承包价的分析资料综合取定规费计算中所需数据，具体包括：① 每万元发承包价中人工费含量和机械费含量；② 人工费占人、材、机费的比例；③ 每万元发承包价格中所含规费缴纳标准的各项基数。

第七节　工程造价信息及其应用

本节知识导图

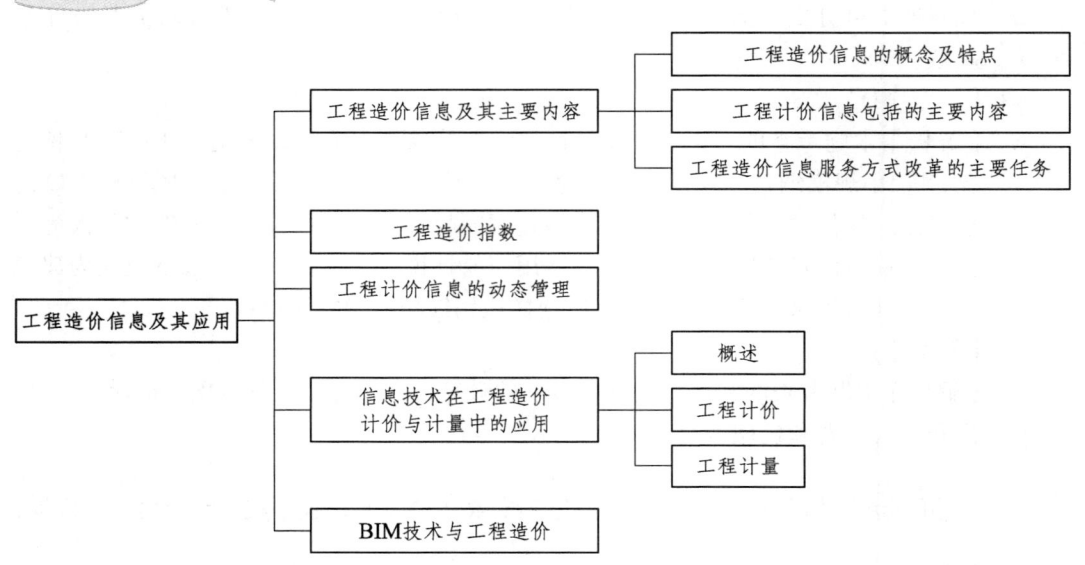

本节习题精选

一、判断题（判断正误，正确的打√，错误的打×）

1. 根据已完或在建工程的各种造价信息，经过统一格式及标准化处理后的造价数值，可用于对已完或者在建工程的造价分析以及拟建工程的计价依据。（　　）

2. 工程计价信息不应是项目实施过程中产生数据的简单记录，应该经过信息处理人员的比较与分析，但没有必要采用定量工具对有关数据进行分析和比较。（　　）

3. 企业管理费指数属于个体指数。（　　）

4. 工程计价信息主要包括价格信息、工程造价指数和已完工程信息三类。（　　）

5. 设备、工器具价格指数属于个体指数。（　　）

二、单项选择题（每题的备选项中，只有一个最符合题意）

1. 最能体现信息动态性变化特征，并且在工程价格的市场机制中起重要作用的工程造价信息主要包括（　　）。

A. 工程造价指数、在建工程信息和已完工程信息
B. 价格信息、工程造价指数和已完工程信息
C. 人工价格信息、材料价格信息、机械价格信息及在建工程信息
D. 价格信息、工程造价指数及刚开工的工程信息

2. 下列不属于工程计价信息特点的是（　　）。
   A. 区域性　　　B. 动态性　　　C. 固定性　　　D. 专业性

3. 某类建筑材料本身的价值不高，但所需的运输费用却很高，该类建筑材料的价格信息一般具有较明显的（　　）。
   A. 专业性　　　B. 季节性　　　C. 区域性　　　D. 动态性

4. "工程造价信息应针对不同层次管理者的要求进行适当加工，针对不同管理层提供不同要求和浓缩程度的信息。"这体现了工程造价信息管理应遵循的（　　）原则。
   A. 标准化　　　B. 有效性　　　C. 定量化　　　D. 高效处理

5. BIM 技术在施工过程中的应用包括（　　）。
   A. 高效准确地估算出规划项目的总投资额
   B. 通过 BIM 技术对设计方案进行优选或限额设计
   C. 进行工程量自动计算、统计分析，形成准确的工程量清单
   D. 通过 BIM 确定不同时间节点的施工进度与施工成本

三、多项选择题（每小题所设选项中有 2 个或 2 个以上正确答案，至少有 1 个错项）

1. BIM 技术的特点有（　　）。
   A. 可视化　　　　　　　B. 协调性
   C. 模拟性　　　　　　　D. 优化型
   E. 全面性

2. 下列工程造价指数中，用平均指数形式编制的总指数有（　　）。
   A. 工程建设其他费费率指数　　　B. 设备、工器具价格指数
   C. 建筑安装工程价格指数　　　　D. 单项工程造价指数
   E. 建设项目造价指数

本节习题解析

一、判断题（判断正误，正确的打√，错误的打×）

1.【答案】√

【解析】本题考查的知识点是工程造价指标。根据已完或在建工程的各种造价信息，经过统一格式及标准化处理后的造价数值，可用于对已完或者在建工程的造价分析以及拟建工程的计价依据。

2.【答案】×

【解析】本题考查的知识点是工程计价信息管理的基本原则。工程计价信息不应是项目实施过程中产生数据的简单记录，应该经过信息处理人员的比较与分析，采用定量工具对有关数据进行分析和比较是十分必要的。

3.【答案】√

【解析】本题考查的知识点是工程造价指数。如企业管理费指数，甚至工程建设其他费用指数等，这些费率指数的编制可以直接用报告期费率与基期费率之比求得，这些单项价格指数都属于个体指数。

4.【答案】√

【解析】本题考查的知识点是工程计价信息。工程计价信息主要包括价格信息、工程造价指数和已完工程信息三类。

5.【答案】×

【解析】本题考查的知识点是工程计价信息。设备、工器具价格指数属于总指数。

二、单项选择题（每题的备选项中，只有一个最符合题意）

1.【答案】B

【解析】本题考查的知识点是工程造价信息及其应用。最能体现信息动态性变化特征，并且在工程价格市场机制中起着重要作用的工程造价信息包括价格信息、工程造价指数和已完工程信息三类。

2.【答案】C

【解析】本题考查的知识点是工程计价信息的特点。工程计价信息的特点有：区域性、多样性、专业性、系统性、动态性、季节性。

3.【答案】C

【解析】本题考查的知识点是工程造价信息的特点。区域性：建筑材料质量大、体积大、产地远离消费地点，运输量大费用高。建筑材料客观上尽可能就近使用，其信息的交换和流通往往限制在一定地域内。

4.【答案】B

【解析】本题考查的知识点是工程计价信息的动态管理。有效性原则：工程造价信息应针对不同层次管理者的要求进行适当加工，针对不同管理层提供不同要求和浓缩程度的信息。这一原则是为了保证信息产品对于决策支持的有效性。

5.【答案】D

【解析】本题考查的知识点是BIM技术与工程造价。在施工之前就可以通过BIM确定不同时间节点的施工进度与施工成本，可以直观地按月、按周、按日观看到项目的具体实施情况并得到该时间节点的造价数据，方便项目的实时修改调整，实现限额领料施工，最大限度地体现造价控制的效果。

三、多项选择题（每小题所设选项中有 2 个或 2 个以上正确答案，至少有 1 个错项）

1. 【答案】ABCD

   【解析】本题考查的知识点是 BIM 技术与工程造价。BIM 技术的特点：可视化、协调性、模拟性、互用性和优化性。

2. 【答案】CDE

   【解析】本题考查的知识点是工程造价指数。选项 A 属于个体指数。选项 B 属于综合指数。

第五章

工程决策和设计阶段造价管理

 本章考纲要求

1. 决策和设计阶段造价管理工作程序和内容；
2. 投资估算编制；
3. 设计概算编制；
4. 施工图预算编制。

 本章知识导图

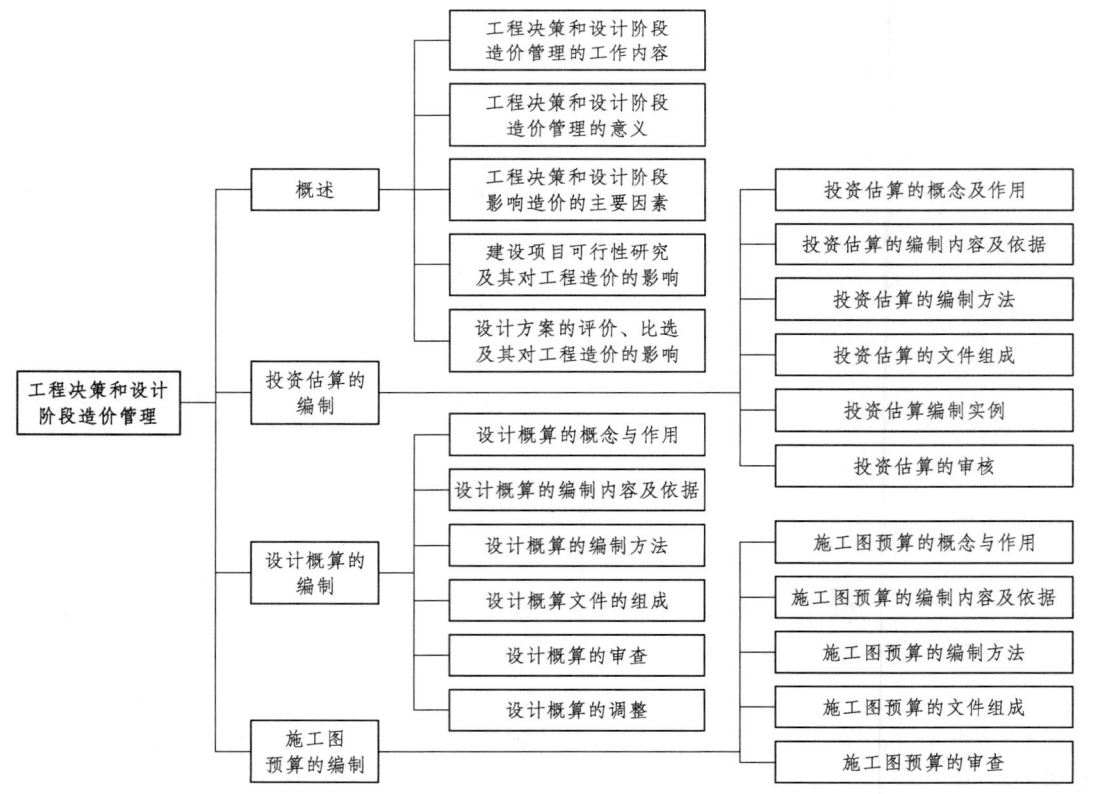

第一节 概 述

本节知识导图

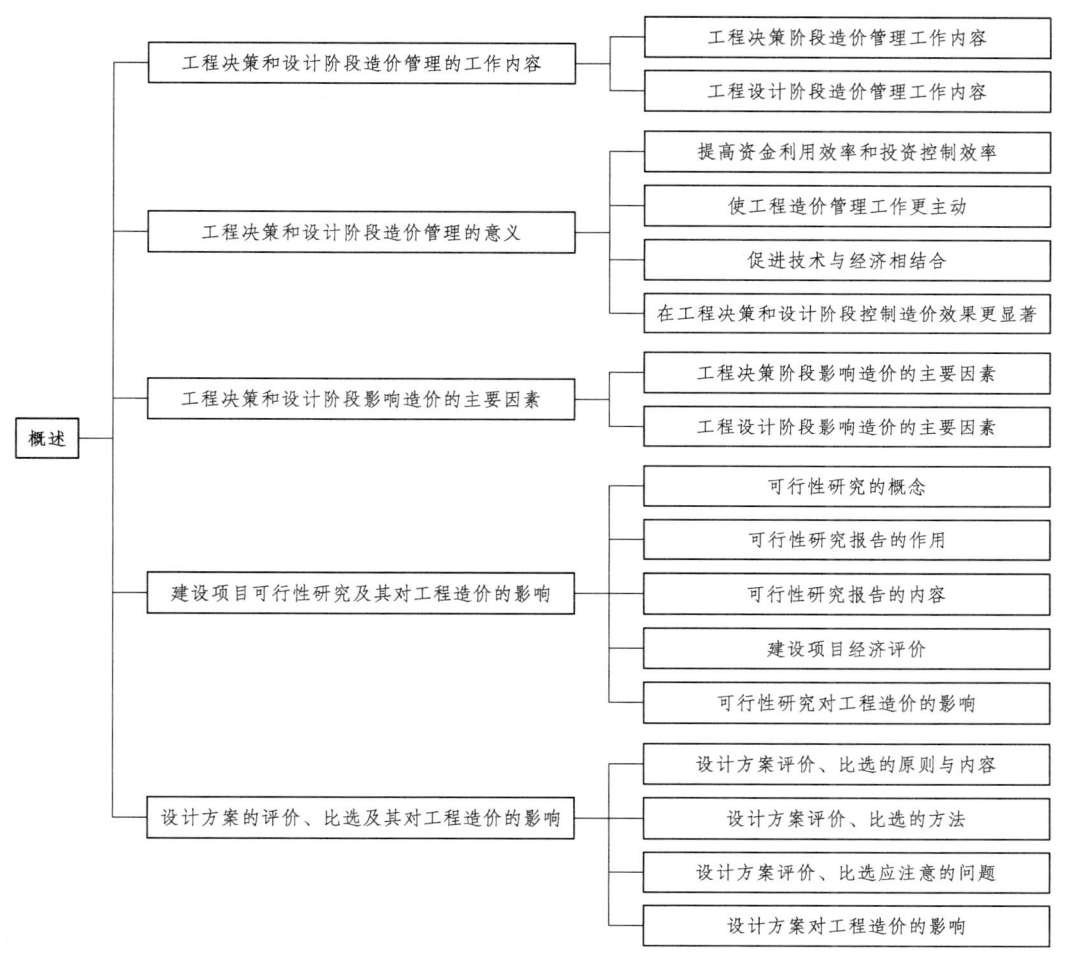

本节习题精选

一、判断题（判断正误，正确的打√，错误的打×）

1. 造价文件的编制工作不断深入和细化，预计的工程造价数据精度越来越高，造价偏差越来越大。（　　）

2. 做好项目决策和设计阶段工程造价确定与控制会使整个投资项目的工程造价管理工作更加主动。（　　）

3. 决策阶段是整个工程造价确定与控制的龙头与关键，设计阶段并无该作用。（　　）

4. 初步可行性研究阶段投资估算额度的偏差率一般要求控制在10%以内。（　　）

5. 一般工业与民用建设工程项目的设计工作可按初步设计和施工图设计两个阶段进行，称之为"两阶段设计"。（　　）

6. 初步设计阶段的造价管理工作称为设计概算。（　　）

7. 决策与设计阶段是整个工程造价确定与控制的龙头与关键。（　　）

8. 环境因素是项目规模确定中需考虑的首要因素。（　　）

9. 建筑物周长与建筑面积比（即单位建筑面积的外墙长度系数）越高，设计越经济。（　　）

10. 项目可行性研究结论的正确性是工程造价合理性的前提。（　　）

二、单项选择题（每题的备选项中，只有一个最符合题意）

1. 关于我国项目前期各阶段投资估算的精度要求，下列说法中正确的是（　　）。
   A. 项目建议书阶段，允许误差大于±30%
   B. 投资机会研究阶段，要求误差控制在±20%以内
   C. 预可行性研究阶段，要求误差控制在±20%以内
   D. 详细可行性研究阶段，要求误差控制在±15%以内

2. 详细的可行性研究阶段投资估算的要求为误差控制在±（　　）%以内。
   A. 5　　　　B. 10　　　　C. 15　　　　D. 20

3. 确定项目建设规模时，应该考虑的首要因素是（　　）。
   A. 市场因素　　　　　　　　B. 生产技术因素
   C. 管理技术因素　　　　　　D. 环境因素

4. 可行性研究报告的作用不包括（　　）。
   A. 是投资主体投资决策的依据
   B. 是确定项目投资水平的依据
   C. 是编制设计任务书的依据
   D. 是安排项目计划和实施方案的依据

5. 只有提高可行性研究的深度，采用科学的估算方法和可靠的数据资料，合理地计算（　　），保证其一定的精确度，才能保证项目建设后续阶段的造价被控制在合理范围，使投资控制目标能够实现。
   A. 修正概算　　B. 投资估算　　C. 施工图预算　　D. 设计概算

6. 预算定额和单位估价表是编制（　　）的计价标准。
   A. 工程造价计价　　　　　　B. 建筑安装费用定额
   C. 工程建设定额　　　　　　D. 施工图预算

7. 下列关于可行性研究对工程造价确定与控制影响的表述，错误的是（　　）。
    A. 项目可行性研究的内容是决定工程造价的基础
    B. 项目可行性研究结论的正确性是工程造价合理性的前提
    C. 可行性研究结论影响工程造价的投资高低
    D. 可行性研究的深度影响投资估算的精确度，也影响工程造价的控制效果
8. 在建设项目设计阶段，对于极特殊的、复杂的方案比选一般采用（　　）。
    A. 投资回收期法　　　　　　　　B. 内部收益率法
    C. 净现值法　　　　　　　　　　D. 综合财务评价法
9. 在建设项目决策阶段影响工程造价的主要因素中，（　　）不仅影响项目的建设成本，也影响项目建成后的运营成本。
    A. 设备方案　　　　　　　　　　B. 项目建设规模
    C. 工程方案　　　　　　　　　　D. 技术方案
10. 工业项目总平面设计中，影响工程造价的主要因素包括（　　）。
    A. 占地面积、功能分区、运输方式
    B. 产品方案、运输方式、柱网布置
    C. 占地面积、空间组合、建筑材料
    D. 功能分区、空间组合、设备选型

三、多项选择题（每小题所设选项中有2个或2个以上正确答案，至少有1个错项）

1. 决策阶段影响工程造价的主要因素包括（　　）。
    A. 项目建设规模　　　　　　　　B. 技术方案
    C. 设备方案　　　　　　　　　　D. 外部协作条件
    E. 环境保护措施
2. 关于工程设计对造价的影响，下列说法中正确的有（　　）。
    A. 周长与建筑面积比越大，单位造价越高
    B. 流通空间的减少，可相应地降低造价
    C. 层数越多，则单位造价越低
    D. 房屋长度越大，则单位造价越低
    E. 结构面积系数越小，设计方案越经济
3. 建设项目决策阶段影响工程造价的主要因素有（　　）等。
    A. 设备方案　　　　　　　　　　B. 建设地区及建设地点
    C. 环境保护措施　　　　　　　　D. 项目建设规模
    E. 移民安置
4. 制约工业项目建设规模合理化的环境因素有（　　）。
    A. 国家经济社会发展规划　　　　B. 原材料市场价格
    C. 项目产品市场份额　　　　　　D. 燃料动力供应条件
    E. 产业政策

本节习题解析

一、判断题（判断正误，正确的打√，错误的打×）

1. 【答案】×

    【解析】本题考查的知识点是工程决策和设计阶段造价管理的工作内容。造价文件的编制工作不断深入和细化，预计的工程造价数据精度越来越高，造价偏差越来越小。

2. 【答案】√

    【解析】本题考查的知识点是工程计价信息管理的基本原则。做好项目决策和设计阶段工程造价确定与控制会使整个投资项目的工程造价管理工作更加主动。

3. 【答案】×

    【解析】本题考查的知识点是工程决策和设计阶段造价管理的意义。决策与设计阶段是整个工程造价确定与控制的龙头与关键。

4. 【答案】×

    【解析】本题考查的知识点是工程决策阶段造价管理工作内容。初步可行性研究阶段投资估算额度的偏差率一般要求控制在20%以内。

5. 【答案】√

    【解析】本题考查的知识点是工程设计阶段造价管理工作内容。一般工业与民用建设工程项目的设计工作可按初步设计和施工图设计两个阶段进行，称之为"两阶段设计"。

6. 【答案】√

    【解析】本题考查的知识点是工程设计阶段造价管理工作内容。初步设计阶段的造价管理工作称为设计概算。

7. 【答案】√

    【解析】本题考查的知识点是工程决策和设计阶段造价管理的意义。决策与设计阶段是整个工程造价确定与控制的龙头与关键。

8. 【答案】×

    【解析】本题考查的知识点是工程决策阶段影响造价的主要因素。市场因素是项目规模确定中需考虑的首要因素。

9. 【答案】×

    【解析】本题考查的知识点是工程决策阶段影响造价的主要因素。建筑物周长与建筑面积比（即单位建筑面积的外墙长度系数）越低，设计越经济。

10. 【答案】√

    【解析】本题考查的知识点是可行性研究对工程造价的影响。项目可行性研究结论的正确性是工程造价合理性的前提。

二、单项选择题（每题的备选项中，只有一个最符合题意）

1. 【答案】C
   【解析】本题考查的知识点是投资估算的精度要求。A 选项，项目建议书阶段，要求误差控制在 ±30% 以内。选项 B，投资机会研究阶段，要求误差控制在 ±30% 以内。D 选项，详细可行性研究阶段，要求误差控制在 ±10% 以内。C 选项，预可行性研究阶段即为初步可行性研究阶段。

2. 【答案】B
   【解析】本题考查的知识点是投资估算的精度要求。投资决策是一个由浅入深、不断深化的过程，不同阶段决策的深度不同，投资估算的精度也不同。如在投资机会和项目建议书阶段，投资估算的误差率在 ±30% 左右；而在详细可行性研究阶段，误差率在 ±10% 以内。

3. 【答案】A
   【解析】本题考查的知识点是工程决策阶段影响造价的主要因素。市场因素是确定建设规模需考虑的首要因素。

4. 【答案】B
   【解析】本题考查的知识点是可行性研究报告的作用。可行性研究报告在项目筹建和实施的各个环节中，可以起到如下几个方面的作用：（1）作为投资主体投资决策的依据；（2）作为向当地政府或城市规划部门申请建设执照的依据；（3）作为环保部门审查建设项目对环境影响的依据；（4）作为编制设计任务书的依据；（5）作为安排项目计划和实施方案的依据；（6）作为筹集资金和向银行申请贷款的依据；（7）作为编制科研实验计划和新技术、新设备需用计划及大型专用设备生产预安排的依据；（8）作为从国外引进技术、设备以及与国外厂商谈判签约的依据；（9）作为与项目协作单位签订经济合同的依据；（10）作为项目后评价的依据。

5. 【答案】B
   【解析】本题考查的知识点是可行性研究对工程造价的影响。只有加强可行性研究的深度，采用科学的估算方法和可靠的数据资料，合理地计算投资估算，保证投资估算一定的精确度，才能保证项目建设后续阶段的造价被控制在合理范围，使投资控制目标能够实现。

6. 【答案】D
   【解析】本题考查的知识点是工程设计阶段造价管理工作内容。施工图预算（也称为设计预算）是在施工图设计完成之后，根据已批准的施工图纸和既定的施工方案，结合现行的预算定额、地区单位估价表、费用计取标准、各种资源单价等计算并汇总的造价文件（通常以单位工程或单项工程为单位汇总施工图预算）。

7. 【答案】C
   【解析】本题考查的知识点是可行性研究对工程造价的影响。项目可行性研究与工程造价有着密不可分的联系：(1)项目可行性研究结论的正确性是工程造价合理性的前提。(2)项目可行性研究的内容是决定工程造价的基础。(3)工程造价高低、投资多少也影响可行性研究结论。(4)可行性研究的深度影响投资估算的精确度，也影响工程造价的控制效果。

8.【答案】D

【解析】本题考查的知识点是设计方案评价、比选的方法。在建设项目设计阶段，多方案比选多属于局部方案比选，对于技术上先进、适用的设计方案，进行经济评价、比选时，可以采用造价额度、运行费用、净现值、净年值等方法，极特殊的、复杂的方案比选采用综合财务评价方法。

9.【答案】D

【解析】本题考查的知识点是工程决策阶段影响造价的主要因素。生产技术方案指产品生产所采用的工艺流程和生产方法。技术方案不仅影响项目的建设成本，也影响项目建成后的运营成本。因此，技术方案的选择直接影响项目的建设和运营效果，必须认真选择和确定。

10.【答案】A

【解析】本题考查的知识点是工程设计阶段影响造价的主要因素。工业项目总平面设计中影响工程造价的因素有占地面积、功能分区和运输方式的选择。

三、多项选择题（每小题所设选项中有2个或2个以上正确答案，至少有1个错项）

1.【答案】ABCE

【解析】本题考查的知识点是工程决策阶段影响造价的主要因素。工程决策阶段影响造价的主要因素有：项目建设规模、建设地区及地点（厂址）、技术方案、设备方案、工程方案和环境保护措施等。

2.【答案】ABE

【解析】本题考查的知识点是工程设计阶段影响造价的主要因素。选项C错误，正确的说法是建筑物层数对造价的影响，因建筑类型、形式和结构不同而不同。如果增加一个楼层不影响建筑物的结构形式，单位建筑面积的造价可能会降低；反之若增加层数改变了结构形式，则造价会提高。选项D错误，房屋长度大到一定程度，就会改变建筑结构，造价可能会提高。

3.【答案】ABCD

【解析】本题考查的知识点是工程决策阶段影响造价的主要因素。工程决策阶段影响造价的主要因素有：项目建设规模、建设地区及地点（厂址）、技术方案、设备方案、工程方案和环境保护措施等。

4.【答案】ADE

【解析】本题考查的知识点是工程决策阶段影响造价的主要因素。项目的建设、生产和经营都是在特定的国家和地方政策与社会经济环境条件下进行的。政策因素包括产业政策、投资政策、技术经济政策、国家和地区及行业经济发展规划等。项目规模确定中需考虑的主要环境因素有：燃料动力供应，协作及土地条件，运输及通信条件等因素。

第二节 投资估算的编制

本节知识导图

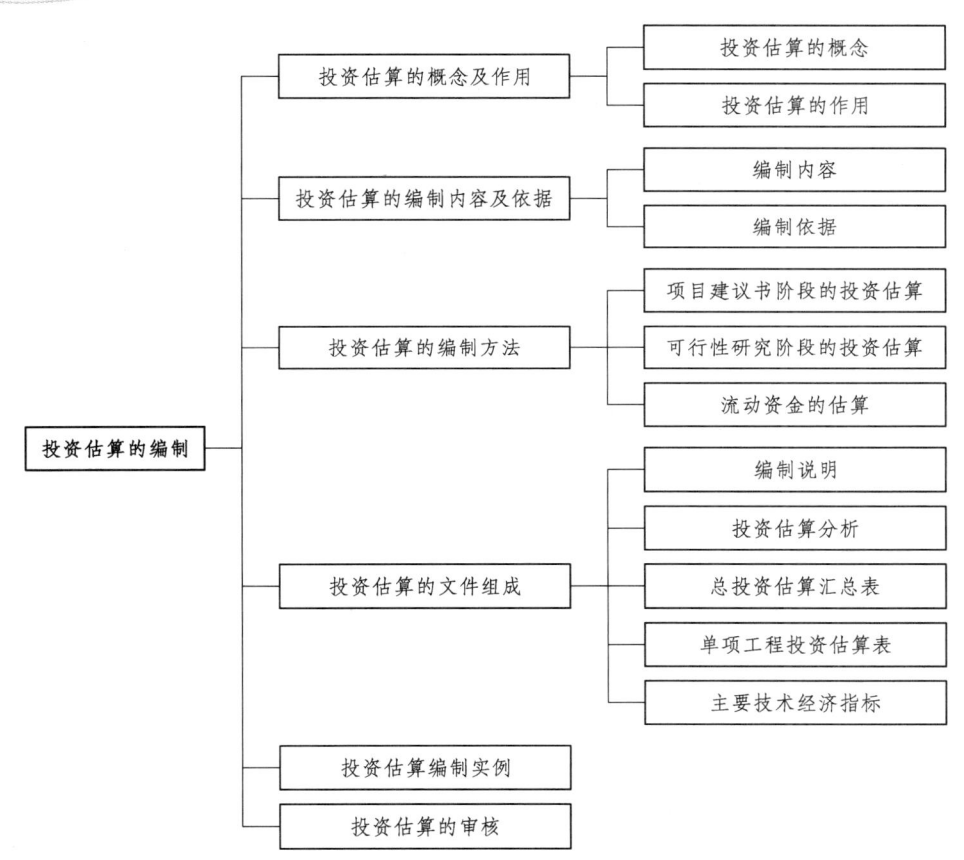

本节习题精选

一、判断题（判断正误，正确的打√，错误的打×）

1. 投资估算的准确与否仅对项目前期各阶段的工作质量和经济评价结果造成影响。（   ）

2. 投资估算可作为项目资金筹措及制订建设贷款计划的依据。（　　）

3. 流动资产包括现金、应收账款、预收账款和存货。（　　）

4. 在按形成资产法估算建设投资时，预备费为简化计算，一并计入无形资产。（　　）

5. 在可行性研究阶段，投资估算可采用比例估算法。（　　）

6. 若已建类似项目的生产规模与拟建项目生产规模相差不大于 50 倍，且拟建项目生产规模的扩大仅靠增大设备规模来达到时，则 x 的取值为 0.6~0.7。（　　）

7. 价差预备费属于静态投资部分。（　　）

8. 方案设计阶段的投资估算是项目投资决策的重要依据，也是研究、分析、计算项目投资经济效果的重要条件。（　　）

9. 建设项目投资估算的内容包括建设投资、建设期利息和流动资金三部分。（　　）

二、单项选择题（每题的备选项中，只有一个最符合题意）

1. 关于项目投资估算的作用，下列说法中正确的是（　　）。
　　A. 项目建议书阶段的投资估算，是确定建设投资最高限额的依据
　　B. 可行性研究阶段的投资估算，是项目投资决策的重要依据，不得突破
　　C. 投资估算不能作为制订建设贷款计划的依据
　　D. 投资估算是核算建设项目固定资产需要额的重要依据

2. 以拟建项目的主体工程费或主要工艺设备费为基数，以其他辅助或配套工程费占主体工程费的百分比为系数，估算项目总投资的方法是（　　）。
　　A. 类似项目对比法　　　　　　B. 系数估算法
　　C. 生产能力指数法　　　　　　D. 比例估算法

3. 采用分项详细估算法进行流动资金估算时，应计入流动负债的是（　　）。
　　A. 预收账款　　B. 存货　　C. 库存资金　　D. 应收账款

4. 下列关于扩大指标估算法的表述，错误的是（　　）。
　　A. 扩大指标估算法简便易行
　　B. 扩大指标估算法准确度不高
　　C. 可行性研究阶段的流动资金估算应采用扩大指标估算法
　　D. 扩大指标估算法是根据销售收入、经营成本、总成本费用等与流动资金的关系和比例来估算流动资金

5. 建设期贷款利息的估算，根据建设期资金用款计划，可按（　　）考虑。
　　A. 当年借款、上年借款均按半年计息
　　B. 当年借款、上年借款均按全年计息
　　C. 当年借款按全年计息，上年借款按半年计息
　　D. 当年借款按半年计息，上年借款按全年计息

6. 建设期贷款利息包括（　　）和为筹集资金而发生的融资费用。
   A. 支付金融机构的贷款利息
   B. 调整投资结构而征收的投资方向调整税金
   C. 产品销售所需要的周转资金
   D. 工程成本核算

7. 下列工程项目总投资构成项中，应计入单项工程投资估算指标中的是（　　）。
   A. 设备购置费　　B. 基本预备费　　C. 涨价预备费　　D. 铺底流动资金

8. 价差预备费一般根据国家规定的投资综合价格指数，按估算年份价格水平的投资额为基数，采用（　　）计算。
   A. 复利方法
   B. 建设项目的工程费用乘以价差预备费率
   C. 工程建设其他费用乘以预备费率
   D. 以建设项目的工程费用和工程建设其他费用之和为基础，乘以预备费率

9. 可行性研究阶段的流动资金估算应采用（　　）。
   A. 扩大指标估算法　　　　　B. 概算指标投资估算法
   C. 分项详细估算法　　　　　D. 混合法

10. 流动资金估算一般可采用（　　）。
    A. 定率估算法和系数估算法
    B. 分项详细估算法和定率估算法
    C. 比例估算法和扩大指标估算法
    D. 分项详细估算法和扩大指标估算法

11. 在可行性研究阶段，投资估算原则上应采用（　　）进行编制。
    A. 指标估算法　　　　　　　B. 系数估算法
    C. 生产能力指数法　　　　　D. 混合法

12. 预计某年度应收账款 1 500 万元，应付账款 1 000 万元，预收账款 800 万元，预付账款 400 万元，存货 1 800 万元，现金 400 万元，则该年度流动资金的估算额为（　　）万元。
    A. 2 300　　　　B. 1 700　　　　C. 2 100　　　　D. 1 100

13. 生产能力指数法又称指数估算法，它是根据（　　）和投资额来粗略估算拟建项目投资额的方法，是对单位生产能力估算法的改进。
    A. 已建成的类似项目生产能力　　B. 已建类似项目的静态投资额
    C. 拟建项目的主体工程费　　　　D. 世界银行投资的项目估算

14. 流动资产主要考虑（　　）。
    A. 应付账款、预付账款、存货、其他费用
    B. 应付账款、应收账款、存货、现金
    C. 应收账款、存货、预收账款、现金
    D. 预付账款、现金、应收账款、存货

15. 在生产能力指数法中，生产能力指数在正常情况下的取值为（　　）。
    A. $x \geq 1$ B. $x \leq 1$ C. $0 \leq x \leq 1$ D. $1 \leq x \leq 2$

16. 某公司拟于 2019 年在某地区新建年产 50 万吨产品的生产线，已知该地区 2015 年建成的年产 30 万吨相同产品的生产线建设投资额为 4 000 万元，根据测算拟建项目造价综合调整系数为 1.212，试采用单位生产能力估算法，计算拟建项目所需的静态投资为（　　）万元。
    A. 8 035   B. 8 080   C. 9 000   D. 8 021

17. 某公司拟于 2019 年在某地区新建年产 80 万吨产品的生产线，已知该地区 2016 年建成的年产 40 万吨相同产品的生产线建设投资额为 4 000 万元，已知生产能力指数取 0.9，该地区 2016 年、2019 年同类工程造价指数分别为 105、115，试采用生产能力指数法，计算拟建项目所需的静态投资为（　　）万元。
    A. 8 200   B. 8 123   C. 8 175   D. 8 120

18. （　　）是指在建设项目前期各阶段，通过对建设项目所需投资的测算和估计形成成果文件的过程。
    A. 投资估算   B. 设计概算   C. 施工图预算   D. 工程结算

19. （　　）阶段的投资估算是项目投资决策的重要依据，也是研究、分析、计算项目投资经济效果的重要条件。
    A. 投资机会研究   B. 项目建议书
    C. 可行性研究   D. 方案设计

20. 2017 年已建成年产 20 万吨的某化工厂，2021 年拟建年产 100 万吨相同产品的新项目，并采用增加相同规格设备数量的技术方案。若应用生产能力指数法估算拟建项目投资额，则生产能力指数取值的适宜范围是（　　）。
    A. 0.5 ~ 0.6   B. 0.6 ~ 0.7   C. 0.7 ~ 0.8   D. 0.8 ~ 0.9

21. 某项目建设期为 2 年，第一年贷款 5 000 万元，第二年贷款 3 000 万元，贷款年利率 12%，贷款在年内均衡发放，建设期内只计息不付息。该项目第二年的建设期利息为（　　）万元。
    A. 780   B. 816   C. 866   D. 960

三、多项选择题（每小题所设选项中有 2 个或 2 个以上正确答案，至少有 1 个错项）

1. 投资估算的审核主要从（　　）方面进行。
    A. 审核和分析投资估算编制依据的时效性、准确性和实用性
    B. 审核选用的投资估算方法的科学性与适用性
    C. 审核投资估算的编制内容与拟建项目规划要求的一致性
    D. 审核投资估算的费用项目、费用数额的真实性
    E. 审核投资估算的费用计算的系统性

2. 建筑工程费用是指为建造永久性建筑物和构筑物所需要的费用,一般采用(　　)等进行估算。
   A. 概算指标投资估算法　　　　B. 安装工程费估算
   C. 单位建筑工程投资估算法　　D. 单位实物工程量投资估算法
   E. 工程建设其他费用估算

3. 除建筑安装工程费用、工程建设其他费用以外,在编制建设项目投资估算、设计总概算时,应计算(　　)。
   A. 工程定额测定费　　　　　　B. 预备费
   C. 社会保障费　　　　　　　　D. 建设期利息
   E. 流动资金

4. 审核投资估算的工程内容,包括(　　)等。
   A. 自然条件
   B. 是否在估算时已进行了必要的修正和反映
   C. 设计方案
   D. 有没有出现内容方面的重复或漏项和费用方面的高估或低算
   E. 环境要求

5. 关于投资机会研究与项目建议书阶段的投资估算,以下说法正确的有(　　)。
   A. 为项目主管部门审批项目建议书的依据之一
   B. 为项目投资决策的重要依据
   C. 对项目的规划、规模起到一定的参考作用
   D. 是研究、分析、计算项目投资经济效果的重要条件
   E. 一经确定,即成为限额设计的依据

6. 建设投资估算的内容按照费用的性质划分,包括(　　)。
   A. 工程费用　　　　　　　　　B. 工程建设其他费用
   C. 预备费　　　　　　　　　　D. 建设期利息
   E. 流动资金

7. 审核和分析投资估算的编制依据,应遵循编制依据的(　　)。
   A. 时效性　　　　　　　　　　B. 科学性
   C. 准确性　　　　　　　　　　D. 实用性
   E. 合理性

8. 关于方案设计阶段的投资估算,下列说法正确的有(　　)。
   A. 投资估算为项目主管部门审批项目建议书的依据之一
   B. 投资估算为项目投资决策的重要依据
   C. 投资估算是项目具体建设方案技术经济分析、比选的依据
   D. 投资估算一经确定,即成为限额设计的依据
   E. 投资估算可作为控制和指导设计的尺度

9. 关于投资估算的作用，说法正确的是（   ）。
   A. 投资机会研究与项目建议书阶段的投资估算，对项目的规划、规模起参考作用
   B. 可行性研究阶段的投资估算，是研究、分析、计算项目投资经济效果的重要条件
   C. 方案设计阶段的投资估算，可作为控制和指导设计的尺度
   D. 项目投资估算可作为考核项目投资效果的依据
   E. 项目投资估算可作为资金筹措及制订贷款计划的依据

本节习题解析

一、判断题（判断正误，正确的打√，错误的打×）

1. 【答案】×
   【解析】本题考查的知识点是投资估算的概念。投资估算的准确与否不仅影响到项目前期各阶段的工作质量和经济评价结果，而且也直接关系到后续的设计概算和施工图预算的工作及其成果的质量。

2. 【答案】√
   【解析】本题考查的知识点是投资估算的作用。投资估算可作为项目资金筹措及制订建设贷款计划的依据，建设单位可根据批准的投资估算额，进行资金筹措和向银行申请贷款。

3. 【答案】×
   【解析】本题考查的知识点是流动资产。流动资产主要考虑现金、应收账款、预付账款和存货；流动负债主要考虑应付账款和预收账款。

4. 【答案】×
   【解析】本题考查的知识点是投资估算编制内容。在按形成资产法估算建设投资时，工程费用形成固定资产；工程建设其他费用可分别形成固定资产、无形资产及其他资产；预备费为简化计算，一并计入固定资产。

5. 【答案】×
   【解析】本题考查的知识点是投资估算编制方法。在可行性研究阶段，投资估算精度要求就要比前一阶段高些，需采用相对详细的估算方法，如指标估算法等。

6. 【答案】√
   【解析】本题考查的知识点是投资估算编制方法。若已建类似项目的生产规模与拟建项目生产规模相差不大于 50 倍，且拟建项目生产规模的扩大仅靠增大设备规模来达到时，则 x 的取值为 $0.6 \sim 0.7$。

7. 【答案】×
   【解析】本题考查的知识点是价差预备费。价差预备费和建设期利息是随时间的变化而变化的费用，故属于动态投资部分。

8.【答案】×

【解析】本题考查的知识点是投资估算的作用。可行性研究阶段的投资估算是项目投资决策的重要依据，也是研究、分析、计算项目投资经济效果的重要条件。

9.【答案】√

【解析】本题考查的知识点是投资估算编制内容。建设项目投资估算的内容和建设项目总投资的构成相同，包括建设投资、建设期利息和流动资金三部分。

二、单项选择题（每题的备选项中，只有一个最符合题意）

1.【答案】D

【解析】本题考查的知识点是投资估算的作用。A 选项，项目建议书阶段的投资估算是编制项目规划、确定建设规模的参考依据。B 选项，项目可行性研究阶段的投资估算，是项目投资决策的重要依据。C 选项，项目投资估算可作为项目资金筹措及制订建设贷款计划的依据。

2.【答案】B

【解析】本题考查的知识点是投资估算的方法。系数估算法也称为因子估算法，它是以拟建项目的主体工程费或主要设备购置费为基数，以其他工程费与主体工程费或设备购置费的百分比为系数，依此估算拟建项目总投资的方法。

3.【答案】A

【解析】本题考查的知识点是流动资金的估算。流动负债 = 应付账款 + 预收账款。流动资产的构成要素一般包括存货、库存现金、应收账款和预付账款；流动负债的构成要素一般包括应付账款和预收账款。

4.【答案】C

【解析】本题考查的知识点是流动资金的估算。扩大指标估算法是根据现有同类企业的实际资料，求得各种流动资金率指标，亦可依据行业或部门给定的参考值或经验确定比率，将各类流动资金率乘以相对应的费用基数来估算流动资金。一般常用的基数有销售收入、经营成本、总成本费用和固定资产投资等，究竟采用何种基数依行业习惯而定。扩大指标估算法简便易行，但准确度不高，适用于项目建议书阶段的估算。

5.【答案】D

【解析】本题考查的知识点是建设期贷款利息。建设期利息的估算，根据建设期资金用款计划，可按当年借款在当年年中支用考虑，即当年借款按半年计息，上年借款按全年计息。

6.【答案】A

【解析】本题考查的知识点是建设期贷款利息。建设期利息是为工程建设筹措债务资金而发生的融资费用及在建设期内发生并应计入固定资产原值的利息，包括支付金融机构的贷款利息和为筹集资金而发生的融资费用。建设期利息单独估算以便对建设项目进行融资前和融资后财务分析。

7.【答案】A

【解析】本题考查的知识点是单项工程投资估算。单项工程投资估算应按建设项目划分的各个单项工程分别计算组成工程费用的建筑工程费、设备购置费、安装工程费。

8.【答案】A

【解析】本题考查的知识点是价差预备费。价差预备费的内容包括：人工、设备、材料、施工机械的价差费，建筑安装工程费及工程建设其他费用调整，利率、汇率调整等增加的费用。价差预备费一般根据国家规定的投资综合价格指数，按估算年份价格水平的投资额为基数，采用复利方法计算。

9.【答案】C

【解析】本题考查的知识点是流动资金的估算。分项详细估算法是根据项目的流动资产和流动负债，估算项目所占用流动资金的方法。流动资产的构成要素一般包括存货、库存现金、应收账款和预付账款；流动负债的构成要素一般包括应付账款和预收账款。流动资金等于流动资产和流动负债的差额。可行性研究阶段的流动资金估算应采用分项详细估算法。

10.【答案】D

【解析】本题考查的知识点是流动资金的估算。流动资金也称流动资产投资，是指生产经营性项目投产后，为进行正常生产运营，用于购买原材料、燃料，支付工资及其他经营费用等所需的周转资金。流动资金的估算可采用分项详细估算法和扩大指标估算法。

11.【答案】A

【解析】本题考查的知识点是可行性研究阶段的投资估算。建设项目可行性研究阶段投资估算原则上应采用指标估算法。指标估算法是依据投资估算指标，对各单位工程或单项工程费用进行估算，进而估算建设项目总投资，再按相关规定估算工程建设其他费用、基本预备费、建设期利息等，形成拟建项目静态投资。

12.【答案】A

【解析】本题考查的知识点是流动资金的估算。流动资产的构成要素一般包括存货、库存现金、应收账款和预付账款；流动负债的构成要素一般包括应付账款和预收账款。流动资金等于流动资产和流动负债的差额。根据流动资金估算的计算公式，本题中该年度流动资金的估算额 = 1 500 万元 + 400 万元 + 1 800 万元 + 400 万元 –（1 000 + 800）万元 = 2 300 万元。

13.【答案】A

【解析】本题考查的知识点是投资估算的方法。生产能力指数法又称指数估算法，它是根据已建成的类似项目生产能力和投资额来粗略估算拟建项目投资额的方法，是对单位生产能力估算法的改进。生产能力指数法与单位生产能力估算法相比精确度略高些。尽管估价误差仍较大，但有它独特的好处，即这种估价方法不需要详细的工程设计资料,只知道工艺流程及规模就可以,在总承包工程报价时,承包商大都采用这种方法估价。

14.【答案】D

【解析】本题考查的知识点是流动资金的估算。流动资金 = 流动资产 – 流动负债。其中:流动资产主要考虑现金、应收账款、预付账款和存货;流动负债主要考虑应付账款和预收账款。

15.【答案】C

【解析】生产能力指数法的计算公式为:

$$C_2 = C_1 \left(\frac{Q_2}{Q_1} \right)^x f$$

其中:x 指生产能力指数,在正常情况下 $0 \leq x \leq 1$;

C_1 指已建类似项目的投资额;C_2 指拟建项目的投资额;Q_1 指已建项目的生产能力;Q_2 指拟建项目的生产能力;f 指不同时期、不同地点的定额、单价、费用变更等的综合调整系数。

16.【答案】B

【解析】本题考查的利用单位生产能力估算法计算静态投资。

计算过程:=(4 000/30)×50×1.212 万元 = 8 080 万元。

17.【答案】C

【解析】本题考查的利用生产能力指数法计算静态投资。

计算过程:= 4 000 ×(80/40)×0.9 ×(115/105)万元 = 8 175 万元

18.【答案】A

【解析】本题考查的知识点是投资估算的概念。投资估算是指在建设项目前期各阶段(包括投资机会研究、项目建议书、初步可行性研究、详细可行性研究、方案设计等)按照规定的程序、方法和研究,通过对拟建项目所需投资的测算和估计形成投资估算文件的过程。

19.【答案】C

【解析】本题考查的知识点是投资估算的作用。可行性研究阶段的投资估算是项目投资决策的重要依据,也是研究、分析、计算项目投资经济效果的重要条件。

20.【答案】D

【解析】本题考查的是投资估算的编制方法。若已建类似项目的生产规模与拟建项目生产规模相差不大于 50 倍,且拟建项目生产规模的扩大仅靠增大设备规模来达到时,则 x 的取值在 0.6～0.7,若是靠增加相同规格设备的数量达到时,x 的取值在 0.8～0.9。

21.【答案】B

【解析】本题考查的知识点是可行性研究阶段的投资估算。

第一年利息 = 5 000 万元/2 × 12% = 300 万元

第二年利息 =(5 000 + 300 + 3 000/2)万元 × 12% = 816 万元

三、多项选择题（每小题所设选项中有 2 个或 2 个以上正确答案，至少有 1 个错项）

1. 【答案】ABCD

   【解析】本题考查的知识点是投资估算的审核。投资估算的审核主要从以下几个方面进行：（1）审核和分析投资估算编制依据的时效性、准确性和实用性。（2）审核选用的投资估算方法的科学性与适用性。（3）审核投资估算的编制内容与拟建项目规划要求的一致性。（4）审核投资估算的费用项目、费用数额的真实性。

2. 【答案】ACD

   【解析】本题考查的知识点是建筑工程费用的估算方法。建筑工程费用是指为建造永久性建筑物和构筑物所需要的费用，一般采用单位建筑工程投资估算法、单位实物工程量投资估算法、概算指标投资估算法等进行估算。

3. 【答案】BDE

   【解析】本题考查的知识点是建设项目投资估算方法。建设项目投资估算包括建设投资、建设期利息和流动资金的估算。建设投资估算的内容按照费用的性质划分，包括工程费用、工程建设其他费用和预备费用三部分。其中：工程费用包括建筑工程费、设备及工器具购置费、安装工程费；工程建设其他费用包括建设用地费、与建设有关的其他费用、与生产经营有关的费用；预备费用包括基本预备费和价差预备费。

4. 【答案】ABDE

   【解析】本题考查的知识点是投资估算的审核。审核投资估算的工程内容，包括工程规模、自然条件、技术标准、环境要求，与规定要求是否一致，是否在估算时已进行了必要的修正和反映，是否对工程内容尽可能地量化和质化，有没有出现内容方面的重复或漏项和费用方面的高估或低算。

5. 【答案】AC

   【解析】本题考查的知识点是投资估算的作用。B、D 选项均是关于可行性研究阶段的投资估算，E 选项为方案设计阶段的投资估算。

6. 【答案】ABC

   【解析】本题考查的知识点是投资估算的编制内容。建设投资估算的内容按照费用的性质划分，包括工程费用、工程建设其他费用和预备费三部分。

7. 【答案】ACD

   【解析】本题考查的知识点是投资估算的审核。审核和分析投资估算编制依据，应遵循编制依据的时效性、准确性和实用性。

8. 【答案】CDE

   【解析】本题考查的知识点是投资估算的作用。A 选项是关于投资机会研究与项目建议书阶段的投资估算，B 选项为可行性研究阶段的投资估算。

9. 【答案】ABCE

   【解析】本题考查的知识点是投资估算的作用。D 选项，考核项目投资效果的依据是设计概算的作用，通过设计概算与竣工决算对比，可以分析和考核投资效果的好坏，验证设计概算的准确性，有利于加强设计概算管理和建设项目的造价管理工作，因此 D 选项是错误的。

第三节　设计概算的编制

本节知识导图

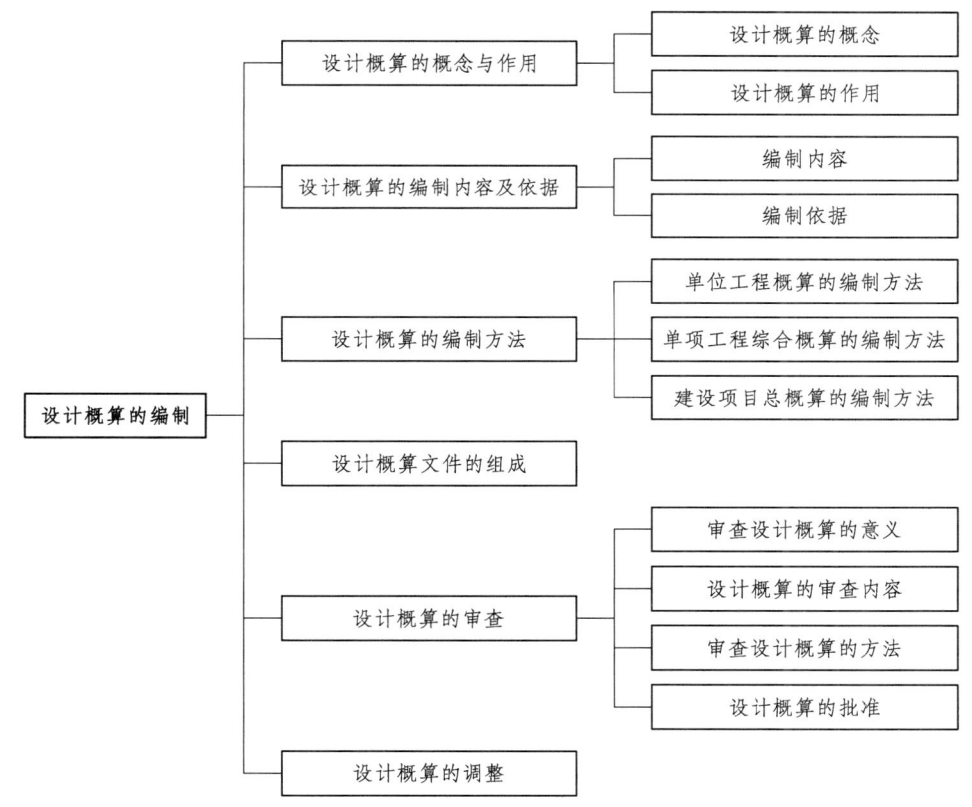

🏆 **本节习题精选**

一、判断题（判断正误，正确的打 √，错误的打 ×）

1. 采用两阶段设计的建设项目，初步设计阶段必须编制修正概算。（　　）
2. 投资估算是签订建设工程施工合同和贷款合同的依据。（　　）

3. 设计概算可分单位工程概算、单项工程综合概算和建设项目总概算三级。（　　）
4. 当初步设计深度不够，设备清单不完备时，可采用预算单价法。（　　）
5. 动力与照明工程概算属于设备及安装工程概算范畴。（　　）
6. 当初步设计深度不够，设备清单不完备，只有主体设备或仅有成套设备质量时，可采用主体设备、成套设备的综合扩大安装单价来编制概算。（　　）
7. 对一些关键设备和设施、重要装置、引进工程图纸不全、难以核算的较大投资进行多方查询核对，逐项落实的方法是联合会审法。（　　）
8. 一个建设项目若仅包含一个单项工程，建设项目总概算书与单项工程综合概算书仍应独立编制。（　　）
9. 单项工程概算和建设项目总概算仅是一种归纳、汇总性文件，最基本的计算文件是单位工程概算书。（　　）

二、单项选择题（每题的备选项中，只有一个最符合题意）

1. 下列方法中，（　　）是利用技术条件相类似工程的预算或结算资料来编制拟建工程概算的方法。
   A. 综合吨位指标法　　　　　B. 类似工程预算法
   C. 单项工程综合概算　　　　D. 概算指标法
2. 下列不属于设计概算范畴的是（　　）。
   A. 分部工程概算　　　　　　B. 单位工程概算
   C. 建设项目总概算　　　　　D. 单项工程综合概算
3. 设计概算编制依据不包括（　　）。
   A. 初步设计
   B. 施工现场测定资料、试验资料和统计资料
   C. 资金筹措方式
   D. 类似工程概预算及技术经济指标
4. 编制固定资产投资计划、确定和控制建设项目投资的依据是（　　）。
   A. 修正概算　　　　　　　　B. 施工图预算
   C. 投资估算　　　　　　　　D. 设计概算
5. 设备安装工程费概算的编制方法中，（　　）常用于设备价格波动较大的非标准设备和引进设备的安装工程概算。
   A. 预算单价法　　　　　　　B. 设备价值百分率法
   C. 扩大单价法　　　　　　　D. 综合吨位指标法
6. 审查设计概算的方法中，（　　）是对一些关键设备和设施、重要装置、引进工程图样不全、难以核算的较大投资进行多方查询核对，逐项落实的方法。
   A. 对比分析法　　　　　　　B. 查询核实法
   C. 设备价值百分率法　　　　D. 联合会审法

7. 二级编制形式的设计概算文件的组成中，不包括（   ）。
   A. 总概算表　　　　　　　　　　B. 编制说明
   C. 单项工程综合概算表　　　　　D. 封面、签署页及目录
8. 对总概算投资超过批准投资估算（   ）的，应查明原因，重新上报审批。
   A. 3%　　　　　B. 5%　　　　　C. 8%　　　　　D. 10%
9. 按照国家有关规定，作为年度固定资产投资计划、计划投资总额及构成数额的编制和确定依据的是（   ）。
   A. 经批准的投资估算　　　　　　B. 经批准的设计概算
   C. 经批准的施工图预算　　　　　D. 设计概算
10. 在建筑工程初步设计文件深度不够、不能准确计算出工程量的情况下，可采用的设计概算编制方法是（   ）。
    A. 概算定额法　　　　　　　　　B. 概算指标法
    C. 预算单价法　　　　　　　　　D. 综合吨位指标法
11. 当初步设计深度较深、有详细的设备清单时，最能精确地编制设备安装工程费概算的方法是（   ）。
    A. 预算单价法　　　　　　　　　B. 扩大单价法
    C. 设备价值百分比法　　　　　　D. 综合吨位指标法
12. 下列原因中，不能据以调整设计概算的是（   ）。
    A. 超出原设计范围的重大变更
    B. 超出承包人预期的货币贬值和汇率变化
    C. 超出基本预备费规定范围的不可抗拒的重大自然灾害引起的工程变动和费用增加
    D. 超出预备费的国家重大政策性调整
13. 衡量设计方案经济合理性和选择最佳设计方案的依据是（   ）。
    A. 设计概算　　B. 概算指标　　C. 预算定额　　D. 概算定额
14. 概算定额法又称（   ）法，是利用概算定额编制单位工程概算的方法。
    A. 扩大结构定额　　　　　　　　B. 缩小结构定额
    C. 综合结构定额　　　　　　　　D. 定性结构定额
15. （   ）是衡量设计方案技术经济合理性和选择最佳设计方案的依据。
    A. 投资估算　　B. 设计概算　　C. 施工图预算　　D. 工程结算
16. 采用三阶段设计的建设项目，扩大初步设计阶段必须编制（   ）。
    A. 初步设计概算　　　　　　　　B. 投资估算
    C. 施工图预算　　　　　　　　　D. 修正概算
17. 当初步设计深度较深、有详细的设备清单时，最能精确地编制设备安装工程费概算的方法是（   ）。
    A. 扩大单价法　　　　　　　　　B. 预算单价法
    C. 设备价值百分比法　　　　　　D. 综合吨位指标法

18. 某拟建工程初步设计已达到必要的深度，能够据此计算出扩大分项工程的工程量，则能较为准确地编制拟建工程概算的方法是（　　）。
　　A. 概算指标法　　　　　　　　B. 概算定额法
　　C. 类似工程预算法　　　　　　D. 综合吨位指标法

19. 在建筑工程初步设计文件深度不够，不能准确计算出工程量的情况下，可采用的设计概算编制方法是（　　）。
　　A. 概算指标法　　　　　　　　B. 概算定额法
　　C. 预算单价法　　　　　　　　D. 综合吨位指标法

20. 某地拟建一办公楼，当地类似工程的单位工程概算指标（工料单价）为 3 600 元/m²。概算指标为瓷砖地面，拟建工程为复合木地板，每 100 m² 该类建筑中铺贴地面面积为 50 m²。当地预算定额中瓷砖地面和复合木地板的预算单价分别为 128 元/m²、190 元/m²。假定以人、材、机费用之和为基数取费，综合费率为 25%，则用概算指标法计算的拟建工程造价指标为（　　）元/m²。
　　A. 2 918.75　　B. 3 413.75　　C. 3 631.00　　D. 3 638.75

21. 某地拟建一幢建筑面积为 2 500 m² 办公楼。已知建筑面积为 2 700 m² 的类似工程预算成本为 216 万元，其人、材、机、其他费占预算成本的比重分别为 20%、50%、10%、20%。拟建工程和类似工程地区的人工费、材料费、施工机具使用费、其他费之间的差异系数分别是 1.1、1.2、1.3、1.15，综合费率为 4%，则利用类似工程预算法编制该拟建工程概算造价为（　　）万元。
　　A. 252.20　　B. 254.44　　C. 287.40　　D. 302.80

22. 当初步设计深度不够，只有设备出厂价而无详细规格、质量时，编制设备安装工程费概算可选用的方法是（　　）。
　　A. 综合吨位指标法　　　　　　B. 设备系数法
　　C. 设备价值百分比法　　　　　D. 预算单价法

三、多项选择题（每小题所设选项中有 2 个或 2 个以上正确答案，至少有 1 个错项）

1. 设计概算批准后，一般不得调整，但由于（　　）原因引起的设计和投资变化可以调整概算，但要严格按照调整概算的有关程序执行。
　　A. 超出原设计范围的重大变更　　B. 施工图发生重大改变
　　C. 工程施工场所调整　　　　　　D. 超出工程造价调整预备费
　　E. 超出基本预备费规定范围

2. 审查设计概算的方法主要包括（　　）。
　　A. 工料单价法　　　　　　　　B. 对比分析法
　　C. 联合会审法　　　　　　　　D. 查询核实法
　　E. 综合单价法

3. 实务操作中，设备安装工程费概算的编制方法应根据初步设计深度和要求所明确的程度而采用，主要编制方法有（　　）。
   A. 预算单价法
   B. 扩大单价法
   C. 综合单价法
   D. 综合吨位指标法
   E. 设备价值百分比法

4. 下列属于单位建筑工程概算的内容包括（　　）。
   A. 一般土建工程概算
   B. 给排水、采暖工程概算
   C. 电气设备及安装工程概算
   D. 弱电工程概算
   E. 热力设备及安装工程概算

5. 关于设计概算的作用，下列说法正确的是（　　）。
   A. 设计概算是编制固定资产投资计划、确定和控制建设项目投资的依据
   B. 设计概算是项目主管部门审批项目建议书的依据之一
   C. 设计概算是控制施工图设计和施工图预算的依据
   D. 设计概算是项目投资决策的重要依据
   E. 设计概算是衡量设计方案技术经济合理性和选择最佳设计方案的依据

6. 单项工程综合概算的费用构成包括（　　）。
   A. 建筑工程费用
   B. 安装工程费用
   C. 预备费
   D. 设备及工器具购置费用
   E. 建设期利息

本节习题解析

一、判断题（判断正误，正确的打√，错误的打×）

1. 【答案】×
   【解析】本题考查的知识点是设计概算的概念。采用两阶段设计的建设项目，初步设计阶段必须编制设计概算。采用三阶段设计的建设项目，扩大初步设计阶段必须编制修正设计概算。

2. 【答案】×
   【解析】本题考查的知识点是设计概算的作用。设计概算是签订建设工程施工合同和贷款合同的依据。

3. 【答案】√
   【解析】本题考查的知识点是设计概算的编制内容。设计概算的概算体系包括单位工程概算、单项工程综合概算和建设项目总概算。

4. 【答案】×
   【解析】本题考查的知识点是设备及安装单位工程概算的编制方法。预算单价法

适用于当初步设计较深，有详细的设备和具体满足预算定额工程量清单时。该方法具有计算比较具体、精确性较高的优点。当初步设计深度不够，设备清单不完备时，可采用扩大单价法。

5.【答案】×

【解析】本题考查的知识点是单位工程概算。建筑工程概算包括土建工程概算、给排水与采暖工程概算、通风与空调工程概算、动力与照明工程概算、弱电工程概算、特殊构筑物工程概算等。设备及安装工程概算包括机械设备及安装工程概算、电气设备及安装工程概算、热力设备及安装工程概算、工器具及生产家具购置费概算等。

6.【答案】√

【解析】本题考查的知识点是设备及安装单位工程概算的编制方法。当初步设计深度不够，设备清单不完备，只有主体设备或仅有成套设备质量时，可采用主体设备、成套设备的综合扩大安装单价来编制概算。

7.【答案】×

【解析】本题考查的知识点是审查设计概算的方法。查询核实法是对一些关键设备和设施、重要装置、引进工程图纸不全、难以核算的较大投资进行多方查询核对，逐项落实的方法。

8.【答案】×

【解析】本题考查的知识点是建设项目总概算的含义。一个建设项目若仅包含一个单项工程，建设项目总概算书与单项工程综合概算书可合并编制。

9.【答案】√

【解析】本题考查的知识点是设计概算编制内容及依据。若干个单位工程概算汇总后成为单项工程概算，若干个单项工程概算和工程建设其他费用、预备费、建设期利息等概算文件汇总成为建设项目总概算。

二、单项选择题（每题的备选项中，只有一个最符合题意）

1.【答案】B

【解析】本题考查的知识点是建筑单位工程概算的编制方法。类似工程预算法是利用技术条件相类似工程的预算或结算资料，编制拟建单位工程概算的方法。类似工程预算法适用于拟建工程设计与已完工程或在建工程的设计相类似而又没有可用的概算指标时，但必须对建筑结构差异和价差进行调整。综合吨位指标法，当设计文件提供的设备清单有规格和设备质量时，可采用综合吨位指标编制概算，综合吨位指标由主管部门或由设计院根据已完类似工程资料确定。

2.【答案】A

【解析】本题考查的知识点是设计概算的编制内容。设计概算可分单位工程概算、单项工程综合概算和建设项目总概算三级。

3.【答案】B

【解析】本题考查的知识点是设计概算的编制依据。设计概算编制依据主要包括：
（1）国家、行业和地方政府有关建设和造价管理的法律、法规、规定。
（2）相关文件和费用资料，包括：① 初步设计或扩大初步设计图纸、设计说明书、设备清单和材料表等。② 批准的建设项目设计任务书（或批准的可行性研究报告）和主管部门的有关规定。③ 国家或省、自治区、直辖市现行的建筑设计概算定额（综合概算定额或概算指标），现行的安装设计概算定额（或概算指标），类似工程概预算及技术经济指标。④ 建设工程所在地区的人工工资标准、材料价格、施工机械台班价格，标准设备和非标准设备价格资料，现行的设备原价及运杂费率，各类造价信息和指数。⑤ 国家或省、自治区、直辖市现行的建筑安装工程企业管理费等有关费用标准。工程所在地区的土地征购、房屋拆迁、青苗补偿等费用和价格资料。⑥ 资金筹措方式或资金来源。⑦ 正常的施工组织设计及常规施工方案。⑧ 项目涉及的有关文件、合同、协议等。

4.【答案】D

【解析】本题考查的知识点是设计概算的作用。设计概算是编制固定资产投资计划，确定和控制建设项目投资的依据。国家规定，编制年度固定资产投资计划，确定计划投资总额及其构成数额，要以批准的初步设计概算为依据，没有批准的初步设计文件及其概算，建设工程就不能列入年度固定资产投资计划。

5.【答案】D

【解析】本题考查的知识点是设备及安装单位工程概算的编制方法。当设计文件提供的设备清单有规格和设备质量时，可采用综合吨位指标编制概算。综合吨位指标由主管部门或由设计院根据已完类似工程资料确定。该法常用于设备价格波动较大的非标准设备和引进设备的安装工程概算，或者安装方式不确定，没有定额或指标。

6.【答案】B

【解析】本题考查的知识点是审查设计概算的方法。查询核实法是对一些关键设备和设施、重要装置、引进工程图纸不全、难以核算的较大投资进行多方查询核对，逐项落实的方法。主要设备的市场价向设备采购部门或招标公司查询核实，重要生产装置、设施向同类企业（工程）查询了解，引进设备价格及有关费税向进出口公司调查落实，复杂的建筑安装工程向同类工程的建设、承包、施工单位征求意见，深度不够或不清楚的问题直接向原概算编制人员、设计者询问清楚。

7.【答案】C

【解析】本题考查的知识点是设计概算文件的组成。对于采用二级编制形式的设计概算文件，一般由封面、签署页及目录、编制说明、总概算表、其他费用计算表、单位工程概算表组成，可将所有概算文件组成一册。

8.【答案】D

【解析】本题考查的知识点是审查设计概算的内容。审查建设规模（投资规模、生产能力等）、建设标准（用地指标、建筑标准等）、配套工程、设计定员等是否符合原批准的可行性研究报告或立项批文的标准。对总概算投资超过批准投资估算10%的，应查明原因，重新上报审批。

9.【答案】B

【解析】本题考查的知识点是设计概算的作用。设计概算是编制固定资产投资计划、确定和控制建设项目投资的依据。

10.【答案】B

【解析】本题考查的知识点是设计概算的编制方法。在方案设计中，由于设计无详图而只有概念性设计时，或初步设计深度不够，不能准确地计算出工程量，但工程设计采用的技术比较成熟时可以选定与该工程相似类型的概算指标编制概算。

11.【答案】A

【解析】本题考查的知识点是设备及安装单位工程概算的编制方法。设备安装工程概算的编制方法：（1）预算单价法：初步设计较深，有详细设备清单时适用。（2）扩大单价法：初步设计深度不够、设备清单不完备，或仅有成套设备时适用。（3）设备价值百分比法：初步设计深度不够，只有设备出厂价。设备原价×安装费率适用于价格波动不大的定型产品和通用产品。（4）综合吨位指标法：初步设计提供的设备清单有规格和设备质量时，适用于设备价格波动较大的非标准设备和引进设备的安装工程概算。

12.【答案】B

【解析】本题考查的知识点是设计概算的调整。允许调整概算的原因包括以下几点：（1）超出原设计范围的重大变更；（2）超出基本预备费规定范围的不可抗拒的重大自然灾害引起的工程变动和费用增加；（3）超出工程造价调整预备费的国家重大政策性的调整。

13.【答案】A

【解析】本题考查的知识点是设计概算的作用。设计概算是衡量设计方案技术经济合理性和选择最佳设计方案的依据。设计部门在初步设计阶段要选择最佳设计方案，设计概算是从经济角度衡量设计方案经济合理性的重要依据。因此，设计概算是衡量设计方案技术经济合理性和选择最佳设计方案的依据。

14.【答案】A

【解析】本题考查的知识点是设计概算的编制方法。概算定额法又叫扩大单价法或扩大结构定额法，是利用概算定额编制单位工程概算的方法。

15.【答案】B

【解析】本题考查的知识点是设计概算的作用。设计部门在初步设计阶段要选择最佳设计方案，设计概算是衡量设计方案技术经济合理性和选择最佳设计方案的依据。

16.【答案】D

【解析】本题考查的知识点是设计概算的概念。采用两阶段设计的建设项目,初步设计阶段必须编制设计概算;采用三阶段设计的建设项目,扩大初步设计阶段必须编制修正概算。

17.【答案】B

【解析】本题考查的知识点是设计概算的编制。设备安装工程概算的编制方法:(1)预算单价法:初步设计较深,有详细设备清单时适用。(2)扩大单价法:初步设计深度不够、设备清单不完备,或仅有成套设备时适用。(3)设备价值百分比法:初步设计深度不够,只有设备出厂价。设备原价×安装费率适用于价格波动不大的定型产品和通用产品。(4)综合吨位指标法:初步设计提供的设备清单有规格和设备质量时,适用于设备价格波动较大的非标准设备和引进设备的安装工程概算。

18.【答案】B

【解析】本题考查的知识点是设计概算的编制。概算定额法适用于设计达到一定深度、建筑结构尺寸比较明确,能按照设计的平面、立面、剖面图纸计算出楼地面、墙身、门窗和屋面等分项工程(或扩大分项工程或扩大结构构件)工程量的项目。

19.【答案】A

【解析】本题考查的知识点是设计概算的编制。在方案设计中,由于设计无详图而只有概念性设计时,或初步设计深度不够,不能准确地计算出工程量,但工程设计采用的技术比较成熟时可以选定与该工程相似类型的概算指标编制概算。

20.【答案】D

【解析】本题考查的知识点是设计概算的编制。$3\,600 + 50/100 \times (190 - 128) \times (1 + 25\%)$ 元$/m^2$ = $3\,638.75$ 元$/m^2$。

21.【答案】B

【解析】本题考查的知识点是设计概算的编制。
综合调整系数 = $20\% \times 1.1 + 50\% \times 1.2 + 10\% \times 1.3 + 20\% \times 1.15 = 1.18$
拟建工程概算造价 = $2\,160\,000/2\,700 \times 1.18 \times (1 + 4\%) \times 2\,500$ 万元 = 245.44 万元

22.【答案】A

【解析】本题考查的知识点是设计概算的编制。设备价值百分比法,又叫安装设备百分比法:当初步设计深度不够,只有设备出厂价而无详细规格、质量时,安装费可按占设备费的百分比计算。

三、多项选择题(每小题所设选项中有2个或2个以上正确答案,至少有1个错项)

1.【答案】ADE

【解析】本题考查的知识点是设计概算的调整。批准后的设计概算一般不得调整。

由于以下原因引起的设计和投资变化可以调整概算，但要严格按照调整概算的有关程序执行。（1）超出原设计范围的重大变更。凡涉及建设规模、产品方案、总平面布置、主要工艺流程、主要设备型号规格、建筑面积、设计定员等方面的修改，必须由原批准立项单位认可，原设计审批单位复审，经复核批准后方可变更。（2）超出基本预备费规定范围的不可抗拒的重大自然灾害引起的工程变动或费用增加。（3）超出工程造价调整预备费，属国家重大政策性变动因素引起的调整。

2. 【答案】BCD

【解析】本题考查的知识点是审查设计概算的方法。

（1）对比分析法。对比分析法的主要内容是建设规模、标准与立项批文对比，工程数量与设计图纸对比，综合范围、内容与编制方法、规定对比，各项取费与规定标准对比，材料、人工单价与统一信息对比，引进设备、技术投资与报价要求对比，技术经济指标与同类工程对比等。

（2）查询核实法。查询核实法是对一些关键设备和设施、重要装置、引进工程图纸不全、难以核算的较大投资进行多方查询核对，逐项落实的方法。

（3）联合会审法。联合会审前，可先采取多种形式分头审查，包括设计单位自审，主管、建设、承包单位初审，工程造价咨询公司评审，邀请同行专家预审，审批部门复审等，经层层审查把关后，由有关单位和专家进行联合会审。

3. 【答案】ABDE

【解析】本题考查的知识点是设备及安装单位工程概算的编制方法。设备安装工程费概算的编制方法应根据初步设计深度和要求所明确的程度而采用，主要编制方法有：① 预算单价法；② 扩大单价法；③ 设备价值百分比法，也称安装设备百分比法；④ 综合吨位指标法。

4. 【答案】ABD

【解析】本题考查的知识点是设计概算的编制内容。单位建筑工程概算包括一般土建工程概算，给排水、采暖工程概算，通风、空调工程概算，电气、照明工程概算，弱电工程概算，特殊构筑物工程概算；单位设备及安装工程概算包括机械设备及安装工程概算、电气设备及安装工程概算、热力设备及安装工程概算、工具器具及生产家具购置费用概算。因此，选项C、E均属于单位设备及安装工程概算。

5. 【答案】ACE

【解析】本题考查的知识点是设计概算的作用。选项B，投资机会研究与项目建议书阶段的投资估算是审批项目建议书的依据之一；选项D，方案设计阶段的投资估算是项目投资决策的重要依据，也是研究、分析、计算项目投资经济效果的重要条件。因此，选项B和选项D均属于投资估算的作用。

6. 【答案】ABD

【解析】本题考查的知识点是设计概算编制内容及依据。单项工程综合概算的费用构成包括建筑工程费用、安装工程费用和设备及工器具购置费用。

第四节 施工图预算的编制

本节知识导图

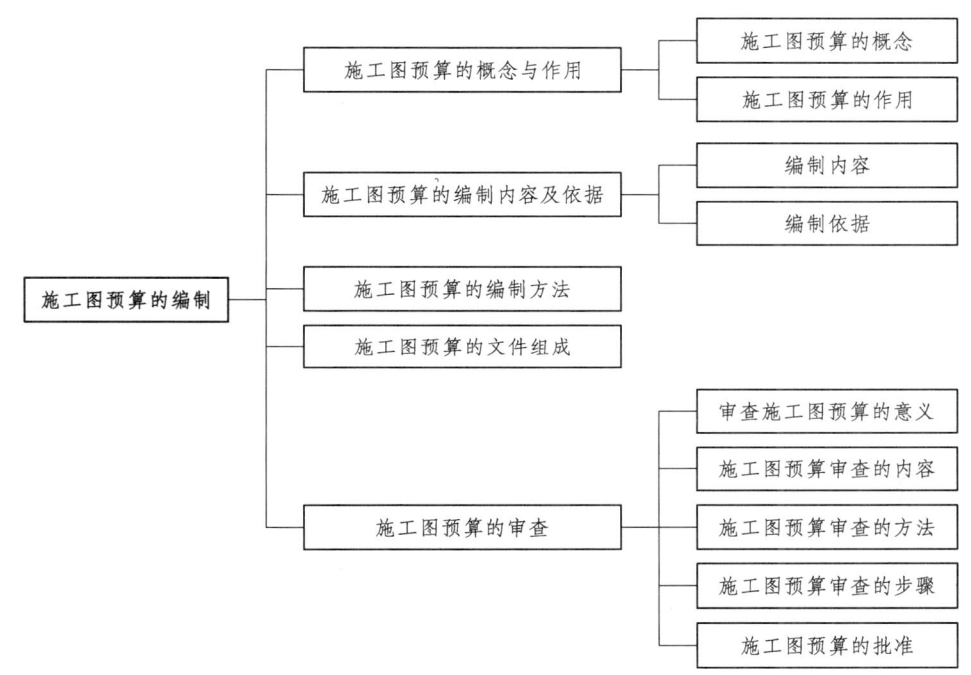

本节习题精选

一、判断题（判断正误，正确的打√，错误的打×）

1. 施工图预算分为单位工程施工图预算、单项工程施工图预算和建设项目总预算。（ ）
2. 施工图预算的编制可以采用工料单价法和综合单价法。（ ）
3. 工料单价法是适应市场经济条件的工程量清单计价模式下的施工图预算编制方法。（ ）
4. 实物量法的优点是能比较及时地将反映各种人工、材料、机械的当时当地市场单价计入预算价格，不需调价，反映当时当地的工程价格水平。（ ）
5. 筛选法的优点是简单易懂，便于掌握，审查速度和发现问题快，但解决差错、分析其原因需继续审查。（ ）

6. 在履行合同中如发生经济纠纷，施工图预算不能作为有关调解、仲裁的法律依据。（　　）

二、单项选择题（每题的备选项中，只有一个最符合题意）

1. 关于施工图预算的作用，下列说法中正确的是（　　）。
   A. 施工图预算可以作为业主拨付工程进度款的基础
   B. 施工图预算是工程造价管理部门制定招标控制价的依据
   C. 施工图预算是业主方进行施工图预算与施工预算"两算"对比的依据
   D. 施工图预算是施工单位安排建设资金计划的依据

2. 有关费用项目计取的审查要注意的方面不包括（　　）。
   A. 措施费的计算是否符合有关的规定标准
   B. 直接费和利润的计取基础是否符合现行规定
   C. 有无巧立名目、乱计费、乱摊费用现象
   D. 预算外调增的材料差价是否计取了企业管理费

3. 对（　　）而言，编制施工图预算可以用来检验工程设计在经济上的合理性。
   A. 投资单位　　B. 设计单位　　C. 施工单位　　D. 监理单位

4. 审查施工图预算方法较多。其中（　　）的优点是简单易懂，便于掌握，审查速度和发现问题快，但解决差错、分析其原因需继续审查。
   A. 全面审查法　　　　　　　B. 标准预算审查法
   C. 筛选审查法　　　　　　　D. 重点抽查法

5. 审查施工图预算方法较多。（　　）的优点是时间短、效果好；缺点是只适应按标准图样设计的工程，适用范围小、具有局限性。
   A. 全面审查法　　　　　　　B. 分组计算审查法
   C. 标准预算审查法　　　　　D. 对比审查法

6. 适应市场经济条件的工程量清单计价模式下的施工图预算编制方法是（　　）。
   A. 实物量法　　　　　　　　B. 可调单价法
   C. 综合单价法　　　　　　　D. 工料单价法

7. 对于工程造价管理部门而言，（　　）是监督、检查执行定额标准、合理确定工程造价、测算造价指数及审查招标工程招标控制价的重要依据。
   A. 设计概算　　　　　　　　B. 预算定额
   C. 综合概算　　　　　　　　D. 施工图预算

8. 编制施工图预算具有重要的意义，下列属于对施工单位作用的是（　　）。
   A. 控制工程投资不突破设计概算
   B. 检验设计方案的经济合理性
   C. 便于进行工程投标和控制分包工程的合同价格
   D. 为业主方提供投资控制咨询服务的依据

9. 编制施工图预算具有重要的意义,下列属于对投资方作用的是(   )。
   A. 检验设计方案的经济合理性
   B. 为业主方提供投资控制咨询服务的依据
   C. 便于进行工程投标和控制分包工程的合同价格
   D. 控制工程投资不突破设计概算

三、多项选择题(每小题所设选项中有 2 个或 2 个以上正确答案,至少有 1 个错项)

1. 对施工企业而言,施工图预算的作用包括(   )。
   A. 施工图预算是投标报价的基础
   B. 施工图预算可作为确定招标控制价的参考依据
   C. 根据施工图预算控制工程成本
   D. 根据施工图预算拨付和结算工程价款
   E. 根据施工图预算进行"两算"对比

2. 加强施工图预算的审查,对于提高预算的准确性,降低工程造价都具有重要的现实意义,其中包括(   )等。
   A. 有利于合理确定和有效控制工程造价,克服和防止预算超概算现象发生
   B. 有利于加强固定资产投资管理,合理使用建设资金
   C. 通过审查工程概算,核实了概算价值
   D. 有利于施工承包合同价的合理确定和控制
   E. 有利于积累和分析各项技术经济指标

3. 对施工企业来说,施工图预算是进行"两算"对比的依据。其中的"两算"是指(   )。
   A. 施工预算   B. 设计概算
   C. 施工图预算   D. 投资估算
   E. 工程结算

4. 下列属于施工图预算审查内容的是(   )。
   A. 工程量的准确性   B. 设备、材料的预算价格
   C. 预算单价的套用   D. 有关费用项目及其取值
   E. 投资经济效果

本节习题解析

一、判断题(判断正误,正确的打√,错误的打×)

1.【答案】√
【解析】本题考查的知识点是施工图预算的编制内容。施工图预算分为单位工程施工图预算、单项工程施工图预算和建设项目总预算。

2.【答案】√

【解析】本题考查的知识点是施工图预算的编制方法。施工图预算的编制可以采用工料单价法和综合单价法。

3.【答案】×

【解析】本题考查的知识点是施工图预算的编制方法。综合单价法是适应市场经济条件的工程量清单计价模式下的施工图预算编制方法。

4.【答案】√

【解析】本题考查的知识点是施工图预算的编制方法。实物量法的优点是能比较及时地将反映各种人工、材料、机械的当时当地市场单价计入预算价格，不需调价，反映当时当地的工程价格水平。

5.【答案】√

【解析】本题考查的知识点是施工图预算的审核方法。筛选法的优点是简单易懂，便于掌握，审查速度和发现问题快，但解决差错、分析其原因需继续审查。

6.【答案】×

【解析】本题考查的知识点是施工图预算对其他有关方的作用。如在履行合同的过程中发生经济纠纷，施工图预算还是有关调解、仲裁、司法机关按照法律程序处理、解决问题的依据。

二、单项选择题（每题的备选项中，只有一个最符合题意）

1.【答案】A

【解析】本题考查的知识点是施工图预算的作用。对投资单位而言，通过施工图预算控制工程投资。作用有：施工图预算可以作为确定合同价款、拨付工程进度款及办理工程结算的基础；施工图预算是控制造价及资金合理使用的依据。投资方按施工图预算造价筹集建设资金，合理安排建设资金计划，确保建设资金的有效使用，保证项目建设顺利进行。

对施工方而言，通过施工图预算进行工程投标和控制分包工程合同价格。其作用有：施工图预算是投标报价的基础；施工图预算是进行"两算"对比的依据。对于工程造价管理部门而言，施工图预算是监督、检查定额标准执行情况、测算造价指数以及审定工程招标限价（或标底）的重要依据。

2.【答案】B

【解析】本题考查的知识点是施工图预算的审查内容。有关费用项目计取的审查要注意以下几个方面：（1）措施费的计算是否符合有关的规定标准，企业管理费和利润的计取基础是否符合现行规定，有无不能作为计费基础的费用列入计费的基础。（2）预算外调增的材料差价是否计取了企业管理费。人工费增减后，有关费用是否相应做了调整。（3）有无巧立名目、乱计费、乱摊费用现象。

3. 【答案】B

【解析】本题考查的知识点是施工图预算的作用。对设计单位而言，通过施工图预算来检验设计方案的经济合理性。其作用有：（1）根据施工图预算进行控制投资。（2）根据施工图预算调整、优化设计。

4. 【答案】C

【解析】本题考查的知识点是施工图预算审查方法。筛选审查法：建筑工程虽然有建筑面积和高度的不同，但是它们的各个分部分项工程的工程量、造价、用工量在每个单位面积上的数值变化不大，把已建工程的这些数据加以分析汇集，归纳为工程量、造价（价值）、用工三个单位面积基本数值分析表，并注明其适用的建筑标准。这些基本数值犹如"筛子孔"用来筛选各分部分项工程，筛下去的就不审查了，没有筛下去的就意味着此分部分项的单位建筑面积数值不在基本数值范围之内，应对该分部分项工程详细审查。筛选法的优点是简单易懂，便于掌握，审查速度和发现问题快，但解决差错、分析其原因需继续审查。

5. 【答案】C

【解析】本题考查的知识点是施工图预算审查方法。标准预算审查法：对于采用标准图纸或通用图纸施工的工程，先集中力量，编制标准预算，以此为标准审查施工图预算。按标准图纸设计或通用图纸施工的工程，预算编制和造价基本相同，可集中力量细审一份预算或编制一份预算，作为这种标准图纸的标准预算，或以这种标准图纸的工程量为标准，对照审查，而对局部不同部分作单独审查即可。这种方法的优点是时间短、效果好；缺点是只适用于按标准图纸设计的工程，适用范围小、具有局限性。

6. 【答案】C

【解析】本题考查的知识点是施工图预算的编制方法。施工图预算的编制可以采用工料单价法和综合单价法。工料单价法是指分部分项工程的工料机单价，以分部分项工程量乘以对应工料单价汇总后另加企业管理费、利润、税金生成单位工程施工图预算造价。按照分部分项工程单价产生的方法不同，工料单价法又可以分为预算单价法和实物量法。而综合单价法是适应市场经济条件的工程量清单计价模式下的施工图预算编制方法。

7. 【答案】D

【解析】本题考查的知识点是施工图预算的作用。对于工程造价管理部门而言，施工图预算是监督、检查定额标准执行情况、测算造价指数以及审定工程招标限价（或标底）的重要依据。

8. 【答案】C

【解析】本题考查的知识点是施工图预算对施工方的作用。选项A，属于对投资方的作用；选项B，属于对设计方的作用；选项D，属于对项目管理等中介服务企业的作用。

9.【答案】D

【解析】本题考查的知识点是施工图预算对投资方的作用。选项 A，属于对设计方的作用；选项 B，属于对项目管理等中介服务企业的作用；选项 C，属于对施工企业的作用。

三、多项选择题（每小题所设选项中有 2 个或 2 个以上正确答案，至少有 1 个错项）

1.【答案】ACE

【解析】本题考查的知识点是施工图预算对施工方的作用。
对施工方而言，通过施工图预算进行工程投标和控制分包工程合同价格。其作用有：（1）施工图预算是投标报价的基础。（2）施工图预算是建筑工程预算包干的依据和签订施工合同的主要内容。（3）施工图预算是安排调配施工力量、组织材料设备供应的依据。（4）施工图预算是控制工程成本的依据。（5）施工图预算是进行"两算"对比的依据。

2.【答案】ABDE

【解析】本题考查的知识点是施工图预算审查。施工图预算审查的意义如下：
（1）有利于合理确定和有效控制工程造价，克服和防止预算超概算现象发生。（2）有利于加强固定资产投资管理，合理使用建设资金。（3）有利于施工承包合同价的合理确定和控制。因为施工图预算对于招标工程，它是编制招标限价、投标报价、签订工程承包合同价、结算合同价款的基础。（4）有利于积累和分析各项技术经济指标，不断提高设计水平。通过审查工程预算，核实了预算价值，为积累和分析技术经济指标提供了准确数据，进而通过有关指标的比较，找出设计中的薄弱环节，以便及时改进，不断提高设计水平。

3.【答案】AC

【解析】本题考查的知识点是施工图预算对施工方的作用。"两算"对比，即通过对施工预算与施工图预算对比分析，找出施工成本偏差过大的分部分项工程，调整施工方案，降低施工成本。

4.【答案】ABCD

【解析】本题考查的知识点是施工图预算审查的内容。选项 E，属于设计概算审查的内容，因此是错误的。

第六章

工程施工招投标阶段造价管理

本章考纲要求

1. 施工招标方式和程序；
2. 施工招投标文件组成；
3. 施工合同示范文本；
4. 工程量清单编制；
5. 最高投标限价编制；
6. 投标报价编制。

本章知识导图

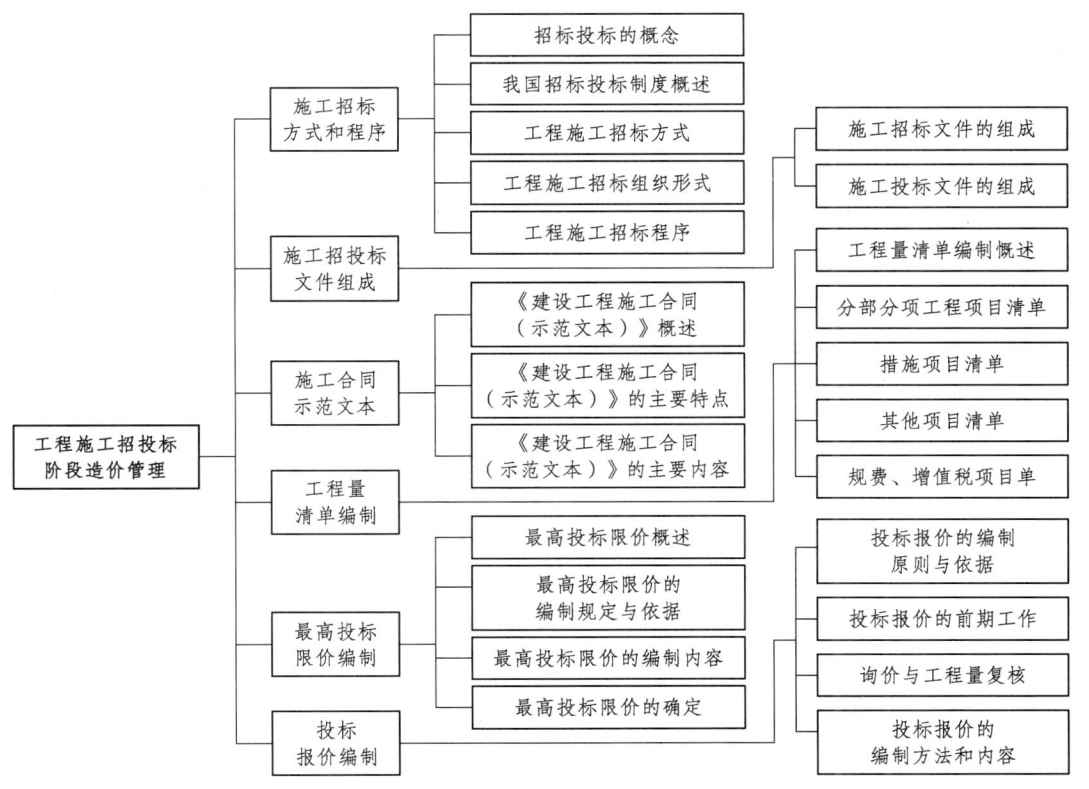

第一节 施工招标方式和程序

本节知识导图

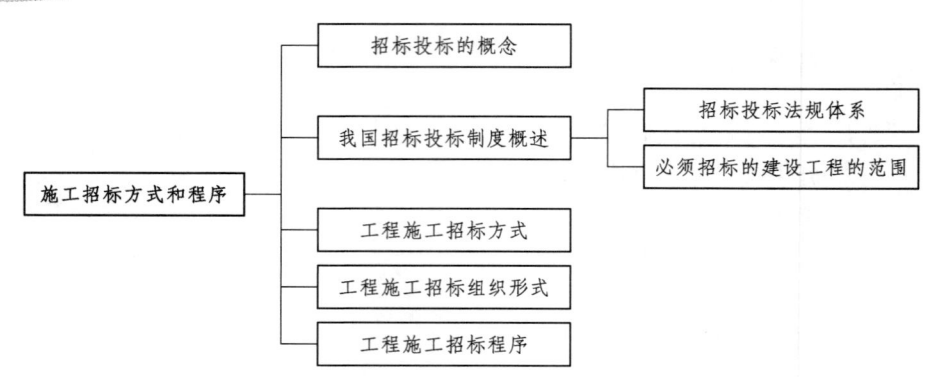

本节习题精选

 一、判断题（判断正误，正确的打√，错误的打×）

1. 招标文件是要约。（　　）
2. 招投标制度产生的根源是市场中买卖双方存在着信息不对称的现象。（　　）
3. 需要向原中标人采购工程、货物或者服务，否则将影响施工或者功能配套要求的项目，可以采用邀请招标的方式。（　　）
4. 招标人采用邀请招标方式的，应当向三个以上具备承担招标项目的能力、资信良好的特定法人或者其他组织发出投标邀请书。（　　）
5. 招标分为招标人自行组织招标和投标人委托招标代理机构代理招标两种组织形式。（　　）
6. 招标人不得以不合理的条件限制或者排斥潜在投标人，不得对潜在投标人实行歧视待遇。（　　）
7. 邀请招标不发布招标公告，但应进行资格预审。（　　）

二、单项选择题（每题的备选项中，只有一个最符合题意）

1. 某电力工程招标项目，下列说法正确的是（　　）。
   A. 施工单项合同额小于450万元的，可以不招标
   B. 重要设备、材料采购，单项合同额小于300万元的，可以不招标

C. 勘察、设计或监理单项合同额小于 150 万元的，可以不招标

D. 监理单项合同额为 150 万元，必须招标

2. 下列建设项目中，属于依法应当进行公开招标范围的是（　　）。

A. 涉及国家安全、国家秘密的项目

B. 使用国有企业事业单位资金，并且该资金占控股或者主导地位的项目

C. 使用企业事业单位自有资金的项目

D. 使用上市公司资金的项目

3. 建设项目招标投标是国际上广泛采用的（　　）择优选择工程承包商的主要交易方式。

A. 业主　　　　B. 承包商　　　　C. 单位　　　　D. 个人

4. 关于招标方式的说法，正确的是（　　）。

A. 公开招标是招标人以招标公告的方式邀请特定的法人或者其他组织投标

B. 邀请招标是指招标人以投标邀请书的方式要求五个以上特定的法人或者其他组织投标

C. 招标人不得以不合理的条件限制或者排斥潜在投标人

D. 与邀请招标方式相比，公开招标的优点为节约了招标费用、缩短了招标时间

5. 关于招标投标制度的作用，下列说法错误的是（　　）。

A. 节省资金、确保质量，保证项目按期完成

B. 创造公平竞争的市场环境

C. 有利于缩短施工的工期

D. 有利于克服不正当竞争

6. 关于勘察、设计、施工、监理以及重要设备、材料的采购，不属于必须招标的是（　　）。

A. 施工单项合同估算价为 350 万元

B. 重要设备、材料等货物的采购，单项合同估算价为 300 万元

C. 勘察和设计服务的采购，单项合同估算价为 150 万元

D. 监理服务的采购，单项合同估算价为 150 万元

7. 全部或者部分使用国有资金投资或者国家融资的项目，包括（　　）。

A. 使用预算资金 100 万元以上，并且该资金占投资额 10% 以上的项目

B. 使用预算资金 150 万元以上，并且该资金占投资额 15% 以上的项目

C. 使用预算资金 200 万元以上，并且该资金占投资额 10% 以上的项目

D. 使用预算资金 200 万元以上，并且该资金占投资额 15% 以上的项目

8. 关于公开招标的缺点，下列说法错误的是（　　）。

A. 评标的工作量大　　　　　　　　B. 招标时间长

C. 费用高　　　　　　　　　　　　D. 投标人可能会提高中标合同价格

三、多项选择题（每小题所设选项中有2个或2个以上正确答案，至少有1个错项）

1. 在招标方式中，邀请招标与公开招标比较，其缺点主要有（　　）等。
   A. 选择面窄，有可能排除某些在技术上或报价上有竞争力的承包商参与投标
   B. 投标竞争的激烈程度较差
   C. 招标时间长
   D. 对投标申请者进行评标的工作量大
   E. 招标费用高

2. 工程建设项目招标的组织形式有（　　）。
   A. 公开招标　　　　　　　　　　B. 自行组织招标
   C. 邀请招标　　　　　　　　　　D. 委托工程招标代理机构代理招标
   E. 上级主管部门组织招标

3. 规范我国境内招标采购活动的两大基本法律为（　　）。
   A.《招标投标法》　　　　　　　　B.《政府采购法》
   C.《合同法》　　　　　　　　　　D.《价格法》
   E.《建筑法》

4. 可以不进行招标的情况包括（　　）。
   A. 涉及国家安全、国家秘密或抢险救灾
   B. 需要采用不可替代的专利技术
   C. 施工单项合同估算价在400万元以上
   D. 采购人依法能够自行建设、生产或者提供
   E. 需要向原中标人采购工程、货物或者服务

本节习题解析

一、判断题（判断正误，正确的打√，错误的打×）

1.【答案】×
【解析】本题考查的知识点是招标投标的概念。根据我国《合同法》相关规定，建设工程招标文件是要约邀请，投标文件是要约，中标通知书则是承诺。

2.【答案】√
【解析】本题考查的知识点是招标投标的概念。因为信息不对称，交易可能存在不公平，鉴于此，一方构建一个充分竞争的交易环境，迫使对方为赢得合同而相互竞争，招投标活动就产生了。

第六章 工程施工招投标阶段造价管理

3. 【答案】×

   【解析】本题考查的知识点是必须招标的建设工程范围。需要向原中标人采购工程、货物或者服务，否则将影响施工或者功能配套要求的项目，可以不进行招标。

4. 【答案】√

   【解析】本题考查的知识点是工程施工招标方式。招标人采用邀请招标方式的，应当向三个以上具备承担招标项目的能力、资信良好的特定法人或者其他组织发出投标邀请书。

5. 【答案】×

   【解析】本题考查的知识点是工程施工招标组织形式。招标分为招标人自行组织招标和招标人委托招标代理机构代理招标两种组织形式。

6. 【答案】√

   【解析】本题考查的知识点是工程施工招标方式。招标人不得以不合理的条件限制或者排斥潜在投标人，不得对潜在投标人实行歧视待遇。

7. 【答案】×

   【解析】本题考查的知识点是工程施工招标方式。邀请招标不发布招标公告，也不进行资格预审，只需向三个以上具备承担招标项目能力的特定法人或者其他组织发出投标邀请书。

二、单项选择题（每题的备选项中，只有一个最符合题意）

1. 【答案】D

   【解析】本题考查的知识点是必须招标的建设工程范围。规定范围内的项目，其勘察、设计、施工、监理以及与工程建设有关的重要设备、材料等的采购达到下列标准之一的，必须招标：① 施工单项合同估算价在 400 万元以上。② 重要设备、材料等货物的采购，单项合同估算价在 200 万元以上。③ 勘察、设计、监理等服务的采购，单项合同估算价在 100 万元以上。同一项目中可以合并进行的勘察、设计、施工、监理以及与工程建设有关的重要设备、材料等的采购，合同估算价合计达到前款规定标准的，必须招标。

2. 【答案】B

   【解析】本题考查的知识点是必须招标的建设工程范围。《招标投标法》规定，涉及国家安全、国家秘密、抢险救灾或者属于利用扶贫资金实行以工代赈、需要使用农民工等特殊情况，不适宜进行招标的项目，按照国家有关规定可以不进行招标。A 选项不属于公开招标。《招标投标法实施条例》明确规定，国有资金占控股或者主导地位的依法必须进行招标的项目，应当公开招标，B 选项正确。C 选项不完整。D 选项不符合必须进行公开招标的项目。

3.【答案】A

【解析】本题考查的知识点是招标投标的概念。招标投标是商品经济中的一种竞争性市场交易方式，通常适用于大宗交易。它的特点是由唯一的买主（或卖主）设定标的，招请若干个卖主（或买主）通过报价进行竞争，从中选择优胜者与之达成交易协议，随后按协议实现标的。工程建设项目招标投标是国际上广泛采用的建设项目业主择优选择工程承包商或材料设备供应商的主要交易方式。

4.【答案】C

【解析】本题考查的知识点是工程施工招标方式。公开招标，是指招标人以招标公告的方式邀请不特定的法人或者其他组织投标，A选项错。邀请招标，是指招标人以投标邀请书的方式邀请特定的法人或者其他组织投标，招标人采用邀请招标方式的，应当向三个以上具备承担招标项目的能力、资信良好的特定的法人或者其他组织发出投标邀请书，B选项错。与公开招标方式相比，邀请招标的优点是不发布招标公告，不进行资格预审，简化了招标程序，因而节约了招标费用、缩短了招标时间，D选项错。

5.【答案】C

【解析】本题考查的施工招标方式和程序的相关内容。招标投标制度意在鼓励竞争，防止垄断，其作用主要体现在几个方面：① 节省资金、确保质量，保证项目按期完成；② 创造公平竞争的市场环境；③ 能够保证在市场经济条件下进行最大限度的竞争；④ 有利于克服不正当竞争；⑤ 有利于保护国家利益、社会公共利益和招标投标活动当事人的合法权益。

6.【答案】A

【解析】本题考查的知识点是必须招标的建设工程范围。勘察、设计、施工、监理以及重要设备、材料的采购，达到下列标准之一的，必须招标：① 施工单项合同估算价在 400 万元以上；② 重要设备、材料等货物的采购，单项合同估算价在 200 万元以上；③ 勘察、设计、监理等服务的采购，单项合同估算价在 100 万元以上。其中，选项 A 中的施工单项合同估算价未超过 400 万元，不属于必须招标的范畴，因此选项 A 是错误的。

7.【答案】C

【解析】本题考查的知识点是必须招标的建设工程范围。全部或者部分使用国有资金投资或者国家融资的项目，包括：① 使用预算资金 200 万元以上，并且该资金占投资额 10%以上的项目；② 使用国有企业事业单位资金，并且该资金占控股或者主导地位的项目。

8.【答案】D

【解析】本题考查的知识点是工程施工招标方式。公开招标的缺点：对投标申请者进行资格预审和评标的工作量大，招标时间长，费用高；若招标人对投标人资格条件设置不当，常导致投标人之间的差异较大，导致评标困难，甚至恶意报价；招标人和投标人之间可能缺乏互信，增大履约风险。选项 D，属于邀请招标的缺点，因此是错误的。

三、多项选择题（每小题所设选项中有 2 个或 2 个以上正确答案，至少有 1 个错项）

1. 【答案】AB

   【解析】本题考查的知识点是工程施工招标方式。与公开招标方式相比，邀请招标的优点是不发布招标公告，不进行资格预审，简化了招标程序，因而节约了招标费用、缩短了招标时间。而且由于招标人比较了解投标人，从而减少了合同履约过程中承包商违约的风险。邀请招标的缺点主要体现在邀请招标的投标竞争激烈程度较差，有可能会提高中标合同价格，也有可能排除某些在技术上或报价上有竞争力的承包商参与投标。

2. 【答案】BD

   【解析】本题考查的知识点是工程施工招标组织形式。招标只有自行招标和委托招标两种形式。

3. 【答案】AB

   【解析】本题考查的知识点是招标投标法规体系。《招标投标法》和《政府采购法》是规范我国境内招标采购活动的两大法律。

4. 【答案】ABDE

   【解析】本题考查的知识点是必须招标的建设工程范围。选项 C，施工单项合同估算价在 400 万元以上的情况，必须招标，因此选项 C 是错误的。

第二节　施工招投标文件组成

本节知识导图

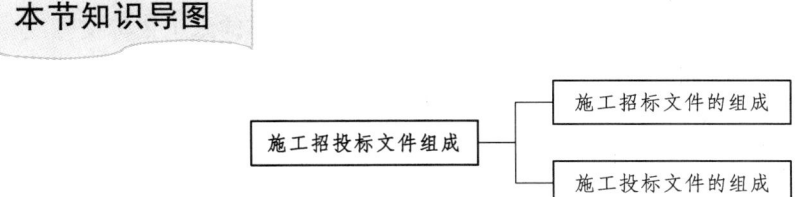

本节习题精选

一、判断题（判断正误，正确的打√，错误的打×）

1. 招标人应当在收到异议之日起 7 日内作出答复。（   ）
2. 同一专业的单位组成的联合体，按照资质等级较高的单位确定资质等级。（   ）
3. 招标人对招标文件进行澄清或者修改，应当在投标截止时间至少 10 日前以书面形式通知所有获取招标文件的潜在投标人。（   ）
4. 采用进行资格预审的公开招标时，招标文件中应包括投标邀请书。（   ）
5. 投标保证金不得超过招标项目估算价的 2%，且最高不得超过 80 万元。（   ）

二、单项选择题（每题的备选项中，只有一个最符合题意）

1. 下列关于投标的说法，错误的是（   ）。
   A. 投标文件未经投标单位盖章和单位负责人签字的，招标人应当拒收
   B. 投标文件未按照招标文件要求密封的，招标人应当拒收
   C. 投标截止后投标人撤销投标文件的，招标人可以不退还投标保证金
   D. 投标人在招标文件要求提交投标文件的截止时间前，可以补充、修改或者撤回已提交的投标文件

2. 根据《工程建设项目施工招标投标办法》，关于投标保证金说法正确的是（   ）。
   A. 投标保证金最高不得超过 50 万元
   B. 招标人发了中标通知书，投标保证金的有效期自动终止
   C. 投标保证金只能以现金的方式提交
   D. 招标人不得挪用投标保证金

3. 依法必须进行招标的项目，自招标文件开始发出之日起至投标人提交投标文件截止之日止，最短不得少于（   ）天。
   A. 5   B. 7
   C. 14   D. 20

4. 根据《标准施工招标文件》（2007 年版），进行了资格预审的施工招标文件应包括（   ）。
   A. 招标公告   B. 投标资格条件
   C. 投标邀请书   D. 评标委员会名单

三、多项选择题（每小题所设选项中有 2 个或 2 个以上正确答案，至少有 1 个错项）

1. 关于联合体投标，下列说法中正确的有（　　）。
   A. 两个以上法人或者其他组织可以组成一个联合体，以多个投标人的身份共同投标
   B. 联合体各方均应当具备承担招标项目的相应能力
   C. 联合体中标的，联合体各方应当共同与招标人签订合同，就中标项目实施过程中的责任份额承担按份责任
   D. 由同一专业的单位组成的联合体，按照资质等级较低的单位确定资质等级
   E. 联合体各方只要有其中一方具备承担招标项目的相应能力即可

2. 投标文件中应包含的内容有（　　）。
   A. 投标函及投标函附录　　　　B. 已标价工程量清单
   C. 招标文件的有关摘要　　　　D. 拟分包项目情况表
   E. 施工组织设计

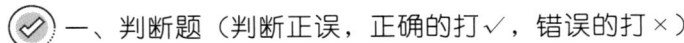

本节习题解析

一、判断题（判断正误，正确的打√，错误的打×）

1. 【答案】×
【解析】本题考查的知识点是施工招标文件的组成。招标人应当在收到异议之日起 3 日内作出答复，作出答复前，应当暂停招标投标活动。

2. 【答案】×
【解析】本题考查的知识点是投标文件的组成。同一专业的单位组成的联合体，按照资质等级较低的单位确定资质等级。

3. 【答案】×
【解析】本题考查的知识点是施工招标文件的组成。招标人对招标文件进行澄清或者修改，应当在投标截止时间至少 15 日前以书面形式通知所有获取招标文件的潜在投标人。

4. 【答案】√
【解析】本题考查的知识点是施工招标文件的内容。当采用邀请招标，或者采用进行资格预审的公开招标时，招标文件中应包括投标邀请书。

5. 【答案】√
【解析】本题考查的知识点是施工招标文件的内容。投标保证金不得超过招标项目估算价的 2%，且最高不得超过 80 万元。

二、单项选择题（每题的备选项中，只有一个最符合题意）

1. 【答案】A

   【解析】本题考查的知识点是投标文件的组成。选项 A 错误，不是拒收，是否决其投标。投标文件未经投标单位盖章和单位负责人签字的，投标人不符合国家或者招标文件规定的资格条件的，评标委员会应当否决其投标。

2. 【答案】D

   【解析】本题考查的知识点是投标保证金。招标人要求递交投标保证金的，应在招标文件中明确。投标保证金不得超过招标项目估算价的 2%，且最高不得超过 80 万元。投标保证金有效期应当与投标有效期一致。依法必须进行招标的项目的境内投标单位，以现金或者支票形式提交的投标保证金应当从其基本账户转出。招标人不得挪用投标保证金。投标人不按要求提交投标保证金的，其投标文件作废标处理。

3. 【答案】D

   【解析】本题考查的知识点是施工招标文件的内容。在投标过程中应当确定投标人编制投标文件所需要的合理时间。依法必须进行招标的项目，自招标文件开始发出之日起至投标人提交投标文件截止之日止，最短不得少于 20 日。

4. 【答案】C

   【解析】本题考查的知识点是施工招投标文件组成。招标文件中应包括投标邀请书，该邀请书可代替资格预审通过通知书。

三、多项选择题（每小题所设选项中有 2 个或 2 个以上正确答案，至少有 1 个错项）

1. 【答案】BD

   【解析】本题考查的知识点是投标文件的组成。选项 A 错误，招标文件载明接受联合体投标的，两个以上法人或者其他组织可以组成一个联合体，以一个投标人的身份共同投标。选项 C 错误，联合体中标的，联合体各方应当共同与招标人签订合同，就中标项目向招标人承担连带责任。选项 E 错误，联合体各方均应当具备承担招标项目的相应能力。

2. 【答案】ABDE

   【解析】本题考查的知识点是投标文件的组成。投标文件应包括下列内容：① 投标函及投标函附录；② 法定代表人身份证明或附有法定代表人身份证明的授权委托书；③ 联合体协议书；④ 投标保证金；⑤ 已标价工程量清单；⑥ 施工组织设计；⑦ 项目管理机构；⑧ 拟分包项目情况表；⑨ 资格审查资料；⑩ 投标人须知前附表规定的其他材料。

第三节　施工合同示范文本

本节知识导图

- 施工合同示范文本
  - 《建设工程施工合同（示范文本）》概述
    - 《建设工程施工合同（示范文本）》的组成
    - 《建设工程施工合同（示范文本）》的性质和适用范围
  - 《建设工程施工合同（示范文本）》的主要特点
  - 《建设工程施工合同（示范文本）》的主要内容
    - 词语定义与解释
    - 资金来源证明及支付担保
    - 履约担保
    - 安全文明施工费
    - 工期延误
    - 不利物质条件
    - 暂停施工
    - 提前竣工
    - 材料与工程设备的保管与使用
    - 变更
    - 价格调整
    - 合同价格、计量与支付
    - 竣工结算
    - 缺陷责任与保修
    - 不可抗力
    - 索赔

本节习题精选

一、判断题（判断正误，正确的打√，错误的打×）

1. 在价格调整公式中，各可调因子的现行价格指数，指约定的付款证书相关周期最后一天的前 28 天的各可调因子的价格指数。（ ）
2. 合同价格形式分为单价合同、总价合同和其他价格形式。（ ）
3. 因不可抗力造成施工人员伤亡的损失，由发包人承担。（ ）
4. 因不可抗力导致合同无法履行连续超过 84 天或累计超过 140 天，发包人和承包人均有权解除合同。（ ）
5. 承包人采购的材料和工程设备由承包人妥善保管，保管费用由发包人承担。（ ）
6. 签约合同价不包括暂列金额。（ ）
7.《建设工程施工合同（示范文本）》规定，发包人应在开工后 28 天内预付安全文明施工费总额的 50%，其余部分与进度款同期支付。（ ）
8. 质量保证金，是指按照合同约定，承包人用于保证其在缺陷责任期内履行缺陷修补义务的担保。（ ）
9. 不利物质条件包括气候条件。（ ）

二、单项选择题（每题的备选项中，只有一个最符合题意）

1. 根据我国《建设工程质量保证金管理暂行办法》有关规定，下列表述中错误的是（ ）。
   A. 缺陷责任期从工程通过竣（交）工验收之日起计算
   B. 由于发包人原因导致工程无法按规定期限进行竣（交）工验收的，在承包人提交竣（交）工验收报告 90 天后，工程自动进入缺陷责任期
   C. 质量保证金按工程价款结算总额的 5%预留
   D. 缺陷责任期内，承包人维修并承担相应费用后，不免除对工程的一般损失赔偿责任
2. 在建设工程施工合同文件的组成中，（ ）是就工程建设的实施及相关事项，对合同当事人的权利义务做出的原则性约定。
   A. 专用条款　　　B. 通用条款　　　C. 协议书　　　D. 附件
3. 根据《建设工程价款结算暂行办法》，在具备施工条件的前提下，发包人支付预付款的期限应是（ ）。
   A. 不迟于约定的开工日期前的 7 天内
   B. 不迟于约定的开工日期后的 7 天内
   C. 不迟于约定的开工日期前的 14 天内
   D. 不迟于约定的开工日期后的 14 天内

4. 关于保证（保修）金使用及返还的叙述不正确的是（　　）。
   A. 在缺陷责任期内，承包人应认真履行合同约定的责任
   B. 承包人维修并承担相应费用后，免除对工程的一般损失赔偿责任
   C. 承包人已经提供履约担保的，发包人不得同时预留工程质量保证金
   D. 经查明属他人原因造成的缺陷，发包人负责组织维修，承包人不承担费用

5. 《建筑工程施工合同（示范文本）》合同文件执行的优先顺序是（　　）。
   A. 合同协议书→合同通用条款→合同专用条款→技术标准和要求→已标价工程量清单或预算书
   B. 合同协议书→合同专用条款→合同通用条款→技术标准和要求→已标价工程量清单或预算书
   C. 技术标准和要求→合同协议书→合同专用条款→合同通用条款→已标价工程量清单或预算书
   D. 技术标准和要求→合同协议书→已标价工程量清单或预算书→合同通用条款→合同专用条款

6. 承包人应在知道或应当知道索赔事件发生后（　　）天内，向监理人递交索赔意向通知书。
   A. 7　　　　B. 14　　　　C. 21　　　　D. 28

7. 由于承包人原因造成某项缺陷或损坏，使某项工程或工程设备不能按原定目标使用而需要再次检查、检验和修复的，发包人有权要求承包人相应延长缺陷责任期，但缺陷责任期最长不超过（　　）年。
   A. 2　　　　B. 3　　　　C. 5　　　　D. 6

8. 缺陷责任期的开始计算日期为（　　）。
   A. 工程完工之日　　　　B. 提交竣工验收申请之日
   C. 通过竣工验收之日　　D. 通过竣工验收后30天

9. 根据合同通用条款规定的文件解释优先顺序，下列文件中具有最优先解释权的是（　　）。
   A. 规范标准　　　　B. 中标通知书
   C. 合同协议书　　　D. 设计文件

10. 承包人的预付款保函的担保金额根据预付款扣回的数额（　　）。
    A. 相应减少　　　　B. 相应递增
    C. 逐渐失效　　　　D. 保持不变

11. 发包人逾期支付安全文明费超过（　　）天，承包人有权向其发出催告通知。
    A. 3　　　　B. 5　　　　C. 7　　　　D. 14

12. 预付款应该在开工通知载明的开工日期（　　）天前支付。
    A. 1　　　　B. 3　　　　C. 5　　　　D. 7

三、多项选择题（每小题所设选项中有 2 个或 2 个以上正确答案，至少有 1 个错项）

1. 下列关于预付款担保的说法中，正确的是（　　）。
   A. 预付款担保应在施工合同签订后、预付款支付前提供
   B. 预付款担保必须采用银行保函的形式
   C. 承包人中途毁约，中止工程，发包人有权从预付款担保金额中获得预付款补偿
   D. 发包人应在预付款扣完后将预付款保函退还承包人
   E. 在预付款全部扣回之前，预付款保函应始终保持有效，且担保金额应与预付款金额一致

2. 关于工程质量保证（保修）金的预留、使用及管理，下列说法正确的有（　　）。
   A. 发包人应按照合同约定方式预留保证金，保证金总预留比例不得高于工程价款结算总额的 3%
   B. 质量保证金的计算额度包括预付款的支付、扣回以及价格调整的金额
   C. 建设工程竣工结算后，发包人应及时向承包人支付工程结算价款并预留保证金
   D. 监理人应从第一个付款周期开始，在发包人的进度付款中，按专用合同条款的约定扣留质量保证金
   E. 他人原因造成的缺陷，发包人负责组织维修，承包人不承担费用，且发包人不得从保证金中扣除费用

3. 关于工程质量保证金的使用及返还，叙述正确的有（　　）。
   A. 如果承包人没有认真履行合同约定的保修责任，则发包人可以按照合同约定扣除保证金，并要求承包人赔偿相应的损失
   B. 发包人在接到承包人返还保证金申请后，应于 28 天内会同承包人按照合同约定的内容进行核实
   C. 发包人在接到承包人返还保证金申请后 14 天内不予答复，经催告后 14 天内仍不予答复的，视同认可承包商的返还保证金申请
   D. 发包人和承包人对保证金预留、返还以及工程维修质量、费用有争议，按照合同约定的争议和纠纷解决程序处理
   E. 在缺陷责任期内，承包人认真履行合同约定的责任，到期后，承包人向发包人申请返还保证金

4. 关于缺陷责任期，下列说法正确的是（　　）。
   A. 缺陷责任期从工程通过竣工验收之日起开始计算
   B. 因发包人的原因导致工程无法按期进行竣工验收的，在承包人提交竣工验收报告 60 天后，自动进入缺陷责任期
   C. 发包人未经竣工验收擅自使用工程的，缺陷责任期自工程转移占有之日起计算

D. 在缺陷责任期内，由承包人原因造成的缺陷，承包人负责维修
E. 缺陷责任期最长不超过 24 个月
5. 关于安全文明施工费，下列说法正确的是（　　）。
A. 安全文明施工费由发包人承担
B. 因基准日期后合同所适用的法律发生变化，增加的安全文明施工费由发包人承担
C. 承包人经发包人同意采取合同约定以外的安全措施所产生的费用，由发包人承担
D. 承包人未经发包人同意采取合同约定以外的安全措施所产生的费用，如果该措施避免了发包人的损失，由承包人承担
E. 承包人未经发包人同意采取合同约定以外的安全措施所产生的费用，如果该措施避免了承包人的损失，由承包人承担

本节习题解析

一、判断题（判断正误，正确的打√，错误的打×）

1. 【答案】×
【解析】本题考查的知识点是价格调整。各可调因子的现行价格指数，指约定的付款证书相关周期最后一天的前 42 天的各可调因子的价格指数。
2. 【答案】√
【解析】本题考查的知识点是合同价格形式。合同价格形式分为单价合同、总价合同和其他价格形式。
3. 【答案】×
【解析】本题考查的知识点是不可抗力。因不可抗力造成的不良后果，发包人和承包人承担各自人员伤亡和财产的损失。因此，因不可抗力造成施工人员伤亡的损失，由承包人承担。
4. 【答案】√
【解析】本题考查的知识点是不可抗力。因不可抗力导致合同无法履行连续超过 84 天或累计超过 140 天，发包人和承包人均有权解除合同。
5. 【答案】×
【解析】本题考查的知识点是材料与工程设备的保管与使用。承包人采购的材料和工程设备由承包人妥善保管，保管费用由承包人承担。
6. 【答案】×
【解析】本题考查的知识点是《建设工程施工合同（示范文本）》的主要内容。签约合同价是指发包人和承包人在合同协议书中确定的总金额，包括安全文明施工费、暂估价及暂列金额等。

7.【答案】√

【解析】本题考查的知识点是《建设工程施工合同（示范文本）》的主要内容。发包人应在开工后 28 天内预付安全文明施工费总额的 50%，其余部分与进度款同期支付。

8.【答案】√

【解析】本题考查的知识点是词语定义与解释。

9.【答案】×

【解析】本题考查的知识点是不利物质条件。不利物质条件是指有经验的承包人在施工现场遇到的不可预见的自然物质条件、非自然的物质障碍和污染物，但不包括气候条件。

二、单项选择题（每题的备选项中，只有一个最符合题意）

1.【答案】C

【解析】本题考查的知识点是缺陷责任与保修。缺陷责任期从工程通过竣工验收之日起计算，合同当事人应在专用合同条款约定缺陷责任期的具体期限，但该期限最长不超过 24 个月。发包人累计扣留的质量保证金不得超过工程价款结算总额的 3%。

2.【答案】B

【解析】本题考查的知识点是《建设工程施工合同（示范文本）》的组成。通用合同条款是合同当事人根据《建筑法》《合同法》等法律法规的规定，就工程建设的实施及相关事项，对合同当事人的权利义务做出的原则性约定。通用合同条款共计20条，具体条款分别为：一般约定、发包人、承包人、监理人、工程质量、安全文明施工与环境保护、工期和进度、材料与设备、试验与检验、变更、价格调整、合同价格、计量与支付、验收和工程试车、竣工结算、缺陷责任与保修、违约、不可抗力、保险、索赔和争议解决。

3.【答案】A

【解析】本题考查的知识点是预付款。预付款的支付按照专用合同条款约定执行，但至迟应在开工通知载明的开工日期 7 天前支付。预付款应当用于材料、工程设备、施工设备的采购及修建临时工程、组织施工队伍进场等。

4.【答案】B

【解析】本题考查的知识点是缺陷责任与保修。在缺陷责任期内，由承包人原因造成的缺陷，承包人应负责维修，并承担鉴定及维修费用。如承包人不维修也不承担费用，发包人可按合同约定从保证金或银行保函中扣除，费用超出保证金额的，发包人可按合同约定向承包人进行索赔。承包人维修并承担相应费用后，不免除对工程的损失赔偿责任。发包人有权要求承包人延长缺陷责任期，并应在原缺陷责任期届满前发出延长通知。但缺陷责任期（含延长部分）最长不能超过 24

个月。由他人原因造成的缺陷，发包人负责组织维修，承包人不承担费用，且发包人不得从保证金中扣除费用。在缺陷责任期内，承包人认真履行合同约定的责任，到期后，承包人可向发包人申请返还保证金。在工程项目竣工前，承包人已经提供履约担保的，发包人不得同时预留工程质量保证金。

5. 【答案】B

    【解析】本题考查的知识点是合同文件的优先顺序。通用合同条款规定，组成合同的各项文件应互相解释，互为说明。除专用合同条款另有约定外，解释合同文件的优先顺序如下：① 合同协议书；② 中标通知书（如果有）；③ 投标函及投标函附录（如果有）；④ 专用合同条款及其附件；⑤ 通用合同条款；⑥ 技术标准和要求；⑦ 图纸；⑧ 已标价工程量清单或预算书；⑨ 其他合同文件。

6. 【答案】D

    【解析】本题考查的知识点是索赔程序。承包人应在知道或应当知道索赔事件发生后 28 天内，向监理人递交索赔意向通知书，并说明发生索赔事件的事由；承包人未在前述 28 天内发出索赔意向通知书的，丧失要求追加付款和（或）延长工期的权利。

7. 【答案】A

    【解析】本题考查的知识点是缺陷责任与保修。缺陷责任期内，由承包人原因造成的缺陷，承包人应负责维修，并承担鉴定及维修费用。如承包人不维修也不承担费用的，发包人可按合同约定从保证金或银行保函中扣除，费用超出保证金额的，发包人可按合同约定向承包人进行索赔。承包人维修并承担相应费用后，不免除对工程的损失赔偿责任。发包人有权要求承包人延长缺陷责任期，并应在原缺陷责任期届满前发出延长通知。但缺陷责任期（含延长部分）最长不能超过 24 个月。

8. 【答案】C

    【解析】本题考查的知识点是缺陷责任与保修。缺陷责任期从工程通过竣工验收之日起计算，合同当事人应在专用合同条款中约定缺陷责任期的具体期限，但该期限最长不超过 24 个月。

9. 【答案】C

    【解析】本题考查的知识点是合同文件的优先顺序。除专用合同条款另有约定外，解释合同文件的优先顺序如下：① 合同协议书；② 中标通知书（如果有）；③ 投标函及投标函附录（如果有）；④ 专用合同条款及其附件；⑤ 通用合同条款；⑥ 技术标准和要求；⑦ 图纸；⑧ 已标价工程量清单或预算书；⑨ 其他合同文件。

10. 【答案】A

    【解析】本题考查的知识点是预付款。发包人在工程款中逐期扣回预付款后，预付款担保额度应相应减少，但剩余的预付款担保金额不得低于未被扣回的预付款金额。

11. 【答案】C

【解析】本题考查的知识点是安全文明施工费。发包人逾期支付安全文明费超过7天，承包人有权向其发出催告通知。

12. 【答案】D

【解析】本题考查的知识点是合同价格、计量与支付。预付款应该在开工通知载明的开工日期 7 天前支付。

三、多项选择题（每小题所设选项中有 2 个或 2 个以上正确答案，至少有 1 个错项）

1. 【答案】ACDE

【解析】本题考查的知识点是预付款。选项 B 错误，预付款担保可采用银行保函、担保公司担保等形式，具体由合同当事人在专用合同条款中约定。

2. 【答案】ACDE

【解析】本题考查的知识点是质量保证金。选项 B 错误，正确的说法是质量保证金的计算基数不包括预付款的支付、扣回以及价格调整的金额。

3. 【答案】ACDE

【解析】本题考查的知识点是质量保证金。工程质量保证（保修）金的使用及返还的要求包括：在缺陷责任期内，承包人认真履行合同约定的责任，到期后，承包人向发包人申请返还保证金。发包人在接到承包人返还保证金申请后，应于 14 天内会同承包人按照合同约定的内容进行核实。如无异议，发包人应当在核实后 14 天内将保证金返还承包人，逾期支付的，依法承担违约责任。发包人在接到承包人返还保证金申请后 14 天内不予答复，经催告后 14 天内仍不予答复的，视同认可承包商的返还保证金申请。发包人和承包人对保证金预留、返还以及工程维修质量、费用有争议，按照合同约定的争议和纠纷解决程序处理。

4. 【答案】ACDE

【解析】本题考查的知识点是缺陷责任与保修。选项 B，因发包人的原因导致工程无法按期进行竣工验收的，在承包人提交竣工验收报告 90 天后，自动进入缺陷责任期。

5. 【答案】ABCE

【解析】本题考查的知识点是安全文明施工费。选项 D，承包人未经发包人同意采取合同约定以外的安全措施所产生的费用，如果该措施避免了发包人的损失，则发包人在避免损失的额度内承担该措施费。

第四节　工程量清单编制

本节知识导图

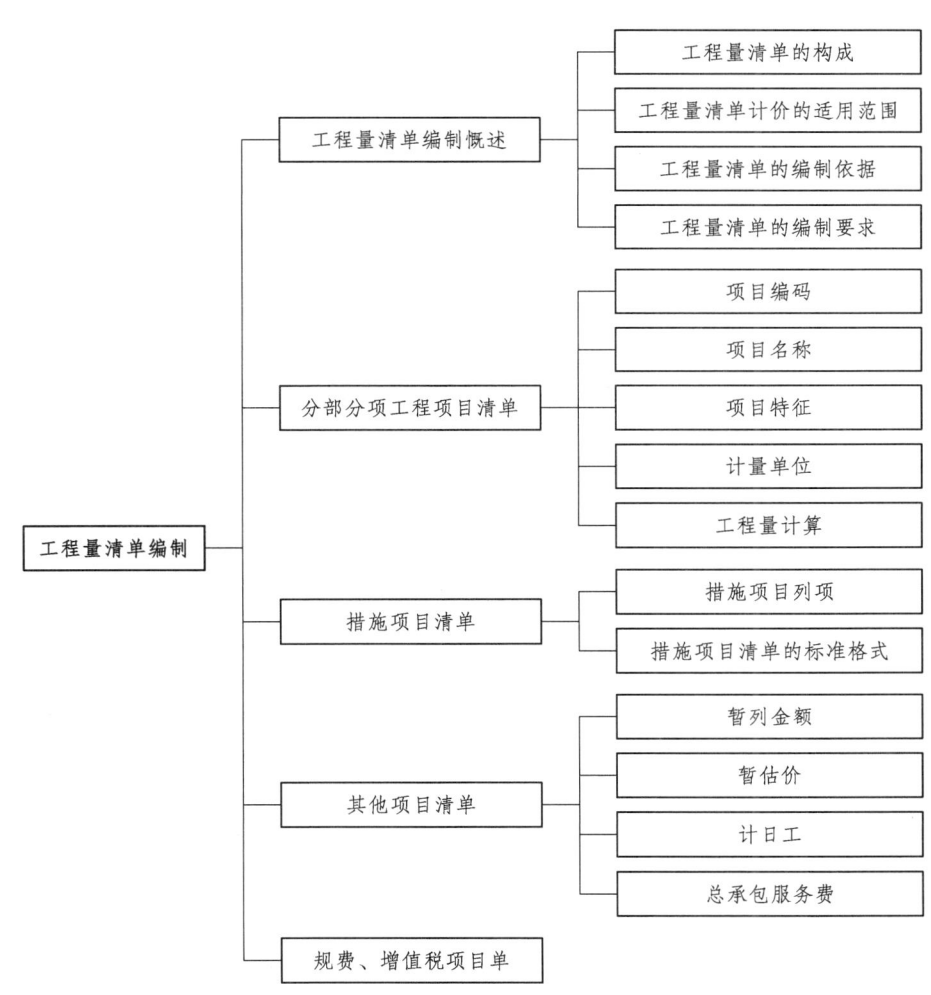

本节习题精选

一、判断题（判断正误，正确的打√，错误的打×）

1. 使用国有资金投资的建设工程发承包，可选择采用工程量清单计价。（　　）
2. 非国有资金投资的建设工程，可不采用工程量清单计价。（　　）
3. 暂列金额是工程合同签订时用于支付必然发生但暂时不能确定价格的金额。（　　）
4. 项目编码的第四级表示分部工程顺序码。（　　）
5. 安全文明施工费的计算基础可以是"定额人工费＋定额材料费"。（　　）
6. 编制投标报价时，总承包服务费应根据招标工程量清单中列出的内容和提出的要求，由投标人自主确定。（　　）
7. 招标人在编制工程量清单时必须做到五个统一，即统一项目编码、统一项目名称、统一计量单位、统一工程量计算规则以及统一基本格式。（　　）
8. 在编制分部分项工程项目清单时，工程内容必须描述。（　　）

二、单项选择题（每题的备选项中，只有一个最符合题意）

1. 编制工程量清单出现计算规范附录中未包括的清单项目时，编制人应做补充。下列有关编制补充项目的说法正确的是（　　）。
   A. 补充项目编码应由 B 与三位阿拉伯数字组成
   B. 补充项目应报县级工程造价管理机构备案
   C. 补充项目的工作内容应予以明确
   D. 补充项目编码应顺序编制，起始序号由编制人根据需要自主确定

2. 措施项目清单编制中，下列适用于以"项"为单位计价的措施项目费是（　　）。
   A. 已完工程及设备保护费　　　　B. 超高施工增加费
   C. 大型机械设备进出场及安拆费　　D. 施工排水、降水费

3. 在分部（分项）工程项目清单中，表示专业工程分类编码的是（　　）。
   A. 第一级编码　　　　　　　　　B. 第二级编码
   C. 第三级编码　　　　　　　　　D. 第四级编码

4. 关于规费的计算，下列说法正确的是（　　）。
   A. 规费具有强制性，根据其组成又可细分为可竞争性的费用和不可竞争性的费用
   B. 规费由社会保险费和工程排污费组成
   C. 社会保险费包括养老保险费、失业保险费、医疗保险费、生育保险费、工伤保险费
   D. 规费由意外伤害保险费、住房公积金、工程排污费组成

5. 工程量清单是招标文件的组成部分，工程量清单的组成不包括（　　）。
   A. 分部分项工程工程量清单　　B. 措施项目清单
   C. 其他项目清单　　D. 直接工程费用清单

6. 在工程量清单中，最能体现分部（分项）工程项目自身价值本质的是（　　）。
   A. 项目特征　　B. 项目编码
   C. 项目名称　　D. 项目计量单位

7. 使用国有资金投资项目的范围不包括（　　）。
   A. 使用各级财政预算资金的项目
   B. 使用纳入财政管理的各种政府性专项建设基金的项目
   C. 使用国家发行债券所筹资金的项目
   D. 使用国有企业事业单位自有资金，并且国有资产投资者实际拥有控制权的项目

8. 项目编码是分部（分项）工程量清单项目名称的数字标识，应采用（　　）位阿拉伯数字表示。
   A. 13　　B. 12　　C. 11　　D. 10

9. 分部（分项）工程量清单项目编码中，第二级表示（　　）。
   A. 专业工程代码　　B. 附录分类顺序码
   C. 分部工程顺序码　　D. 分项工程项目名称顺序码

10. 关于分部分项工程量清单编制的说法，正确的是（　　）。
    A. 施工工程量大于按计算规则计算出的工程量的部分，由投标人在综合单价中考虑
    B. 在清单项目"工程内容"中包含的工作内容必须进行项目特征的描述
    C. 计价规范中就某一清单项目给出两个及以上计量单位时应选择最方便计算的单位
    D. 同一标段的工程量清单中含有多个项目特征相同的单位工程时，可采用相同的项目编码

11. 关于建筑安装工程费用中的规费，下列说法中正确的是（　　）。
    A. 规费是指有县级及以上有关权力部门规定必须缴纳或计取的费用
    B. 规费包括社会保险费和住房公积金
    C. 投标人在投标报价时填写的规费可高于规定的标准
    D. 社会保险费中包括建筑安装工程费一切险的投保费用

12. 某分部分项工程的清单编码为020301008001，则专业工程代码为（　　）。
    A. 02　　B. 03　　C. 008　　D. 001

13. 《建设工程工程量清单计价规范》规定，除另有说明外，分部分项工程量清单表中的工程量应等于（　　）。
    A. 实体工程量
    B. 实体工程量 + 施工损耗
    C. 实体工程量 + 施工需要增加的工程量
    D. 实体工程量 + 措施工程量

三、多项选择题（每小题所设选项中有 2 个或 2 个以上正确答案，至少有 1 个错项）

1. 直接影响其他项目清单的具体内容有（　　）。
   A. 工程建设地点的选择
   B. 工程的复杂程度
   C. 工程的工期长短
   D. 工程的组成内容
   E. 发包人对工程管理要求

2. 属于建筑安装工程中措施项目费的是（　　）。
   A. 施工排水、降水费
   B. 环境保护费
   C. 脚手架费
   D. 施工机械使用费
   E. 二次搬运费

3. 分部分项工程量清单应包括（　　）和工程量。
   A. 项目编码
   B. 项目名称
   C. 项目特征
   D. 项目内容
   E. 计量单位

4. 根据《建设工程工程量清单计价规范》GB 50500—2013，在其他项目清单中，应由投标人自主确定价格的有（　　）。
   A. 暂列金额
   B. 专业工程暂估价
   C. 材料暂估单价
   D. 计日工单价
   E. 总承包服务费

5. 根据《建设工程工程量清单计价规范》GB 50500—2013，关于分部分项工程量清单的编制，下列说法正确的有（　　）。
   A. 以质量计算的项目，其计算单位应为吨或千克
   B. 以吨为计量单位时，其计算结果应保留三位小数
   C. 以立方米为计量单位时，其计算结果应保留三位小数
   D. 以千克为计量单位时，其计算结果应保留一位小数
   E. 以"个""组"为单位的，应取整数

6. 为了便于措施项目费的确定和调整，通常采用分部分项工程量清单方式编制的措施项目有（　　）。
   A. 脚手架工程
   B. 垂直运输工程
   C. 二次搬运工程
   D. 已完工程及设备保护
   E. 施工排水降水

7. 关于暂估价的计算和填写，下列说法中正确的有（　　）。
   A. 暂估价数量和拟用项目应结合工程量清单中的"暂估价表"予以补充说明
   B. 材料暂估价应由招标人填写暂估单价，无须指出拟用于哪些清单项目
   C. 工程设备暂估价不应纳入分部分项工程综合单价
   D. 专业工程暂估价应分不同专业，列出明细表
   E. 专业工程暂估价由招标人填写，并计入投标总价

8. 工程量清单是载明建设工程（   ）等内容的明细清单。
   A. 分部分项工程项目   B. 措施项目
   C. 其他项目   D. 规费及税金
   E. 风险

9. 招标工程量清单是由招标人根据（   ）编制的，随招标文件发布供投标人投标报价的工程量清单。
   A. 国家标准   B. 招标文件
   C. 设计文件   D. 施工现场实际情况
   E. 地方政策

10. 招标工程量清单是编制（   ）等的依据。
    A. 最高投标限价   B. 投标报价
    C. 计算或调整工程量   D. 索赔
    E. 税金

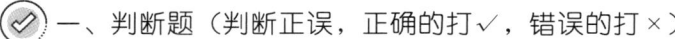

一、判断题（判断正误，正确的打√，错误的打×）

1. 【答案】×
   【解析】本题考查的知识点是工程量清单计价的适用范围。使用国有资金投资的建设工程发承包，必须采用工程量清单计价。

2. 【答案】√
   【解析】本题考查的知识点是工程量清单计价的适用范围。非国有资金投资的建设工程，可不采用工程量清单计价。

3. 【答案】×
   【解析】本题考查的知识点是暂估价。暂估价是工程合同签订时用于支付必然发生但暂时不能确定价格的金额。

4. 【答案】×
   【解析】本题考查的知识点是项目编码。第四级表示分项工程项目名称顺序码（分三位）。

5. 【答案】×
   【解析】本题考查的知识点是措施项目清单。"计算基础"中安全文明施工费可为"定额基价""定额人工费"或"定额人工费+定额机械费"。

6. 【答案】√
   【解析】本题考查的知识点是其他项目清单。编制投标报价时，总承包服务费应根据招标工程量清单中列出的内容和提出的要求，由投标人自主确定。

7.【答案】√

【解析】本题考查的知识点是工程量清单的编制要求。招标人在编制工程量清单时必须做到五个统一，即统一项目编码、统一项目名称、统一计量单位、统一工程量计算规则以及统一基本格式。

8.【答案】×

【解析】本题考查的知识点是项目特征。在编制分部分项工程项目清单时，工程内容通常无须描述。

二、单项选择题（每题的备选项中，只有一个最符合题意）

1.【答案】C

【解析】本题考查的知识点是项目编码。在编制补充项目时应注意以下三个方面：
（1）补充项目的编码由专业工程计算规范的代码前二位（第一级）与 B 和三位阿拉伯数字组成，并应从 B001 起顺序开始编制。例如房屋建筑与装饰工程如需补充项目，则补充项目编码应从 01B001 开始。
（2）在工程量清单中应附补充项目的项目名称、项目特征、计量单位、工程量计算规则和工作内容。
（3）将编制的补充项目报省级或行业工程造价管理机构备案。

2.【答案】A

【解析】本题考查的知识点是措施项目。措施项目费用的发生与使用时间、施工方法或者两个以上的工序相关，如安全文明施工费，夜间施工，非夜间施工照明，二次搬运，冬雨季施工，地上、地下设施和建筑物的临时保护设施，已完工程及设备保护等。但是有些措施项目是可以计算工程量的，如脚手架工程，混凝土模板及支架（撑），垂直运输、超高施工增加，大型机械设备进出场及安拆，施工排水、降水等，这类措施项目按照分部分项工程量清单的方式采用综合单价计价，更有利于措施费的确定和调整。措施项目中可以计算工程量的项目（单价措施项目）宜采用分部分项工程项目清单的方式编制，列出项目编码、项目名称、项目特征、计量单位和工程量；不能计算工程量的项目（总价措施项目），以"项"为计量单位进行编制。

3.【答案】A

【解析】本题考查的知识点是项目编码。分部分项工程量清单项目编码以五级编码设置，用十二位阿拉伯数字表示。一、二、三、四级编码为全国统一，即：一至九位按计算规范附录的规定设置；第五级即十至十二位应根据拟建工程的工程量清单项目名称设置，不得有重码，这三位清单项目编码由招标人针对招标工程项目具体编制，并应自 001 起顺序编制。各级编码代表的含义如下：（1）第一级表示专业工程代码（分二位）；第二级表示附录分类顺序码（分二位）；第三级表示分部工程顺序码（分二位）；第四级表示分项工程项目名称顺序码（分三位）；第五级表示工程量清单项目名称顺序码（分三位）。

4.【答案】C

【解析】本题考查的知识点是规费。规费项目清单应按照下列内容列项：社会保险费，包括养老保险费、失业保险费、医疗保险费、工伤保险费、生育保险费；住房公积金。出现计价规范中未列的项目，应根据省级政府或省级有关权力部门的规定列项。规费和增值税必须按国家或省级、行业建设主管部门的规定计算，不得作为竞争性费用。

5.【答案】D

【解析】本题考查的知识点是工程量清单的组成。工程量清单作为招标文件的组成部分，主要由分部分项工程量清单、措施项目清单、其他项目清单、规费和增值税项目清单组成。

6.【答案】A

【解析】本题考查的知识点是项目特征。项目特征是构成分部分项工程项目、措施项目自身价值的本质特征。项目特征是对项目的准确描述，是确定一个清单项目综合单价不可缺少的重要依据，是区分清单项目的依据，是履行合同义务的基础。

7.【答案】C

【解析】本题考查的知识点是工程量清单计价的适用范围。国有资金投资的项目包括全部使用国有资金（含国家融资资金）投资或国有资金投资为主的工程建设项目。

（1）国有资金投资的工程建设项目包括：

① 使用各级财政预算资金的项目；

② 使用纳入财政管理的各种政府性专项建设基金的项目；

③ 使用国有企事业单位自有资金，并且国有资产投资者实际拥有控制权的项目。

（2）国家融资资金投资的工程建设项目包括：

① 使用国家发行债券所筹资金的项目；

② 使用国家对外借款或者担保所筹资金的项目；

③ 使用国家政策性贷款的项目；

④ 国家授权投资主体融资的项目；

⑤ 国家特许的融资项目。

（3）国有资金（含国家融资资金）为主的工程建设项目是指国有资金占投资总额50%以上，或虽不足50%但国有投资者实质上拥有控股权的工程建设项目。

8.【答案】B

【解析】本题考查的知识点是项目编码。项目编码是分部分项工程项目和措施项目清单名称的阿拉伯数字标识。分部分项工程量清单项目编码以五级编码设置，用十二位阿拉伯数字表示。

9.【答案】B

【解析】本题考查的知识点是项目编码。分部分项工程量清单项目编码以五级编码设置，用十二位阿拉伯数字表示。一、二、三、四级编码为全国统一，即：一至九位按计算规范附录的规定设置；第五级即十至十二位应根据拟建工程的工程量清单项目名称设置，不得有重码，这三位清单项目编码由招标人针对招标工程项目具体编制，并应自001起顺序编制。各级编码代表的含义如下：第一级表示专业工程代码（分二位）；第二级表示附录分类顺序码（分二位）；第三级表示分部工程顺序码（分二位）；第四级表示分项工程项目名称顺序码（分三位）；第五级表示工程量清单项目名称顺序码（分三位）。

10. 【答案】A

【解析】本题考查的知识点是工程量清单编制。在编制分部分项工程项目清单时，工程内容通常无须描述。计价规范中就某一清单项目给出两个及以上计量单位时应选择最适宜表现项目特征的。当同一标段（或合同段）的一份工程量清单中含有多个单位工程且工程量清单是以单位工程为编制对象时，在编制工程量清单时应特别注意对项目编码十至十二位的设置不得有重码的规定。

11. 【答案】B

【解析】本题考查的知识点是规费。规费项目清单应按照下列内容列项：社会保险费，包括养老保险费、失业保险费、医疗保险费、工伤保险费、生育保险费；住房公积金。出现计价规范中未列的项目，应根据省级政府或省级有关权力部门的规定列项。规费和增值税必须按国家或省级、行业建设主管部门的规定计算，不得作为竞争性费用。工程保险费是指在建设期内对建筑工程、安装工程和设备等进行投保而发生的费用。工程保险费包括建筑安装工程一切险、工程质量保险、进口设备财产保险和人身意外伤害险等。

12. 【答案】A

【解析】本题考查的知识点是项目编码。（1）一级：表示专业工程代码，两位；（2）二级：表示附录分类顺序码，两位；（3）三级：表示分部工程顺序码，两位；（4）四级：表示分项工程项目名称顺序码，三位；（5）五级：表示清单项目名称顺序编码，三位。前四级编码全国统一；第五级由招标人针对招标工程项目具体编制，从001起顺序编制，不得有重号。

13. 【答案】A

【解析】本题考查的知识点是工程量计算。清单项目的工程量一般应以实体工程量为准，并以完成后的净值计算；投标人报价时，应在单价中考虑施工中的各种损耗和需要增加的工程量。

三、多项选择题（每小题所设选项中有2个或2个以上正确答案，至少有1个错项）

1. 【答案】BCDE

【解析】本题考查的知识点是其他项目清单。其他项目清单是指分部分项工程量清单、措施项目清单所包含的内容以外，因招标人的特殊要求而发生的与拟建工程有关的其他费用项目和相应数量的清单。工程建设标准的高低、工程的复杂程度、施工工期的长短、工程的组成内容、发包人对工程管理要求等都直接影响其他项目清单的具体内容。

2. 【答案】ABCE

【解析】本题考查的知识点是措施项目费。措施项目费用的发生与使用时间、施工方法或者两个以上的工序相关，如安全文明施工费，夜间施工，非夜间施工照明，二次搬运，冬雨季施工，地上、地下设施和建筑物的临时保护设施，已完工程及设备保护等。但是有些措施项目是可以计算工程量的，如脚手架工程，混凝土模板及支架（撑），垂直运输、超高施工增加，大型机械设备进出场及安拆，施工排水、降水等。

3. 【答案】ABCE

【解析】本题考查的知识点是分部分项工程量清单。分部分项工程项目清单必须载明项目编码、项目名称、项目特征、计量单位和工程量。分部分项工程项目清单必须根据各专业工程计算规范规定的项目编码、项目名称、项目特征、计量单位和工程量计算规则进行编制。

4. 【答案】DE

【解析】本题考查的知识点是工程量清单编制。计日工单价和总承包服务费，投标时由投标人自主报价。选项 A、B、C 由招标人确定。

5. 【答案】ABE

【解析】本题考查的知识点是工程量清单的编制。选项 C、D 错误，以立方米、平方米、米、千克为计量单位时，其计算结果应保留两位小数。

6. 【答案】ABE

【解析】本题考查的知识点是措施项目清单。有些措施项目是可以计算工程量的，如脚手架工程，混凝土模板及支架（撑），垂直运输、超高施工增加，大型机械设备进出场及安拆，施工排水、降水等，这类措施项目按照分部分项工程量清单的方式采用综合单价计价。

7. 【答案】ADE

【解析】本题考查的知识点是其他项目清单编制。选项 B 错误，材料暂估单价及调整表由招标人填写"暂估单价"，并在备注栏说明暂估价的材料、工程设备拟用在哪些清单项目上，投标人应将上述材料、工程设备暂估价计入工程量清单综合单价报价中。选项 C 错误，工程设备暂估价应纳入分部分项工程综合单价。

8. 【答案】ABCD

【解析】本题考查的知识点是工程量清单编制概述。工程量清单是载明建设工程分部分项工程项目、措施项目、其他项目的名称和相应数量以及规费、增值税项目等内容的明细清单。

9. 【答案】ABCD

【解析】本题考查的知识点是工程量清单编制概述。招标工程量清单是由招标人根据国家标准、招标文件、设计文件以及施工现场实际情况编制的,随招标文件发布供投标人投标报价的工程量清单。

10.【答案】ABCD

【解析】本题考查的知识点是工程量清单的编制依据。招标工程量清单是编制最高投标限价、投标报价、计算或调整工程量、索赔等的依据。

第五节 最高投标限价编制

本节知识导图

最高投标限价的编制
- 最高投标限价概述
- 最高投标限价的编制规定与依据
- 最高投标限价的编制内容
- 最高投标限价的确定

本节习题精选

一、判断题（判断正误,正确的打√,错误的打×）

1. 标底和最高投标限价在开标前都需要保密。（　　）
2. 国有资金投资的工程建设项目应实行工程量清单招标,招标人应编制标底,并应当拒绝低于标底的投标报价。（　　）
3. 最高投标限价是招标人发布的对投标人的投标报价进行控制的最高价格。（　　）
4. 最高投标限价可以按照招标人的主观意志人为地进行上浮或下调。（　　）
5. 招标文件提供了暂估单价的材料,应按暂估单价计入综合单价。（　　）
6. 最高投标限价只能由招标人编制,不能委托造价咨询人编制。（　　）
7. 招标人将最高投标限价报送审查,经分析审查后超过批准的概算时,以概算为准。（　　）

二、单项选择题（每题的备选项中,只有一个最符合题意）

1. 投标人经复核认为招标人公布的招标控制价未按照规定进行编制的,应在招标控制价公布后（　　）天内向招标投标监督机构或工程造价管理机构投诉。
   A. 5　　　　　　B. 10　　　　　　C. 15　　　　　　D. 20

226

2. 编制工程量清单时，招标人自行供应材料、工程设备的，总承包服务费按招标人供应材料、工程设备价值的（　　）计算。
　　A. 1%　　　　　B. 1.5%　　　　　C. 3%　　　　　D. 5%
3. 关于招标控制价及其编制，下列说法中正确的是（　　）。
　　A. 招标人不得拒绝高于招标控制价的投标报价
　　B. 当重新公布招标控制价时，原投标截止期不变
　　C. 经复核认为招标控制价误差大于±3%时，投标人应责成招标人改正
　　D. 投标人经复核认为招标控制价未按规定编制的，应在招标控制价公布后5日内提出投诉
4. 措施项目中的安全文明施工费按照《建设工程工程量清单计价规范》GB 50500—2013 的要求，应按照（　　）规定的标准计取。
　　A. 县级以上人民政府建设行政主管部门
　　B. 国家或省级、行业建设主管部门
　　C. 国务院建设行政主管部门
　　D. 国务院价格主管部门
5. 在编制最高投标限价总承包服务费时，若招标人仅要求对分包的专业工程进行总承包管理和协调时，按分包的专业工程估算造价的（　　）计算。
　　A. 1%　　　　　B. 1.5%　　　　　C. 2%　　　　　D. 2.5%
6. 在编制最高投标限价总承包服务费时，若招标人要求对分包的专业工程进行总承包管理和协调，并同时要求提供配合服务时，按分包的专业工程估算造价的（　　）计算。
　　A. 1%~3%　　　B. 1.5%~3%　　　C. 3%~5%　　　D. 2.5%~5%

三、多项选择题（每小题所设选项中有 2 个或 2 个以上正确答案，至少有 1 个错项）

1. 招标控制价编制的依据包括（　　）。
　　A. 工程造价信息
　　B. 建设工程设计文件及相关资料
　　C. 建设项目投资估算编审规程
　　D. 国家或省级、国务院有关部门建设主管部门颁发的计价定额和计价办法
　　E. 与建设项目相关的标准、规范、技术资料
2. 根据《建设工程工程量清单计价规范》GB 50500—2013，招标控制价中综合单价中应考虑的风险因素包括（　　）。
　　A. 项目管理的复杂性　　　　　B. 项目的技术难度
　　C. 人工单价的市场变化　　　　D. 材料价格的市场风险
　　E. 税金、规费的政策变化

3. 招标工程量清单中，需列明工程量的是（　　）。
   A. 暂列金额
   B. 暂估价
   C. 计日工
   D. 施工排水、降水项目
   E. 分部分项工程量清单项目

4. 关于招标控制价的编制，下列说法中正确的是（　　）。
   A. 工程造价咨询人不得同时接受招标人和投标人对同一工程的招标控制价和投标报价的编制
   B. 招标控制价如果超过批准的概算，则应重新编制
   C. 投标人的投标报价低于招标控制价的，其投标应予以拒绝
   D. 招标人要求对分包的专业工程进行总承包管理和协调，并同时要求提供配合服务时，按分包的专业工程估算造价的 3%～5% 计算
   E. 安全文明施工费应当按照有关规定标准计价，不得作为竞争性费用

本节习题解析

一、判断题（判断正误，正确的打√，错误的打×）

1. 【答案】×
   【解析】本题考查的知识点是最高投标限价的概念。标底需要保密，最高投标限价则需要在发布招标文件时公布。

2. 【答案】×
   【解析】本题考查的知识点是最高投标限价的规定。国有资金投资的工程建设项目应实行工程量清单招标，招标人应编制最高投标限价，并应当拒绝高于最高投标限价的投标报价。

3. 【答案】√
   【解析】本题考查的知识点是最高投标限价概述。最高投标限价，又称招标控制价，是招标人根据国家或省级、行业建设主管部门颁发的有关计价依据和办法，依据拟订的招标文件和招标工程量清单，结合工程具体情况发布的对投标人的投标报价进行控制的最高价格。

4. 【答案】×
   【解析】本题考查的知识点是最高投标限价编制的规定。最高投标限价不得按照招标人的主观意志人为地进行上浮或下调。

5. 【答案】√
   【解析】本题考查的知识点是最高投标限价的编制内容。招标文件提供了暂估单价的材料，应按暂估单价计入综合单价。

6.【答案】×

【解析】本题考查的知识点是编制最高投标限价的规定。最高投标限价应由具有编制能力的招标人或受其委托、具有相应资质的工程造价咨询人编制。

7.【答案】×

【解析】本题考查的知识点是编制最高投标限价的规定。招标人将最高投标限价报送审查，经分析审查后超过批准的概算时，招标人应将其报原概算审批部门审核。

二、单项选择题（每题的备选项中，只有一个最符合题意）

1.【答案】A

【解析】本题考查的知识点是编制最高投标限价的规定。最高投标限价，又称招标控制价，是招标人根据国家或省级、行业建设主管部门颁发的有关计价依据和办法，依据拟订的招标文件和招标工程量清单，结合工程具体情况发布的对投标人的投标报价进行控制的最高价格。投标人经复核认为招标人公布的最高投标限价未按照《建设工程工程量清单计价规范》GB 50500—2013 的规定进行编制的，应在最高投标限价公布后 5 天内向招标投标监督机构和工程造价管理机构投诉。

2.【答案】A

【解析】本题考查的知识点是总承包服务费。编制最高投标限价时，总承包服务费应按照省级或行业建设主管部门的规定计算，或者根据行业经验标准计算。针对一般情况，可参考的常用标准如下：

（1）招标人仅要求对分包的专业工程进行总承包管理和协调时，按分包的专业工程估算造价的 1.5%计算。

（2）招标人要求对分包的专业工程进行总承包管理和协调，并同时要求提供配合服务时，根据招标文件中列出的配合服务内容和提出的要求，按分包的专业工程估算造价的 3%~5%计算。

（3）招标人自行供应材料、工程设备的，按招标人供应材料、工程设备价值的 1%计算。

3.【答案】D

【解析】本题考查的知识点是招标控制价及其编制。投标人经复核认为招标人公布的最高投标限价未按照《建设工程工程量清单计价规范》GB 50500—2013 的规定进行编制的，应在最高投标限价公布后 5 天内向招标投标监督机构和工程造价管理机构投诉。工程造价管理机构受理投诉后，应立即对最高投标限价进行复查，组织投诉人、被投诉人或其委托的最高投标限价编制人等单位人员对投诉问题逐一核对，有关当事人应当予以配合，并保证所提供资料的真实性。当最高投标限价复查结论与原公布的最高投标限价误差大于 ±3%时，应责成招标人改正。当重新公布最高投标限价时，若从重新公布之日起至原投标截止时间不足 15 天的，应延长投标截止期。投标报价高于招标控制价的，招标人可以拒绝。

4.【答案】B

【解析】本题考查的知识点是措施项目费的编制要求。按照《建设工程工程量清单计价规范》GB 50500—2013 的要求，措施项目费中的安全文明施工费应当按照国家或省级、行业建设主管部门的规定标准计价，该部分不得作为竞争性费用。

5.【答案】B

【解析】本题考查的知识点是其他项目费的编制要求。在编制最高投标限价总承包服务费时，若招标人仅要求对分包的专业工程进行总承包管理和协调时，按分包的专业工程估算造价的 1.5%计算。

6.【答案】C

【解析】本题考查的知识点是其他项目费的编制要求。在编制最高投标限价总承包服务费时，若招标人要求对分包的专业工程进行总承包管理和协调，并同时要求提供配合服务时，按分包的专业工程估算造价的 3%～5%计算。

三、多项选择题（每小题所设选项中有 2 个或 2 个以上正确答案，至少有 1 个错项）

1.【答案】ABDE

【解析】本题考查的知识点是招标控制价的编制依据。最高投标限价的编制依据是指在编制最高投标限价时需要进行工程量计量、价格确认、工程计价的有关参数、率值的确定等工作时所需的基础性资料，主要包括：

（1）现行国家标准《建设工程工程量清单计价规范》GB 50500—2013 与各专业工程工程量计算规范。

（2）国家或省级、行业建设主管部门颁发的计价定额和计价办法。

（3）建设工程设计文件及相关资料。

（4）拟定的招标文件及招标工程量清单。

（5）与建设项目相关的标准、规范、技术资料。

（6）施工现场情况、工程特点及常规施工方案。

（7）工程造价管理机构发布的人工、材料、设备及机械单价等工程造价信息；工程造价信息没有发布的，参照市场价。

（8）其他相关资料。

2.【答案】ABD

【解析】本题考查的知识点是综合单价的风险。综合单价中风险的确定：

（1）技术难度较大和管理复杂的项目，可考虑一定的风险费用，纳入综合单价。

（2）工程设备、材料价格的市场风险，考虑一定率值的风险费用，纳入综合单价。

（3）增值税、规费等法律、法规、规章和政策变化风险和人工单价等风险费用，不应纳入综合单价。

3.【答案】CDE

【解析】本题考查的知识点是措施项目费的编制要求。暂列金额是招标人暂定并包括在合同中的一笔款项;暂估价是招标人在招标文件中提供的用于支付必然要发生但暂时不能确定价格的材料、工程设备的单价以及专业工程的金额。

4.【答案】ADE

【解析】本题考查的知识点是编制最高投标限价的规定。选项 B 错误,招标控制价如果超过批准的概算应报原概算审核部门审核;选项 C 错误,招标人不得以投标报价超过标底上下浮动范围作为否决投标的条件,但是投标人报价超过最高投标限价时将被否决。

第六节 投标报价编制

本节知识导图

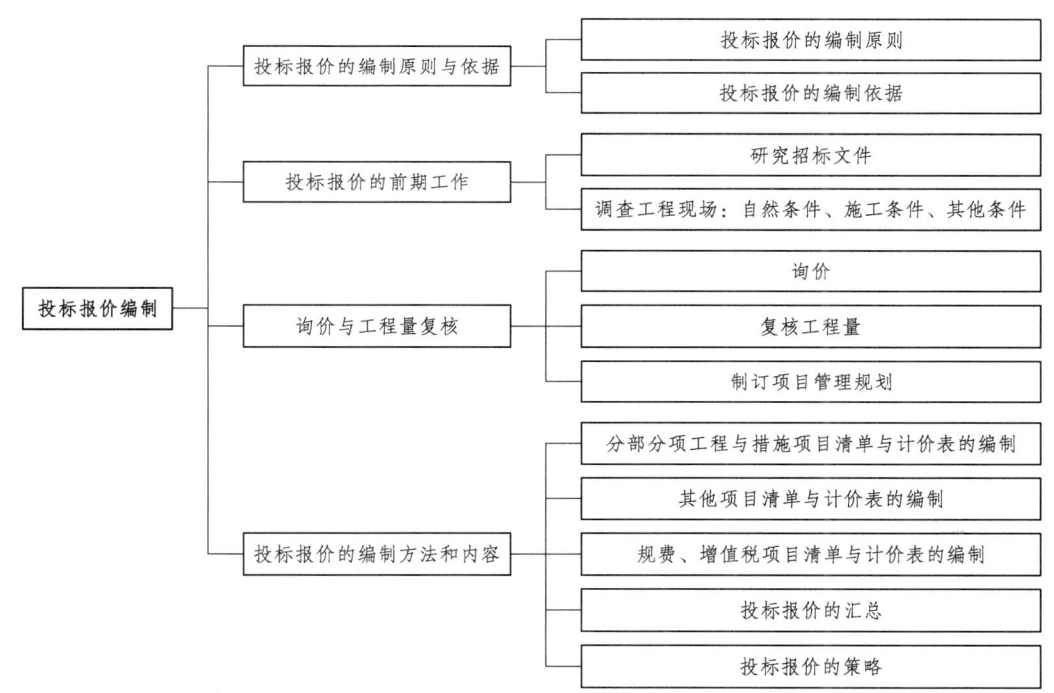

本节习题精选

一、判断题(判断正误,正确的打√,错误的打×)

1. 中标人的投标应能满足招标文件的实质性需求,并且经评审的投标价格最低,但是投标价格低于成本的除外。(　　)

2. 为响应招标文件，投标人复核工程量的目的是修改工程量清单。（   ）
3. 材料、施工机械、劳务询价是渠道询价。（   ）
4. 企业管理费和利润的计算可按照人工费、材料费、机械费之和按照一定的费率取费计算。（   ）
5. 暂列金额投标人可自主报价。（   ）

二、单项选择题（每题的备选项中，只有一个最符合题意）

1. 施工投标报价的主要工作有：① 复核工程量。② 研究招标文件。③ 确定基础标价。④ 编制投标文件。其正确的工作流程是（   ）。
   A. ①②③④   B. ②③①④   C. ①②④③   D. ②①③④
2. 投标人为使报价具有竞争力，下列有关生产要素询价的做法中，正确的是（   ）。
   A. 在投标报价之后进行询价   B. 尽量向咨询公司进行询价
   C. 不论何时何地尽量使用自有机械   D. 劳务市场招募零散工有利于管理
3. 建设工程施工投标报价程序中，确定基础标价的紧后工作是（   ）。
   A. 标书编制   B. 选择报价策略调整标价
   C. 招标文件研究   D. 计算投标报价
4. 投标人在投标前期研究招标文件时，对合同形式进行分析的主要内容为（   ）。
   A. 承包商任务   B. 计价方式
   C. 付款办法   D. 合同价款调整
5. 投标人在投标报价时，应优先被采用为综合单价编制依据的是（   ）。
   A. 企业定额   B. 地区定额
   C. 行业定额   D. 国家定额
6. 根据《建设工程工程量清单计价规范》GB 50500—2013，在招标文件未另有要求的情况下，投标报价的综合单价一般要考虑的风险因素是（   ）。
   A. 政策法规的变化   B. 人工单价的市场变化
   C. 政府定价材料的价格变化   D. 管理费、利润的风险

三、多项选择题（每小题所设选项中有2个或2个以上正确答案，至少有1个错项）

1. 研究招标文件应做的工作包括（   ）。
   A. 研究工程量清单和技术规范   B. 熟悉并详细研究设计图样
   C. 研究合同主要条款   D. 调查投标环境
   E. 熟悉投标单位须知
2. 材料询价的内容包括（   ）。
   A. 材料价格   B. 供应数量
   C. 运输方式   D. 保险和有效期
   E. 种类和销量

3. 关于施工投标报价，下列说法中正确的有（   ）。
   A. 投标人应逐项计算工程量，复核工程量清单
   B. 投标人应修改错误的工程量，并通知招标人
   C. 投标人可以不向招标人提出复核工程量中发现的遗漏
   D. 投标人可以通过复核防止由于订货超量带来的浪费
   E. 投标人应根据复核工程量的结果选择适用的施工设备
4. 复核工程量是投标人编制投标报价前的一项重要工作。通过复核工程量，便于投标人（   ）。
   A. 决定报价尺度   B. 采取合适的施工方法
   C. 选用合适的施工机具   D. 决定投入劳动力数量
   E. 选用合适的承包方式

本节习题解析

一、判断题（判断正误，正确的打√，错误的打×）

1.【答案】√
   【解析】本题考查的知识点是投标报价的编制原则。中标人的投标应能满足招标文件的实质性需求，并且经评审的投标价格最低，但是投标价格低于成本的除外。
2.【答案】×
   【解析】本题考查的知识点是复核工程量。为响应招标文件，投标人复核工程量的目的不是修改工程量清单，即使有误，投标人也不能修改工程量清单中的工程量。
3.【答案】×
   【解析】本题考查的知识点是询价。材料、施工机械、劳务询价是生产要素询价。
4.【答案】√
   【解析】本题考查的知识点是分部分项工程和单价措施项目清单与计价表的编制。企业管理费和利润的计算可按照人工费、材料费、机械费之和按照一定的费率取费计算。
5.【答案】×
   【解析】本题考查的知识点是其他项目清单与计价表的编制。暂列金额应按照招标人提供的其他项目清单中列出的金额填写，不得变动。

二、单项选择题（每题的备选项中，只有一个最符合题意）

1.【答案】D
   【解析】本题考查的知识点是投标报价的编制流程。投标报价的编制流程如图6-1所示。

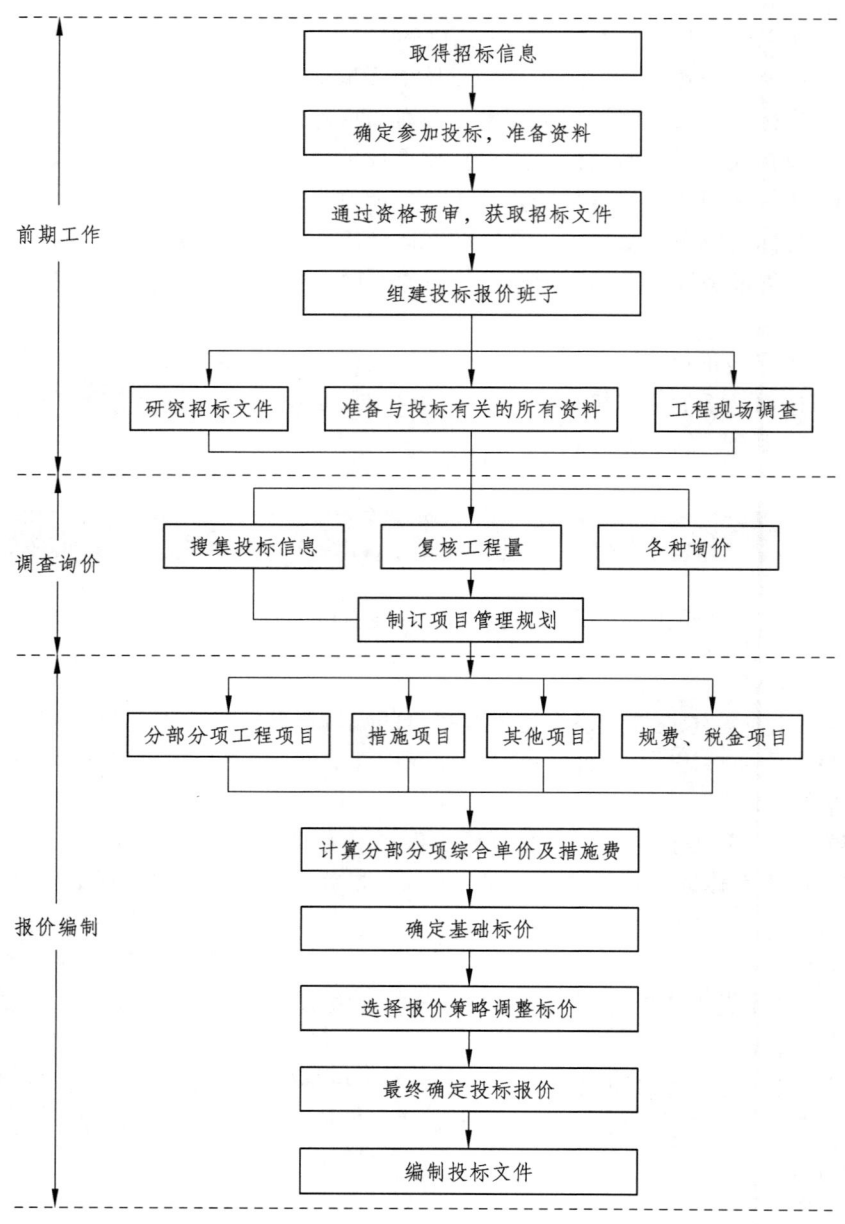

图 6-1 投标报价编制流程

2.【答案】B

【解析】本题考查的知识点是询价。询价应在投标报价之前进行。在外地施工需用的机械设备，有时在当地租赁或采购可能更为有利。采用劳务市场招募零散劳动力的方式进行劳务询价，虽然劳务价格低廉，但有时素质达不到要求或工效降低，且承包商的管理工作较繁重。通过咨询公司所得到的询价资料比较可靠，但需要支付一定的咨询费用。

3. 【答案】B

【解析】本题考查的知识点是投标报价的编制流程。建设工程施工投标报价程序中，确定基础标价的紧后工作是选择报价策略调整报价。

4. 【答案】B

【解析】本题考查的知识点是投标报价编制。合同形式分析主要分析承包方式（如分项承包、施工承包、设计与施工总承包和管理承包等），计价方式（如单价方式、总价方式、成本加酬金方式等）。

5. 【答案】A

【解析】本题考查的知识点是投标报价编制方法和内容。应根据本企业的企业消耗量定额，并结合拟订的施工方案确定完成清单项目需要消耗的各种人工、材料、机械台班的数量。若没有企业定额或企业定额缺项时，可参照与本企业实际水平相近的国家、地区、行业定额，并通过调整来确定清单项目的人、材、机单位用量。各种人工、材料、机械台班的单价，则应根据询价的结果和市场行情综合确定。

6. 【答案】D

【解析】本题考查的知识点是投标报价编制。对于承包人根据自身技术水平、管理、经营状况能够自主控制的风险，如承包人的管理费、利润的风险，承包人应结合市场情况，根据企业自身的实际合理确定、自主报价，该部分风险由承包人全部承担。

三、多项选择题（每小题所设选项中有 2 个或 2 个以上正确答案，至少有 1 个错项）

1. 【答案】ABCE

【解析】本题考查的知识点是投标报价的前期工作。投标人取得招标文件后，为保证工程量清单报价的合理性，应对投标人须知、合同条件、技术规范、图纸和工程量清单等重点内容进行分析，以满足《招标投标法》中"能够最大限度地满足招标文件中规定的各项综合评价标准"或"能够满足招标文件的实质性要求"的规定。

2. 【答案】ABCD

【解析】本题考查的知识点是询价。材料询价的内容包括调查对比材料价格、供应数量、运输方式、保险和有效期、不同买卖条件下的支付方式等。

3. 【答案】CDE

【解析】本题考查的知识点是投标报价编制。在投标时间允许的情况下可以对主要项目的工程量进行复核，无须逐项计算工程量。投标人不能修改错误的清单工程量。投标人复核工程量的目的不是修改工程量清单，即使有误，投标人也不能修改工程量清单中的工程量。

4.【答案】ABCD

【解析】本题考查的知识点是投标报价编制。在投标时间允许的情况下可以对主要项目的工程量进行复核，对比与招标文件提供的工程量差距，从而考虑相应的投标策略，决定报价尺度；也可根据工程量的大小采取合适的施工方法，选择适用、经济的施工机具设备、投入使用相应的劳动力数量；还能确定大宗物资的预订及采购的数量，防止由于超量或少购等带来的浪费、积压或停工待料。

第七章

工程施工和竣工阶段造价管理

 本章考纲要求

1. 工程施工成本管理；
2. 工程变更管理；
3. 工程索赔管理；
4. 工程计量和支付；
5. 工程结算；
6. 竣工决算。

 本章知识导图

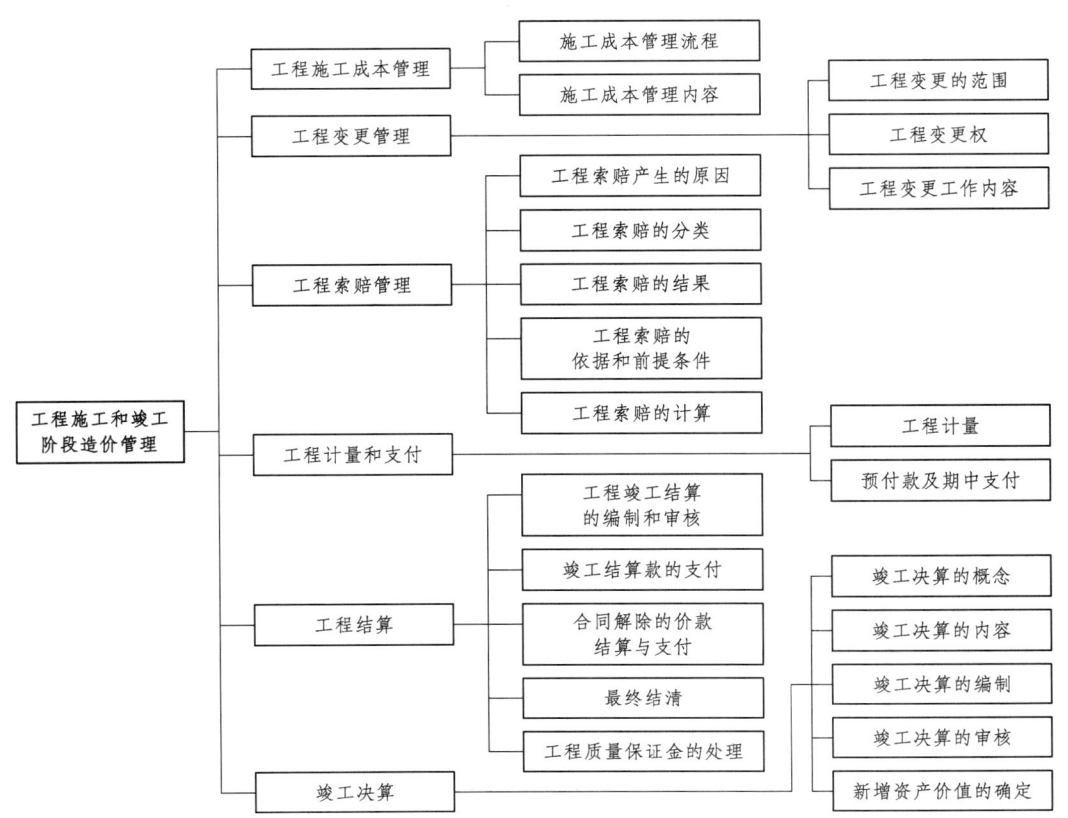

第一节　工程施工成本管理

本节知识导图

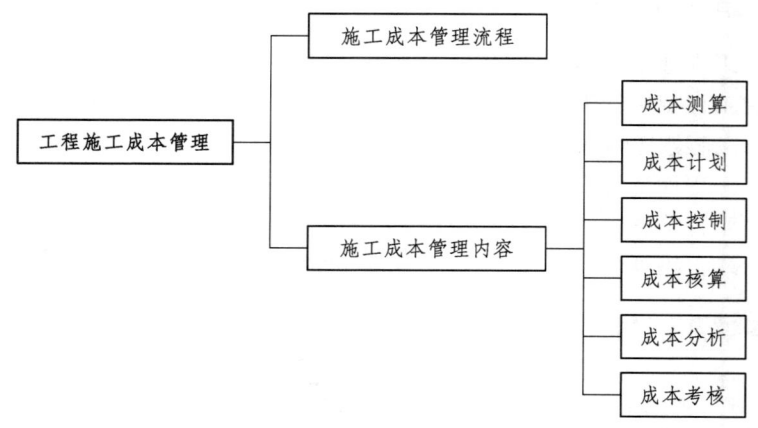

本节习题精选

一、判断题（判断正误，正确的打√，错误的打×）

1. 在施工阶段，施工单位应通过编制资金使用计划、及时进行工程计量与结算、预防并处理好工程变更与索赔，有效控制工程造价。（　　）

2. 施工成本测算是指施工承包单位凭借历史数据和工程经验，运用一定方法对工程项目未来的成本水平及其可能的发展趋势作出科学估计。（　　）

3. 施工成本的常用测算方法是成本法。（　　）

4. 按实计算法是指根据工程项目的合同价格扣除目标利润后得到目标总成本并进行分解的方法。（　　）

5. 双倍余额递减法是指按照固定资产账面净值和固定的折旧率计算折旧的方法，它属于一种加速折旧的方法。（　　）

6. 施工承包单位也应做好成本计划及动态监控等工作，综合考虑建造的工期、质量、安全、环保等全要素成本，有效控制施工成本。（　　）

7. 成本分析的基本方法包括：比较法、因素分析法、差额计算法、比率法等。（　　）

二、单项选择题（每题的备选项中，只有一个最符合题意）

1. 下列项目成本分析方法中，（   ）具有通俗易懂、简单易行、便于掌握的特点，因而得到了广泛的应用，但在应用时必须注意各技术经济指标的可比性。
   A. 比较法　　　　　　　　B. 因素分析法
   C. 差额计算法　　　　　　D. 比率法

2. 项目经理部可控责任成本考核指标不包括（   ）。
   A. 项目经理责任目标总成本降低额和降低率
   B. 施工计划成本实际降低额和降低率
   C. 设计成本降低额和降低率
   D. 施工责任目标成本实际降低额和降低率

3. 项目成本控制的主要环节不包括（   ）。
   A. 计划预控　　B. 费用控制　　C. 过程控制　　D. 纠偏控制

4. 建设工程成本管理内容中，（   ）是目标成本的一种表达形式，是建立项目成本管理责任制、开展成本控制和核算的基础，是进行成本费用控制的主要依据。
   A. 成本分析　　B. 成本计划　　C. 成本控制　　D. 成本核算

5. 项目成本计划的编制方法中，当项目非常庞大和复杂而需要分为几个部分时，可采用（   ）。
   A. 定率估算法　　B. 技术进步法　　C. 按实计算法　　D. 目标利润法

6. 实现成本目标责任制的保证和手段是（   ）。
   A. 成本考核　　B. 成本分析　　C. 成本控制　　D. 成本计划

7. （   ）是工程项目成本管理的核心内容，也是工程项目成本管理中不确定因素最多、最复杂、最基础的管理内容。
   A. 成本测算　　B. 成本控制　　C. 成本计划　　D. 成本核算

8. 某固定资产原值为 50 000 元，规定折旧年限为 10 年，残值率为 4%，用平均年限法计算该固定资产的年折旧率为（   ）。
   A. 9.8%　　　　B. 10.2%　　　　C. 9.6%　　　　D. 10.2%

9. 某固定资产原值为 50 000 元，规定折旧年限为 10 年，残值率为 4%，用平均年限法计算该固定资产的年折旧额为（   ）。
   A. 5 000 元　　B. 5 200 元　　C. 4 800 元　　D. 4 500 元

10. 某施工机具固定资产原价为 100 000 元，预计净残值 1 000 元，预计使用年限 5 年，采用双倍余额递减法计算第 4 年的折旧额为（   ）。
    A. 20 000 元　　B. 20 600 元　　C. 14 400 元　　D. 10 300 元

三、多项选择题（每小题所设选项中有 2 个或 2 个以上正确答案，至少有 1 个错项）

1. 项目成本核算的方法中，表格核算法的特点包括（   ）。

  A. 易于操作   B. 核算范围较大
  C. 适时性较好   D. 逻辑性强
  E. 覆盖范围较窄
2. 项目成本计划的编制方法包括（　　）。
  A. 目标利润法   B. 技术进步法
  C. 差额计算法   D. 按实计算法
  E. 定率估算法
3. 施工成本控制的重要环节包括（　　）。
  A. 设计控制   B. 采购控制
  C. 计划预控   D. 过程控制
  E. 纠偏控制
4. 施工成本控制的方法包括（　　）。
  A. 成本分析表法   B. 工期-成本同步分析法
  C. 会计核算法   D. 赢得值法
  E. 目标利润法

本节习题解析

一、判断题（判断正误，正确的打√，错误的打×）

1.【答案】×

【解析】本题考查的知识点是工程施工成本管理。在施工阶段，建设单位应通过编制资金使用计划、及时进行工程计量与结算、预防并处理好工程变更与索赔，有效控制工程造价。

2.【答案】√

【解析】本题考查的知识点是施工成本管理内容。施工成本测算是指施工承包单位凭借历史数据和工程经验，运用一定方法对工程项目未来的成本水平及其可能的发展趋势做出科学估计。

3.【答案】√

【解析】本题考查的知识点是施工成本管理内容。施工成本的常用测算方法就是成本法，主要是通过施工企业定额来测算拟施工工程的成本，并考虑建设期物价等风险因素进行调整。

4.【答案】×

【解析】本题考查的知识点是施工成本管理内容。目标利润法是指根据工程项目的合同价格扣除目标利润后得到目标总成本并进行分解的方法。

5.【答案】√

【解析】本题考查的知识点是折旧。双倍余额递减法是指按照固定资产账面净值和固定的折旧率计算折旧的方法，它属于一种加速折旧的方法。

6.【答案】√

【解析】本题考查的知识点是工程施工成本管理。施工承包单位也应做好成本计划及动态监控等工作，综合考虑建造的工期、质量、安全、环保等全要素成本，有效控制施工成本。

7.【答案】√

【解析】本题考查的知识点是成本分析。成本分析的基本方法包括：比较法、因素分析法、差额计算法、比率法等。

二、单项选择题（每题的备选项中，只有一个最符合题意）

1.【答案】A

【解析】本题考查的知识点是成本分析的方法。（1）比较法又称指标对比分析法，是通过技术经济指标的对比检查目标的完成情况，分析产生差异的原因，进而挖掘内部潜力的方法。其特点是通俗易懂、简单易行、便于掌握。（2）因素分析法，又称连环置换法。这种方法可用来分析各种因素对成本的影响程度。（3）差额计算法。差额计算法是因素分析法的一种简化形式，它利用各个因素的目标值与实际值的差额来计算其对成本的影响程度。（4）比率法。比率法是指用两个以上的指标的比例进行分析的方法。其基本特点是，先把对比分析的数值变成相对数，再观察其相互之间的关系。

2.【答案】C

【解析】本题考查的知识点是成本考核。项目经理部可控责任成本考核指标：① 项目经理责任目标总成本降低额和降低率。② 施工责任目标成本实际降低额和降低率。③ 施工计划成本实际降低额和降低率。

3.【答案】B

【解析】本题考查的知识点是成本控制。施工成本控制包括计划预控、过程控制和纠偏控制三个重要环节。

4.【答案】B

【解析】本题考查的知识点是成本计划。成本计划是在成本预测的基础上，施工承包单位及其项目经理部对计划期内工程项目成本水平所做的筹划。施工成本计划是以货币形式表达的项目在计划期内的生产费用、成本水平及为降低成本采取的主要措施和规划的具体方案。成本计划是目标成本的一种表达形式，是建立项目成本管理责任制、开展成本控制和核算的基础，是进行成本费用控制的主要依据。

5.【答案】A

【解析】本题考查的知识点是成本计划的编制方法。定率估算法（历史资料法）是当工程项目非常庞大和复杂而需要分为几个部分时采用的方法。它首先将工程项目分为若干子项目，参照同类工程项目的历史数据，采用算术平均法计算子项目目标成本降低率和降低额,然后再汇总整个工程项目的目标成本降低率、降低额。在确定子项目成本降低率时,可采用加权平均法或三点估算法。

6. 【答案】A

【解析】本题考查的知识点是成本测算。成本测算是指编制投标报价时对预计完成该合同施工成本的测算;它是决定最终投标价格取定的核心数据。成本测算数据是成本计划的编制基础,成本计划是开展成本控制和核算的基础;成本控制能对成本计划的实施进行监督,保证成本计划的实现,而成本核算又是成本计划是否实现的最后检查,成本核算所提供的成本信息又是成本分析、成本考核的依据;成本分析为成本考核提供依据,也为未来的成本测算与成本计划指明方向;成本考核是实现成本目标责任制的保证和手段。

7. 【答案】B

【解析】本题考查的知识点是成本控制。成本控制是工程项目成本管理的核心内容,也是工程项目成本管理中不确定因素最多、最复杂、最基础的管理内容。

8. 【答案】C

【解析】本题考查的知识点是成本核算。

年折旧率 = (1 - 4%)/10 × 100% = 9.6%

9. 【答案】C

【解析】本题考查的知识点是成本核算。

年折旧率 = (1 - 4%)/10 × 100% = 9.6%

年折旧额 = 50 000 × 9.6% = 4 800 元

10. 【答案】D

【解析】本题考查的知识点是成本核算。

年折旧率 = 1 ÷ 5 × 2 × 100% = 40%

第一年折旧额 = 100 000 元 × 40% = 40 000 元

第二年折旧额 = (100 000 - 40 000) 元 × 40% = 24 000 元

第三年折旧额 = (100 000 - 64 000) 元 × 40% = 14 400 元

第四年折旧额 = (100 000 - 78 400 - 1 000) 元 ÷ 2 = 10 300 元

第五年折旧额 = (100 000 - 78 400 - 1 000) 元 ÷ 2 = 10 300 元

三、多项选择题(每小题所设选项中有2个或2个以上正确答案,至少有1个错项)

1. 【答案】ACE

【解析】本题考查的知识点是成本核算的方法。项目成本核算方法中的表格核算法,其优点是比较简捷明了,直观易懂,易于操作,适时性较好;缺点是覆盖范围较窄,核算债权债务等比较困难,且较难实现科学严密的审核制度,有可能造成数据失实,精度较差。

2. 【答案】ABDE

【解析】本题考查的知识点是成本计划的编制方法。项目成本计划的编制方法有：目标利润法、技术进步法、按实计算法、定率估算法（历史资料法）。

3. 【答案】CDE

【解析】本题考查的知识点是成本控制。施工成本控制包括计划预控、过程控制和纠偏控制三个重要环节。

4. 【答案】ABD

【解析】本题考查的知识点是成本控制。成本控制的方法包括：成本分析表法、工期-成本同步分析法、赢得值法、价值工程方法。

第二节　工程变更管理

本节知识导图

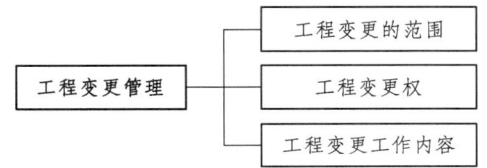

本节习题精选

一、判断题（判断正误，正确的打√，错误的打×）

1. 发包人提出变更的，应通过监理向承包人发出变更指示，变更指示应说明计划变更的工程范围和变更的内容。（　　）

2. 除专用合同条款另有约定外，已标价工程量清单或预算书有相同项目的，按照相同项目单价认定。（　　）

3. 因变更引起工期变化的，必须由施工单位提出调整合同工期的申请，再由甲方批准。（　　）

4. 除专用合同条款另有约定外，已标价工程量清单或预算书有相同项目的，按照相同项目单价认定。（　　）

二、单项选择题（每题的备选项中，只有一个最符合题意）

1. 工程师提出变更建议的，需要向发包人以（　　）提出变更计划，说明计划变更工程范围和变更的内容、理由，以及实施该变更对合同价格和工期的影响。

  A．邮件形式 B．书面形式 C．信函形式 D．口头形式

2．因变更引起的价格调整应计入最近一期的（ ）中支付。

  A．预付款 B．材料款 C．进度款 D．结算款

3．（ ）是指合同实施过程中由发包人批准的对合同工程的工作内容、工程数量、质量要求、施工顺序与时间、施工条件、施工工艺或其他特征及合同条件等的改变。

  A．工程签证 B．工程索赔 C．工程变更 D．工程调整

4．除专用合同条款另有约定外，变更估价按照约定处理，下列叙述中错误的是（ ）。

  A．已标价工程量清单或预算书有相同项目的，按照相同项目单价认定

  B．已标价工程量清单或预算书中无相同项目，但有类似项目的，参照类似项目的单价认定

  C．已标价工程量清单或预算书有相同项目的，也有类似项目的，参照类似项目的单价认定

  D．变更导致实际完成的变更工程量与已标价工程量清单或预算书中列明的该项目工程量的变化幅度超过15%的，或已标价工程量清单或预算书中无相同项目及类似项目单价的，按照合理的成本与利润构成的原则，由合同当事人按照合同约定方法确定变更工作的单价。

三、多项选择题（每小题所设选项中有2个或2个以上正确答案，至少有1个错项）

1．关于工程变更的范围，下列说法正确的有（ ）。

  A．取消合同中任何一项工作，且被取消的工作由发包人或其他人实施

  B．改变合同中任何一项工作的质量或其他特性

  C．改变合同工程的基线、标高、位置或尺寸

  D．改变合同中任何一项工作的施工时间

  E．为完成工程需要追加的额外工作

本节习题解析

一、判断题（判断正误，正确的打√，错误的打×）

1．【答案】×

  【解析】本题考查的知识点是工程变更工作内容。发包人提出变更的，应通过工程师向承包人发出变更指示，变更指示应说明计划变更的工程范围和变更的内容。

2．【答案】√

  【解析】本题考查的知识点是变更估价。除专用合同条款另有约定外，变更估价按照下述约定处理：（1）已标价工程量清单或预算书有相同项目的，按照相同项

目单价认定。（2）已标价工程量清单或预算书中无相同项目，但有类似项目的，参照类似项目的单价认定。（3）变更导致实际完成的变更工程量与已标价工程量清单或预算书中列明的该项目工程量的变化幅度超过15%的，或已标价工程量清单或预算书中无相同项目及类似项目单价的，按照合理的成本与利润构成的原则，由合同当事人按照合同约定方法确定变更工作的单价。

3. 【答案】×

【解析】本题考查的知识点是变更引起的工期调整。因变更引起工期变化的，合同当事人均可要求调整合同工期。

4. 【答案】√

【解析】本题考查的知识点是变更估价。除专用合同条款另有约定外，变更估价按照下述约定处理：（1）已标价工程量清单或预算书有相同项目的，按照相同项目单价认定。（2）已标价工程量清单或预算书中无相同项目，但有类似项目的，参照类似项目的单价认定。（3）变更导致实际完成的变更工程量与已标价工程量清单或预算书中列明的该项目工程量的变化幅度超过15%的，或已标价工程量清单或预算书中无相同项目及类似项目单价的，按照合理的成本与利润构成的原则，由合同当事人按照合同约定方法确定变更工作的单价。

二、单项选择题（每题的备选项中，只有一个最符合题意）

1. 【答案】B

【解析】本题考查的知识点是工程变更工作内容。工程师提出变更建议的，需要向发包人以书面形式提出变更计划，说明计划变更工程范围和变更的内容、理由，以及实施该变更对合同价格和工期的影响。

2. 【答案】C

【解析】本题考查的知识点是变更估价程序。因变更引起的价格调整应计入最近一期的进度款中支付。

3. 【答案】C

【解析】本题考查的知识点是工程变更管理。工程变更是指合同实施过程中由发包人批准的对合同工程的工作内容、工程数量、质量要求、施工顺序与时间、施工条件、施工工艺或其他特征及合同条件等的改变。

4. 【答案】C

【解析】本题考查的知识点是变更估价。除专用合同条款另有约定外，变更估价按照下述约定处理：（1）已标价工程量清单或预算书有相同项目的，按照相同项目单价认定。（2）已标价工程量清单或预算书中无相同项目，但有类似项目的，参照类似项目的单价认定。（3）变更导致实际完成的变更工程量与已标价工程量清单或预算书中列明的该项目工程量的变化幅度超过15%的，或已标价工程量清单或预算书中无相同项目及类似项目单价的，按照合理的成本与利润构成的原则，由合同当事人按照合同约定方法确定变更工作的单价。

三、多项选择题（每小题所设选项中有 2 个或 2 个以上正确答案，至少有 1 个错项）

1. 【答案】BCDE

【解析】本题考查的知识点是工程变更的范围。工程变更包括以下五个方面：① 增加或减少合同中任何工作，或追加额外的工作；② 取消合同中任何工作，但转由他人实施的工作除外；③ 改变合同中任何工作的质量标准或其他特性；④ 改变工程的基线、标高、位置和尺寸；⑤ 改变工程的时间安排或实施顺序。

第三节　工程索赔管理

本节知识导图

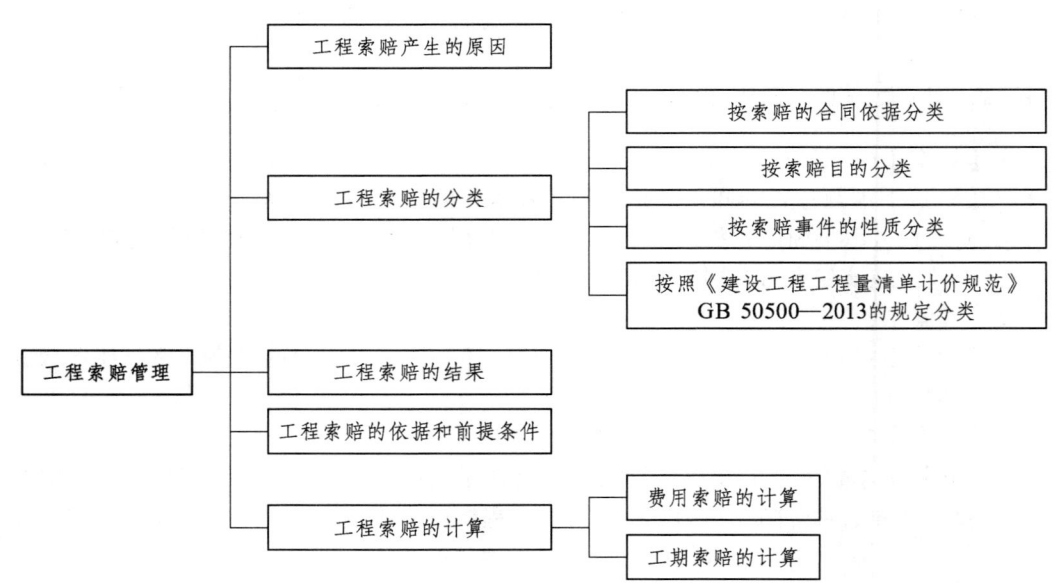

本节习题精选

一、判断题（判断正误，正确的打√，错误的打×）

1. 按索赔目的分类，工程索赔分为工期索赔和费用索赔。（　　）
2. 异常恶劣的气候条件导致工期延误、因不可抗力造成工期延误属于只可以索赔工期的索赔事件。（　　）

3. 按索赔的合同依据分类,工程索赔可分为合同中明示的索赔和合同中默示的索赔。(   )
4. 发包人延迟提供图纸,承包人可索赔工期和费用,但不可索赔利润。(   )
5. 如果延误的工作为关键工作,则延误的时间为索赔的工期。(   )
6. 不可抗力事件包括:地震、海啸、季节性暴雨、战争。(   )
7. 基准日期后,因法律变化造成工期延误时,工期应予以顺延。(   )

二、单项选择题(每题的备选项中,只有一个最符合题意)

1. 根据《建设工程施工合同(示范文本)》中的合同条款,关于合理补偿承包人索赔的说法,正确的是(   )。
   A. 承包人遇到不利物质条件可进行利润索赔
   B. 发生不可抗力只能进行工期索赔
   C. 异常恶劣天气导致的停工通常可以进行费用索赔
   D. 发包人原因引起的暂停施工只能进行工期索赔

2. 下列索赔费用中,不属于材料费的索赔的是(   )。
   A. 由于索赔事件的发生造成材料实际用量超过计划用量而增加的材料费
   B. 由于发包人原因导致工程延期期间的材料价格上涨和超期储存费用
   C. 运输费、仓储费以及合理的损耗费用
   D. 由于承包商管理不善,造成材料损坏失效

3. 就施工索赔的目的而言,施工索赔包括(   )。
   A. 物价上涨索赔和业主违约索赔
   B. 工期索赔和费用索赔
   C. 拖延付款索赔和不可抗拒因素索赔
   D. 特殊风险索赔和业主风险索赔

4. 如果初始延误者是客观原因,则在客观因素发生影响的延误期内,承包人(   )。
   A. 不可以得到工期延长,也很难得到费用补偿
   B. 不可以得到工期延长,可以得到费用补偿
   C. 可以得到工期延长,也可以得到费用补偿
   D. 可以得到工期延长,但很难得到费用补偿

5. 工程索赔中最关键和最主要的依据是(   )。
   A. 工程施工合同文件
   B. 国家、部门和地方有关的标准、规范和定额
   C. 工程施工合同履行过程中与索赔事件有关的各种凭证
   D. 国家法律、行政法规

6. 承包人工程索赔成立的基本条件不包括（   ）。
   A. 合同履行过程中承包人没有违约行为
   B. 索赔事件已造成承包人直接经济损失或工期延误
   C. 索赔事件是因非承包人的原因引起的
   D. 承包人已经按照规定的期限和程序提交了索赔意向通知、索赔报告

7. 下列工程索赔中不属于业主方违约的情况是（   ）。
   A. 未按合同规定提供设计资料、图纸，未及时下达指令、答复请示等，使工程延期
   B. 未按合同规定的日期交付施工场地和行驶道路、提供水电、提供应由发包人提供的材料和设备，使承包人不能及时开工或造成工程中断
   C. 未按合同规定按时支付工程款，或不再继续履行合同
   D. 地震

三、多项选择题（每小题所设选项中有 2 个或 2 个以上正确答案，至少有 1 个错项）

1. 根据《标准施工招标文件》的规定，合同条款规定的承包人可以合理补偿费用和利润的事件包括（   ）。
   A. 施工中遇到不利的物质条件
   B. 因发包人的原因造成工程试运行失败
   C. 工程移交后因发包人的原因出现新的缺陷或损坏的修复
   D. 施工中发现文物古迹
   E. 提前向承包人提供材料、工程设备

2. 在《标准施工招标文件》中，合同条款规定的可以合理补偿承包人索赔费用的事件有（   ）。
   A. 发包人要求向承包人提前交付材料和设备
   B. 发包人要求承包人提前竣工
   C. 施工过程发现文物、古迹
   D. 异常恶劣的气候条件
   E. 法律变化引起的价格调整

3. 根据《建设工程施工合同（示范文本）》GF-2017-0201，下列引起承包人索赔的事件中，只能获得工期补偿的是（   ）。
   A. 发包人提前向承包人提供材料和工程设备
   B. 工程暂停后因发包人原因导致无法按时复工
   C. 因发包人原因导致工程试运行失败
   D. 异常恶劣的气候条件导致工期延误
   E. 因不可抗力造成工期延误

4. 下列索赔事件引起的费用索赔中，可以获得利润补偿的有（　　）。
   A. 施工中发现文物
   B. 延迟提供施工场地
   C. 承包人提前竣工
   D. 基准日后法律的变化
   E. 因发包人违约导致承包人暂停施工

本节习题解析

一、判断题（判断正误，正确的打√，错误的打×）

1. 【答案】√
   【解析】本题考查的知识点是索赔的分类。按索赔目的分类，工程索赔分为工期索赔和费用索赔。

2. 【答案】√
   【解析】本题考查的知识点是工程索赔的结果。下列索赔事件，只可以索赔工期的：异常恶劣的气候条件导致工期延误、因不可抗力造成工期延误。

3. 【答案】√
   【解析】本题考查的知识点是索赔的分类。按索赔的合同依据分类，工程索赔可分为合同中明示的索赔和合同中默示的索赔。

4. 【答案】×
   【解析】本题考查的知识点是工程索赔的结果。发包人延迟提供图纸，承包人可索赔工期、费用和利润。

5. 【答案】√
   【解析】本题考查的知识点是工期索赔的计算。如果延误的工作为关键工作，则延误的时间为索赔的工期。

6. 【答案】×
   【解析】本题考查的知识点是工程索赔产生的原因。不可抗力自然事件主要是工程施工过程中不可避免发生并不能克服的自然灾害，包括地震、海啸、瘟疫、水灾等；不可抗力社会事件则包括国家政策、法律、法令的变更，战争，罢工等。不包括季节性暴雨。

7. 【答案】√
   【解析】本题考查的知识点是工程索赔的结果。基准日期后，因法律变化造成工期延误时，工期应予以顺延。

二、单项选择题（每题的备选项中，只有一个最符合题意）

1.【答案】B

【解析】本题考查的知识点是工程索赔的计算。《建设工程施工合同（示范文本）》GF-2017-0201 中承包人的索赔事件及可补偿内容如表 7-1 所示。

表 7-1 《建设工程施工合同（示范文本）》GF-2017-0201 中承包人的索赔事件及可补偿内容

序号	条款号	索赔事件	可补偿内容		
			工期	费用	利润
1	1.6.1	延迟提供图纸	√	√	√
2	1.9	施工中发现文物、古迹	√	√	
3	2.4.1	延迟提供施工场地	√	√	√
4	7.6	施工中遇到不利物质条件	√	√	
5	8.1	提前向承包人提供材料、工程设备		√	
6	8.3.1	发包人提供材料、工程设备不合格或延迟提供或变更交货地点	√	√	√
7	7.4	承包人依据发包人提供的错误资料导致测量放线错误	√	√	√
8	6.1.9.1	因发包人原因造成承包人人员工伤事故		√	
9	7.5.1	因发包人原因造成工期延误	√	√	√
10	7.7	异常恶劣的气候条件导致工期延误	√		
11	7.9	承包人提前竣工		√	
12	7.8.1	发包人暂停施工造成工期延误	√	√	√
13	7.8.6	工程暂停后因发包人原因无法按时复工		√	√
14	5.1.2	因发包人原因导致承包人工程返工		√	√
15	5.2.3	工程师对已经覆盖的隐蔽工程要求重新检查且检查结果合格	√	√	
16	5.4.2	因发包人提供的材料、工程设备造成工程不合格		√	
17	5.3.3	承包人应工程师要求对材料、工程设备和工程重新检验且检验结果合格	√	√	
18	11.2	基准日后法律的变化		√	
19	13.4.2	发包人在工程竣工前提前占用工程	√	√	√
20	13.3.2	因发包人的原因导致工程试运行失败		√	√
21	15.2.2	工程移交后因发包人原因出现新的缺陷或损坏的修复		√	√
22	13.3.2	工程移交后因发包人原因出现的缺陷修复后的试验和试运行		√	
23	17.3.2（6）	因不可抗力停工期间应工程师要求照管、清理、修复工程		√	
24	17.3.2（4）	因不可抗力造成工期延误	√		
25	16.1.1（5）	因发包人违约导致承包人暂停施工	√	√	√

2.【答案】D

【解析】本题考查的知识点是工程索赔的计算。材料费的索赔包括：由于索赔事件的发生造成材料实际用量超过计划用量而增加的材料费，由于发包人原因导致工程延期期间的材料价格上涨和超期储存费用。材料费中应包括运输费、仓储费以及合理的损耗费用。如果由于承包商管理不善造成材料损坏、失效，则不能列入索赔款项内。

3.【答案】B

【解析】本题考查的知识点是工程索赔的分类。工程索赔按不同的划分标准，可分为不同类型。按索赔目的分类，工程索赔分为工期索赔和费用索赔。按索赔的合同依据分类，工程索赔可分为合同中明示的索赔和合同中默示的索赔。根据索赔事件的性质不同，可以将工程索赔分为：（1）工程延误索赔。（2）工程变更索赔。（3）合同被迫终止的索赔。（4）赶工索赔。（5）意外风险和不可预见因素索赔。（6）其他索赔。

4.【答案】D

【解析】本题考查的知识点是共同延误。在实际施工过程中，工期拖期很少是只由一方造成的，往往是两、三种原因同时发生（或相互作用）而形成的，故称为"共同延误"。在这种情况下，要具体分析哪一种情况延误是有效的，应依据以下原则：（1）首先判断造成拖期的哪一种原因是最先发生的，即确定"初始延误"者，它应对工程拖期负责。在初始延误发生作用期间，其他并发的延误者不承担拖期责任。（2）如果初始延误者是发包人原因，则在发包人原因造成的延误期内，承包人既可得到工期延长，又可得到经济补偿。（3）如果初始延误者是客观原因，则在客观因素发生影响的延误期内，承包人可以得到工期延长，但很难得到费用补偿。（4）如果初始延误者是承包人原因，则在承包人原因造成的延误期内，承包人既不能得到工期补偿，也不能得到费用补偿。

5.【答案】A

【解析】本题考查的知识点是工程索赔的依据。工程施工合同是工程索赔中最关键和最主要的依据，工程施工期间，发承包双方关于工程的洽商、变更等书面协议或文件也是索赔的重要依据。国家制定的相关法律、行政法规是工程索赔的法律依据。

6.【答案】A

【解析】本题考查的知识点是工程索赔的成立的条件。承包人工程索赔成立的基本条件包括：（1）索赔事件已造成了承包人直接经济损失或工期延误。（2）造成费用增加或工期延误的索赔事件是非因承包人的原因发生的。（3）承包人已经按照工程施工合同规定的期限和程序提交了索赔意向通知、索赔报告及相关证明材料。

7.【答案】D

【解析】本题考查的知识点是工程索赔的产生的原因。工程索赔中属于业主方（包括发包人和工程师）违约的例如：未按合同规定提供设计资料、图纸，未及时下达指令、答复请示等，使工程延期；未按合同规定的日期交付施工场地和行驶道路、提供水电、提供应由发包人提供的材料和设备，使承包人不能及时开工或造成工程中断；未按合同规定按时支付工程款，或不再继续履行合同；下达错误指令，提供错误信息；发包人或工程师协调工作不力；等等。

三、多项选择题（每小题所设选项中有 2 个或 2 个以上正确答案，至少有 1 个错项）

1. 【答案】BC

   【解析】本题考查的知识点是工程索赔的计算。详见本书表 7-1。

2. 【答案】ABCE

   【解析】本题考查的知识点是工程索赔的计算。详见本书表 7-1。

3. 【答案】DE

   【解析】本题考查的知识点是工程索赔的结果。详见本书表 7-1。

4. 【答案】BE

   【解析】本题考查的知识点是工程索赔的结果。详见本书表 7-1。

第四节　工程计量和支付

本节知识导图

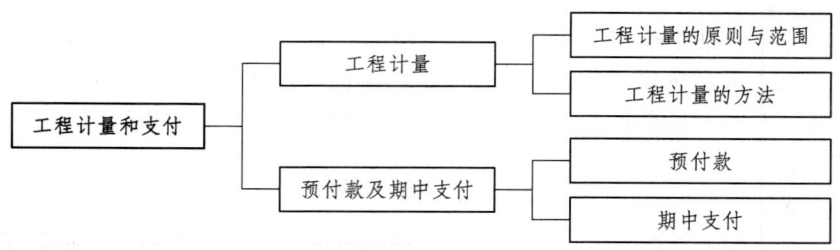

本节习题精选

一、判断题（判断正误，正确的打√，错误的打×）

1. 工程计量是指对承包人已经完成的工程实体数量进行测量与计算，并以物理计量单位或自然计量单位进行标识、确认的过程。（　　）

2. 工程计量的范围包括工程量清单及工程变更所修订的工程量清单的内容、各类费用索赔、工期索赔、各种预付款、价格调整及违约金等。（　　）

3. 单价合同工程量必须以承包人完成合同工程应予计量的，按照专业工程工程量计算规范规定的工程量计算规则计算得到的工程量确定。（　　）

4. 采用经审定批准的施工图纸及其预算方式发包形成的总价合同，按照专业工程工程量计算规范规定的工程量计算规则计算得到的工程量确定。（　　）

5. 预付款担保的担保金额通常比发包人的预付款要高。（　　）

6. 工程计量的方法包含：单价合同计量、总价合同计量、成本加酬金合同计量。（　　）

7. 工程预付款是指由发包人按照合同约定，在工程正式开工后由发包人即行支付给承包人，用于购买工程施工所需的材料和组织施工机械和人员进场的价款。（　　）

二、单项选择题（每题的备选项中，只有一个最符合题意）

1. 已知某工程承包合同价款总额是 3 000 万元，其主要材料及构件所占比重为 60%，预付款总金额为工程价款总额的 20%，则预付款起扣点是（　　）万元。
   A. 1 000　　　　　B. 1 400　　　　　C. 1 500　　　　　D. 2 000

2. 关于期中支付的程序，下列属于本周期合计应扣减的金额是（　　）。
   A. 本周期已完成单价项目的金额
   B. 周期应支付的总价项目的金额
   C. 本周期已完成的计日工价款
   D. 本周期应扣回的预付款

3. 根据我国现行的关于工程预付款的相关规定，下列说法中正确的是（　　）。
   A. 当约定需提交预付款保函时保函的保金额必须大于预付款金额
   B. 预付款是发包人为解决承包人在施工过程中的资金周转问题而提供的协助
   C. 预付款担保的担保金额通常与发包人的预付款是等值的
   D. 预付款担保的主要形式为现金

4. 关于合同价款的期中支付，下列说法不正确的是（　　）。
   A. 合同价款的期中支付是指发包人在合同工程施工过程中，按照合同约定对付款周期内承包人完成的合同价款给予支付的款项
   B. 合同价款的期中支付是工程进度款的预付
   C. 发承包双方应按照合同约定的时间、程序和方法，根据工程计量结果，办理期中价款结算，支付进度款
   D. 进度款支付周期，应与合同约定的工程计量周期一致

5. 根据《建设工程工程量清单计价规范》GB 50500—2013，关于工程计量，下列说法中正确的是（　　）。
   A. 合同文件中规定的各种费用支付项目应予计量
   B. 因发包人原因造成的工程变更不予计量

C. 总价合同应按实际完成的工程量计算

D. 成本加酬金合同应按照总价合同的计量规定进行计量

6. 下列属于在施工合同履行期间不予计量的工程量有（　　）。

　　A. 消防专业工程

　　B. 擅自超出施工图纸施工的工程

　　C. 通过工程变更修改的工程量清单内容

　　D. 合同中规定的各种费用支付项目

7. 下列可作为建设工程工程量计量依据的文件或资料的是（　　）。

　　A. 造价管理机构发布的价格信息及调价文件

　　B. 合同中的有关违约金条款

　　C. 质量合格证书

　　D. 各种预付款支付凭证

三、多项选择题（每小题所设选项中有2个或2个以上正确答案，至少有1个错项）

1. 材料储备定额天数由当地材料供应的（　　）等因素决定。

　　A. 在途天数　　　　　　　　B. 加工天数

　　C. 整理天数　　　　　　　　D. 保险天数

　　E. 市场行情

2. 采用百分比法确定工程预付款额度时，发包人根据（　　）等因素，招标时在合同条件中约定工程预付款的百分比。

　　A. 工程的特点　　　　　　　B. 工期长短

　　C. 市场行情　　　　　　　　D. 供求规律

　　E. 施工规模

3. 建设工程进度款支付申请中周期合计完成的合同价款包括（　　）。

　　A. 本周期已完成单价项目的金额

　　B. 本周期应支付的总价项目的金额

　　C. 本周期应扣回的预付款

　　D. 本周期已完成的计日工价款

　　E. 本周期应增加的金额

4. 工程计量的原则包括（　　）。

　　A. 按合同文件所规定的方法、范围、内容和单位计量

　　B. 不符合合同文件要求的工程不予计量

　　C. 因发包人原因造成的超出合同工程范围施工或返工的工程量，不予计量

　　D. 因承包人原因造成的超出合同工程范围施工或返工的工程量，不予计量

　　E. 按照工程图纸的示意来计算工程量

5. 发包人在合同中约定工程预付款的百分比时，通常要考虑到的因素有（　　）。
   A. 工程本身的特点　　　　　　　　B. 建筑安装工程量
   C. 工期长短　　　　　　　　　　　D. 市场行情
   E. 材料供求的规律
6. 关于预付款的扣回，下列说法中正确的是（　　）。
   A. 可以按合同约定扣款，通常当工程进度款累计金额超过合同的30%时开始起扣
   B. 可以按合同约定扣款，通常当工程进度款累计金额超过合同的20%时开始起扣
   C. 可以通过起扣点计算法扣回，该方法对发包人更有利
   D. 可以通过起扣点计算法扣回，该方法对承包人更有利
   E. 预付款的抵扣方式可以由发包人和承包人口头约定并执行

本节习题解析

一、判断题（判断正误，正确的打√，错误的打×）

1. 【答案】×
   【解析】本题考查的知识点是工程计量的概念。工程计量的概念：发承包双方根据设计图纸、技术规范以及施工合同约定的计量方式和计算方式，对承包人已经完成的质量合格的工程实体数量进行测量与计算，并以物理计量单位或自然计量单位进行标识、确认的过程。

2. 【答案】×
   【解析】本题考查的知识点是工程计量的范围。工程计量的范围包括工程量清单及工程变更所修订的工程量清单的内容、合同文件中规定的各种费用支付项目，如费用索赔、各种预付款、价格调整及违约金等。

3. 【答案】√
   【解析】本题考查的知识点是工程计量的方法。单价合同工程量必须以承包人完成合同工程应予计量的，按照专业工程工程量计算规范规定的工程量计算规则计算得到的工程量确定。

4. 【答案】×
   【解析】本题考查的知识点是工程计量的方法。采用经审定批准的施工图纸及其预算方式发包形成的总价合同，除按照工程变更规定引起的工程量增减外，总价合同各项目的工程量是承包人用于结算的最终工程量。

5. 【答案】×
   【解析】本题考查的知识点是预付款。预付款担保的担保金额通常与发包人的预付款是等值的。

6.【答案】×

【解析】本题考查的知识点是工程计量的方法。工程计量的方法通常区分为单价合同计量和总价合同计量,成本加酬金合同按照单价合同的计量规定进行计量。

7.【答案】×

【解析】本题考查的知识点是工程预付款的概念。工程预付款是指由发包人按照合同约定,在工程正式开工前由发包人预先支付给承包人,用于购买工程施工所需的材料和组织施工机械和人员进场的价款。

二、单项选择题(每题的备选项中,只有一个最符合题意)

1.【答案】D

【解析】本题考查的知识点是预付款的扣回。起扣点的计算公式如下:

$$T = P - M/N$$

式中　T——起扣点(即工程预付款开始扣回时)的累计完成工程金额;
　　　P——承包工程合同总额;
　　　M——工程预付款总额;
　　　N——主要材料及构件所占比重。

预付款起扣点 = 3 000 万元 – (3 000 万元 × 20%) ÷ 60% = 2 000 万元。

2.【答案】D

【解析】本题考查的知识点是期中支付的程序。本周期合计应扣减的金额,其中包括:① 本周期应扣回的预付款;② 本周期应扣减的金额。

3.【答案】C

【解析】本题考查的知识点是工程预付款。工程预付款是指由发包人按照合同约定,在正式开工前由发包人预先支付给承包人,用于购买工程施工所需的材料和组织施工机械和人员进场的价款。预付款担保的担保金额通常与发包人的预付款是等值的。预付款担保的主要形式为银行保函。根据《建设工程价款结算暂行办法》的规定,预付款的比例原则上不低于合同金额的 10%,不高于合同金额的 30%。

4.【答案】B

【解析】本题考查的知识点是合同价款的期中支付。合同价款的期中支付,是指发包人在合同工程施工过程中,按照合同约定对付款周期内承包人完成的合同价款给予支付的款项,也就是工程进度款的结算支付。发承包双方应按照合同约定的时间、程序和方法,根据工程计量结果,办理期中价款结算,支付进度款。进度款支付周期应与合同约定的工程计量周期一致。

5.【答案】A

【解析】本题考查的知识点是工程计量和支付。选项 A 正确,工程计量的范围包括:工程量清单及工程变更所修订的工程量清单的内容;合同文件中规定的各种费用支付项目，如费用索赔、各种预付款、价格调整、违约金等。选项 B 错误，因发包人原因造成的工程变更应予计量。选项 C 错误，采用工程量清单方式招标形成的总价合同，工程量应按照与单价合同相同的方式计算，即：以承包人完成合同工程应予计量的，按照现行国家工程量计算规范规定的工程量计算规则计算得到的工程量确定；采用经审定批准的施工图纸及其预算方式发包形成的总价合同，除按照工程变更规定引起的工程量增减外，总价合同各项目的工程量是承包人用于结算的最终工程量。选项 D 错误，成本加酬金合同按照单价合同的计量规定进行计量。

6. 【答案】B

   【解析】本题考查的知识点是工程计量的范围。工程计量的范围包括：工程量清单及工程变更所修订的工程量清单的内容；合同文件中规定的各种费用支付项目，如费用索赔、各种预付款、价格调整及违约金等。

7. 【答案】C

   【解析】本题考查的知识点是工程计量的依据。工程计量的依据包括：工程量清单及说明、合同图纸、工程变更令及其修订的工程量清单、合同条件、技术规范、有关计量的补充协议、质量合格证书等。

三、多项选择题（每小题所设选项中有 2 个或 2 个以上正确答案，至少有 1 个错项）

1. 【答案】ABCD

   【解析】本题考查的知识点是工程预付款公式计算法。材料储备定额天数由当地材料供应的在途天数、加工天数、整理天数、供应间隔天数、保险天数等因素决定。

2. 【答案】ABCD

   【解析】本题考查的知识点是工程预付款百分比法。发包人根据工程的特点、工期长短、市场行情、供求规律等因素，招标时在合同条件中约定工程预付款的百分比。根据《建设工程价款结算暂行办法》的规定，预付款的比例原则上不低于合同金额的 10%，不高于合同金额的 30%。

3. 【答案】ABDE

   【解析】本题考查的知识点是进度款支付申请。进度款支付申请的内容包括：

   （1）累计已完成的合同价款。

   （2）累计已实际支付的合同价款。

   （3）本周期合计完成的合同价款，其中包括：① 本周期已完成单价项目的金额；② 本周期应支付的总价项目的金额；③ 本周期已完成的计日工价款；④ 本周期应支付的安全文明施工费；⑤ 本周期应增加的金额。

   （4）本周期合计应扣减的金额，其中包括：① 本周期应扣回的预付款；② 本周期应扣减的金额。

   （5）本周期实际应支付的合同价款。

4.【答案】ABD

【解析】本题考查的知识点是工程计量的原则。工程计量的原则包括下列三个方面：（1）不符合合同文件要求的工程不予计量。（2）按合同文件所规定的方法、范围、内容和单位计量。（3）因承包人原因造成的超出合同工程范围施工或返工的工程量，发包人不予计量。

5.【答案】ACDE

【解析】本题考查的知识点是预付款的支付。发包人根据工程特点、工期长短、市场行情、供求规律等因素，招标时在合同条件中约定工程预付款的百分比。

6.【答案】BD

【解析】本题考查的知识点是预付款的扣回。预付款的抵扣方式应当由双方当事人在合同中明确规定。预付款的扣回包含两种方式：按合同约定扣款、起扣点计算法。当采用合同约定扣款时，预付款的扣回在国际中的扣款方法一般为：当工程进度款累计金额超过合同价格的 10%～20% 时开始起扣。采用起扣点计算法时，最大限度地占用了发包人的流动资金，对承包人比较有利。

第五节　工程结算

本节知识导图

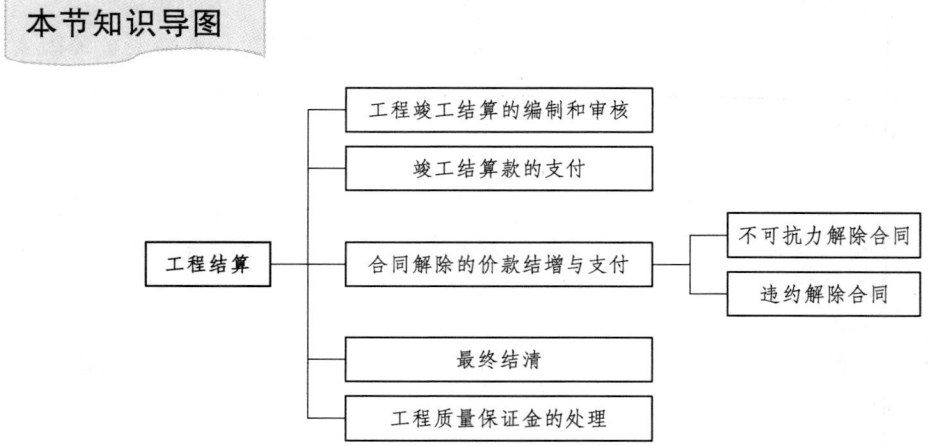

本节习题精选

一、判断题（判断正误，正确的打√，错误的打×）

1. 在工程竣工结算中，暂列金额应减去工程价款调整金额计算，如有余额归承包人所有。（　　）

2. 发包人对工程质量有异议拒绝办理工程竣工结算时，对于已经竣工验收或已竣工验收但实际投入使用的工程，其质量争议按工程施工合同的约定执行，并办理竣工结算。（　）

3. 工程结算可以分为定期结算、分段结算、年终结算和竣工结算等方式。（　）

4. 采用单价合同的，在合同约定风险范围内的综合单价应固定不变，并应按合同约定进行计量，且应按实际完成的工程量进行计量。（　）

5. 最终结清付款后，承包人继续享有合同内的索赔权。（　）

二、单项选择题（每题的备选项中，只有一个最符合题意）

1. 政府投资项目的竣工总结算由（　）审查。
   A. 主管部门　　　　　　　　B. 同级财政部门
   C. 所在地财政监察专员办事机构　　D. 财政部

2. 由于不可抗力解除合同的，发包人应向承包人支付（　）。
   A. 合同解除之日前已完成工程但尚未支付的合同价款
   B. 合同解除之后完成工程但尚未支付的合同价款
   C. 合同解除之后完成工程的合同价款
   D. 合同解除之日前未完成工程但尚未支付的合同价款

3. 关于办理有质量争议工程的竣工结算，下列说法中错误的是（　）。
   A. 已实际投入使用工程的质量争议按工程保修合同执行，竣工结算按合同约定办理
   B. 已竣工未投入使用的质量争议按工程保修合同执行，竣工结算按合同约定办理
   C. 停工、停建工程的质量争议可在执行工程质量监督机构处理决定后办理竣工结算
   D. 已竣工未验收并且未实际投入使用，其无质量争议部分的工程，竣工结算按合同约定办理

4. 承包人在合同内享有的索赔权利也自行终止是在（　）。
   A. 最终结清付款后　　　　　　B. 缺陷责任期终止后
   C. 最终结清申请单进行审核后　　D. 签发最终支付证书后

5. 由于发包人原因导致工程无法按规定期限竣（交）工验收的，在承包人提交竣（交）工验收报告（　）天后，工程自动进入缺陷责任期。
   A. 30　　　　B. 60　　　　C. 90　　　　D. 120

6. 关于缺陷责任与保修责任的说法，正确的是（　）。
   A. 缺陷责任期自合同竣工日期起计算
   B. 发包人在使用过程中发现已接收的工程存在新的缺陷的，由发包人自行修复
   C. 缺陷责任期最长不超过 3 年
   D. 保修期自实际竣工日期起计算

7. 关于工程结算的编制，下列说法中正确的是（   ）。
   A. 采用固定总价合同的，暂列金额部分不得调整
   B. 采用固定总价合同的，增值税可不按政府部门公布的税率调整
   C. 现场签证费用应依据发承包双方签证资料确认的金额计算
   D. 规费应按市级建设主管部门规定的费率计算
8. 工程造价咨询机构对于竣工结算的审核，应该采用的方法是（   ）。
   A. 抽样审核法　　B. 全面审核法　　C. 重点审核法　　D. 类比审核法
9. 建设工程最终结清的工作事项和时间节点包括：① 提交最终结清申请单；② 缺陷责任期终止；③ 签发缺陷责任期终止证书；④ 最终结清付款；⑤ 签发最终结清支付证书。按时间先后顺序排列正确的是（   ）。
   A. ②③①⑤④　　B. ②①③④⑤　　C. ①②④⑤③　　D. ①③②⑤④

三、多项选择题（每小题所设选项中有 2 个或 2 个以上正确答案，至少有 1 个错项）

1. 关于建设工程竣工结算的办理，下列说法中正确的有（   ）。
   A. 竣工结算文件经发承包人双方签字确认的，应当作为工程结算的依据
   B. 竣工结算文件由发包人组织编制，承包人组织核对
   C. 工程造价咨询机构审核结论与承包人竣工结算文件不一致时，以造价咨询机构审核意见为准
   D. 合同双方对复核后的竣工结算有异议时，可以就无异议部分的工程办理不完全竣工结算
   E. 竣工结算办理完毕，复核后仍有异议的，有异议部分由发承包双方协商解决，协商不成的，按照合同约定的争议解决方式处理
2. 根据《建设工程工程量清单计价规范》GB 50500—2013，关于工程竣工结算的计价原则，下列说法正确的是（   ）。
   A. 计日工按承包人上报的签证确认的事项计算
   B. 总承包服务费依据合同约定金额计算，不得调整
   C. 暂列金额应减去工程价款调整金额计算，余额归承包人
   D. 规费和税金应按照国家或省级、行业建设主管部门的规定计算
   E. 总价措施项目应依据合同约定的项目和金额计算，如发生调整，以双方确认的调整金额计算
3. 发包人对工程质量有异议，竣工结算仍应按合同约定办理的情形有（   ）。
   A. 工程已竣工验收的
   B. 工程已竣工未验收，但实际投入使用的，且具有质量争议的
   C. 工程已竣工未验收，且未实际投入使用的
   D. 工程停建，对工程质量无争议的部分
   E. 工程停建，对工程质量有争议的部分

4. 承包人提交的竣工结算款支付申请一般包括（　　）。
   A. 竣工结算合同价款总额　　　　B. 累计已实际支付的合同价款
   C. 最终支付证书　　　　　　　　D. 应扣留的质量保证金
   E. 实际应支付的竣工结算款金额

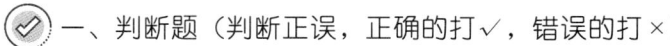
本节习题解析

一、判断题（判断正误，正确的打√，错误的打×）

1. 【答案】×
   【解析】本题考查的知识点是工程竣工结算的计价原则。暂列金额应减去工程价款调整（包括索赔、现场签证）金额计算，如有余额归发包人。

2. 【答案】×
   【解析】本题考查的知识点是质量争议工程的竣工结算。发包人对工程质量有异议拒绝办理工程竣工结算时，应按以下规定执行：已经竣工验收或已竣工验收但实际投入使用的工程，其质量争议按工程承包合同执行，竣工结算按合同约定办理。

3. 【答案】√
   【解析】本题考查的知识点是工程结算。工程结算可以分为定期结算、分段结算、年终结算和竣工结算等方式。

4. 【答案】√
   【解析】本题考查的知识点是工程竣工结算的计价原则。采用单价合同的，在合同约定风险范围内的综合单价应固定不变，并应按合同约定进行计量，且应按实际完成的工程量进行计量。

5. 【答案】×
   【解析】本题考查的知识点是最终结清。最终结清付款后，承包人在合同内享有的索赔权利也自行终止。

二、单项选择题（每题的备选项中，只有一个最符合题意）

1. 【答案】B
   【解析】本题考查的知识点是竣工结算的编制。单位工程竣工结算由承包人编制，发包人审查；实行总承包的工程，由具体承包人编制，在总包人审查的基础上，发包人审查。单项工程竣工结算或建设项目竣工总结算由总（承）包人编制，发包人可直接进行审查，也可以委托具有相应资质的工程造价咨询机构进行审查。政府投资项目由同级财政部门审查。

2. 【答案】A
   【解析】本题考查的知识点是合同解除的价款结算与支付。由于不可抗力解除合同的，发包人除应向承包人支付合同解除之日前已完成工程但尚未支付的合同价款，还应支付下列金额：合同中约定应由发包人承担的费用；已实施或部分实施的措施项目应付价款；承包人为合同工程合理订购且已交付的材料和工程设备货款；发包人一经支付此项货款，该材料和工程设备即成为发包人的财产；承包人撤离现场所需的合理费用，包括员工遣送费和临时工程拆除、施工设备运离现场的费用；承包人为完成合同工程而预期开支的任何合理费用，且该项费用未包括在上述其他各项支付之内。

3. 【答案】B

   【解析】本题考查的知识点是质量争议工程的竣工结算。发包人对工程质量有异议拒绝办理工程竣工结算时，应按以下规定执行：

   （1）已经竣工验收或已竣工未验收但实际投入使用的工程，其质量争议按该工程保修合同执行，竣工结算按合同约定办理。

   （2）已竣工未验收且未实际投入使用的工程以及停工、停建工程的质量争议，双方应就有争议的部分委托有资质的检测鉴定机构进行检测，根据检测结果确定解决方案，或按工程质量监督机构的处理决定执行后办理竣工结算，无争议部分的竣工结算按合同约定办理。

4. 【答案】A

   【解析】本题考查的知识点是最终结清。发包人应在签发最终结清支付证书后的规定时间内，按照最终结清支付证书列明的金额向承包人支付最终结清款。最终结清付款后，承包人在合同内享有的索赔权利也自行终止。

5. 【答案】C

   【解析】本题考查的知识点是缺陷责任期。因发包人原因导致工程无法按合同约定期限进行竣工验收的，在承包人提交竣工验收报告 90 天后，工程自动进入缺陷责任期；发包人未经竣工验收擅自使用工程的，缺陷责任期自工程转移占有之日起开始计算。

6. 【答案】D

   【解析】本题考查的知识点是缺陷责任与保修责任。选项 A 错误，正确的是在《建设工程质量保证金管理暂行办法》（建质〔2017〕138 号）中的规定：缺陷责任期从工程通过竣工验收之日起计算。由于承包人原因导致工程无法按规定期限进行竣工验收的，缺陷责任期从实际通过竣工验收之日起计算。由于发包人原因导致工程无法按规定期限竣工验收的，在承包人提交竣工验收报告 90 天后，工程自动进入缺陷责任期。选项 B 错误，正确的是缺陷责任期内，由承包人原因造成的缺陷，承包人应负责维修，并承担鉴定及维修费用。由他人原因造成的缺陷，发包人负责组织维修，承包人不承担费用，且发包人不得从保证金中扣除费用。选项 C 错误，正确的是缺陷责任期一般为 1 年，最长不超过 2 年，由发承包双方在合同中约定。

7.【答案】C

【解析】本题考查的知识点是工程竣工结算的计价原则。选项 A 错误，暂列金额应减去工程价款调整的金额；选项 B 和 D 错误，规费和增值税应按国家或省级、行业建设主管部门的规定计算。

8.【答案】B

【解析】本题考查的知识点是工程竣工结算的审核。竣工结算审核应采用全面审核法。

9.【答案】A

【解析】本题考查的知识点是工程结算。所谓最终结清，是指合同约定的缺陷责任期终止后，承包人已按合同规定完成全部剩余工作且质量合格的，发包人与承包人结清全部剩余款项的活动。最终结清顺序：最终结清申请单、最终支付证书、最终结清付款。

三、多项选择题（每小题所设选项中有 2 个或 2 个以上正确答案，至少有 1 个错项）

1.【答案】ADE

【解析】本题考查的知识点是工程竣工结算的编制和审核。工程竣工结算文件经发承包双方签字确认的，应当作为工程结算的依据，未经对方同意，另一方不得就已生效的竣工结算文件委托工程造价咨询机构重复审核。单位工程竣工结算由承包人编制，发包人审查；实行总承包的工程，由具体承包人编制，在总包人审查的基础上，发包人审查。单项工程竣工结算或建设项目竣工总结算由总（承）包人编制，发包人可直接进行审查，也可以委托具有相应资质的工程造价咨询机构进行审查。发包人委托工程造价咨询机构核对竣工结算的，工程造价咨询机构应在规定期限内核对完毕，核对结论与承包人竣工结算文件不一致的，应提交给承包人复核，承包人应在规定期限内将同意核对结论或不同意见的说明提交工程造价咨询机构。工程造价咨询机构收到承包人提出的异议后，应再次复核，复核无异议的，发承包双方应在规定期限内在竣工结算文件上签字确认，竣工结算办理完毕；复核后仍有异议的，对于无异议部分办理不完全竣工结算，有异议部分由发承包双方协商解决，协商不成的，按照合同约定的争议解决方式处理。

2.【答案】DE

【解析】本题考查的知识点是工程结算。选项 A 错误，计日工应按发包人实际签证确认的事项计算；选项 B 错误，总承包服务费应依据合同约定金额计算，如发生调整的，以发承包双方确认调整的金额计算；选项 C 错误，暂列金额应减去工程价款调整金额计算，余额归发包人。

3.【答案】ABD

【解析】本题考查的知识点是工程结算。发包人对工程质量有异议，拒绝办理工程竣工结算的：（1）已经竣工验收或已竣工未验收但实际投入使用的工程，其质量争议按该工程保修合同执行,竣工结算按合同约定办理。(2)已竣工未验收且未实际投入使用的工程以及停工、停建工程的质量争议,双方应就有争议的部分委托有资质的检测鉴定机构进行检测,根据检测结果确定解决方案,或按工程质量监督机构的处理决定执行后办理竣工结算,无争议部分的竣工结算按合同约定办。

4.【答案】ABDE

【解析】本题考查的知识点是工程结算款支付申请。申请应包括下列内容:① 竣工结算合同价款总额;② 累计已实际支付的合同价款;③ 应扣留的质量保证金;④ 实际应支付的竣工结算款金额。

第六节 竣工决算

本节知识导图

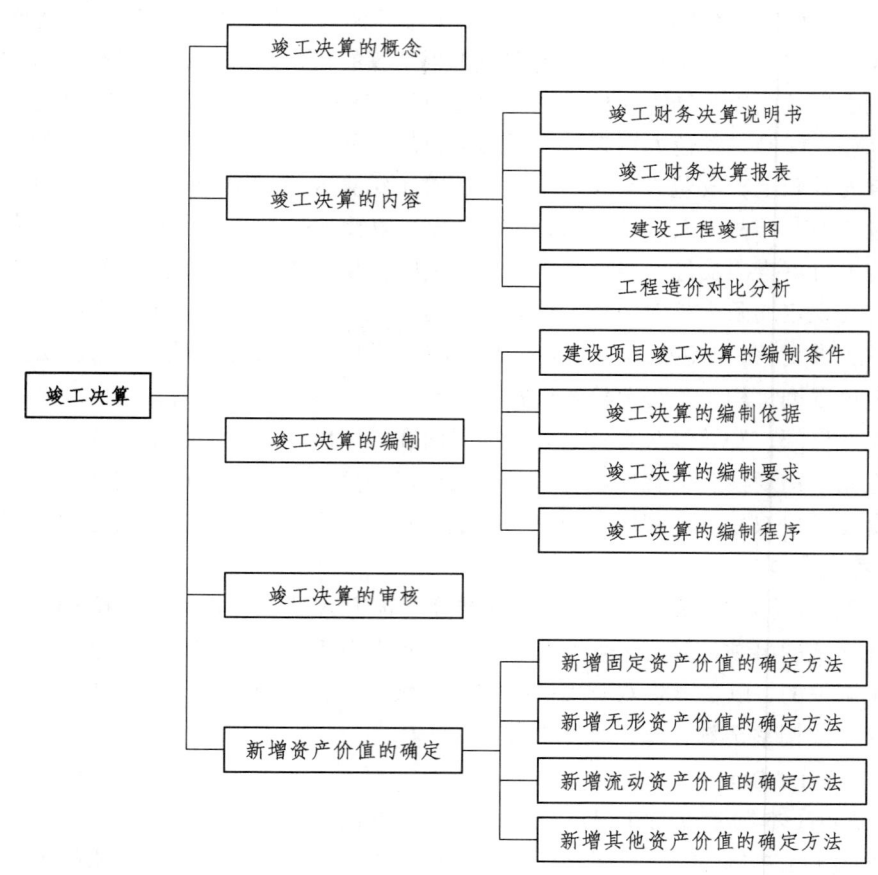

第七章 工程施工和竣工阶段造价管理

本节习题精选

一、判断题（判断正误，正确的打√，错误的打×）

1. 基本建设项目完工可投入使用或者试运行合格后，应当在 3 个月内编报竣工财务决算，特殊情况确需延长的，中、小型项目不得超过 2 个月，大型项目不得超过 6 个月。（　　）
2. 专利权分为自创和外购两类。（　　）
3. 在无形资产的计价原则中，企业接受捐赠的无形资产，按开发过程中的实际支出计价。（　　）
4. 建设单位管理费按建筑工程造价比例分摊。（　　）
5. 租入固定资产改良及大修理支出应当在租赁期内按折旧的方式计算。（　　）

二、单项选择题（每题的备选项中，只有一个最符合题意）

1. 完整的竣工决算书包含的内容是（　　）。
   A. 竣工财务决算说明书、竣工财务决算报表、工程竣工图、工程竣工造价对比分析
   B. 竣工财务决算报表、竣工决算、工程竣工图、工程造价对比分析
   C. 竣工财务决算说明书、竣工决算、竣工验收报告、工程造价对比分析
   D. 竣工财务决算报表、工程竣工图、工程造价对比分析

2. 关于建设工程项目竣工决算，下列说法不正确的是（　　）。
   A. 竣工决算是以工程量和技术指标为计量单位的
   B. 竣工决算是竣工验收报告的重要组成部分
   C. 竣工决算是反映建设项目实际造价和投资效果的文件
   D. 竣工决算是综合反映竣工建设项目全部建设费用、建设成果和财务情况的总结性文件

3. 在竣工财务决算报表中，（　　）是办理资产交接和接收单位登记资产账目的依据，是使用单位建立资产明细账和登记新增资产价值的依据。
   A. 建设项目竣工财务决算审批表
   B. 建设项目交付使用资产明细表
   C. 建设项目概况表
   D. 建设项目交付使用资产总表

4. 关于竣工决算，说法正确的是（　　）。
   A. 建筑项目竣工决算应包括从筹建到竣工验收的全部实际费用
   B. 建筑项目竣工决算应包括从动工到竣工投产全过程的全部费用
   C. 新增固定资产价值的计算应以建设项目为对象
   D. 竣工决算以预计数量和货币指标为计量单位

5. 基本建设项目竣工决算报表不包括（　　）。
   A. 建设项目概况表
   B. 资金平衡表
   C. 基本建设项目竣工财务决算表
   D. 基本建设项目交付使用资产明细表

6. 新增固定资产价值是建设项目竣工投产后所增加的固定资产的价值，它是以（　　）形态表示的固定资产投资最终成果的综合性指标。
   A. 时间　　　　B. 期货　　　　C. 货币　　　　D. 价值

7. 建设项目竣工决算应包括（　　）的全部实际费用。
   A. 从实际到竣工投产　　　　B. 从筹建到竣工验收
   C. 从立项到竣工验收　　　　D. 从开工到竣工验收

8. 关于竣工财务决算说明书，下列说法正确的是（　　）。
   A. 竣工财务决算说明书包含基本建设项目概况表
   B. 竣工财务决算说明书包含基本建设项目交付使用资产总表
   C. 竣工财务决算说明书包含项目预算执行情况及分析
   D. 竣工财务决算说明书包含待摊投资明细表

9. 根据《建设项目竣工财务决算管理暂行办法》（财建〔2016〕503号文）的规定，基本建设项目完工可投入使用或者试运行合格后，应该在（　　）个月内编报竣工财务决算，特殊情况确需延长的，中、小型项目不得超过（　　）个月。
   A. 3；2　　　　B. 3；6　　　　C. 2；3　　　　D. 2；6

10. 用来反映建设项目全部资金来源和资金占用情况的竣工决算报表是（　　）。
    A. 建设项目竣工财务决算审批表　　　　B. 基本建设项目概况表
    C. 基本建设项目竣工财务决算表　　　　D. 建设项目交付使用资产总表

11. 竣工决算的编制程序分为四个阶段，下列属于实施阶段主要工作的是（　　）。
    A. 确定项目负责人，配置相应的编制人员
    B. 协助建设单位做好各项清理工作
    C. 与建设单位沟通工程竣工决算的所有事项
    D. 对工作底稿电子化，形成电子档案

12. 竣工决算文件中，主要反映竣工工程建设成果和经验，全面考核分析工程投资与造价的书面总结文件是（　　）。
    A. 竣工财务决算说明书　　　　B. 竣工财务决算报表
    C. 工程竣工造价对比分析　　　　D. 工程竣工验收报告

三、多项选择题（每小题所设选项中有2个或2个以上正确答案，至少有1个错项）

1. 关于新增固定资产价值的确定，下列说法中正确的有（　　）。
   A. 新增固定资产价值是以独立发挥生产能力的单项工程为对象计算的
   B. 分期分批交付的工程，应在最后一期交付时一次性计算新增固定资产价值

C. 凡购置的达到固定资产标准不需安装的设备，应在交付使用后计入新增固定资产价值
D. 运输设备等固定资产，仅计算采购成本，不计分摊的"待摊投资"
E. 建设单位管理费按建筑工程、安装工程以及不需安装设备价值总额按比例分摊

2. 下列关于竣工财务决算说明书的表述，正确的是（　　）。
   A. 竣工财务决算说明书主要反映竣工工程建设成果和经验
   B. 竣工财务决算说明书是对竣工决算报表进行分析和补充说明的文件
   C. 竣工财务决算说明书是全面考核分析工程投资与造价的书面总结
   D. 竣工财务决算说明书综合反映了大中型项目的基本概况
   E. 竣工财务决算说明书主要用来反映建设项目的全部资金来源和资金占用情况

3. 土地使用权的取得方式影响竣工结算新增资产的核定，下列土地使用权的作价应作为无形资产核算的有（　　）。
   A. 通过支付土地出让金取得的土地使用权
   B. 通过行政划拨取得的土地使用权
   C. 通过有偿转让取得的出让土地使用权
   D. 以补交土地出让价款，作价入股的土地使用权
   E. 租借房屋的土地使用权

4. 根据财政部、国家发展和改革委员会、住房和城乡建设部的有关文件，竣工决算的组成文件包括（　　）。
   A. 竣工财务决算说明书　　　　　B. 工程竣工图
   C. 设计概算、施工图预算报表　　D. 工程竣工结算报表
   E. 工程竣工造价对比分析

5. 关于竣工决算，下列说法正确的有（　　）。
   A. 建设项目竣工决算应包括从筹建到竣工投产全过程的全部实际费用
   B. 竣工财务决算说明书、竣工财务决算报表两部分又称建设项目竣工财务决算
   C. 竣工决算是反映建设项目实际造价和投资效果的文件
   D. 建设工程竣工决算是办理交付使用资产的依据
   E. 竣工决算不体现无形资产和其他资产的价值

6. 建设项目竣工决算的内容包括（　　）。
   A. 竣工财务决算报表　　　　　B. 竣工财务决算说明书
   C. 投标报价书　　　　　　　　D. 新增资产价值的确定
   E. 工程造价对比分析

7. 在竣工决算中，建设项目竣工决算报表包括（　　）。
   A. 基本建设项目概况表　　　　B. 基本建设项目资金情况明细表
   C. 竣工财务决算总表　　　　　D. 待核销基建支出明细表
   E. 待摊投资明细表

本节习题解析

一、判断题（判断正误，正确的打√，错误的打×）

1. 【答案】√

   【解析】本题考查的知识点是竣工决算的编制。基本建设项目完工可投入使用或者试运行合格后，应当在3个月内编报竣工财务决算，特殊情况确需延长的，中、小型项目不得超过2个月，大型项目不得超过6个月。

2. 【答案】√

   【解析】本题考查的知识点是专利权。专利权分为自创和外购两类。自创专利权的价值为开发过程中的实际支出，主要包括专利的研制成本和交易成本。研制成本包括直接成本和间接成本。直接成本是指研制过程中直接投入发生的费用（主要包括材料费用、工资费用、专用设备费、资料费、咨询鉴定费、协作费、培训费和差旅费等）。

3. 【答案】×

   【解析】本题考查的知识点是无形资产的计价原则。（1）投资者按无形资产作为资本金或者合作条件投入时，按评估确认或合同协议约定的金额计价。（2）购入的无形资产，按照实际支付的价款计价。（3）企业自创并依法申请取得的，按开发过程中的实际支出计价。（4）企业接受捐赠的无形资产，按照发票账单所载金额或者同类无形资产市场价作价。无形资产计价入账后，应在其有效使用期内分期摊销，即企业为无形资产支出的费用应在无形资产的有效期内得到及时补偿。

4. 【答案】×

   【解析】本题考查的知识点是新增固定资产价值的确定方法。建设单位管理费按建筑工程、安装工程、需安装设备价值总额作比例分摊。

5. 【答案】×

   【解析】本题考查的知识点是新增其他资产价值的确定方法。租入固定资产改良及大修理支出应当在租赁期内分期平均摊销。

二、单项选择题（每题的备选项中，只有一个最符合题意）

1. 【答案】A

   【解析】本题考查的知识点是竣工决算书。按照财政部、国家发展和改革委员会、住房和城乡建设部的有关文件规定，竣工决算由竣工财务决算说明书、竣工财务决算报表、工程竣工图和工程竣工造价对比分析四部分组成。

2. 【答案】A

   【解析】本题考查的知识点是竣工决算的概念。竣工决算是以实物数量和货币指标为计量单位，综合反映竣工建设项目全部建设费用、建设成果和财务状况的总结性文件，是竣工验收报告的重要组成部分，是反映建设项目实际造价和投资效果的文件。

3. 【答案】B

【解析】本题考查的知识点是竣工决算报表。基本建设项目交付使用资产明细表反映交付使用的固定资产、流动资产、无形资产和其他资产及其价值的明细情况，是办理资产交接和接收单位登记资产账目的依据，是使用单位建立资产明细账和登记新增资产价值的依据。

4. 【答案】A

【解析】本题考查的知识点是竣工决算的概念。建设项目竣工决算是指项目建设单位根据国家有关规定，在项目竣工验收阶段为确定建设项目从筹建到竣工验收实际发生的全部建设费用（包括建筑工程费、安装工程费、设备及工器具购置费用、预备费等费用）而编制的财务文件。竣工决算以实物数量和货币指标为计量单位。新增固定资产价值的计算是以独立发挥生产能力的单项工程为对象的。

5. 【答案】B

【解析】本题考查的知识点是竣工决算报表。建设项目竣工决算报表包括：基本建设项目概况表、基本建设项目竣工财务决算表、基本建设项目资金使用情况明细表、基本建设项目交付使用资产总表、基本建设项目交付使用资产明细表、待摊投资明细表、待核销基建支出明细表、转出投资明细表等。

6. 【答案】D

【解析】本题考查的知识点是新增资产价值的确定。新增固定资产价值是建设项目竣工投产后所增加的固定资产的价值，它是以价值形态表示的固定资产投资最终成果的综合性指标。新增固定资产价值是投资项目竣工投产后所增加的固定资产价值，即交付使用的固定资产价值，是以价值形态表示建设项目的固定资产最终成果的指标。

7. 【答案】B

【解析】本题考查的知识点是竣工决算的概念。建设项目竣工决算是指项目建设单位根据国家有关规定在项目竣工验收阶段为确定建设项目从筹建到竣工验收实际发生的全部建设费用（包括建筑工程费、安装工程费、设备及工器具购置费用、预备费等费用）而编制的财务文件。

8. 【答案】C

【解析】本题考查的知识点是竣工决算说明书。选项A、B、D均属于竣工财务决算报表的内容。

9. 【答案】A

【解析】本题考查的知识点是竣工决算的编制。根据《建设项目竣工财务决算管理暂行办法》（财建〔2016〕503号文）的规定，基本建设项目完工可投入使用或者试运行合格后，应该在3个月内编报竣工财务决算，特殊情况确需延长的，中、小型项目不得超过2个月，大型项目不得超过6个月。

10.【答案】C

【解析】本题考查的知识点是竣工决算。基本建设项目竣工财务决算表反映建设项目全部资金来源和资金占用情况，考核和分析投资效果的依据。

11.【答案】B

【解析】本题考查的知识点是竣工决算。实施阶段主要工作内容如下：① 收集完整的编制程序依据资料。② 协助建设单位做好各项清理工作。③ 编制完成规范的工作底稿。④ 对过程中发现的问题应与建设单位进行充分沟通，达成一致意见。⑤ 与建设单位相关部门一起做好实际支出与批复概算的对比分析工作。

12.【答案】A

【解析】本题考查的知识点是竣工决算。竣工财务决算说明书主要反映竣工工程建设成果和经验，是对竣工决算报表进行分析和补充说明的文件，是全面考核分析工程投资与造价的书面总结，是竣工决算报告的重要组成部分。

三、多项选择题（每小题所设选项中有2个或2个以上正确答案，至少有1个错项）

1.【答案】ACD

【解析】本题考查的知识点是新增资产价值的确定。选项A正确，新增固定资产价值的计算是以独立发挥生产能力的单项工程为对象的。单项工程建成经有关部门验收鉴定合格，正式移交生产或使用，即应计算新增固定资产价值。选项B错误，一次交付生产或使用的工程一次计算新增固定资产价值；分期分批交付生产或使用的工程，应分期分批计算新增固定资产价值。选项C正确，凡购置达到固定资产标准不需安装的设备、工器具，应在交付使用后计入新增固定资产价值。选项D正确，运输设备及其他不需要安装的设备、工具、器具、家具等固定资产一般仅计算采购成本，不计分摊的"待摊投资"。选项E错误，一般情况下，建设单位管理费按建筑工程、安装工程、需安装设备价值总额作比例分摊，而土地征用费、地质勘察和建筑工程设计费等费用则按建筑工程造价比例分摊，生产工艺流程系统设计费按安装工程造价比例分摊。

2.【答案】ABC

【解析】本题考查的知识点是竣工财务决算说明书。竣工财务决算是正确核定项目资产价值、反映竣工项目建设成果的文件，是办理资产移交和产权登记的依据。竣工财务决算说明书主要反映竣工工程建设成果和经验，是对竣工决算报表进行分析和补充说明的文件，是全面考核分析工程投资与造价的书面总结。

3.【答案】ACDE

【解析】本题考查的知识点是新增资产价值的确定。当建设单位向土地管理部门申请土地使用权并为之支付一笔出让金时，土地使用权作为无形资产核算；若建设单位获得土地使用权是通过行政划拨的，这时土地使用权就不能作为无形资产核算；在将土地使用权有偿转让、出租、抵押、作价入股和投资，按规定补交土地出让价款时，才作为无形资产核算。

4.【答案】ABE

【解析】本题考查的知识点是竣工决算。根据财政部、国家发展和改革委员会、住房和城乡建设部的有关文件规定，竣工决算是由竣工财务决算说明书、竣工财务决算报表、工程竣工图和工程竣工造价对比分析四部分组成。

5.【答案】ABCD

【解析】本题考查的知识点是竣工决算。竣工决算包括固定资产、流动资产、无形资产和其他资产的价值。

6.【答案】ABE

【解析】本题考查的知识点是竣工决算。竣工决算是由竣工财务决算说明书、竣工财务决算报表、工程竣工图和工程造价对比分析四部分组成。其中，竣工财务决算说明书和竣工财务决算报表是核心部分。

7.【答案】ABDE

【解析】本题考查的知识点是竣工决算。建设项目竣工决算报表包括：基本建设项目概况表、基本建设项目竣工财务决算表、基本建设项目资金情况明细表、基本建设项目交付使用资产总表、基本建设项目交付使用资产明细表、待摊投资明细表、待核销基建支出明细表、转出投资明细表等。

全真模拟试卷（一）

一、判断题（共 20 题，每小题 0.5 分，共 10 分。你认为正确的请选"√"，错误的选"×"。）

1. 对于技术复杂或者无法精确拟定技术规格的项目，招标人可以分两阶段进行招标。（   ）
2. 工程造价咨询成果文件可以由二级造价工程师审核并加盖执业印章。（   ）
3. 工程代建单位不参与工程项目前期的策划决策，但应负责建成后的经营管理。（   ）
4. 施工图设计是工程设计投资控制的最关键环节。（   ）
5. 其他项目费包括暂列金额、计日工、二次搬运费和总承包服务费。（   ）
6. 在新建或扩建工程建设中，设备及工器具购置费用占工程造价比重的增大，意味着生产技术的进步和资本有机构成的提高。（   ）
7. 政府有关部门对建设项目管理监督所发生的，并由财政支出的费用，不得列入建设项目的工程造价。（   ）
8. 建设期利息应计入固定资产原值。（   ）
9. 工程量清单计价程序和工程定额计价程序中的费用计算方法是相同的。（   ）
10. 时间定额与产量定额是互为倒数的关系。（   ）
11. 劳动定额编制方法中的经验估计法一般适用于多品种生产或单件、小批量生产的企业，以及新产品试制和临时性生产。（   ）
12. 预算定额基价包含了人工、材料、机械台班的费用，是完全价格。（   ）
13. 在材料价格信息的发布中，应披露材料类别、规格、单价、供货地区、供货单位以及发布日期等信息。（   ）
14. 项目决策阶段对项目投资和使用功能并无决定性的影响。（   ）
15. 投资估算可作为项目资金筹措及制订建设贷款计划的依据。（   ）
16. 设计概算可分为单位工程概算、单项工程综合概算和建设项目总概算三级。（   ）
17. 标准预算审查法的优点是效果好，缺点是耗时较长、适用范围小。（   ）
18. 投标截止后投标人撤销投标文件的，招标人可以不退还投标保证金。（   ）
19. 在最高投标限价中，分部分项工程量清单中的工程量与图纸工程量不符，投标人可以修改工程量。（   ）
20. 除专用合同条款另有约定外，已标价工程量清单或预算书有相同项目的，按照相同项目单价认定。（   ）

二、单项选择题（共 50 题，每小题 1 分，共 50 分。每小题仅有一个选项是正确的，请选择你认为正确的答案。）

1. 根据《建设工程质量管理条例》，建设工程的保修期自（　　）之日起计算。
   A. 工程交付使用　　　　　　　　B. 竣工审计通过
   C. 工程价款结清　　　　　　　　D. 竣工验收合格

2. 根据《招标投标法实施条例》，招标文件要求中标人提交履约保证金的，履约保证金不得超过中标合同金额的（　　）。
   A. 2%　　　　B. 5%　　　　C. 10%　　　　D. 20%

3. 根据《招标投标法实施条例》，潜在投标人对招标文件有异议的，应当在投标截止时间（　　）日前提出。
   A. 3　　　　B. 5　　　　C. 10　　　　D. 15

4. 根据《建设工程质量管理条例》，建设单位将建设工程竣工验收报告和规划、公安消防、环保等部门出具的认可文件或者准许使用文件报建设行政主管部门或者其他有关部门备案的时间是（　　）。
   A. 自建设工程竣工验收合格之日起 15 日内
   B. 自建设工程竣工验收合格之日起 30 日内
   C. 自建设项目完工之日起 15 日内
   D. 自建设项目完工之日起 30 日内

5. 根据《建设工程质量管理条例》，在正常使用条件下，供热与供冷系统的最低保修期限是（　　）个采暖期、供冷期。
   A. 1　　　　B. 2　　　　C. 3　　　　D. 4

6. 根据《招标投标法》，招标人对已发出的招标文件进行修改的，应当在招标文件要求提交投标文件截止时间至少（　　）日前，通知所有招标文件收受人。
   A. 15　　　　B. 20　　　　C. 30　　　　D. 60

7. 根据《合同法》，下列变更中属于新要约的是（　　）的变更。
   A. 要约确认方式　　　　　　　　B. 合同文件寄送方式
   C. 合同履行地点　　　　　　　　D. 承诺生效地点

8. 根据《合同法》，在执行政府定价的合同履行中，需要按新价格执行的情形是（　　）。
   A. 逾期付款的，遇价格上涨时
   B. 逾期付款的，遇价格下降时
   C. 逾期提取标的物的，遇价格下降时
   D. 逾期交付标的物的，遇价格上涨时

9. 根据《合同法》，债权人领取提存物的权利期限为（　　）年。
   A. 1　　　　B. 2　　　　C. 4　　　　D. 5

10. 合同订立过程中，属于要约失效的情形是（　　）。
    A. 承诺通知到达要约人
    B. 受要约人依法撤销承诺

C. 要约人在承诺期限内未作出承诺

D. 受要约人对要约内容做出实质性质变更

11. 下列选项中，（　　）不属于由县级以上地方人民政府建设主管部门或者有关专业部门给予警告，责令限期改正，并处以 1 万元以上 3 万元以下的罚款的范畴。

  A. 转包承接的工程造价咨询业务

  B. 同时接受招标人和投标人或两个以上投标人对同一工程项目的工程造价咨询业务

  C. 不及时办理资质证书变更手续的

  D. 超越资质等级业务范围承接工程造价咨询业务

12. 根据《建筑工程施工质量验收统一验收标准》，下列工程中，属于分项工程的是（　　）。

  A. 电气工程 B. 钢筋工程 C. 屋面工程 D. 桩基工程

13. 根据《建设工程质量管理条例》，应当按照国家有关规定办理工程质量监督手续的单位是（　　）。

  A. 建设单位 B. 设计单位 C. 监理单位 D. 施工单位

14. 项目所在国政府将已投产运行的项目在一定期限内移交给外商经营，从而筹得一笔资金用于建设新项目。经营期满后，外商将原项目移交给项目所在国政府。这种项目融资模式称为（　　）。

  A. BOT B. TOT C. BOOT D. TBT

15. 采用 ABS 方式融资，组建 SPC 的作用是（　　）。

  A. 由 SPC 公司直接在资金市场上发行债券

  B. 由 SPC 公司与商业银行签订贷款协议

  C. SPC 公司作为项目法人

  D. 由 SPC 公司运营项目

16. 根据《国务院关于投资体制改革的决定》，对政府投资的非经营性项目应推行（　　）。

  A. 项目法人制 B. 代建制 C. 审批制 D. 备案制

17. （　　）模式使工程项目实现有条件的"边设计、边施工"。

  A. DBB B. CM C. DB D. EPC

18. 根据现行建设项目工程造价构成的相关规定，工程造价是指（　　）。

  A. 为完成工程项目建造，购买生产性设备及配合工程安装设备的费用

  B. 建设期内直接用于工程建造、设备购置及其安装的建设投资

  C. 为完成工程项目建设，在建设期内投入且形成现金流出的全部费用

  D. 在建设期内预计或实际支出的建设费用

19. 根据现行建筑安装工程费用项目组成的规定，下列费用项目中，属于施工机具使用费的是（　　）。

  A. 仪器仪表使用费 B. 施工机械财产保险费

  C. 大型机械进出费 D. 大型机械安拆费

20. 关于进口设备外贸手续费的计算，下列公式中正确的是（　　）。
    A. 外贸手续费 = FOB × 人民币外汇汇率 × 外贸手续费率
    B. 外贸手续费 = CIF × 人民币外汇汇率 × 外贸手续费率
    C. 外贸手续费 =（FOB × 人民币外汇汇率）/（1 − 外贸手续费率）× 外贸手续费率
    D. 外贸手续费 =（CIF × 人民币外汇汇率）/（1 − 外贸手续费率）× 外贸手续费率

21. 下列费用项目中，计入工程建设其他费中专利及专有技术使用费的是（　　）。
    A. 专利及专有技术在项目全寿命期中的使用费
    B. 生产期支付的商标权费
    C. 国内设计资料费
    D. 国外设计资料费

22. 在我国建设项目投资构成中，超规超限设备运输增加的费用属于（　　）。
    A. 设备及工器具购置费　　　B. 基本预备费
    C. 工程建设其他费　　　　　D. 建筑安装工程费

23. 工程定额计价法的步骤中，计算完工程量之后紧接着的工作应该是（　　）。
    A. 熟悉图纸和现场　　　　　B. 编制工料分析表
    C. 套定额单价　　　　　　　D. 费用计算

24. 工程造价的计价依据按用途分类可以分为7大类，计算设备费依据的是（　　）。
    A. 工程变更及施工现场签证　　B. 设备价格、运杂费率等
    C. 施工图纸　　　　　　　　　D. 安装工程定额

25. 预算定额是编制概算定额的基础，是以（　　）为对象编制的定额。
    A. 同一性质的施工过程　　　　B. 建筑物各个分部分项工程
    C. 扩大的分部分项工程　　　　D. 整个建筑物和构筑物

26. 下列用时中，同时包含在劳动定额和预算定额人工消耗量中的是（　　）。
    A. 隐蔽工程验收的影响时间　　B. 工序搭接发生的停歇时间
    C. 不可避免的中断时间　　　　D. 加工材料所需的时间

27. 质量检查和隐蔽工程验收工作造成的工时损失属于（　　）。
    A. 辅助用工　　　　　　　　　B. 人工幅度差
    C. 基本用工　　　　　　　　　D. 超运距用工

28. 下列机械工作时间中，属于有效工作时间的是（　　）。
    A. 筑路机在工作区末端的掉头时间
    B. 体积达标而未达到载重吨位的货物汽车运输时间
    C. 机械在工作地点之间的转移时间
    D. 装车数量不足而在低负荷下工作的时间

29. 根据国家相关法律、法规和政策规定，因停工学习、执行国家或社会义务等原因，按计时工资标准支付的工资属于人工日工资单价中的（　　）。

A. 基本工资 B. 奖金
C. 津贴补贴 D. 特殊情况下支付的工资

30. 编制人工定额时，工人必须消耗的时间不包括（　　）。
   A. 有效工作时间 B. 休息时间
   C. 不可避免中断时间 D. 偶然工作时间

31. 为了实现工程造价的模拟计算和动态控制，可应用建筑信息模型（BIM）技术，在包含进度数据的建筑模型上加载费用数据而形成（　　）模型。
   A. 6D B. 5D C. 4D D. 3D

32. 下列工程造价指数中，适合采用综合指数形式表示的是（　　）。
   A. 设备、工器具价格指数 B. 建筑安装工程造价指数
   C. 单项工程造价指数 D. 建设项目造价指数

33. 关于多层民用住宅工程造价与其影响因素的关系，下列说法中正确的是（　　）。
   A. 层数增加，单位造价降低 B. 层高增加，单位造价降低
   C. 建筑物周长系数越低，造价越低 D. 宽度增加，单位造价上升

34. 预计某年度应收账款1 800万元，应付账款1 300万元，预收账款700万元，预付款500万元，存货1 000万元，现金400万元，则该年度流动资金估算额为（　　）万元。
   A. 700 B. 1 100 C. 1 700 D. 2 100

35. 某拟建工程初步设计已达到必要的深度，能够据此计算出扩大分项工程的工程量，则能较为准确地编制拟建工程概算的方法是（　　）。
   A. 概算指标法 B. 类似工程预算法
   C. 概算定额法 D. 综合吨位指标法

36. 编制施工图预算具有重要的意义，下列属于对设计单位作用的是（　　）。
   A. 控制工程投资不突破概算
   B. 检验设计方案的经济合理性
   C. 便于进行工程投标和控制分包工程的合同价格
   D. 为业主方提供投资控制咨询服务的依据

37. 建设工程投标文件是（　　）。
   A. 要约邀请 B. 要约
   C. 承诺 D. 依情况而定

38. 关于招标文件澄清或者修改的说法，正确的是（　　）。
   A. 招标文件的效力高于其澄清或修改文件
   B. 澄清或者修改的内容可能影响投标文件编制的，招标人应在投标截止时间至少15日前澄清或者修改
   C. 澄清或者修改可以以口头形式通知所有获取招标文件的潜在投标人
   D. 澄清或者修改通知至投标截止时间不足15日的，在征得全部投标人同意后，可按原投标截止时间开标

39. 在招标投标过程中，载明招标文件获取方式的应是（　　）。
   A. 招标公告　　　　　　　　　　B. 资格预审公告
   C. 招标文件　　　　　　　　　　D. 投标文件

40. 关于工程量清单编制中的项目特殊描述，下列说法中正确的是（　　）。
   A. 措施项目无须描述项目特征
   B. 应按计量规范附录中规定的项目特征，结合技术规范、标准图集加以描述
   C. 对完成清单项目可能发生的具体工作和操作程序仍需加以描述
   D. 图纸中已有的工程规格、型号、材质等可不描述

41. 招标工程清单编制时，在总承包服务费计价表中，应由招标人填写的内容是（　　）。
   A. 服务内容　　　B. 项目价值　　　C. 费率　　　D. 金额

42. 投标人针对工程量清单中工程量的遗漏或错误，可以采取的正确做法是（　　）。
   A. 即向招标人提出异议，要求招标人修改
   B. 不向招标人提出异议，风险自留
   C. 是否向招标人提出修改意见取决于投标策略
   D. 等中标后，要求招标人按实调整

43. 施工企业建立施工项目成本管理责任制、开展成本控制和核算的基础是（　　）。
   A. 施工成本预测　　　　　　　　B. 施工成本分析
   C. 施工成本考核　　　　　　　　D. 施工成本计划

44. （　　）是工程项目成本管理的核心内容，也是工程项目成本管理中不确定因素最多、最复杂、最基础的管理内容。
   A. 成本测算　　　B. 成本核算　　　C. 成本计划　　　D. 成本控制

45. 某固定资产原值为50 000元，规定折旧年限为10年，残值率为4%，用平均年限法计算该固定资产的年折旧额为（　　）。
   A. 5 000元　　　B. 5 200元　　　C. 4 500元　　　D. 4 800元

46. 因变更引起的价格调整应计入最近一期的（　　）中支付。
   A. 预付款　　　B. 材料款　　　C. 进度款　　　D. 结算款

47. 根据《建设工程施工合同（示范文本）》GF-2017-0201，下列引起承包人索赔的事件中，只能获得工期补偿的是（　　）。
   A. 承包人提前竣工
   B. 工程移交后因发包人原因出现的缺陷修复后的试验和试运行
   C. 因不可抗力造成工期延误
   D. 因发包人的原因导致工程试运行失败

48. 施工合同履行期间，下列不属于工程计量范围的是（　　）。
   A. 工程变更修改的工程量清单内容
   B. 合同文件中规定的各种费用支付项目
   C. 暂列金额中的专业工程
   D. 擅自超出施工图纸施工的工程

49. 关于工程质量保证金的预留及管理，下列说法中正确的有（   ）。
   A. 质量保证金的总预留比例不得高于工程价款结算总额的 5%
   B. 质量保证金的总预留比例不得高于工程价款结算总额的 3%
   C. 质量保证金只能采用银行保函的形式
   D. 采用工程质量保险的，应预留相等数额的质量保证金

50. 完整的竣工决算所包含的内容是（   ）。
   A. 竣工财务决算说明书、竣工财务决算报表、工程竣工图、工程竣工造价对比分析
   B. 竣工财务决算报表、竣工决算、工程竣工图、工程竣工造价对比分析
   C. 竣工财务决算说明书、竣工决算、竣工验收报告、工程竣工造价对比分析
   D. 竣工财务决算报表、工程竣工图、工程竣工造价对比分析

三、多项选择题（共 20 题，每小题 2 分，共 40 分。每小题所设选项中有两个或两个以上正确答案，至少有一个错项。错选，本题不得分；少选，所选的每个选项得 0.5 分。）

1. 根据《建筑法》，建筑工程安全生产管理应建立健全（   ）制度。
   A. 责任   B. 追溯
   C. 保证   D. 群防群治
   E. 监督

2. 根据《建设工程安全生产管理条例》，施工单位应当对达到一定规模的危险性较大的（   ）编制专项施工方案。
   A. 土方开挖工程   B. 钢筋工程
   C. 模板工程   D. 混凝土工程
   E. 脚手架工程

3. 根据《招标投标法实施条例》，属于以不合理条件限制、排斥潜在投标人或投标人的情形有（   ）。
   A. 就同一招标项目向投标人提供相同的项目信息
   B. 设定的技术和商务条件与合同履行无关
   C. 以特定行业的业绩作为加分条件
   D. 对投标人采用无差别的资格审查标准
   E. 对招标项目指定特定的品牌和原产地

4. 根据《合同法》，效力待定合同包括（   ）的合同。
   A. 损害集体利益   B. 无代理权人以他人名义订立
   C. 一方以胁迫手段订立   D. 无处分权的人处分他人财产
   E. 损害社会公共利益

5. 以下属于工程造价咨询企业禁止行为的是（   ）。
   A. 工程造价经济纠纷的仲裁咨询   B. 转包承接的工程造价咨询业务

C. 出借资质等级证书　　　　　　D. 超越资质等级范围承接业务
　　E. 同时接受两个投标人对同一工程项目的工程造价咨询业务
6. 根据《房屋建筑和市政基础设施工程施工图设计文件审查管理办法》，施工图审查机构对施工图设计文件审查的内容有（　　）。
　　A. 是否按限额设计标准进行施工图设计
　　B. 是否符合工程建设强制性标准
　　C. 施工图预算是否超过批准的工程概算
　　D. 地基基础和主体结构的安全性
　　E. 危险性较大的工程是否有专项施工方案
7. 关于ABS模式的特点，下列说法正确的是（　　）。
　　A. ABS模式运作简单，融资成本较低
　　B. 利用ABS模式进行融资，可以使项目所在国保持对项目运营的控制
　　C. 利用ABS模式进行基础设施项目国际融资，不能得到国外先进的技术和管理经验
　　D. 在债券的发行期，项目资产的所有权和决策权暂时归SPC所有
　　E. 在基础设施领域，ABS模式的应用范围不如BOT/PPP模式广泛
8. 关于工程代建的特点，下列说法正确的是（　　）。
　　A. 代建单位的责任范围覆盖工程项目策划决策及建设实施全过程
　　B. 代建单位负责建设资金的筹措
　　C. 代建单位负责偿还贷款
　　D. 代建单位不负责项目运营期间的资产保值增值
　　E. 工程代建制适用于政府投资的非经营性项目
9. 工程建设其他费用包括（　　）。
　　A. 建筑安装工程费
　　B. 设备及工器具购置费
　　C. 建设用地费
　　D. 与项目建设相关的其他费用
　　E. 与未来生产经营有关的其他费用
10. 按照我国工程计价依据的编制和管理权限的规定，目前我国已经形成了由国家，各省、自治区、直辖市和行业部门的（　　）等相互支持、互为补充的工程计价依据体系。
　　A. 规章　　　　　　　　　　　　B. 相关政策文件
　　C. 定额　　　　　　　　　　　　D. 标准
　　E. 数据
11. 下列费用项目中，应计入人工日工资单价的有（　　）。
　　A. 计件工资　　　　　　　　　　B. 劳动竞赛奖金
　　C. 劳动保护费　　　　　　　　　D. 流动施工津贴
　　E. 职工福利费

12. 下列材料单价的构成费用，包含在采购及保管费中进行计算的有（　　）。
   A. 运杂费　　　　　　　　　　　B. 仓储费
   C. 工地管理费　　　　　　　　　D. 运输损耗
   E. 仓储损耗

13. 建筑安装工程费用定额的编制原则包括（　　）。
   A. 合理确定定额水平的原则　　　B. 特例第一的原则
   C. 简明、适用性原则　　　　　　D. 平均原则
   E. 定性与定量分析相结合的原则

14. 根据《招标投标法》，招标方式分为（　　）。
   A. 公开招标　　　　　　　　　　B. 邀请招标
   C. 自行组织招标　　　　　　　　D. 委托招标
   E. 重点招标

15. 招标准备阶段的工作内容包括（　　）。
   A. 组建招标组织　　　　　　　　B. 招标条件准备
   C. 现场踏勘　　　　　　　　　　D. 策划招标方案
   E. 准备招标文件

16. 根据现行《房屋建筑与装饰工程量计算规范》GB 50854 的规定，下列属于可以精确计算工程量的措施项目有（　　）。
   A. 施工排水、施工降水　　　　　B. 垂直运输
   C. 冬雨季施工　　　　　　　　　D. 安全文明施工
   E. 大型机械设备进出场及安拆

17. 复核工程量是投标人编制投标报价前的一项重要工作。通过复核工程量，便于投标人（　　）。
   A. 决定报价尺度　　　　　　　　B. 采取合适的施工方法
   C. 选用合适的施工机具　　　　　D. 决定投入劳动力数量
   E. 选用合适的承包方式

18. 施工成本控制的重要环节包括（　　）。
   A. 设计控制　　　　　　　　　　B. 采购控制
   C. 计划预控　　　　　　　　　　D. 过程控制
   E. 纠偏控制

19. 下列关于预付款担保的说法中，正确的是（　　）。
   A. 预付款担保应在施工合同签订后预付款支付前提供
   B. 预付款担保必须采用银行保函的形式
   C. 承包人中途毁约，中止工程，发包人有权从预付款担保金额中获得预付款补偿
   D. 发包人应在预付款扣完后将预付款保函退还承包人
   E. 在预付款全部扣回之前，预付款保函应始终保持有效，且担保金额应保持不变

20. 关于新增固定资产价值的确定，下列说法中正确的有（　　）。
    A. 以单位工程为对象计算
    B. 以验收合格、正式移交生产或使用为前提
    C. 分期分批交付生产的工程，按最后一批交付时间统一计算
    D. 包括达到固定资产标准不需要安装的设备和工器具的价值
    E. 是建设项目竣工投产后所增加的固定资产价值

全真模拟试卷(一)解析

一、判断题(共20题,每小题0.5分,共10分。你认为正确的请选"√",错误的选"×"。)

1. 【答案】√
   【解析】本题考查的知识点是招标工作。对于技术复杂或者无法精确拟定技术规格的项目,招标人可以分两阶段进行招标。

2. 【答案】×
   【解析】本题考查的知识点是造价工程师的执业范围。工程造价咨询成果文件应由一级造价工程师审核并加盖执业印章。

3. 【答案】×
   【解析】本题考查的知识点是工程代建制。工程代建单位不参与工程项目前期的策划决策和建成后的经营管理,也不对投资收益负责。

4. 【答案】×
   【解析】本题考查的知识点是工程造价控制的主要内容。初步设计是工程设计投资控制的最关键环节,经批准的设计概算是工程造价控制的最高限额。

5. 【答案】×
   【解析】本题考查的知识点是措施项目费。二次搬运费属于措施项目费。

6. 【答案】×
   【解析】本题考查的知识点是设备及工器具购置费。在生产性工程建设中,设备及工器具购置费用占工程造价比重的增大,意味着生产技术的进步和资本有机构成的提高。

7. 【答案】√
   【解析】本题考查的知识点是工程建设其他费用。政府有关部门对建设项目管理监督所发生的,并由财政支出的费用,不得列入建设项目的工程造价。

8. 【答案】√
   【解析】本题考查的知识点是建设期利息。建设期利息应计入固定资产原值。

9. 【答案】×
   【解析】本题考查的知识点是工程计价程序。工程定额计价程序中的费用计算:按所套用的相应定额单价计算人材机费,进而计算企业管理费、利润、规费及增值税等各种费用。工程量清单计价程序中的费用计算:在工程量计算、综合单价分析经核查无误后,即可进行分部分项工程费、措施项目费、其他项目费、规费和税金的计算。

10.【答案】√

【解析】本题考查的知识点是劳动定额。时间定额与产量定额是互为倒数的关系。

11.【答案】√

【解析】本题考查的知识点是劳动定额编制的经验估计法。经验估计法一般适用于多品种生产或单件、小批量生产的企业，以及新产品试制和临时性生产。

12.【答案】×

【解析】本题考查的知识点是定额计价。预算定额基价相对比较稳定，有利于简化概（预）算的编制工作。它之所以是不完全价格，因为只包含了人工、材料、机械台班的费用。

13.【答案】√

【解析】本题考查的知识点是价格信息。在材料价格信息的发布中，应披露材料类别、规格、单价、供货地区、供货单位以及发布日期等信息。

14.【答案】×

【解析】本题考查的知识点是工程决策和设计阶段造价管理的意义。项目决策阶段对项目投资和使用功能具有决定性的影响。

15.【答案】√

【解析】本题考查的知识点是投资估算的意义。投资估算可作为项目资金筹措及制订建设贷款计划的依据，建设单位可根据批准的投资估算额，进行资金筹措和向银行申请贷款。

16.【答案】√

【解析】本题考查的知识点是设计概算的分类。设计概算的概算体系包括单位工程概算、单项工程综合概算和建设项目总概算。

17.【答案】×

【解析】本题考查的知识点是施工图预算的审查方法。标准预算审查法，即对于采用标准图纸或通用图纸施工的工程，先集中力量，编制标准预算，以此为标准审查施工图预算。这种方法的优点是时间短，效果好；缺点是只适用于按标准图纸设计的工程，适用范围小，具有局限性。

18.【答案】√

【解析】本题考查的知识点是投标文件的组成。投标截止后投标人撤销投标文件的，招标人可以不退还投标保证金。

19.【答案】×

【解析】本题考查的知识点是最高投标限价的编制内容。在最高投标限价中，工程量依据招标文件中提供的分部分项工程量清单确定。

20.【答案】√

【解析】本题考查的知识点是变更估价的原则。除专用合同条款另有约定外，变更估价按照下述约定处理：（1）已标价工程量清单或预算书有相同项目的，按照相同项目单价认定。（2）已标价工程量清单或预算书中无相同项目，但有类似项目的，参照类似项目的单价认定。（3）变更导致实际完成的变更工程量与已标价工程量清单或预算书中列明的该项目工程量的变化幅度超过15%的，或已标价工程量清单或预算书中无相同项目及类似项目单价的，按照合理的成本与利润构成的原则，由合同当事人按照合同约定方法确定变更工作的单价。

二、单项选择题（共50题，每小题1分，共50分。每小题仅有一个选项是正确的，请选择你认为正确的答案。）

1. 【答案】D

   【解析】本题考查的知识点是工程质量保修。建设工程的保修期，自竣工验收合格之日起计算。

2. 【答案】C

   【解析】本题考查的知识点是履约保证金。履约保证金不得超过中标合同金额的10%。

3. 【答案】C

   【解析】本题考查的知识点是招标文件与资格审查。如潜在投标人或者其他利害关系人对资格预审文件有异议，应当在提交资格预审申请文件截止时间2日前提出；如对招标文件有异议，应当在投标截止时间10日前提出。招标人应当自收到异议之日起3日内作出答复；作出答复前，应当暂停招标投标活动。

4. 【答案】A

   【解析】本题考查的知识点是工程竣工验收备案。建设单位应当自建设工程竣工验收合格之日起15日内，将建设工程竣工验收报告和规划、公安消防、环保等部门出具的认可文件或者准许使用文件报建设行政主管部门或者其他有关部门备案。

5. 【答案】B

   【解析】本题考查的知识点是工程最低保修期限。在正常使用条件下，建设工程最低保修期限为：（1）基础设施工程、房屋建筑的地基基础工程和主体结构工程，为设计文件规定的该工程合理使用年限；（2）屋面防水工程、有防水要求的卫生间、房间和外墙面的防渗漏，为5年；（3）供热与供冷系统，为2个采暖期、供冷期；（4）电气管道、给排水管道、设备安装和装修工程，为2年。其他工程的保修期限由发包方与承包方约定。

6. 【答案】A

   【解析】本题考查的知识点是招标要求。招标人对已发出的招标文件进行必要的澄清或者修改的，应当在招标文件要求提交投标文件截止时间至少15日前，以书面形式通知所有招标文件收受人。该澄清或者修改的内容为招标文件的组成部分。

7. 【答案】C

   【解析】本题考查的知识点是要约内容的变更。承诺的内容应当与要约的内容一致。有关合同标的、数量、质量、价款或者报酬、履行期限、履行地点和方式、违约责任和解决争议方法等的变更，是对要约内容的实质性变更。受要约人对要约的内容作出实质性变更的，为新要约。

8.【答案】A

【解析】本题考查的知识点是合同履行的特殊规则。逾期交付标的物的，遇价格上涨时，按照原价格执行；价格下降时，按照新价格执行。逾期提取标的物或者逾期付款的，遇价格上涨时，按照新价格执行；价格下降时，按照原价格执行（惩罚延误者）。

9.【答案】D

【解析】本题考查的知识点是标的物的提存。债权人领取提存物的权利期限为 5 年，超过该期限，提存物扣除提存费用后归国家所有。

10.【答案】D

【解析】本题考查的知识点是要约失效的情况。有下列情形之一的，要约失效：（1）拒绝要约的通知到达要约人；（2）要约人依法撤销要约；（3）承诺期限届满，受要约人未作出承诺；（4）受要约人对要约内容作出实质性变更。

11.【答案】C

【解析】本题考查的知识点是工程造价咨询企业法律责任。选项 C 应由资质许可机关责令限期办理；逾期不办理的，可处以 1 万元以下的罚款。

12.【答案】B

【解析】本题考查的知识点是分项工程。分项工程是指将分部工程按主要工种、材料、施工工艺、设备类别等划分的工程，例如土方开挖、土方回填、钢筋、模板、混凝土、砖砌体、木门窗制作与安装、钢结构基础等工程。

13.【答案】A

【解析】本题考查的知识点是建设单位的质量责任和义务，建设单位在领取施工许可证或者开工报告前，应当按照国家有关规定办理工程质量监督手续。

14.【答案】B

【解析】本题考查的知识点是项目融资模式。TOT，即移交—运营—移交，项目所在国政府将已投产运行的项目在一定期限内移交给外商经营，从而筹得一笔资金用于建设新项目。经营期满后，外商将原项目移交给项目所在国政府。这种融资方式，融资对象更为广泛，可操作性更强。

15.【答案】A

【解析】本题考查的知识点是项目融资模式。SPC 可以是一个信托投资公司、信用担保公司、投资保险公司等，SPC 公司负责在资本市场上发行债券募集资金。

16.【答案】B

【解析】本题考查的知识点是工程代建制。根据《国务院关于投资体制改革的决定》，对政府投资的非经营性项目应推行代建制。

17.【答案】B

【解析】本题考查的知识点是项目承发包模式相关内容。CM模式是指由建设单位委托一家CM单位承担项目管理工作，该CM单位以承包商身份进行施工管理，并在一定程度上影响工程设计活动，组织快速路径的生产方式，实现有条件的"边设计、边施工"。

18.【答案】D

【解析】本题考查的知识点是工程造价的含义。工程造价是指在建设期预计或实际支出的建设费用。

19.【答案】A

【解析】本题考查的知识点是按费用构成要素划分的建筑安装工程费用项目的构成和计算。施工机具使用费是指施工作业所发生的施工机械、仪器仪表使用费或租赁费。

20.【答案】B

【解析】本题考查的知识点是进口从属费的计算。外贸手续费＝到岸价格×人民币外汇汇率×外贸手续费率。

21.【答案】D

【解析】本题考查的知识点是工程建设其他费。专利及专用技术使用费的主要内容有：①国外设计及技术资料费、引进有效专利、专有技术使用费和技术保密费；②国内有效专利、专有技术使用费；③商标权、商誉和特许经营权费等。

22.【答案】B

【解析】本题考查的知识点是基本预备费。基本预备费包括：①在批准的初步设计范围内，技术设计、施工图设计及施工过程中所增加的工程费用；设计变更、工程变更、材料代用、局部地基处理等增加的费用。②一般自然灾害造成的损失和预防自然灾害所采取的措施费用。实行工程保险的工程项目，该费用应适当降低。③竣工验收时为鉴定工程质量对隐蔽工程进行必要的挖掘和修复费用。④超规超限设备运输增加的费用。

23.【答案】C

【解析】本题考查的知识点是工程定额计价的程序。工程定额计价法的程序：第一阶段，收集资料；第二阶段，熟悉图纸和现场；第三阶段，计算工程量；第四阶段，套定额单价；第五阶段，编制工料分析表；第六阶段，费用计算；第七阶段，复核；第八阶段，编制说明。

24.【答案】B

【解析】本题考查的知识点是工程计价依据的分类。第五类，计算设备费的依据：设备价格、运杂费率等。

25.【答案】B

【解析】本题考查的知识点是工程定额。预算定额是在正常的施工条件下，完成一定计量单位合格分项工程和结构构件所需消耗的人工、材料、施工机具台班数量及其费用标准。

26.【答案】C

【解析】本题考查的知识点是人工幅度差。它是在劳动定额中未包括，在预算定额中要考虑的。即选择出不属于人工幅度差的即是本题答案。人工幅度差的调整内容包括：① 各工种间的工序搭接及交叉作业相互配合或影响所发生的停歇用工；② 施工机械在单位工程之间转移及临时水电线路移动所造成的停工；③ 质量检查和隐蔽工程验收工作的影响；④ 班组操作地点转移用工；⑤ 工序交接时对前一工序不可避免的修整用工；⑥ 施工中不可避免的其他零星用工。D项属于辅助用工中材料加工时间，是劳动定额不考虑的。

27.【答案】B

【解析】本题考查的知识点是预算定额中人工消耗量的确定。人工幅度差是指正常施工条件下，劳动定额中没有包含的用工因素。例如各工种交叉作业配合工作的停歇时间，工程质量检查和工程隐蔽、验收等所占的时间。

28.【答案】B

【解析】本题考查的知识点是机械工作时间。有效工作的时间消耗中又包括正常负荷下、有根据地降低负荷下的工时消耗。有根据地降低负荷下的工作时间，是在个别情况下由于技术上的原因，机器在低于其计算负荷下工作的时间。例如，汽车运输质量轻而体积大的货物时，不能充分利用汽车的载重吨位因而不得不降低其计算负荷。

29.【答案】D

【解析】本题考查的知识点是人工费。特殊情况下支付的工资：工伤、产假、婚丧假、生育假、事假、停工学习、执行国家或社会义务等按计时工资标准或计件工资标准的一定比例支付的工资。

30.【答案】D

【解析】本题考查的知识点是人工定额。必须消耗的时间包括有效工作时间、休息时间和不可避免中断时间。其中有效工作时间又包括基本工作时间、准备与结束工作时间以及辅助工作时间。

31.【答案】B

【解析】本题考查的知识点是BIM的基本概念。

32.【答案】A

【解析】本题考查的知识点是工程造价指数。设备、工器具价格指数是用综合指数形式表示的总指数。

33.【答案】C

【解析】本题考查的知识点是工程设计阶段影响造价的主要因素。（1）平面形状。一般来说，建筑物平面形状越简单，单位面积造价就越低。当一座建筑物的形状不规则时，将导致室外工程、排水工程、砌砖工程及屋面工程等复杂化，增加工程费用。即使在同样的建筑面积下，建筑平面形状不同，建筑周长系数（建筑物周长与建筑面积之比，即单位建筑面积所占外墙长度）便不同。通常情况下建筑周长系数越低,设计越经济。圆形、正方形、矩形、T形、L形建筑的工程量依次增大。但是圆形建筑物施工复杂,施工费用一般比矩形建筑增加20%~30%,所以以其墙体工程量所节约的费用并不能使建筑工程造价降低。虽然正方形建筑的既有利于施工,又能降低工程造价,但是若不能满足建筑物美观和使用要求,则毫无意义。因此,建筑物平面形状的设计应在满足建筑物使用功能的前提下,降低建筑周长系数,充分注意建筑平面形状的简洁、布局的合理,从而降低工程造价。

34. 【答案】C

    【解析】本题考查的知识点是流动资金的估算。流动资产 = 应收账款 + 预付账款 + 存货 + 现金 = (1 800 + 500 + 1 000 + 400)万元 = 3 700 万元,流动负债 = 应付账款 + 预收账款 = (1 300 + 700)万元 = 2 000 万元,流动资金 = 流动资产 − 流动负债 = (3 700 − 2 000)万元 = 1 700 万元。

35. 【答案】C

    【解析】本题考查的知识点是概算定额法。概算定额法又称扩大单价法或扩大结构定额法,是套用概算定额编制建筑工程概算的方法。运用概算定额法,要求初步设计必须达到一定深度,建筑结构尺寸比较明确,能按照初步设计的平面图、立面图、剖面图纸计算出楼地面、墙身、门窗和屋面等扩大分项工程(或扩大结构构件)项目的工程量。

36. 【答案】B

    【解析】本题考查的知识点是施工图预算的编制。选项A,属于对投资方的作用,选项C,属于对施工方的作用,选项D,属于对项目管理等中介服务企业的作用。

37. 【答案】B

    【解析】本题考查的知识点是施工招标方式和程序的相关内容。建设工程招标文件是要约邀请,投标文件是要约,中标通知书是承诺。

38. 【答案】B

    【解析】本题考查的知识点是招标文件的澄清或修改的规定。如不足15日,应顺延投标截止时间。

39. 【答案】A

    【解析】本题考查的知识点是招标文件的编制内容。当未进行资格预审时,招标文件中应包括招标公告。当进行资格预审时,招标文件中应包括投标邀请书,该邀请书可代替资格预审通过通知书,以明确投标人已具备了在某具体项目某具体标段的投标资格,其他内容包括招标文件的获取、投标文件的递交等。

40. 【答案】B

    【解析】本题考查的知识点是项目特征的描述。分部分项工程量清单的项目特征应按各专业工程计量规范附录中规定的项目特征,结合技术规范、标准图集、施工图纸,按照工程结构、使用材质及规格或安装位置等,予以详细而准确的表述和说明。

41. 【答案】A

【解析】本题考查的知识点是总承包服务费。总承包服务费计价表中的项目名称、服务内容由招标人填写，编制招标控制价时，费率及金额由招标人按有关计价规定确定；投标时，费率及金额由投标人自主报价，计入投标总价中。

42. 【答案】C

【解析】本题考查的知识点是复核工程量。针对工程量清单中工程量的遗漏或错误，是否向招标人提出修改意见取决于投标策略。投标人可以运用一些报价的技巧提高报价的质量，争取在中标后能获得更大的收益。

43. 【答案】D

【解析】本题考查的知识点是施工成本管理。成本计划是施工项目成本管理责任制、开展成本控制和核算的基础。另外，根据动态控制的原理，控制的前提必须有计划，所以成本计划是成本控制的基础。

44. 【答案】D

【解析】本题考查的知识点是施工成本管理。成本控制是工程项目成本管理的核心内容，也是工程项目成本管理中不确定因素最多、最复杂、最基础的管理内容。

45. 【答案】D

【解析】本题考查的知识点是折旧费的计算。

年折旧率 =（1 – 4%）/10 × 100% = 9.6%

年折旧额 = 50 000 元 × 9.6% = 4 800 元

46. 【答案】C

【解析】本题考查的知识点是期中支付。因变更引起的价格调整应计入最近一期的进度款中支付。

47. 【答案】C

【解析】本题考查的知识点是索赔。只可以索赔工期的：异常恶劣的气候条件导致工期延误、因不可抗力造成工期延误。

48. 【答案】D

【解析】本题考查的知识点是工程计量的范围。工程计量的范围包括：工程量清单及工程变更所修订的工程量清单的内容；合同文件中规定的各种费用支付项目，如费用索赔、各种预付款、价格调整、违约金等。

49. 【答案】B

【解析】本题考查的知识点是工程质量保证金的预留及管理。选项 A 错误，质量保证金的总预留比例不得高于工程价款结算总额的 3%；选项 C 错误，承包人提供质量保证金有以下三种方式：①质量保证金保函；②相应比例的工程款；③双方约定的其他方式。选项 D 错误，采用工程质量保证担保、工程质量保险等其他保证方式的，发包人不得再预留保证金。

50.【答案】A

【解析】本题考查的知识点是竣工决算。竣工决算主要包括竣工决算说明书、竣工财务决算报表、工程竣工图和工程造价比较分析四部分。竣工财务决算说明书和竣工财务决算报表两部分又称为建设项目竣工财务决算，是其核心内容。

三、多项选择题（共20题，每小题2分，共40分。每小题所设选项中有两个或两个以上正确答案，至少有一个错项。错选，本题不得分；少选，所选的每个选项得0.5分。）

1.【答案】AD

【解析】本题考查的知识点是安全生产管理。建筑工程安全生产管理必须坚持安全第一、预防为主的方针，建立健全安全生产的责任制度和群防群治制度。建筑工程设计也应当符合按照国家规定制定的建筑安全规程和技术规范，保证工程的安全性能。建筑施工企业应当在施工现场采取维护安全、防范危险、预防火灾等措施；有条件的，应当对施工现场实行封闭管理。施工现场安全由建筑施工企业负责。

2.【答案】ACE

【解析】本题考查的知识点是专项施工方案。施工单位应当在施工组织设计中编制安全技术措施和施工现场临时用电方案，对下列达到一定规模的危险性较大的分部分项工程编制专项施工方案，并附具安全验算结果，经施工单位技术负责人、总监理工程师签字后实施，由专职安全生产管理人员进行现场监督：① 基坑支护与降水工程；② 土方开挖工程；③ 模板工程；④ 起重吊装工程；⑤ 脚手架工程；⑥ 拆除、爆破工程；⑦ 国务院建设行政主管部门或者其他有关部门规定的其他危险性较大的工程。

3.【答案】BCE

【解析】本题考查的知识点是不合理条件限制、排斥潜在投标人或者投标人的情况。招标人有下列行为之一的，属于以不合理条件限制、排斥潜在投标人或者投标人：（1）就同一招标项目向潜在投标人或者投标人提供有差别的项目信息；（2）设定的资格、技术、商务条件与招标项目的具体特点和实际需要不相适应或者与合同履行无关；（3）依法必须进行招标的项目以特定行政区域或者特定行业的业绩、奖项作为加分条件或者中标条件；（4）对潜在投标人或者投标人采取不同的资格审查或者评标标准；（5）限定或者指定特定的专利、商标、品牌、原产地或者供应商；（6）依法必须进行招标的项目非法限定潜在投标人或者投标人的所有制形式或者组织形式；（7）以其他不合理条件限制、排斥潜在投标人或者投标人。

4.【答案】BD

【解析】本题考查的知识点是效力待定合同。效力待定合同是指合同已经成立，但合同效力能否产生尚不能确定的合同。效力待定合同主要是由当事人缺乏缔约能力、财产处分能力或代理人的代理资格和代理权限存在缺陷所造成的。效力待定合同包括：（1）限制民事行为能力人订立的合同。（2）无权代理人代订的合同；

①无权代理人代订的合同对被代理人不发生效力的情形；②无权代理人代订的合同对被代理人具有法律效力的情形；③法人或者其他组织的法定代表人、负责人超越权限订立的合同；④无处分权的人处分他人财产的合同。

5. 【答案】BCDE

   【解析】本题考查的知识点是工程造价咨询企业业务承接。选项A为工程造价咨询企业的业务范围。

6. 【答案】BD

   【解析】本题考查的知识点是施工图设计文件的审查。施工图设计文件审查的主要内容包括：（1）是否符合工程建设强制性标准；（2）地基基础和主体结构的安全性；（3）勘察设计企业和注册执业人员以及相关人员是否按规定在施工图上加盖相应的图章和签字；（4）其他法律、法规、规章规定必须审查的内容。

7. 【答案】ABC

   【解析】本题考查的知识点是工程项目实施模式。在债券的发行期，项目资产的所有权归SPC所有，但项目的决策权依然归原始权益人所有。由于ABS融资模式可以使项目所在国保持对项目运营的控制，而且运作简单，融资成本较低，风险分摊，因此在基础设施领域，ABS模式的应用范围比BOT/PPP模式广泛。因此，选项D、E是错误的。

8. 【答案】DE

   【解析】本题考查的知识点是工程项目实施模式。选项A，与项目法人责任制不同，代建单位的责任范围只是在工程项目建设实施阶段，因此选项A是错误的。选项B、C，代建单位既不负责建设资金的筹措，也不负责偿还贷款，因此选项B、C是错误的。

9. 【答案】CDE

   【解析】本题考查的知识点是工程造价构成的相关内容。工程建设其他费用包括建设用地费、与项目建设相关的其他费用和与未来生产经营有关的其他费用。

10. 【答案】ABCD

    【解析】本题考查的知识点是工程计价依据体系。按照我国工程计价依据的编制和管理权限的规定，目前我国已经形成了由国家，各省、自治区、直辖市和行业部门的规章、相关政策文件以及标准、定额等相互支持、互为补充的工程计价依据体系。

11. 【答案】ABD

    【解析】本题考查的知识点是人工费的构成。人工日工资单价由计时工资或计件工资、奖金、津贴补贴以及特殊情况下支付的工资组成。

12. 【答案】BCE

    【解析】本题考查的知识点是材料单价。采购及保管费包括：采购费、仓储费、工地管理费、仓储损耗。

13. 【答案】ACE

    【解析】本题考查的知识点是建筑安装工程费用定额的编制原则，即合理确定定额水平的原则，简明、适用性原则，定性与定量分析相结合的原则。

14. 【答案】AB

【解析】本题考查的知识点是施工招标方式和程序的相关内容。《招标投标法》明确规定，招标方式分为公开招标和邀请招标。

15. 【答案】ABDE

【解析】本题考查的知识点是施工招标方式和程序的相关内容。招标准备阶段的工作内容包括：招标条件准备、招标审批手续办理、组建招标组织、策划招标方案、发布招标公告或发出投标邀请、编制标底或确定最高投标限价、准备招标文件。其中，选项 C 属于资格审查与投标阶段的工作内容，因此是错误的。

16. 【答案】ABE

【解析】本题考查的知识点是措施项目的清单。选项 C、D 属于总价措施项目。

17. 【答案】ABCD

【解析】本题考查的知识点是建设项目施工投标与投标文件的编制。复核工程量的目的：（1）得到与招标工程量的差距，考虑投标策略，决定报价尺度；（2）根据工程量的大小采取合适的施工方法，选择适用、经济的机械和劳动力数量。

18. 【答案】CDE

【解析】本题考查的知识点是成本控制。施工成本控制包括计划预控、过程控制和纠偏控制三个重要环节。

19. 【答案】ACD

【解析】本题考查的知识点是预付款担保。预付款担保是指承包人与发包人签订合同后领取预付款前，承包人为正确、合理使用发包人支付的预付款而提供的担保。预付款担保的主要形式为银行保函。预付款担保的担保金额通常与发包人的预付款是等值的。预付款一般逐月从工程预付款中扣除，预付款担保的担保金额也相应逐月减少。承包人在施工期间，应当定期从发包人处取得同意此保函减值的文件，并送交银行确认。承包人还清全部预付款后，发包人应退还预付款担保，承包人将其退回银行注销，解除担保责任。

20. 【答案】BDE

【解析】本题考查的知识点是新增固定资产价值的确定。新增固定资产价值是建设项目竣工投产后所增加的固定资产的价值，它是以价值形态表示的固定资产投资最终成果的综合性指标。新增固定资产价值是投资项目竣工投产后所增加的固定资产价值，即交付使用的固定资产价值，是以价值形态表示建设项目的固定资产最终成果的指标。新增固定资产价值的计算是以独立发挥生产能力的单项工程为对象的。单项工程建成经有关部门验收鉴定合格，正式移交生产或使用，即应计算新增固定资产价值。一次交付生产或使用的工程一次计算新增固定资产价值，分期分批交付生产或使用的工程，应分期分批计算新增固定资产价值。新增固定资产价值的内容包括：已投入生产或交付使用的建筑、安装工程造价；达到固定资产标准的设备、工器具的购置费用；增加固定资产价值的其他费用。

全真模拟试卷（二）

一、判断题（共 20 题，每小题 0.5 分，共 10 分。你认为正确的请选"√"，错误的选"×"。）

1. 当事人双方应当自觉执行裁决，不执行的，另一方当事人可以申请仲裁机构强制执行。（　　）
2. 建设单位在办理工程质量监督手续时，需要提供施工图设计文件。（　　）
3. DB 是一种传统的工程承发包模式，主要体现的是专业化分工。（　　）
4. 建设投资是工程造价中的主要构成部分，包括工程费用、工程建设其他费用和预备费。（　　）
5. CIF 条件下，由卖方办理投保，而 CFR 为买方办理投保，但货物运输途中的风险均由买方承担。（　　）
6. 土地使用权划拨，是指省级以上人民政府依法批准，在土地使用者缴纳补偿、安置等费用后将该幅土地交付其使用，或者将土地使用权无偿交付给土地使用者使用的行为。（　　）
7. 建设期利息中的债务资金，包括向国内银行和国外政府贷款、国际商业银行贷款以及境内外发行的债券等。（　　）
8. 工程量清单项目套价的结果是计算该清单项目的综合单价。（　　）
9. 预算定额中的材料超运距用工是指材料、半成品的平均运距比企业定额的平均运距远。（　　）
10. 工作时间是指工作班的延续时间。建筑安装企业工作班的延续时间为 12 h（每个工日）。（　　）
11. 机械正常利用系数＝工作班内机械纯工作时间/机械工作班延续时间。（　　）
12. 企业管理费由发包人在招标文件中直接给定。（　　）
13. 设备、工器具费用的变动通常是由两个因素引起的，即设备、工器具单件采购价格的变化和采购数量的变化，并且工程所采购的设备、工器具是由不同规格、不同品种组成的，因此设备、工器具价格指数属于总指数。（　　）
14. 建筑物周长与建筑面积比 $K_周$（即单位建筑面积的外墙长度系数）越高，设计越经济。（　　）
15. 建设期利息的估算，可按当年借款在当年年末支用考虑。（　　）
16. 当设计深度不够，只有设备出厂价而无详细规格、质量时，编制设备安装工程费概算可选用扩大单价法。（　　）
17. 施工图预算审查的第一步，是选择合适的审查方法。（　　）

18. 因不可抗力造成施工人员伤亡的损失,由发包人承担。(   )

19. 确定综合单价是分部分项工程和单价措施项目清单与计价表编制过程中最主要的内容。(   )

20. 基准日期后,因法律变化造成工期延误时,工期应予以顺延。(   )

二、单项选择题(共50题,每小题1分,共50分。每小题仅有一个选项是正确的,请选择你认为正确的答案。)

1. 根据《建筑法》,按照国务院有关规定批准开工报告的建筑工程,因故不能按期开工超过(   )个月的,应当重新办理开工报告的批准手续。
   A. 1   B. 2   C. 3   D. 6

2. 根据《建筑法》,建筑工程由多个承包单位联合共同承包的,关于承包合同履行责任的说法,正确的是(   )。
   A. 由牵头承包方承担主要责任
   B. 由资质等级高的承包方承担主要责任
   C. 由承包各方承担连带责任
   D. 按承包各方投入比例承担相应责任

3. 根据《建筑法》,设计文件中选用的建筑材料、建筑构配件和设备,应当注明(   )。
   A. 生产厂家   B. 市场价格   C. 规格、型号   D. 保修期限

4. 根据《建设工程质量管理条例》,在正常使用条件下,设备安装工程的最低保修期限是(   )年。
   A. 1   B. 2   C. 3   D. 4

5. 根据《招标投标法实施条例》,投标人撤回已提交的投标文件,应当在(   )前,书面通知招标人。
   A. 投标截止时间   B. 评标委员会开始评标
   C. 评标委员会结束评标   D. 招标人发出中标通知书

6. 建设工程施工许可证应当由(   )申请领取。
   A. 施工单位   B. 设计单位   C. 监理单位   D. 建设单位

7. 根据《合同法》,下列关于承诺的说法,正确的是(   )。
   A. 发出后的承诺通知不得撤回
   B. 承诺通知到达要约人时生效
   C. 超过承诺期限发出的承诺视为新要约
   D. 承诺的内容可以与要约的内容不一致

8. 下列情形中,可构成缔约过失责任的是(   )。
   A. 因自然灾害,当事人无法执行签订合同的计划,造成对方的损失
   B. 当事人双方串通牟利签订合同,造成第三方损失
   C. 当事人因合同谈判破裂,泄露对方商业机密,造成对方损失
   D. 合同签订后,当事人拒付合同规定的预付款,使合同无法履行,造成对方损失

9. 根据《合同法》，下列关于格式合同的说法，正确的是（   ）。
   A. 采用格式条款订立合同，有利于保证合同双方的公平权利
   B. 《合同法》规定的合同无效的情形适用于格式合同条款
   C. 对格式条款的理解发生争议的，应当作出有利于提供格式条款一方的解释
   D. 格式条款和非格式条款不一致的，应当采用格式条款
10. 根据《合同法》，可撤销合同是指（   ）的合同。
    A. 因重大误解订立
    B. 当事人恶意串通损害第三方利益所订立
    C. 违反行政法规强制性规定而订立
    D. 当事人未能履行保密义务而订立
11. 根据《合同法》，下列关于定金的说法，正确的是（   ）。
    A. 债务人准备履行债务时，定金应当收回
    B. 给付定金的一方如不履行债务，无权要求返还定金
    C. 收受定金的一方如不履行债务，应当返还定金
    D. 当事人既约定违约金，又约定定金的，违约时适用违约金条款
12. 根据《国务院关于投资体制改革的决定》，对于采用直接投资和资本金注入方式的政府投资项目，除特殊情况外，政府主管部门不再审批（   ）。
    A. 项目建议书   B. 项目初步设计
    C. 项目开工报告   D. 项目可行性研究报告
13. 建设单位在办理工程质量监督注册手续时，需提供（   ）。
    A. 投标文件   B. 专项施工方案
    C. 施工组织设计   D. 施工图设计文件
14. 项目新开工时间，是指工程项目设计文件中规定的任何一项永久性工程第一次（   ）的日期。
    A. 打桩   B. 地质勘察   C. 破土开槽   D. 平整场地
15. 民营机构用于项目建设的资金大多来自银行的有限追索权贷款，政府在项目建成后从民营机构中购回项目。这种项目融资模式称为（   ）。
    A. BOT   B. TOT   C. TBT   D. BT
16. 代建单位的责任范围主要在工程项目的（   ）阶段。
    A. 项目策划   B. 建设实施   C. 运营管理   D. 资金筹措
17. 关于Partnering模式的说法，正确的是（   ）。
    A. Partnering协议是业主与承包商之间的协议
    B. Partnering模式是一种独立存在的承发包模式
    C. Partnering模式特别强调工程参建各方基层人员的参与
    D. Partnering协议不是法律意义上的合同
18. 关于工程造价的特点，下列说法错误的是（   ）。
    A. 工程造价是工程项目在建设期预计或实际支出的建设费用
    B. 工程造价是工程项目从投资决策到竣工投产所需要的建设费用

C. 投资决策阶段的工程造价称为投资概算
D. 工程造价是由表及里、由粗到精、逐步细化的过程

19. 下列费用项目属于按费用构成要素划分的是（   ）。
   A. 分部分项工程费	B. 措施项目费
   C. 其他项目费	D. 增值税

20. 关于设备及工器具购置费用，下列说法中正确的是（   ）。
   A. 它由设备购置费和工器具及生活家居购置费组成
   B. 它是固定资产投资中的消极部分
   C. 在工业建筑中，它占工程造价比重的增大意味着生产技术的进步
   D. 在民用建筑中，它占工程造价比重的增大意味着资本有机构成的提高

21. 关于建设用地的取得及使用年限，下列说法正确的是（   ）。
   A. 获取建设用地使用权的方式可以是租赁或转让
   B. 通过协议出让获取土地使用权的方式分为投标、竞拍、挂牌三种
   C. 城市公益事业用地不得以划拨方式取得
   D. 将土地使用权无偿交付给使用者的，其土地使用年限最高为70年

22. 根据我国现行建设项目投资构成，下列费用项目中属于建设期利息包含内容的是（   ）。
   A. 建设单位建设期后发生的利息
   B. 施工单位建设期长期贷款利息
   C. 国内代理机构收取的贷款管理费
   D. 国外贷款机构收取的转贷费

23. 工程量清单计价主要适用于（   ）。
   A. 合同价格形成以及后续的合同价款管理
   B. 国有资金投资工程的建设前期和交易阶段
   C. 建设工程发承包阶段
   D. 编制施工图预算和最高投标限价

24. 在下列定额中，以工序为研究对象的是（   ）。
   A. 概算定额	B. 施工定额
   C. 预算定额	D. 投资估算指标

25. 以下不属于计算分部分项工程人工、材料、机械台班消耗量及费用依据的是（   ）。
   A. 概算指标、概算定额、预算定额	B. 工程建设其他费定额
   C. 人工单价	D. 工程造价信息

26. 在计算预算定额人工工日消耗量时，包含在人工幅度差内的用工是（   ）。
   A. 超运距用工
   B. 材料加工用工
   C. 机械土方工程的配合用工
   D. 工种交叉作业相互影响的停歇用工

27. 下列材料损耗，应计入预算定额材料损耗量的是（　　）。
    A. 场外运输损耗　　　　　　　　B. 工地仓储损耗
    C. 一般性检验鉴定损耗　　　　　D. 施工加工损耗

28. 下列工人工作时间消耗中，属于有效工作时间的是（　　）。
    A. 因混凝土养护引起的停工时间
    B. 偶然停工（停水、停电）增加的时间
    C. 产品质量不合格返工的工作时间
    D. 准备施工工具花费的时间

29. （　　）是工程计价最基础的定额，是地方和行业部门编制预算定额的基础。
    A. 人工消耗量定额　　　　　　　B. 预算定额
    C. 概算指标　　　　　　　　　　D. 人工、材料、机具台班消耗量定额

30. 下列不属于企业管理费计算基础的是（　　）。
    A. 人、材、机费　　　　　　　　B. 人工费和机械费合计
    C. 人工费　　　　　　　　　　　D. 材料费

31. 最能体现信息动态性变化特征，并且在工程价格的市场机制中起重要作用的工程造价信息主要包括（　　）。
    A. 工程造价指数在建工程信息和已完工程信息
    B. 价格信息、工程造价指数和已完工程信息
    C. 人工价格信息、材料价格信息及在建工程信息
    D. 价格信息、工程造价指数及刚开工的工程信息

32. 采用分项详细估算法估算项目流动资金时，流动资产的正确构成是（　　）。
    A. 应付账款＋预付账款＋存货＋年其他费用
    B. 应付账款＋应收账款－存货＋现金
    C. 应付账款＋存货＋预收账款＋现金
    D. 预付账款＋现金＋应收账款＋存货

33. 详细可行性研究阶段投资估算的精确度的要求为：误差控制在±（　　）%以内。
    A. 5　　　　B. 10　　　　C. 15　　　　D. 20

34. 单位工程概算按其工作性质可分为单位建设工程概算和单位设备及安装工程概算两类，下列属于单位设备及安装工程概算的是（　　）。
    A. 通风、空调工程概算　　　　　B. 工器具及生产家具购置费概算
    C. 电气、照明工程概算　　　　　D. 弱电工程概算

35. 当初步设计达到一定深度、建筑结构比较明确、能结合图纸计算工程量时，编制单位工程概算宜采用（　　）。
    A. 扩大单价法　　　　　　　　　B. 概算指标法
    C. 类似工程预算法　　　　　　　D. 综合单价法

36. 编制施工图预算具有重要的意义，下列属于对施工单位作用的是（　　）。
    A. 控制工程投资不突破概算
    B. 检验设计方案的经济合理性

C. 便于进行工程投标和控制分包工程的合同价格
D. 为业主方提供投资控制咨询服务的依据

37. 关于邀请招标的缺点，下列说法正确的是（   ）。
   A. 资格预审工作量大   B. 评标的工作量大
   C. 招标的费用较高   D. 投标人可能会提高中标合同价格

38. 下列内容中，属于招标工程量清单编制依据的是（   ）。
   A. 分部分项工程清单   B. 拟定的招标文件
   C. 招标控制价   D. 潜在招标人的潜质及能力

39. 《建设工程工程量清单计价规范》规定，分部分项工程量清单项目编码的第四级为表示（   ）的顺序码。
   A. 分项工程   B. 扩大分项工程
   C. 分部工程   D. 专业工程

40. 关于分部分项工程量清单编制的说法，正确的是（   ）。
   A. 同一标段的工程量清单中含有多个项目特征相同的单位工程时，可采用相同的项目编码
   B. 进行项目特征描述时，必须对各清单项目的工程内容进行描述
   C. 计价规范中就某一清单项目给出两个及以上计量单位时应选择最方便计算的单位
   D. 施工工程量大于清单工程量的部分，由投标人在综合单价中考虑

41. 根据《建设工程工程量清单计价规范》的规定，安全文明施工费应计列于（   ）之中。
   A. 分部分项工程量清单计价表
   B. 以计算基础乘费率的形式表示的措施项目清单与计价表
   C. 其他项目清单与计价汇总表
   D. 规费、税金项目清单与计价表

42. 投标人为使报价具有竞争力，下列有关生产要素询价的做法中，正确的是（   ）。
   A. 在通过资格预审前进行询价   B. 尽量向咨询公司进行询价
   C. 不论何时何地尽量使用自有机械 D. 劳务市场招募零散工有利于管理

43. 某分部工程计划工程量 5 000 m^3，计划成本 380 元/m^3；实际完成工程量 4 500 m^3，实际成本 400 元/m^3。用赢得值法分析该分部工程的施工成本偏差为（   ）元。
   A. -80 000   B. -90 000   C. -190 000   D. -200 000

44. 在施工阶段，（   ）应通过编制资金使用计划、及时进行工程计量与结算、预防并处理好工程变更与索赔，有效控制工程造价。
   A. 建设单位   B. 施工单位   C. 监理单位   D. 设计单位

45. 分部分项工程成本分析的对象为主要的已完分部分项工程。分析的方法是：进行预算成本、目标成本和（   ）的"三算"对比。
   A. 直接成本   B. 投标成本   C. 实际成本   D. 进度成本

46. 下列索赔事件引起的费用索赔中，可以获得利润补偿的有（　　）。
    A. 施工中发现文物   B. 延迟提供图纸
    C. 承包人提前竣工   D. 基准日后法律的变化

47. 如果初始延误者是（　　）原因，则在延误期内，承包人既可得到工期延长，又可得到经济补偿。
    A. 主观原因   B. 客观原因   C. 发包人   D. 承包人

48. 某工程合同总价为5 000万元，合同工期180天，材料费占合同总价的60%，材料储备定额天数为25天，材料供应在途天数为5天。用公式计算法来求得该工程的预付款为（　　）万元。
    A. 417   B. 500   C. 694   D. 833

49. 根据《建设工程工程量清单计价规范》GB 50500—2013，发包人应在工程开工后的28天内预付不低于当年施工进度计划的安全文明施工费总额的（　　）。
    A. 30%   B. 40%   C. 50%   D. 60%

50. 关于最终结清，下列说法中正确的有（　　）。
    A. 最终结清是在工程保修期满后发包人对承包人结清全部剩余款项的活动
    B. 最终结清支付证书一经签发，承包人对合同内享有的索赔权也自行终止
    C. 质量保证金不足以抵减发包人工程缺陷修复费用的，应按合同约定的争议解决方法处理
    D. 最终结清付款涉及政府投资的，应按国库集中支付等国家相关规定和专用条款约定办理

三、多项选择题（共20题，每小题2分，共40分。每小题所设选项中有两个或两个以上正确答案，至少有一个错项。错选，本题不得分；少选，所选的每个选项得0.5分。）

1. 根据《建筑法》，关于建筑工程承包的说法，正确的有（　　）。
   A. 承包单位应在其资质等级许可的业务范围内承揽工程
   B. 大型建筑工程可由两个以上的承包单位联合共同承包
   C. 除总承包合同约定的分包外，工程分包须经建设单位认可
   D. 总承包单位就分包工程对建设单位不承担连带责任
   E. 分包单位可将其分包的工程再分包

2. 根据《建设工程安全生产管理条例》，施工单位对列入工程概算的安全作业环境及安全施工措施所需费用，应当用于（　　）。
   A. 施工安全防护设施的采购   B. 施工机械设备的更新
   C. 施工机具安全性能的检测   D. 安全施工措施的落实
   E. 安全生产条件的改善

3. 根据《招标投标法实施条例》，视为投标人相互串通投标的情形有（　　）。
   A. 投标人之间协商投标报价
   B. 不同投标人委托同一单位办理投标事宜

C. 不同投标人的投标保证金从同一单位的账户转出

D. 不同投标人的投标文件载明的项目管理成员为同一人

E. 投标人之间约定中标人

4. 根据《价格法》，在制定关系群众切身利益的（　　）时，政府应当建立听证会制度。

　　A. 公用事业价格　　　　　　　　B. 公益性服务价格
　　C. 自然垄断经营的商品价格　　　D. 价格波动过大的农产品价格
　　E. 政府集中采购的商品价格

5. 下列属于工程造价咨询业务范围的是（　　）。

　　A. 工程造价经济纠纷的仲裁
　　B. 建设项目概预算的编制与审核
　　C. 建设项目建议书投资估算与审核
　　D. 建设项目合同价款的确定
　　E. 工程竣工决算报告的编制

6. 针对非政府投资项目，应实行（　　）。

　　A. 核准制　　B. 备案制　　C. 审批制　　D. 评分制
　　E. 法人制

7. 根据社会资本参与程度由小到大，国际上将广义PPP模式分为（　　）。

　　A. 外包类　　B. 特许经营类　　C. 私有化类　　D. BOT
　　E. TOT

8. 关于ABS模式的特点，下列说法正确的是（　　）。

　　A. ABS模式运作简单，融资成本较低
　　B. 利用ABS模式进行融资，可以使项目所在国保持对项目运营的控制
　　C. 利用ABS模式进行基础设施项目国际融资，不能得到国外先进的技术和管理经验
　　D. 在债券的发行期，项目资产的所有权和决策权暂时归SPC所有
　　E. 在基础设施领域，ABS模式的应用范围不如BOT/PPP模式广泛

9. 建设项目总投资包括（　　）。

　　A. 固定资产投资　　　　　　B. 工程费用
　　C. 工程建设其他费用　　　　D. 流动资产投资
　　E. 建设期利息

10. 按工程定额的作用不同，建设工程定额可划分为（　　）。

　　A. 施工定额　　　　　　B. 企业定额
　　C. 预算定额　　　　　　D. 补充定额
　　E. 投资估算指标

11. 工程造价指标按用途的不同，主要包括（　　）。

　　A. 工程经济指标　　　　B. 工程量指标

C. 工料价格指标 D. 工料消耗量指标
E. 施工机具消耗量指标

12. 下列定额测定方法中，主要用于测定材料净用量的有（　　）。
A. 现场技术测定法 B. 实验室试验法
C. 现场统计法 D. 理论计算法
E. 写实记录法

13. 税前造价包括（　　）。
A. 人工费 B. 材料费
C. 施工机具使用费 D. 企业管理费
E. 监理费

14. 关于投标文件的编制与递交，下列说法中正确的有（　　）。
A. 投标函附录中不可以提出比招标文件要求更能吸引招标人的承诺
B. 当投标文件的正本与副本不一致时以正本为准
C. 允许递交备选投标方案时，所有投标人的备选方案应同等对待
D. 在要求提交投标文件的截止时间后送达的投标文件为无效的投标文件
E. 境内投标人以现金形式提交的投标保证金应当出自投标人的基本账户

15. 招标文件的组成内容包括（　　）。
A. 投标人须知 B. 资格审查资料
C. 图纸 D. 技术标准与要求
E. 投标文件格式

16. 根据《建设工程工程量清单计价规范》GB 50500—2013 的规定，分部分项工程量清单的组成部分包括（　　）。
A. 项目编码 B. 工程内容
C. 项目名称 D. 项目特征
E. 工程数量

17. 投标报价的调查询价阶段，总承包商对分包人询价时应注意的事项包括（　　）。
A. 分包标函的完整性 B. 分包人的质量保证措施
C. 分包人的成本和利润 D. 分包工程单价所含内容
E. 分包工程施工进度计划

18. 下列关于施工成本分析基本方法的用途的说法，正确的有（　　）。
A. 比较法通过技术经济指标的对比，检查目标的完成情况，分析产生差异的原因
B. 差额计算法将两个性质不同而又相关的指标加以对比，求出比率
C. 因素分析法可用来分析各种因素对成本的影响程度
D. 动态比率法将同类指标不同时期的数值进行对比，分析指标的发展方向和速度
E. 相关比率法通过构成比率，考查各成本项目占成本总量的比重

19. 关于建设工程竣工结算的办理，下列说法中正确的有（　　）。
    A. 竣工结算文件经发承包人双方签字确认的，应当作为工程结算的依据
    B. 竣工结算文件由发包人组织编制，承包人组织核对
    C. 工程造价咨询机构审核结论与承包人竣工结算文件不一致时，以造价咨询机构审核意见为准
    D. 合同双方对复核后的竣工结算有异议时，可以就无异议部分的工程办理不完全竣工结算
    E. 承包人对工程造价咨询企业的审核意见有异议的，可以向工程造价管理机构申请调解

20. 承包人根据已办理的竣工结算文件，向发包人提交竣工结算款支付申请。该申请中包括的主要内容有（　　）。
    A. 竣工结算合同价款总额　　　　B. 累计已实际支付的合同价款
    C. 累计已扣除的各种款项金额　　D. 实际应支付的竣工结算款金额
    E. 应扣留的质量保证金

全真模拟试卷（二）解析

一、判断题（共 20 题，每小题 0.5 分，共 10 分。你认为正确的请选"√"，错误的选"×"。）

1. 【答案】×

   【解析】本题考查的知识点是仲裁。当事人双方应当自觉执行裁决，不执行的，另一方当事人可以申请有管辖权的人民法院强制执行。

2. 【答案】×

   【解析】本题考查的知识点是仲裁。建设单位在办理工程质量监督手续时，需提供的一项资料是施工图设计文件的审查报告和批准书。

3. 【答案】×

   【解析】本题考查的知识点是工程承发包模式。DBB 是一种传统的工程承发包模式，即建设单位分别与勘察设计单位、施工单位签订合同，主要体现的是专业化分工。

4. 【答案】√

   【解析】本题考查的知识点是建设项目总投资的构成。建设投资是工程造价中的主要构成部分，包括工程费用、工程建设其他费用和预备费。

5. 【答案】√

   【解析】本题考查的知识点是进口设备原价的构成及计算。常用国际贸易术语对比见下表。

   表　常用国际贸易术语对比

术语名称	交货地点	风险转移	办理运输	办理保险	出口手续	进口手续
FOB	装运港船上	装港货物置于船上	买方	买方	卖方	买方
CFR	装运港船上	装港货物置于船上	卖方	买方	卖方	买方
CIF	装运港船上	装港货物置于船上	卖方	卖方	卖方	买方

6. 【答案】×

   【解析】本题考查的知识点是建设用地费。土地使用权划拨，是指县级以上人民政府依法批准，在土地使用者缴纳补偿、安置等费用后将该幅土地交付其使用，或者将土地使用权无偿交付给土地使用者使用的行为。

7. 【答案】√

   【解析】本题考查的知识点是建设期利息。建设期利息中的债务资金，包括向国内银行和其他非银行金融机构贷款、出口信贷、国外政府贷款、国际商业银行贷款以及境内外发行的债券等。

8. 【答案】√

   【解析】本题考查的知识点是工程量清单计价的程序。工程量清单项目套价的结果是计算该清单项目的综合单价。

9. 【答案】×

   【解析】本题考查的知识点是预算定额消耗量的确定。预算定额中的材料超运距用工是指材料、半成品的平均运距比劳动定额的平均运距远。

10. 【答案】×

    【解析】本题考查的知识点是工作时间。工作时间是指工作班的延续时间。建筑安装企业工作班的延续时间为 8 h（每个工日）。

11. 【答案】√

    【解析】本题考查的知识点是机械正常利用系数。机械正常利用系数＝工作班内机械纯工作时间/机械工作班延续时间。

12. 【答案】×

    【解析】本题考查的知识点是企业管理费的计算。企业管理费由承包人投标报价时自主确定。

13. 【答案】√

    【解析】本题考查的知识点是工程造价指数。设备、工器具费用的变动通常是由两个因素引起的，即设备、工器具单件采购价格的变化和采购数量的变化，并且工程所采购的设备、工器具是由不同规格、不同品种组成的，因此设备、工器具价格指数属于总指数。

14. 【答案】×

    【解析】本题考查的知识点是工程设计阶段影响造价的主要因素。建筑物周长与建筑面积比 $K_{周}$ 越低，设计越经济。

15. 【答案】×

    【解析】本题考查的知识点是建设期利息的估算。建设期利息的估算，可按当年借款在当年年中支用考虑，即当年借款按半年计息，上年借款按全年计息。

16. 【答案】×

    【解析】本题考查的知识点是设备安装工程费概算的编制方法。当设计深度不够，只有设备出厂价而无详细规格、质量时，编制设备安装工程费概算应选用设备价值百分比法。

17. 【答案】×

    【解析】本题考查的知识点是施工图预算的审查。施工图预算审查的第一步，应做好审查前的准备工作，比如熟悉施工图纸等设计文件、了解预算包括的范围以及弄清预算采用的单位估价表等。

18.【答案】×

【解析】本题考查的知识点是索赔。因不可抗力造成的不良后果，发包人和承包人承担各自人员伤亡和财产的损失。因此，因不可抗力造成施工人员伤亡的损失，由承包人承担。

19.【答案】√

【解析】本题考查的知识点是分部分项工程和措施项目清单与计价表的编制。确定综合单价是分部分项工程和单价措施项目清单与计价表编制过程中最主要的内容。

20.【答案】√

【解析】本题考查的知识点是索赔。基准日期后，因法律变化造成工期延误时，工期应予以顺延。

二、单项选择题（共50题，每小题1分，共50分。每小题仅有一个选项是正确的，请选择你认为正确的答案。）

1.【答案】D

【解析】本题考查的知识点是建筑许可。按照国务院有关规定批准开工报告的建筑工程，因故不能按期开工或者中止施工的，应当及时向批准机关报告情况。因故不能按期开工超过6个月的，应当重新办理开工报告的批准手续。

2.【答案】C

【解析】本题考查的知识点是建筑工程承包。共同承包的各方对承包合同的履行承担连带责任。

3.【答案】C

【解析】本题考查的知识点是建筑工程质量管理。设计单位在设计文件中选用的建筑材料、建筑构配件和设备，应当注明规格、型号、性能等技术指标，其质量要求必须符合国家规定的标准。除有特殊要求的建筑材料、专用设备、工艺生产线等外，设计单位不得指定生产厂、供应商。

4.【答案】B

【解析】本题考查的知识点是《建设工程质量管理条例》。电气管道、给排水管道、设备安装和装修工程最低保修期为2年。

5.【答案】A

【解析】本题考查的知识点是招投标法。在招标文件要求提交投标文件的截止时间前，投标人可以补充、修改或者撤回已提交的投标文件，并书面通知招标人。

6.【答案】D

【解析】本题考查的知识点是建筑许可。除国务院建设行政主管部门确定的限额以下的小型工程外，建筑工程开工前，建设单位应当按照国家有关规定向工程所在地县级以上人民政府建设行政主管部门申请领取施工许可证。

7. 【答案】B

【解析】本题考查的知识点是承诺生效。承诺通知到达要约人时生效。

8. 【答案】C

【解析】本题考查的知识点是缔约过失责任。缔约过失责任发生于合同不成立或者合同无效的缔约过程。其构成条件：① 当事人有过错，若无过错，则不承担责任；② 有损害后果的发生，若无损失，亦不承担责任；③ 当事人的过错行为与造成的损失有因果关系。当事人在订立合同过程中知悉的商业秘密，无论合同是否成立，不得泄露或者不正当地使用。泄露或者不正当地使用该商业秘密给对方造成损失的，应当承担损害赔偿责任。

9. 【答案】B

【解析】本题考查的知识点是格式条款。选项 A，由于格式条款的提供者往往在经济地位方面具有明显的优势，在行业中居于垄断地位，因而导致其在拟订格式条款时，会更多地考虑自己的利益，而较少考虑另一方当事人的权利或者附加种种限制条件。为此，提供格式条款的一方应当遵循公平的原则确定当事人之间的权利义务关系。选项 C，对格式条款的理解发生争议的，应当按照通常理解予以解释。对格式条款有两种以上解释的，应当作出不利于提供格式条款一方的解释。选项 D，格式条款和非格式条款不一致的，应当采用非格式条款。

10. 【答案】A

【解析】本题考查的知识点是可撤销合同。当事人一方有权请求人民法院或者仲裁机构变更或者撤销的合同有：① 因重大误解订立的；② 在订立合同时显失公平的。一方以欺诈、胁迫的手段或者乘人之危，使对方在违背真实意思的情况下订立的合同，受损害方有权请求人民法院或者仲裁机构变更或者撤销。

11. 【答案】B

【解析】本题考查的知识点是定金。债务人履行债务后，定金应当抵作价款或者收回。给付定金的一方不履行约定的债务的，无权要求返还定金；收受定金的一方不履行约定的债务的，应当双倍返还定金。当事人既约定违约金，又约定定金的，一方违约时，对方可以选择适用违约金或者定金条款。

12. 【答案】C

【解析】本题考查的知识点是投资决策管理制度。对于采用直接投资和资本金注入方式的政府投资项目，政府需要从投资决策的角度审批项目建议书和可行性研究报告，除特殊情况外，不再审批开工报告。

13. 【答案】C

【解析】本题考查的知识点是建设准备。办理质量监督注册手续时需提供下列资料：① 施工图设计文件审查报告和批准书；② 中标通知书和施工监理合同；③ 建设单位、施工单位和监理单位工程项目的负责人和机构组成；④ 施工组织设计和监理规划（监理实施细则）；⑤ 其他需要的文件资料。

14.【答案】C

【解析】本题考查的知识点是工程建设程序相关内容。项目新开工时间，是指工程项目设计文件中规定的任何一项永久性工程第一次破土开槽开始施工的日期。工程地质勘察、平整场地、旧建筑物拆除、临时建筑、施工用临时道路和水、电等工程开始施工的日期均不能算作正式开工日期。

15.【答案】D

【解析】本题考查的知识点是项目融资模式。BT，即建设—移交，政府在项目建成后从民营机构中购回项目。

16.【答案】B

【解析】本题考查的知识点是业主方项目组织模式的相关内容。对于实施工程代建制的项目，代建单位的责任范围只是在工程项目建设实施阶段。

17.【答案】D

【解析】本题考查的知识点是项目承发包模式。Partnering 模式的主要特征：（1）出于自愿。（2）高层管理的参与。（3）Partnering 协议不是法律意义上的合同。（4）信息的开放性。值得指出的是，Partnering 模式不是一种独立存在的模式，它通常需要与工程项目其他组织模式中的某一种结合使用，如总分包模式、平行承包模式、CM 承包模式等。

18.【答案】C

【解析】本题考查的知识点是工程造价概述的相关内容。工程造价在不同阶段有不同的称谓。投资决策阶段的工程造价称为投资估算，因此选项 C 是错误的。

19.【答案】D

【解析】本题考查的知识点是建筑安装工程费相关内容。按费用构成要素划分，建筑安装工程费可划分为人工费、材料费、施工机具使用费、企业管理费、利润、规费和增值税，因此选项 D 是正确的。

20.【答案】C

【解析】本题考查的知识点是设备及工器具购置费的作用。设备及工器具购置费是由设备购置费和工器具及生产购置费组成的，它是固定资产投资中的积极部分。在生产性工程建设中，设备及工器具购置费用占工程造价比重的增大，意味着生产技术的进步和资本有机构成的提高。

21.【答案】A

【解析】本题考查的知识点是建设用地费。获取国有土地使用权的基本方式有两种：一是出让方式，二是划拨方式。建设土地取得的基本方式还包括租赁和转让方式。土地使用权出让最高年限按下列用途确定：居住用地 70 年。通过出让方式获取土地使用权又可以分成两种具体方式：一是通过招标、拍卖、挂牌等竞争出让方式获取国有土地使用权，二是通过协议出让方式获取国有土地使用权。按照国家相关规定，出让国有土地使用权，除依照法律、法规和规章的规定应当采用招标、拍卖或者挂牌方式外，还可采取协议方式。

22.【答案】C

【解析】本题考查的知识点是建设期利息。建设期利息主要是指在建设期内发生的为工程项目筹措资金的融资费用及债务资金利息。国外贷款利息的计算中，还应包括国外贷款银行根据贷款协议向贷款方以年利率的方式收取的手续费、管理费、承诺费，以及国内代理机构经国家主管部门批准的以年利率的方式向贷款单位收取的转贷费、担保费、管理费。

23.【答案】A

【解析】本题考查的知识点是工程量清单计价的适用阶段。工程量清单计价主要用于建设工程发承包及实施阶段，工程量清单计价用于合同价格形成以及后续的合同价款管理。

24.【答案】B

【解析】本题考查的知识点是工程定额的原理。施工定额是指完成一定计量单位的某一施工过程，或基本工序所需消耗的人工、材料和施工机具台班数量标准。施工定额是施工企业成本管理和工料计划的重要依据。

25.【答案】B

【解析】本题考查的知识点是工程计价依据的分类。计算分部分项工程人工、材料、机具台班消耗量及费用的依据：① 概算指标、概算定额、预算定额；② 人工单价；③ 材料预算价格；④ 机具台班单价；⑤ 工程造价信息。

26.【答案】D

【解析】本题考查的知识点是预算定额中人工消耗量的确定。人工幅度差主要指正常施工条件下，劳动定额中没有包含的用工因素，例如各工种交叉作业配合工作的停歇时间，工程质量检查和工程隐蔽、验收等所占的时间。

27.【答案】D

【解析】本题考查的知识点是预算定额中材料消耗量的确定。预算定额材料损耗量，指在正常条件下不可避免的材料损耗，如现场内材料运输及施工操作过程中的损耗等。

28.【答案】D

【解析】本题考查的知识点是工人工作时间。有效工作时间包括基本工作时间、辅助工作时间、准备与结束工作时间的消耗，其中 D 选项属于准备与结束工作时间。

29.【答案】D

【解析】本题考查的知识点是人工、材料、机具台班消耗量。它以劳动定额、材料消耗量定额、机具台班消耗量定额的形式来表现，是工程计价最基础的定额，是地方和行业部门编制预算定额的基础。

30.【答案】D

【解析】本题考查的知识点是企业管理费计算。企业管理费计算基础包括人、材、机费，人工费和机械费合计，人工费。

31.【答案】B

【解析】本题考查的知识点是造价信息的内容。最能体现信息动态性变化特征并在市场机制中起到重要作用的工程造价信息包括价格信息、工程造价指数和已完工程信息。

32.【答案】D

【解析】本题考查的知识点是分项详细估算法。分项详细估算法是根据项目的流动资产和流动负债，估算项目所占用流动资金的方法。其中：流动资产的构成要素一般包括存货、库存现金、应收账款和预付账款；流动负债的构成要素一般包括应付账款和预收账款。流动资金等于流动资产和流动负债的差额。

33.【答案】B

【解析】本题考查的知识点是详细可行性研究阶段的投资估算。此时项目的细节已清楚，并已进行了建筑材料、设备的询价，亦已进行了设计和施工的咨询，但工程图纸和技术说明尚不完备。可根据此时期的投资估算额进行筹款。这一阶段称为确定估算，或称控制估算。其对投资估算精度的要求为误差控制在±10%以内。

34.【答案】B

【解析】本题考查的知识点是单位工程概算。按其工程性质可分为建筑工程概算和设备及安装工程概算两大类。建筑工程概算包括土建工程概算，给排水、采暖工程概算，通风、空调工程概算，电气照明工程概算，弱电工程概算，特殊构筑物工程概算等；设备及安装工程概算包括机械设备及安装工程概算、电气设备及安装工程概算、热力设备及安装工程概算、工器具及生产家具购置费概算等。

35.【答案】A

【解析】本题考查的知识点是概算定额法。概算定额法又称扩大单价法或扩大结构定额法。运用概算定额法，要求初步设计必须达到一定深度，建筑结构尺寸比较明确，能按照初步设计的平面图、立面图、剖面图纸计算出楼地面、墙身、门窗和屋面等扩大分项工程（或扩大结构构件）项目的工程量。

36.【答案】C

【解析】本题考查的知识点是施工图预算的编制。选项A，属于对投资方的作用；选项B，属于对设计方的作用；选项D，属于对项目管理等中介服务企业的作用。

37.【答案】D

【解析】本题考查的施工招标方式和程序的相关内容。邀请招标的缺点主要体现在，由于投标竞争激烈程度较差，投标人有可能会提高中标合同价格，也有可能会排除某些在技术上或报价上有竞争力的承包商参与投标。

38.【答案】B

【解析】本题考查的知识点是工程量清单编制依据。其中包括：清单计价规范、设计文件、招标文件、施工现场情况、工程特点和施工方案。

39.【答案】A

【解析】本题考查的知识点是分部分项工程项目清单。各级编码代表的含义：（1）一级：表示专业工程代码，两位；（2）二级：表示附录分类顺序码，两位；（3）三级：表示分部工程顺序码，两位；（4）四级：表示分项工程项目名称顺序码，三位；（5）五级：表示清单项目名称顺序编码，三位。

40.【答案】D

【解析】本题考查的知识点是分部分项工程项目清单。选项 A 错误，项目编码不允许重复。选项 B 错误，工作内容是可能发生的具体工作和操作程序，编制清单时，通常无须描述。选项 C 错误，当有多个计量单位，应根据项目的特征，选择最适宜表现项目特征并方便计量的单位。

41.【答案】B

【解析】本题考查的知识点是措施项目清单。安全文明施工费应计列于总价措施项目清单与计价表中。

42.【答案】B

【解析】本题考查的知识点是询价。询价在资格预审之后，劳务市场招募零散工不利于管理。在外地施工需用的施工机具，有时在当地租赁或采购可能更有利。

43.【答案】B

【解析】本题考查的知识点是施工成本管理。
成本偏差 = 已完工作预算费用 − 已完工作实际费用 = 4 500 m^3 ×（380 − 400）元/m^3 = − 90 000 元

44.【答案】A

【解析】本题考查的知识点是施工阶段造价管理。在施工阶段，建设单位应通过编制资金使用计划、及时进行工程计量与结算、预防并处理好工程变更与索赔，有效控制工程造价。

45.【答案】C

【解析】本题考查的知识点是施工阶段造价管理。分部分项工程成本分析的对象为主要的已完分部分项工程。分析的方法是：进行预算成本、目标成本和实际成本的"三算"对比。

46.【答案】B

【解析】本题考查的知识点是工程索赔管理。详见本书表 7-1。

47.【答案】C

【解析】本题考查的知识点是共同延误。如果初始延误者是发包人原因，则在发包人原因造成的延误期内，承包人既可得到工期延长，又可得到经济补偿。

48.【答案】A

【解析】本题考查的知识点是预付款的计算。
预付款 = 5 000 万元 × 0.6/180 × 25 = 416.66 万元

49.【答案】D

【解析】本题考查的知识点是安全文明施工费的支付方式。发包人应在工程开工后的 28 天内预付不低于当年施工进度计划的安全文明施工费总额的 60%，其余部分按照提前安排的原则进行分解，与进度款同期支付。

50.【答案】D

【解析】本题考查的知识点是最终结清。选项 A 错误，所谓最终结清，是指合同约定的缺陷责任期终止后，承包人已按合同规定完成全部剩余工作且质量合格的，发包人与承包人结清全部剩余款项的活动；选项 B 错误，最终结清付款后，承包人对合同内享有的索赔权也自行终止；选项 C 错误，质量保证金不足以抵减发包人工程缺陷修复费用的，承包人应承担不足部分的补偿责任。

三、多项选择题（共 20 题，每小题 2 分，共 40 分。每小题所设选项中有两个或两个以上正确答案，至少有一个错项。错选，本题不得分；少选，所选的每个选项得 0.5 分。）

1.【答案】ABC

【解析】本题考查的知识点是建筑工程承包制度。总承包单位和分包单位就分包工程对建设单位承担连带责任。禁止分包单位将其承包的工程再分包。

2.【答案】ADE

【解析】本题考查的知识点是建设工程安全生产管理条例。施工单位对列入建设工程概算的安全作业环境及安全施工措施所需费用，应当用于施工安全防护用具及设施的采购和更新、安全施工措施的落实、安全生产条件的改善，不得挪作他用。

3.【答案】BCD

【解析】本题考查的知识点是招标投标法实施条例。有下列情形之一的，视为投标人相互串通投标：（1）不同投标人的投标文件由同一单位或者个人编制；（2）不同投标人委托同一单位或者个人办理投标事宜；（3）不同投标人的投标文件载明的项目管理成员为同一人；（4）不同投标人的投标文件异常一致或者投标报价呈规律性差异；（5）不同投标人的投标文件相互混装；（6）不同投标人的投标保证金从同一单位或者个人的账户转出。

4.【答案】ABC

【解析】本题考查的知识点是政府定价行为。制定关系群众切身利益的公用事业价格、公益性服务价格、自然垄断经营的商品价格时，应当建立听证会制度，征求消费者、经营者和有关方面的意见。

5.【答案】BCDE

【解析】本题考查的知识点是工程造价咨询企业业务承接范围。选项 A 错误，应为工程造价经济纠纷的仲裁咨询，仲裁应由仲裁机构裁决。

6.【答案】AB

【解析】本题考查的知识点是工程建设程序相关内容。根据《国务院关于投资体制改革的决定》，对于企业不使用政府资金投资建设的项目，应区别不同情况实行核准制或登记备案制。

7.【答案】ABC

【解析】本题考查的知识点是工程项目实施模式。根据社会资本参与程度由小到大，国际上将广义 PPP 模式分为外包类、特许经营类和私有化类。

8.【答案】ABC

【解析】本题考查的知识点是工程项目实施模式。在债券的发行期，项目资产的所有权归 SPC 所有，但项目的决策权依然归原始权益人所有。由于 ABS 融资模式可以使项目所在国保持对项目运营的控制，而且运作简单，融资成本较低，风险分摊，因此在基础设施领域，ABS 模式的应用范围比 BOT/PPP 模式广泛，所以选项 D、E 是错误的。

9.【答案】AD

【解析】本题考查的知识点是工程造价构成的相关内容。建设项目总投资包括固定资产投资和流动资产投资。

10.【答案】ACE

【解析】本题考查的知识点是工程定额按用途不同的分类。工程定额按照不同用途，可以分为施工定额、预算定额、概算定额、概算指标和估算指标等。

11.【答案】ABCD

【解析】本题考查的知识点是工程造价指标分类。按照用途的不同，建设工程造价指标可以分为工程经济指标、工程量指标、工料价格指标及消耗量指标。

12.【答案】BD

【解析】本题考查的知识点是材料消耗定额的编制方法。（1）现场技术测定法，又称为观测法，是根据材料消耗过程的测定与观察，通过完成产品数量和材料消耗的计算，而确定各种材料消耗定额的一种方法。（2）实验室试验法，主要用于编织材料净用量定额。（3）现场统计法，是以施工现场积累的分部分项工程使用材料数量/完成产品数量/完成工作原材料的剩余数量等统计资料为基础，经过整理分析，获得材料消耗数据的方法。（4）理论计算法，是根据施工图和建筑构造要求，用理论计算公式计算出产品的材料净用量的方法。

13.【答案】ABCD

【解析】本题考查的知识点是税前造价。税前造价为人工费、材料费、施工机具使用费、企业管理费、利润和规费之和，各费用项目均以不包含增值税可抵扣进项税额的价格计算。

14.【答案】BDE

【解析】本题考查的知识点是材料消耗定额的编制方法。投标函附录在满足招标文件实质性要求的基础上，可以提出比招标文件要求更能吸引招标人的承诺。当副本和正本不一致时，以正本为准。允许投标人递交备选投标方案的，只有中标人递交的备选方案可予以考虑。在招标文件要求提交投标文件的截止时间后送达或未送达指定地点的投标文件，为无效的投标文件，招标人不予受理。依法必须进行招标的项目的境内投标单位，以现金或者支票形式提交的投标保证金应当从其基本账户转出。

15.【答案】ACDE

【解析】本题考查的知识点是施工招投标文件组成相关内容。选项 B 属于投标文件的组成内容，因此是错误的。

16.【答案】ACDE

【解析】本题考查的知识点是分部分项工程项目清单。分部分项工程量清单必须载明项目编码、项目名称、项目特征、计量单位和工程量。

17.【答案】ABD

【解析】本题考查的知识点是分包询价的内容。对分包人询价应注意以下几点：分包标函的完整性、分包工程单价所包含的内容、分包人的工程质量信誉及可信赖程度、质量保证措施、分包报价。

18.【答案】ACD

【解析】本题考查的知识点是施工成本分析的方法。比较法通过技术经济指标的对比，检查目标的完成情况，分析产生差异的原因；差额计算法是利用各个因素的目标值与实际值的差额，计算其对成本的影响程度；因素分析法可用来分析各种因素对成本的影响程度；动态比率法将同类指标不同时期的数值进行对比，分析指标的发展方向和速度；相关比率法将两个性质不同而又相关的指标加以对比，求出比率。

19.【答案】ADE

【解析】本题考查的知识点是竣工结算。单位工程竣工结算由承包人编制，发包人审查；实行总承包的工程，由具体承包人编制，在总包人审查的基础上，发包人审查。单项工程竣工结算或建设项目竣工总结算由总（承）包人编制，发包人可直接进行审查，也可以委托具有相应资质的工程造价咨询机构进行审查。政府投资项目，由同级财政部门审查。发包人委托工程造价咨询机构核对竣工结算的，工程造价咨询机构应在规定期限内核对完毕，核对结论与承包人竣工结算文件不一致的，应提交给承包人复核，承包人应在规定期限内将同意核对结论或不同意见的说明提交工程造价咨询机构。工程造价咨询机构收到承包人提出的异议后应再次复核，复核无异议的，发承包双方应在规定期限内在竣工结算文件上签字确认，竣工结算办理完毕；复核后仍有异议的，对于无异议部分办理完全竣工结算；有异议部分由发承包双方协商解决，协商不成的，按照合同约定的争议解决方式处理。

20.【答案】ABDE

【解析】本题考查的知识点是竣工结算款支付申请。承包人提交竣工结算款支付申请，包含的内容有：竣工结算合同价款总额、累计已实际支付的合同价款、应扣留的质量保证金、实际应支付的竣工结算款金额。

全真模拟试卷（三）

一、判断题（共20题，每小题0.5分，共10分。你认为正确的请选"√"，错误的选"×"。）

1. 当事人约定按照固定价结算工程价款，一方当事人请求对建设工程造价进行鉴定的，应予支持。（   ）
2. 工程项目管理的核心是控制项目三大基本目标：质量、造价和进度。（   ）
3. 在基础设施领域，BOT/PPP模式的应用范围要比ABS模式广泛。（   ）
4. 按费用构成要素划分，建筑安装工程费用包括分部分项工程费、措施项目费、其他项目费、规费和增值税。（   ）
5. 可能使用空运方式的是FOB或CFR方式。（   ）
6. 实行代建制管理的项目，计列代建管理费等同建设单位管理费，不得同时计列建设单位管理费。（   ）
7. 在市场经济体制下，工程计价时采用的资源要素的价格应该是综合单价。（   ）
8. 预算定额项目中的施工机具是配合工人班组工作的，如砌墙按个人小组配置砂浆搅拌机，可不增加机械幅度差。（   ）
9. 在工作班内工人迟到、早退、闲谈、办私事等原因造成的工时损失属于停工时间。（   ）
10. 年平均每月法定工作日=（全年日历日-法定假日）/12。（   ）
11. 施工机械台班单价组成中，不需相关机械辅助运输的自行移动机械，不计算场外运费。（   ）
12. 利润的取费基数可以是人工费，也可以是直接费，或者是直接费+间接费。（   ）
13. 通过采用高性能的信息处理工具（如工程计价信息管理系统），尽量缩短信息在处理过程中的延迟。（   ）
14. 投资估算的准确与否仅对项目前期各阶段的工作质量和经济评价结果造成影响。（   ）
15. 流动资产主要考虑现金、应收账款、预付账款和存货。（   ）
16. 对施工方而言，施工图预算是进行"两算"对比的依据。（   ）
17. 公开招标和邀请招标的差异主要是使承包商获得招标信息的方式不同，对投标人资格审查的方式不同。（   ）
18. 招标工程量清单是招标文件的重要组成部分，招标工程量清单的准确性和完整性可以由投标人进行修改。（   ）

19. 施工成本计划一般由直接成本计划和间接成本计划组成。（　　）

20. 发包人对工程质量有异议拒绝办理工程竣工结算时，对于已经竣工验收或已竣工未验收但实际投入使用的工程，其质量争议按工程施工合同的约定执行，并办理竣工结算。（　　）

二、单项选择题（共50题，每小题1分，共50分。每小题仅有一个选项是正确的，请选择你认为正确的答案。）

1. 根据《建筑法》，在建的建筑工程因故中止施工的，建设单位应当自中止施工之日起（　　）个月内，向发证机关报告。
    A. 1　　　　　B. 2　　　　　C. 3　　　　　D. 6

2. 根据《建设工程安全生产管理条例》，下列工程中，需要编制专项施工方案，组织专家进行论证、审查的是（　　）。
    A. 爆破工程　　　　　　　　B. 起重吊装工程
    C. 脚手架工程　　　　　　　D. 高大模板工程

3. 根据《建设工程安全生产管理条例》，建设工程安全作业环境及安全施工措施所需费用，应当在编制（　　）时确定。
    A. 投资估算　　　　　　　　B. 工程概算
    C. 施工图预算　　　　　　　D. 施工组织设计

4. 根据《合同法》，下列关于承诺的说法，正确的是（　　）。
    A. 承诺期限自要约发出时开始计算
    B. 承诺通知一经发出不得撤回
    C. 承诺可对要约的内容作出实质性变更
    D. 承诺的内容应当与要约的内容一致

5. 订立合同的当事人依照有关法律对合同内容进行协商并达成一致意见时的合同状态称为（　　）。
    A. 合同订立　　B. 合同成立　　C. 合同生效　　D. 合同有效

6. 根据《合同法》，债权人领取提存物的权利期限为（　　）年。
    A. 1　　　　　B. 2　　　　　C. 4　　　　　D. 5

7. 根据《合同法》，下列关于定金的说法，正确的是（　　）。
    A. 债务人准备履行债务时，定金应当收回
    B. 给付定金的一方如不履行债务，无权要求返还定金
    C. 收受定金的一方如不履行债务，应当返还定金
    D. 当事人既约定违约金，又约定定金的，违约时适用违约金条款

8. 根据《合同法》，下列各类合同中，属于可变更或可撤销合同的是（　　）。
    A. 以合法形式掩盖非法目的的合同
    B. 损害社会公共利益的合同
    C. 一方以胁迫手段订立的合同
    D. 恶意串通损害集体利益的合同

9. 根据《合同法》，合同价款或者报酬约定不明确，且通过补充协议等方式仍不能确定的，应按照（　　）的市场价格履行。
    A. 接受货币方所在地　　　　　B. 合同订立地
    C. 给付货币方所在地　　　　　D. 订立合同时履行地

10. 根据《合同法》，合同生效后，当事人就价款约定不明确又未能补充协议的，合同价款应按（　　）执行。
    A. 订立合同时履行地市场价格
    B. 订立合同时付款方所在地市场价格
    C. 标的物交付时市场价格
    D. 标的物交付时政府指导价

11. 关于合同争议仲裁的说法，正确的是（　　）。
    A. 仲裁是诉讼的前置程序
    B. 仲裁裁决在当事人认可后具有法律约束力
    C. 仲裁裁决的强制执行须向人民法院申请
    D. 仲裁协议的效力须由人民法院裁定

12. 对于一般工业与民用建筑工程而言，下列工程中属于分项工程的是（　　）。
    A. 桩基工程　　　　　　　　　B. 钢筋工程
    C. 钢结构工程　　　　　　　　D. 地下防水工程

13. 下列项目开工建设准备工作中，在办理工程质量监督手续之后才能进行的工作是（　　）。
    A. 办理施工许可证　　　　　　B. 编制施工组织设计
    C. 编制监理规划　　　　　　　D. 审查施工图设计文件

14. 根据《国务院关于投资体制改革的决定》，对政府投资的非经营性项目应推行（　　）。
    A. 项目法人制　　B. 代建制　　C. 审批制　　D. 备案制

15. 项目新开工时间，是指工程项目设计文件中规定的任何一项永久性工程第一次（　　）的日期。
    A. 打桩　　　　B. 地质勘察　　　C. 破土开槽　　　D. 平整场地

16. 民营机构用于项目建设的资金大多来自银行的有限追索权贷款，政府在项目建成后从民营机构中购回项目。这种项目融资模式称为（　　）。
    A. BOT　　　　B. TOT　　　　C. TBT　　　　D. BT

17. 下列哪项不属于DB/EPC模式的优点？（　　）
    A. 有利于缩短建设工期　　　　B. 便于提前确定工程造价
    C. 责任主体单一化　　　　　　D. 各司其职，责权利分配明确

18. 针对工程施工阶段的工程造价控制，下列说法错误的是（　　）。
    A. 通过施工招标这一经济手段，择优选定承包商
    B. 合理确定进度款和结算款，控制工程费用的支出

C. 在施工中通过跟踪管理，对发承包双方的实际履约行为掌握第一手资料

D. 事前控制的工作重点是控制工程变更和防止发生索赔

19. 下列不属于材料单价的是（　　）。

　　A. 材料原价　　　　　　　　　B. 废品损失费

　　C. 运杂费　　　　　　　　　　D. 运输损耗费

20. 某批进口设备离岸价格为 1 000 万元，国际运费为 100 万元，运输保险费费率为 1%，则该批设备的关税完税价格为（　　）万元。

　　A. 1 100.00　　B. 1 110.00　　C. 1 111.00　　D. 1 111.11

21. 下列与建设用地有关的费用中，归农村集体经济组织所有的是（　　）。

　　A. 土地补偿费　　　　　　　　B. 青苗补偿费

　　C. 拆迁补偿费　　　　　　　　D. 新菜地开发建设基金

22. 根据我国现行建设项目投资构成，下列费用项目中属于建设期利息包含内容的是（　　）。

　　A. 建设单位建设期后发生的贷款利息

　　B. 施工单位建设期贷款利息

　　C. 国内代理机构收取的贷款管理费

　　D. 国外贷款机构收取的转贷费

23. 影响工程造价的主要因素是（　　）。

　　A. 单位价格和实物工程量

　　B. 单位价格和单位消耗量

　　C. 资源市场单价和单位消耗量

　　D. 资源市场单价和措施项目工程量

24. 工程定额计价的主要程序有：①计算工程量；②套用定额单价；③费用计算；④复核；⑤熟悉施工图纸和现场；⑥收集资料；⑦编制工料分析表；⑧编制说明。正确的步骤是（　　）。

　　A. ⑧④⑤①②⑥⑦③　　　　　B. ⑧⑤①④②⑥③⑦

　　C. ⑤②①④③⑥⑦⑧　　　　　D. ⑥⑤①②⑦③④⑧

25. 以下属于计算建筑安装工程费用依据的是（　　）。

　　A. 用地指标　　　　　　　　　B. 工程建设其他费定额

　　C. 费用定额　　　　　　　　　D. 运杂费率

26. 人工消耗指标中，筛沙子、淋石灰膏等增加的用工量属于（　　）。

　　A. 辅助用工　　　　　　　　　B. 人工幅度差用工

　　C. 超运距用工　　　　　　　　D. 零星用工

27. 概算指标是以（　　）为对象的消耗指标。

　　A. 单位工程　　　　　　　　　B. 分部工程

　　C. 整个建筑物或构筑物　　　　D. 分项工程

28. 某工种某一等级的工人或工人小组在合理的劳动组织等施工条件下，完成单位合格产品所必须消耗的工作时间是（　　）。
   A. 人工定额 B. 时间定额
   C. 机具台班定额 D. 产量定额

29. 推土机到达工作段终端后倒车时间、起重机吊完构件后返回构件堆放地点的时间等属于机械工作时间中的（　　）。
   A. 有效工作时间 B. 不可避免的无负荷工作时间
   C. 损失时间 D. 不可避免的中断时间

30. 下列不属于规费计算基础的是（　　）。
   A. 人、材、机之和 B. 人工费和机械费合计
   C. 人工费 D. 人工费和材料费合计

31. 某类建筑材料本身的价格不高，但所需的运输费用却很高，该类建筑材料的价格信息一般具有较明显的（　　）。
   A. 专业性 B. 季节性 C. 区域性 D. 动态性

32. （　　）是指在建设项目前期各阶段，通过对建设项目所需投资的测算和估计形成成果文件的过程。
   A. 投资估算 B. 设计概算 C. 施工图预算 D. 工程结算

33. 在生产能力指数法中，生产能力指数在正常情况下的取值为（　　）。
   A. $x \geq 1$ B. $x \leq 1$ C. $0 \leq x \leq 1$ D. $1 \leq x \leq 2$

34. 柱网布置是否合理，对工程造价和面积的利用效率都有较大影响。建筑设计中对柱网布置应注意（　　）。
   A. 适当扩大柱距和跨度能使厂房有更大的灵活性
   B. 单跨厂房跨度不变时，层数越多越经济
   C. 多跨厂房柱间距不变时，跨度越大造价越低
   D. 柱网布置与厂房的高度无关

35. 照国家有关规定，作为年度固定资产投资计划、计划投资总额及构成数额的编制和确定依据的是（　　）。
   A. 经批准的投资估算 B. 经批准的设计概算
   C. 经批准的施工图预算 D. 经批准的工程决算

36. 关于编制施工图预算的作用，下列说法错误的是（　　）。
   A. 对于造价咨询企业而言，不仅体现出企业的技术和管理水平，而且能够提高企业市场竞争力
   B. 对于工程项目管理等中介服务企业而言，能为业主方提供投资控制咨询服务的依据
   C. 对于工程造价管理部门而言，是监督、检查定额标准执行情况、测算造价指数的重要依据
   D. 对于投资方而言，是进行"两算"对比的依据

37. 准备招标文件，属于施工招标（　　）阶段的工作内容。
   A. 开标与评标　　　　　　　　B. 资格预审与投标
   C. 招标准备　　　　　　　　　D. 授标

38. 关于投标文件撤回和撤销的说法，正确的是（　　）。
   A. 投标人可以选择电话或书面方式通知招标人撤回投标文件
   B. 招标人收取的投标保证金，应当自收到投标人撤回通知之日起10日内退还
   C. 投标截止时间后投标人撤销投标文件的，招标人应当退还投标保证金
   D. 投标人撤回已提交的投标文件，应当在投标截止时间前通知招标人

39. 在编制措施项目清单时，关于钢筋混凝土模板及支架费项目，应在清单中列明（　　）。
   A. 项目编码　　B. 计算基础　　C. 取费费率　　D. 工作内容

40. 根据《建设工程工程量清单计价规范》GB 50500—2013，关于材料、工程设备和专业工程暂估价的说法中，正确的表述有（　　）。
   A. 材料暂估价表中只填写原材料、燃料、构配件的暂估价
   B. 材料暂估价应纳入分部分项工程量清单项目综合单价
   C. 专业工程暂估价指完成专业工程的建筑安装工程费
   D. 专业工程暂估价由专业工程承包人填写

41. 国有资金投资的工程建设项目，不包括（　　）。
   A. 使用各级财政预算资金的项目
   B. 使用纳入财政管理的各种政府性专项建设基金的项目
   C. 使用国有企事业单位自有资金，并且国有资产投资者实际拥有控制权的项目
   D. 使用国家政策性贷款的项目

42. 关于投标报价时综合单价的确定，下列做法中正确的是（　　）。
   A. 以项目特征描述为依据确定综合单价
   B. 招标工程量清单特征描述与设计图纸不符时，应以设计图纸为准
   C. 应考虑招标文件规定范围（幅度）外的风险费用
   D. 消耗量指标的计算应以地区或行业定额为依据

43. 施工成本计划是以（　　）形式表达的项目在计划期内的生产费用、成本水平及为降低成本采取的主要措施和规划的具体方案。
   A. 时间　　　　B. 进度　　　　C. 货币　　　　D. 造价

44. （　　）是指根据工程项目的合同价格扣除目标利润后得到目标总成本并进行分解的方法。
   A. 按实计算法　　B. 技术进步法　　C. 目标利润法　　D. 定率估算法

45. 在成本计划编制方法中，当工程项目非常庞大和复杂而需要分为几个部分时采用的方法是（　　）。
   A. 按实计算法　　B. 技术进步法　　C. 目标利润法　　D. 定率估算法

46. 不利的物质条件通常不包括（　　）。
    A. 不可预见的自然物质条件　　　B. 非自然的物质障碍
    C. 污染物　　　　　　　　　　　D. 文物

47. 根据《建设工程施工合同（示范文本）》GF-2017-0201，下列引起承包人索赔的事件中，可以获得工期、费用和利润的是（　　）。
    A. 承包人提前竣工
    B. 迟延提供图纸
    C. 异常恶劣的气候条件导致工期延误
    D. 因发包人的原因导致工程试运行失败

48. 承包人应在每个计量周期到期后，向发包人提交已完工程进度款支付申请，下列选项中，未包含在支付申请内容中的是（　　）。
    A. 累计已完成的合同价款　　　　B. 本期合计完成的合同价款
    C. 本期合计应扣减的金额　　　　D. 累计已调整的合同金额

49. 关于最终结清，下列说法中正确的是（　　）。
    A. 最终结清是在工程保修期满后对剩余质量保证金的最终结清
    B. 最终结清支付证书一经签发，承包人对合同内享有的索赔权利即自行终止
    C. 质量保证金不足以抵减发包人工程缺陷修复费用的，应按合同约定的争议解决方式处理
    D. 最终结清付款涉及政府投资的，应按国家集中支付相关规定和专用合同条款约定办理

50. 发包人未按照规定的程序支付竣工结算款的，承包人正确的做法是（　　）。
    A. 将该工程依法拍卖
    B. 将该工程折价处理
    C. 将该工程抵押融资
    D. 催告发包人支付，并索要延迟支付的利息

三、多项选择题（共20题，每小题2分，共40分。每小题所设选项中有两个或两个以上正确答案，至少有一个错项。错选，本题不得分；少选，所选的每个选项得0.5分。）

1. 根据《建设工程质量管理条例》，关于施工单位承揽工程的说法，正确的有（　　）。
    A. 施工单位应在资质等级许可的范围内承揽工程
    B. 施工单位不得以其他施工单位的名义承揽工程
    C. 施工单位可允许个人以本单位的名义承揽工程
    D. 施工单位不得转包所承揽的工程
    E. 施工单位不得分包所承揽的工程

2. 根据《建设工程安全生产管理条例》，下列关于建设工程安全生产责任的说法，正确的是（　　）。

A. 设计单位应于设计文件中注明涉及施工安全的重点部位和环节

B. 施工单位对于安全作业费用有其他用途时需经建设单位批准

C. 施工单位应对管理人员的作业人员每年至少进行一次安全生产教育培训

D. 施工单位应向作业人员提供安全防护用具和安全防护服装

E. 施工单位应自施工起重机械验收合格之日起 60 日内向有关部门登记

3. 根据《合同法》，关于违约责任的说法，正确的是（　　）。

A. 违约责任以无效合同为前提

B. 违约责任可由当事人在法定范围内约定

C. 违约责任以违反合同义务为要件

D. 违约责任必须以支付违约金的方式承担

E. 违约责任是一种民事赔偿责任

4. 根据《价格法》，政府可依据有关商品或者服务的社会平均成本和市场供求状况、国民经济与社会发展要求以及社会承受能力，实行合理的（　　）。

A. 购销差价　　　　　　　　B. 批零差价

C. 利税差价　　　　　　　　D. 地区差价

E. 季节差价

5. 以下属于二级造价工程师可以独立开展的具体工作的是（　　）。

A. 建设工程合同价款编制　　B. 建设工程工程量清单编制

C. 设计概算编制　　　　　　D. 项目建议书编制

E. 可行性研究投资估算与审核

6. 建设单位在办理工程质量监督注册手续时需提供的资料有（　　）。

A. 中标通知书　　　　　　　B. 施工进度计划

C. 施工方案　　　　　　　　D. 施工组织设计

E. 监理规划

7. 工程代建的性质是（　　）。

A. 工程管理　　　　　　　　B. 工程建设

C. 工程咨询　　　　　　　　D. 工程评价

E. 工程运营

8. DB/EPC 模式的优点包括（　　）。

A. 有利于缩短建设工期

B. 便于建设单位提前确定工程造价

C. 建设单位直接管理工程设计和施工，指令易贯彻

D. 工程项目责任主体单一化

E. 可减轻建设单位合同管理的负担

9. 企业管理费中的检验试验费，不包括（　　）。

A. 新结构的试验费

B. 新材料的试验费

C. 施工企业对建筑材料进行一般鉴定、检查所发生的费用

D. 对构件做破坏性试验的费用

E. 建设单位委托检测机构进行检测的费用

10. 工程量清单的作用，主要包括（　　）。

A. 用于编制投资估算

B. 在招标、投标阶段，工程量清单为投标人的投标竞争提供了一个平等和共同的基础

C. 满足市场经济条件下竞争的需要（管理竞争水平）

D. 有利于工程款的拨付和工程造价的最终结算

E. 有利于招标人对投资的控制

11. 工程造价指标的测算方法有（　　）。

A. 数据统计法　　　　　　　　B. 工程量指标法

C. 典型工程法　　　　　　　　D. 汇总计算法

E. 工料消耗量指标法

12. 下列施工工作时间分类选项中，属于工人有效工作时间的有（　　）。

A. 基本工作时间　　　　　　　B. 休息时间

C. 辅助工作时间　　　　　　　D. 准备与结束工作时间

E. 不可避免的中断时间

13. 简易计税方法主要适用于以下哪几种情况？（　　）

A. 小规模纳税人发生应税行为

B. 一般纳税人以清包工方式提供的建筑服务

C. 一般纳税人为甲供工程提供的建筑服务

D. 一般纳税人为建筑工程老项目提供的建筑服务

E. 一般纳税人为新型工艺工程提供的建筑服务

14. 根据《〈标准施工招标资格预审文件〉和〈标准施工招标文件〉试行规定》，下列文件属于投标文件内容的有（　　）。

A. 投标函及其附录　　　　　　B. 施工组织设计

C. 项目管理机构　　　　　　　D. 法定代表人身份证明

E. 投标邀请书

15. 下列情形中，招标人应当拒收的投标文件有（　　）。

A. 逾期送达的

B. 投标人未提交投标保证金的

C. 投标人的法定代表人未到场的

D. 未按招标文件要求密封的

E. 投标人对招标文件有异议的

16. 招标工程量清单是编制（　　）等的依据。

A. 最高投标限价　　　　　　　B. 投标报价

C. 计算或调整工程量 D. 索赔
E. 税金

17. 根据《建设工程工程量清单计价规范》GB 50500—2013，在其他项目清单中，应由投标人自主确定价格的有（　　）。
    A. 暂列金额 B. 专业工程暂估价
    C. 材料暂估单价 D. 计日工单价
    E. 总承包服务费

18. 施工成本计划一般由（　　）组成。
    A. 直接成本计划 B. 间接成本计划
    C. 人工成本计划 D. 材料成本计划
    E. 资金成本计划

19. 根据《建设工程工程量清单计价规范》GB 50500—2013，关于工程竣工结算的计价原则，下列说法正确的是（　　）。
    A. 计日工按承包人上报的签证确认的事项计算
    B. 总承包服务费依据合同约定金额计算，不得调整
    C. 暂列金额应减去工程价款调整金额计算，余额归承包人
    D. 规费和税金应按照国家或省级、行业建设主管部门的规定计算
    E. 总价措施项目应依据合同约定的项目和金额计算，如发生调整，以双方确认的调整金额计算

20. 关于无形资产价值确定的说法中，正确的有（　　）。
    A. 无形资产计价入账后，应在其有效使用期内分期摊销
    B. 专利权转让价格必须按成本估价
    C. 自创专利权的价值为开发过程中的实际支出
    D. 自创的非专利技术一般作为无形资产入账
    E. 通过行政划拨的土地，其土地使用权作为无形资产核算

全真模拟试卷（三）解析

一、判断题（共 20 题，每小题 0.5 分，共 10 分。你认为正确的请选"√"，错误的选"×"。）

1. 【答案】×

   【解析】本题考查的知识点是工程价款结算。当事人约定按照固定价结算工程价款，一方当事人请求对建设工程造价进行鉴定的，不予支持。

2. 【答案】√

   【解析】本题考查的知识点是工程项目管理目标。工程项目管理的核心是控制项目三大基本目标：质量、造价和进度。

3. 【答案】×

   【解析】本题考查的知识点是项目融资方式。在基础设施领域，ABS 模式的应用范围要比 BOT/PPP 模式广泛。

4. 【答案】×

   【解析】本题考查的知识点是建筑安装工程费用的构成。按造价形成划分，建筑安装工程费用包括分部分项工程费、措施项目费、其他项目费、规费和增值税。

5. 【答案】×

   【解析】本题考查的知识点是进口设备原价的构成。FOB 或 CFR 仅限于海运或内河水运。

6. 【答案】√

   【解析】本题考查的知识点是建设单位管理费。实行代建制管理的项目，计列代建管理费等同建设单位管理费，不得同时计列建设单位管理费。

7. 【答案】×

   【解析】本题考查的知识点是工程计价的基本方法。在市场经济体制下，工程计价时采用的资源要素的价格应该是市场价格。

8. 【答案】√

   【解析】本题考查的知识点是施工机具台班消耗量的确定。机械每个台班按机械工作 8 h 计算。预算定额项目中的施工机具是配合工人班组工作的，如砌墙按个人小组配置砂浆搅拌机，可不增加机械幅度差。

9. 【答案】×

   【解析】本题考查的知识点是工人工作时间。违反劳动纪律的损失时间：在工作班内工人迟到、早退、闲谈、办私事等原因造成的工时损失。

10.【答案】√

【解析】本题考查的知识点是人工单价。

年平均每月法定工作日＝（全年日历日－法定假日）/12

11.【答案】√

【解析】本题考查的知识点是施工机械台班单价。施工机械台班单价组成中，不需相关机械辅助运输的自行移动机械，不计算场外运费。

12.【答案】√

【解析】本题考查的知识点是利润的计算。利润的取费基数可以是人工费，也可以是直接费，或者是直接费＋间接费。

13.【答案】√

【解析】本题考查的知识点是工程造价信息。通过采用高性能的信息处理工具（如工程计价信息管理系统），尽量缩短信息在处理过程中的延迟。

14.【答案】×

【解析】本题考查的知识点是投资估算的概念。投资估算的准确与否不仅影响到项目前期各阶段的工作质量和经济评价结果，而且也直接关系到后续的设计概算和施工图预算的工作及其成果的质量。

15.【答案】√

【解析】本题考查的知识点是流动资产。流动资产主要考虑现金、应收账款、预付账款和存货；流动负债主要考虑应付账款和预收账款。

16.【答案】√

【解析】本题考查的知识点是施工图预算对施工方的作用。"两算"对比，即通过对施工预算与施工图预算对比分析，找出施工成本偏差过大的分部分项工程，调整施工方案，降低施工成本。

17.【答案】√

【解析】本题考查的知识点是施工招标方式。公开招标是面向所有潜在的投标人，发布招标公告或者资格预审报告，而邀请招标仅向有限的单位发出投标邀请函。

18.【答案】×

【解析】本题考查的知识点是工程量清单的编制要求。招标人对编制的招标工程量清单的准确性和完整性负责。

19.【答案】√

【解析】本题考查的知识点是施工成本计划。施工成本计划一般由直接成本计划和间接成本计划组成。

20.【答案】×

【解析】本题考查的知识点是质量争议工程的竣工结算。已经竣工验收或已竣工未验收但实际投入使用的工程，其质量争议按该工程保修合同执行，竣工结算按合同约定办理。

二、单项选择题（共 50 题，每小题 1 分，共 50 分。每小题仅有一个选项是正确的，请选择你认为正确的答案。）

1. 【答案】A
   【解析】本题考查的知识点是《建筑法》。在建的建筑工程因故中止施工的，建设单位应当自中止施工之日起 1 个月内，向发证机关报告，并按照规定做好建设工程的维护管理工作。

2. 【答案】D
   【解析】本题考查的知识点是《建设工程安全生产管理条例》。工程中涉及深基坑、地下暗挖工程、高大模板工程的专项施工方案，施工单位还应当组织专家进行论证、审查。

3. 【答案】B
   【解析】本题考查的知识点是建设单位的安全责任。建设单位在编制工程概算时，应当确定建设工程安全作业环境及安全施工措施所需费用；在申请领取施工许可证时，应当提供建设工程有关安全施工措施的资料。

4. 【答案】D
   【解析】本题考查的知识点是要约内容的变更。承诺的内容应当与要约的内容一致。

5. 【答案】B
   【解析】本题考查的知识点是《合同法》。合同的成立，是指双方当事人依照有关法律对合同的内容进行协商并达成一致的意见。合同成立的判断依据是承诺是否生效。

6. 【答案】D
   【解析】本题考查的知识点是标的物的提存。债权人领取提存物的权利期限为 5 年，超过该期限，提存物扣除提存费用后归国家所有。

7. 【答案】B
   【解析】本题考查的知识点是定金。债务人履行债务后，定金应当抵作价款或者收回。给付定金的一方不履行约定的债务的，无权要求返还定金；收受定金的一方不履行约定的债务的，应当双倍返还定金。当事人既约定违约金，又约定定金的，一方违约时，对方可以选择适用违约金或者定金条款。

8. 【答案】C
   【解析】本题考查的知识点是可变更或可撤销合同。当事人一方有权请求人民法院或者仲裁机构变更或者撤销的合同有：① 因重大误解订立的；② 在订立合同时显失公平的。一方以欺诈、胁迫的手段或者乘人之危，使对方在违背真实意思的情况下订立的合同，受损害方有权请求人民法院或者仲裁机构变更或者撤销。当事人请求变更的，人民法院或者仲裁机构不得撤销。

9. 【答案】D
   【解析】本题考查的知识点是合同的履行。合同履行的一般规则价款或者报酬不明确的,按照订立合同时履行地的市场价格履行;依法应当执行政府定价或者政府指导价的,按照规定履行。

10.【答案】A

【解析】本题考查的知识点是合同的履行。价款或者报酬不明确的,按照订立合同时履行地的市场价格履行;依法应当执行政府定价或者政府指导价的,按照规定履行。

11.【答案】C

【解析】本题考查的知识点是合同法。选项A错误,根据我国《仲裁法》,对于合同争议的解决,实行"或裁或审制",即发生争议的合同当事人双方只能在"仲裁"或者"诉讼"两种方式中选择一种方式解决其合同争议。选项B、D错误,仲裁裁决具有法律约束力。合同当事人应当自觉执行裁决。不执行的,另一方当事人可以申请有管辖权的人民法院强制执行。

12.【答案】B

【解析】本题考查的知识点是分项工程。分项工程是指将分部工程按主要工种、材料、施工工艺、设备类别等划分的工程,例如土方开挖、土方回填、钢筋、模板、混凝土、砖砌体、木门窗制作与安装、钢结构基础等工程。分项工程是工程项目施工生产活动的基础,也是计量工程用工用料和机械台班消耗的基本单元;同时,又是工程质量形成的直接过程。分项工程既有其作业活动的独立性,又有相互联系、相互制约的整体性。

13.【答案】A

【解析】本题考查的知识点是工程质量监督手续的办理。建设单位在办理施工许可证之前应当到规定的工程质量监督机构办理工程质量监督注册手续。

14.【答案】B

【解析】本题考查的知识点是业主方项目组织模式的相关内容。根据《国务院关于投资体制改革的决定》,对政府投资的非经营性项目应推行代建制。

15.【答案】C

【解析】本题考查的知识点是工程建设程序相关内容。项目新开工时间,是指工程项目设计文件中规定的任何一项永久性工程第一次破土开槽开始施工的日期。工程地质勘察、平整场地、旧建筑物拆除、临时建筑、施工用临时道路和水、电等工程开始施工的日期均不能算作正式开工日期。

16.【答案】D

【解析】本题考查的知识点是项目融资模式。BT,即建设—移交,政府在项目建成后从民营机构中购回项目。

17.【答案】D

【解析】本题考查的知识点是项目承发包模式相关内容。建设单位、设计单位、施工单位及分包单位在合同约束下,各自行使其职责和履行义务,责权利分配明确,这属于DBB模式的优点,因此选项D是错误的。

18.【答案】A

【解析】本题考查的知识点是工程造价概述的相关内容。选项 A 属于工程施工招标阶段工程造价控制的内容。

19.【答案】B

【解析】本题考查的知识点是材料单价。材料单价是指建筑材料从其来源地运到施工工地仓库直至出库形成的综合平均单价，由材料原价、运杂费、运输损耗费、采购及保管费构成。

20.【答案】D

【解析】本题考查的知识点是 CIF 的计算。到岸价格作为关税的计征基数时，通常又可称为关税完税价格。

进口设备到岸价 = 离岸价格 + 国际运费 + 运输 + 保险费 = 运费在内价运输 + 保险费

运输保险费 =（1 000 + 100）万元 × 1%/（1 - 1%）= 11.11 万元

到岸价 =（1 000 + 100 + 11.11）万元 = 1111.11 万元

21.【答案】A

【解析】本题考查的知识点是建设用地费。土地补偿费是对农村集体经济组织因土地被征用而造成的经济损失的一种补偿。青苗补偿费是因征地时对其正在生长的农作物受到损害而做出的一种赔偿。在农村实行承包责任制后，农民自行承包土地的青苗补偿费应付给本人，属于集体种植的青苗补偿费可纳入当年集体收益。在城市规划区内国有土地上实施房屋拆迁，拆迁人应当对被拆迁人给予补偿、安置。新菜地开发建设基金指征用城市郊区商品菜地时支付的费用。这项费用交给地方财政，作为开发建设新菜地的投资。

22.【答案】C

【解析】本题考查的知识点是建设期利息包含内容。国外贷款利息的计算中，还应包括国外贷款银行根据贷款协议向贷款方，以年利率的方式收取的手续费、管理费、承诺费，以及国内代理机构经国家主管部门批准的以年利率的方式向贷款单位收取的转贷费、担保费、管理费。

23.【答案】A

【解析】本题考查的知识点是工程造价的计价和影响因素。影响工程造价的主要因素是两个，即单位价格和实物工程数量。

24.【答案】D

【解析】本题考查的知识点是工程定额计价的程序。工程定额计价法的程序：第一阶段，收集资料；第二阶段，熟悉图纸和现场；第三阶段，计算工程量；第四阶段，套定额单价；第五阶段，编制工料分析表；第六阶段，费用计算；第七阶段，复核；第八阶段，编制说明。

25.【答案】C

【解析】本题考查的知识点是工程计价依据的分类。计算建筑安装工程费用的依据：① 费用定额；② 价格指数。

26.【答案】A

【解析】本题考查的知识点是预算定额中人工消耗量的确定。辅助用工指施工现场发生的加工材料等用工，如筛沙子、淋石灰膏等用工。

27.【答案】C

【解析】本题考查的知识点是概算指标概念。概算指标是以整个建筑物或构筑物为对象，以"m^2""m^3"或"座"等为计量单位，规定了人工、材料、机具台班的消耗指标的一种标准。

28.【答案】B

【解析】本题考查的知识点是时间定额。时间定额是指某工种某一等级的工人或工人小组在合理的劳动组织等施工条件下，完成单位合格产品所必须消耗的工作时间。

29.【答案】B

【解析】本题考查的知识点是不可避免的无负荷工作时间：由施工过程的特点所造成的无负荷工作时间，如推土机到达工作段终端后倒车时间、起重机吊完构件后返回构件堆放地点的时间等。

30.【答案】D

【解析】本题考查的知识点是规费计算基础。规费计算基础包括人、材、机费，人工费和机械费合计，人工费。

31.【答案】C

【解析】本题考查的知识点是工程造价信息及其主要内容。某类建筑材料本身的价值或生产价格并不高，但所需要的运输费用却很高，这就在客观上要求尽可能就近使用建筑材料，体现出工程造价信息区域性的特点。

32.【答案】A

【解析】本题考查的知识点是投资估算的基本概念。投资估算是指在建设项目前期各阶段（包括投资机会研究、项目建议书、初步可行性研究、详细可行性研究、方案设计等）按照规定的程序、方法和研究，通过对拟建项目所需投资的测算和估计形成投资估算文件的过程。

33.【答案】C

【解析】本题考查的知识点是生产能力指数法。生产能力指数的计算公式为：

$$C_2 = C_1 (Q_2/Q_1)^x f$$

其中：x 指生产能力指数，在正常情况下 $0 \leq x \leq 1$；C_1 指已建类似项目的投资额；C_2 指拟建项目的投资额；Q_1 指已建项目的生产能力；Q_2 指拟建项目的生产能力；f 指不同时期、不同地点的定额、单价、费用变更等的综合调整系数。

34.【答案】A

【解析】本题考查的知识点是工程设计阶段影响造价的主要因素。对于工业建筑，柱网布置对结构的梁板配筋及基础的大小会产生较大的影响，从而对工程造价和厂房面积的利用效率都有较大的影响。柱网布置是确定柱子的跨度和间距的依据。柱网的选择与厂房中有无吊车、吊车的类型及吨位、屋顶的承重结构以及厂房的高度等因素有关。对于单跨厂房，当柱间距不变时，跨度越大单位面积造价越低。因为除屋架外，其他结构架分摊在单位面积上的平均造价随跨度的增大而减小。对于多跨厂房，当跨度不变时，中跨数目越多越经济，这是因为柱子和基础分摊在单位面积上的造价减少。

35.【答案】B

【解析】本题考查的知识点是设计概算。设计概算是编制固定资产投资计划、确定和控制建设项目投资的依据。设计概算投资应包括建设项目从立项、可行性研究、设计、施工、试运行到竣工验收等的全部建设资金。按照国家有关规定，编制年度固定资产投资计划，确定计划投资总额及其构成数额，要以批准的初步设计概算为依据，没有批准的初步设计文件及其概算，建设工程不能列入年度固定资产投资计划。

36.【答案】D

【解析】本题考查的知识点是施工图预算的编制。选项D，施工图预算是进行"两算"对比的依据，是基于施工方的角度，因此是错误的。

37.【答案】C

【解析】本题考查的施工招标方式和程序的相关内容。招标准备阶段的工作内容包括：招标条件准备、招标审批手续办理、组建招标组织、策划招标方案、发布招标公告或发出投标邀请、编制标底或确定最高投标限价、准备招标文件。

38.【答案】D

【解析】本题考查投标文件的撤回与撤销。投标人撤回已提交的投标文件，应当在投标截止时间前书面通知招标人。投标人撤销投标文件，是在投标截止时间之后的，后果是被扣留投标保证金。

39.【答案】A

【解析】本题考查的知识点是措施项目的清单。可以计量的措施项目清单必须载明项目编码、项目名称、项目特征、计量单位和工程量。

40.【答案】B

【解析】本题考查的知识点是暂估价。暂估价包括材料暂估价、设备暂估价和专业工程暂估价。二者都由招标人填写。材料暂估价不但包括原材料、燃料、构配件的暂估价，还包括计入建安工程的设备；专业工程暂估价一般是综合暂估价，不包括税金和规费。

41.【答案】D

【解析】本题考查的知识点是国有资金投资的项目内容。国有资金投资的工程建设项目包括：使用各级财政预算资金的项目；使用纳入财政管理的各种政府性专项建设基金的项目；使用国有企事业单位自有资金，并且国有资产投资者实际拥有控制权的项目。

42. 【答案】A

    【解析】本题考查的知识点是分部分项工程和措施项目清单与计价表的编制。选项 A 正确：项目特征是确定综合单价的重要依据之一，投标人投标报价时应依据招标文件中清单项目的特征描述确定综合单价。选项 B 错误：在招标投标过程中，当出现招标工程量清单特征描述与设计图纸不符时，投标人应以招标工程量清单的项目特征描述为准，确定投标报价的综合单价。选项 C 错误：招标文件中要求投标人承担的风险费用，投标人应考虑进入综合单价。选项 D 错误：消耗量指标应根据本企业的企业实际消耗量水平计算。

43. 【答案】C

    【解析】本题考查的知识点是施工成本计划。成本是以货币形式表达的项目在计划期内的生产费用、成本水平及为降低成本采取的主要措施和规划的具体方案。

44. 【答案】C

    【解析】本题考查的知识点是施工成本计划的编制方法。施工成本计划的编制方法指根据工程项目的合同价格扣除目标利润后得到目标总成本并进行分解的方法。

45. 【答案】D

    【解析】本题考查的知识点是施工成本计划的编制方法。定率估算法当工程项目非常庞大和复杂而需要分为几个部分时采用的方法。

46. 【答案】D

    【解析】本题考查的知识点是工程索赔。不利的物质条件通常是指承包人在施工现场遇到的不可预见的自然物质条件、非自然的物质障碍和污染物，包括地下和水文条件。

47. 【答案】B

    【解析】本题考查的知识点是工程索赔。可以索赔工期、费用和利润的：延迟提供图纸、延迟提供施工场地、承包人依据发包人提供的错误资料导致测量放线错误、工程师对已经覆盖的隐蔽工程要求重新检查且检查结果合格等。

48. 【答案】D

    【解析】本题考查的知识点是进度款支付申请。支付申请的内容包括：（1）累计已完成的合同价款。（2）累计已实际支付的合同价款。（3）本周期合计完成的合同价款，其中包括：①本周期已完成单价项目的金额；②本周期应支付的总价项目的金额；③本周期已完成的计日工价款；④本周期应支付的安全文明施工费；⑤本周期应增加的金额。（4）本周期合计应扣减的金额，其中包括：①本周期应扣回的预付款；②本周期应扣减的金额。（5）本周期实际应支付的合同价款。

49.【答案】D

【解析】本题考查的知识点是最终结算。最终结清付款涉及政府投资资金的，按照国库集中支付等国家相关规定和专用合同条款的约定办理。

50.【答案】D

【解析】本题考查的知识点是工程结算。发包人未按照规定的程序支付竣工结算款的，承包人可催告发包人支付，并有权获得延迟支付的利息。

三、多项选择题（共20题，每小题2分，共40分。每小题所设选项中有两个或两个以上正确答案，至少有一个错项。错选，本题不得分；少选，所选的每个选项得0.5分。）

1.【答案】ABD

【解析】本题考查的知识点是建筑工程承包。承包建筑工程的单位应当持有依法取得的资质证书，并在其资质等级许可的业务范围内承揽工程。禁止建筑施工企业超越本企业资质登记许可的业务范围或者以任何形式用其他建筑施工企业的名义承揽工程。禁止建筑施工企业以任何方式允许其他单位或个人使用本企业的资质证书、营业执照，以本企业的名义承揽工程。建筑工程总承包单位可以将承包工程中的部分工程发包给具有相应资质条件的分包单位。禁止承包单位将其承包的全部建筑工程转包给他人，或将其承包的全部建筑工程肢解以后以分包的名义分别转包给他人。

2.【答案】ACD

【解析】本题考查的知识点是建设工程安全生产管理。选项B，施工单位对列入建设工程概算的安全作业环境及安全施工措施所需费用，应当用于施工安全防护用具及设施的采购和更新、安全施工措施的落实、安全生产条件的改善，不得挪作他用。选项E，施工单位应当自施工起重机械和整体提升脚手架、模板等自升式架设设施验收合格之日起30日内，向建设行政主管部门或者其他有关部门登记。

3.【答案】BCE

【解析】本题考查的知识点是违约责任。违约责任有以下主要特点：（1）违约责任以有效合同为前提。（2）违约责任以违反合同义务为要件。（3）违约责任可由当事人在法定范围内约定。（4）违约责任是一种民事赔偿责任。

4.【答案】ABDE

【解析】本题考查的知识点是《价格法》。政府应当依据有关商品或者服务的社会平均成本和市场供求状况、国民经济与社会发展要求及社会承受能力，实行合理的购销差价、批零差价、地区差价和季节差价。

5.【答案】ABC

【解析】本题考查的知识点是工程造价咨询企业法律责任。选项A、E为一级造价工程执业范围。

6.【答案】ADE

【解析】本题考查的知识点是办理质量监督注册手续时需提供资料。办理质量监督注册手续时需提供下列资料：①施工图设计文件审查报告和批准书；②中标通知书和施工、监理合同；③建设单位、施工单位和监理单位工程项目的负责人和机构组成；④施工组织设计和监理规划（监理实施细则）；⑤其他需要的文件资料。

7.【答案】AC

【解析】本题考查的知识点是工程项目实施模式。工程代建的性质是工程建设的管理和咨询。

8.【答案】ABDE

【解析】本题考查的知识点是工程项目实施模式。选项C属于DBB模式的优点，因此是错误的。

9.【答案】ABDE

【解析】本题考查的知识点是工程造价构成的相关内容。企业管理费中的检验试验费，仅包括施工企业按照有关标准规定，对建筑以及材料、构件和建筑安装物进行一般鉴定、检查所发生的费用。

10.【答案】BCDE

【解析】本题考查的知识点是工程量清单的作用。工程量清单的作用：（1）提供一个平等的竞争条件：相同的工程量，企业自主填报价。（2）满足市场经济条件下竞争的需要（管理竞争水平）。（3）有利于工程款的拨付和工程造价的最终结算：中标价就是确定合同价的基础，投标清单上的单价就成了拨付工程款的依据。（4）有利于招标人对投资的控制。

11.【答案】ACD

【解析】本题考查的知识点是工程造价指标测算方法。工程造价指标的测算方法主要包括数据统计法、典型工程法、汇总计算法。

12.【答案】ACD

【解析】本题考查的知识点是有效工作时间的组成，有效工作时间是从生产效果来看与产品生产直接有关的时间消耗。其中，包括基本工作时间、辅助工作时间、准备与结束工作时间的消耗。

13.【答案】ABCD

【解析】本题考查的知识点是简易计税法。简易计税方法主要适用于以下几种情况：小规模纳税人发生应税行为；一般纳税人以清包工方式提供的建筑服务；一般纳税人为甲供工程提供的建筑服务；一般纳税人为建筑工程老项目提供的建筑服务。

14.【答案】ABCD

【解析】本题考查的知识点是投标文件的组成。投标文件为投标人向招标人提交的资料，而投标邀请书是招标人发给投标人的。

15. 【答案】AD

【解析】本题考查投标文件的送达与签收。未通过资格预审的申请人提交的投标文件，以及逾期送达或者不按照招标文件要求密封的投标文件，招标人应当拒收。

16. 【答案】ABCD

【解析】本题考查的知识点是招标工程量清单的内容。招标工程量清单是编制最高投标限价、投标报价、计算或调整工程量、索赔等的依据。

17. 【答案】DE

【解析】本题考查的知识点是其他项目清单。计日工应按照招标人提供的其他项目清单列出的项目和估算的数量，自主确定各项综合单价并计算费用。总承包服务费应根据招标人在招标文件中列出的分包专业工程内容和供应材料、设备情况，按照招标人提出的协调、配合与服务要求和施工现场管理需要自主确定。暂列金额、暂估价由招标人确定。

18. 【答案】AB

【解析】本题考查的知识点是施工成本计划。施工成本计划一般由直接成本计划和间接成本计划组成。

19. 【答案】DE

【解析】本题考查的知识点是工程结算。选项A错误，计日工应按发包人实际签证确认的事项计算；选项B错误，总承包服务费应依据合同约定金额计算，如发生调整的，以发承包双方确认调整的金额计算；选项C错误，暂列金额应减去工程价款调整金额计算，余额归发包人。

20. 【答案】AC

【解析】本题考查的知识点是无形资产价值确定。无形资产价值确定原则：企业自创并依法申请取得的，按开发过程中的实际支出计价；无形资产计价入账后，应在其有效使用期内分期摊销等。专利权转让价格不按成本估价，而是按照其所能带来的超额收益计价；如果专有技术是自创的，一般不作为无形资产入账，自创过程中发生得费用，按当期费用处理；当建设单位获得土地所有权是通过行政划拨的，这时土地使用权就不能作为无形资产核算。

四川省 2020 年建设工程造价管理基础知识真题

一、判断题（共 20 题，每小题 0.5 分，共 10 分。你认为正确的请选"√"，错误的选"×"。）

1. 运输损耗费是指材料在运输装卸过程中不可避免的损耗。（   ）
2. 所谓工程造价控制，就是在优化建设方案、设计方案的基础上，在建设程序的各个阶段，采用一定的方法和措施把工程造价控制在合理的范围和核定的限额以内。（   ）
3. 工程设计由设计单位负责，建筑施工企业认为设计有严重错误的，可以修改工程设计。（   ）
4. 工程量清单作为投标文件的组成部分，主要由分部分项工程量清单、措施项目清单、其他项目清单组成。（   ）
5. 当工程造价数据的样本数量达到数据采集要求的最少样本数量时，采用数据统计法测算工程造价指标。（   ）
6. 用于测算工程造价指标的实际工程数据是指完成工程造价计价成果的实际工程计价数据，包括建设工程投资估算、设计概算、施工图预算、竣工结算。（   ）
7. 招标文件可以要求或标明特定的生产供应者。（   ）
8. CM 模式特别适用于实施周期长、工期要求紧迫的大型复杂工程项目。（   ）
9. 投标保证金不得超过招标项目估算价的 3%，且最高不得超过 80 万元人民币。（   ）
10. 与产业政策、能源政策、环境政策、技术政策和土地等资源利用政策有关的取费标准不是工程造价的计价依据。（   ）
11. 工程造价是工程项目在建设期预计或实际支出的建设费用。（   ）
12. 在总承包招标时不能确定价格而由招标人在招标文件中暂时确定的工程、货物、服务的金额称为暂列金额。（   ）
13. 工程竣工后的剩余材料，应填写"退料单"，据以办理材料退库手续，同时冲减相关成本核算对象的材料费。（   ）
14. 工程定额在非国有资金投资工程中编制工程造价时没有参考作用。（   ）
15. 当采用一般计税方法时，施工机械台班单价和仪器仪表台班单价中的相关子项均需扣除增值税进项税额。（   ）
16. 成本核算对象应严格区分企业经营成本和项目生产成本，以正确反映工程项目可控成本的收、支、结、转的状况和成本管理业绩。（   ）
17. 价差预备费一般是以建设项目的工程费用和工程建设其他费用之和为基础乘以预备费率进行计算。（   ）

18. 施工图预算的编制说明中不应包括图纸变更情况说明。（　　）
19. 初步设计是工程设计投资控制的关键环节。（　　）
20. 通用合同条款规定，组成合同的各项文件应互相解释，互为说明。（　　）

二、单项选择题（共 50 题，每小题 1 分，共 50 分。每小题仅有一个选项是正确的，请选择你认为正确的答案。）

1. 某建设项目建筑安装工程费 8 000 万元，设备购置费 4 500 万元，工程建设其他费用 3 000 万元。已知基本预备费费率为 5%，建设期为 3 年。该建设项目的基本预备费是（　　）。
   A. 258.33 万元　　B. 625.00 万元　　C. 775.00 万元　　D. 2 325.00 万元

2. 建筑安装工程费按工程造价形成划分，下列属于其他项目费的是（　　）。
   A. 总承包服务费　　　　　　　　B. 二次搬运费
   C. 脚手架工程费　　　　　　　　D. 安全文明施工费

3. 固定资产投资费用构成中，不属于工程建设其他费的是（　　）。
   A. 建筑安装工程费　　　　　　　B. 建设用地费
   C. 与项目建设有关的其他费用　　D. 与未来生产经营有关的其他费用

4. 下列属于价差预备费的是（　　）。
   A. 利率、汇率调整等增加的费用
   B. 在批准的基础设计和概算范围内增加的设计变更、局部地基处理等费用
   C. 一般自然灾害造成的损失和预防自然灾害所采取措施的费用
   D. 超规超限设备运输过程中可能增加的费用

5. 为完成工程项目施工，发生于该工程施工前和施工过程中的技术、生活、安全、环境保护等方面的费用是（　　）。
   A. 分部分项工程费　　　　　　　B. 措施项目费
   C. 其他项目费　　　　　　　　　D. 规费

6. 发包人供应的材料和工程设备使用前，负责检验的是（　　）。
   A. 发包人　　　　　　　　　　　B. 承包人
   C. 监理人　　　　　　　　　　　D. 发包人和承包人

7. 劳动定额中工人工作时间包括了不可避免的中断时间，下列属于不可避免中断时间的是（　　）。
   A. 修磨校验工具时间　　　　　　B. 人为恢复体力的休息时间
   C. 安装工人等候构件起吊的时间　D. 工人转移工作地点时间

8. 无效合同通常有整个合同无效和合同部分条款无效两种情形，下列属于合同部分条款无效情形的是（　　）。
   A. 以合法形式掩盖非法目的
   B. 损害社会公共利益
   C. 恶意串通损害国家、集体或第三人利益
   D. 造成对方人身伤害

9. 下列关于 BOT 模式及其基本形式的表述，不正确的是（　　）。
   A. BOO 即建设—拥有—经营—移交
   B. BOO 模式最终不将该基础设施移交给项目所在国政府
   C. BOOT 在特许期内既拥有经营权又拥有所有权
   D. BOT 模式特许期满后，根据协议将该项目转让给相应政府机构
10. 建设项目经济效果评价内容不包括（　　）。
    A. 经济效果评价的范围和内容　　B. 销售收入与成本费用估算
    C. 效益和费用识别　　　　　　　D. 影子价格的选取和计算
11. 根据《建设工程工程量清单计价规范》GB 50500—2013，综合单价的组成包括完成工程量清单中一个规定计量单位项目所需的（　　）。
    A. 人工费、材料费、施工机具使用费
    B. 人工费、材料费、施工机具使用费、管理费
    C. 人工费、材料费、施工机具使用费、管理费、利润及一定范围的风险费
    D. 人工费、材料费、施工机具使用费、管理费、利润及规费
12. 一定时期的建设工程造价相对于某一固定时期工程造价的比值，以某一设定值为参照得出的同比例数值称为（　　）。
    A. 价格信息　　　　　　　　　　B. 工程造价指标
    C. 工程造价指数　　　　　　　　D. 工程造价比率
13. 工程预付款额度一般是根据施工工期、主要材料等占（　　）的比例等来确定的。
    A. 建设项目总投资　　　　　　　B. 固定资产投资
    C. 建设投资　　　　　　　　　　D. 建筑安装工程费
14. 根据建设项目总投资的构成，下列费用中属于流动资产投资的是（　　）。
    A. 流动资金　　B. 建设期利息　　C. 基本预备费　　D. 价差预备费
15. 在正常使用条件下，下列关于建设工程最低保修期限不正确的是（　　）。
    A. 基础设施工程为设计文件规定合理使用年限
    B. 屋面防水工程为 5 年
    C. 供热与供冷系统为 2 个采暖期、供冷期
    D. 电气管道为 5 年
16. PPP 模式运作流程为（　　）。
    A. 项目识别、项目准备、项目采购、项目执行、项目移交
    B. 项目准备、项目识别、项目采购、项目执行、项目移交
    C. 项目识别、项目准备、项目采购、项目移交、项目执行
    D. 项目准备、项目识别、项目采购、项目移交、项目执行
17. 不可抗力造成永久工程损坏以及因工程损坏造成的第三人人员伤亡和财产损失由（　　）。
    A. 发包人承担　　　　　　　　　B. 承包人承担
    C. 合同当事人各自承担　　　　　D. 行业主管部门承担

18. 对建设项目的能源利用是否科学合理进行分析评估，并编制节能评估报告以及评估所发生的费用是（   ）。
   A. 节能评估费
   B. 环境影响评估费
   C. 其他专项评价费
   D. 安全预评价费

19. 根据过去生产同类型产品、零件的实作工时或统计资料，经过整理和分析，并考虑今后企业生产技术组织条件的可能变化而制定劳动定额的方法是（   ）。
   A. 技术测定法
   B. 统计分析法
   C. 比较类推法
   D. 经验估计法

20. 下列关于场地准备及临时设施费的表述，不正确的是（   ）。
   A. 场地准备费是指为使工程项目的建设场地达到开工条件，由建设单位组织进行的场地平整等准备工作而发生的费用
   B. 场地准备及临时设施应尽量不与永久性工程统一考虑
   C. 新建项目的场地准备和临时设施费应根据实际工程量估算，或按工程费用的比例计算
   D. 发生拆除清理费时可按新建同类工程造价或主材费、设备费的比例计算

21. 清单编制人在编制分部分项工程量清单时，可不详细描述的项目特征是（   ）。
   A. 混凝土强度等级
   B. 装饰层厚度
   C. 取土运距
   D. 以"樘"为计量单位的门窗洞口尺寸

22. 在合理配置社会资源的前提下，从国家经济整体利益的角度出发，计算项目对国民经济的贡献，分析项目的经济效益、效果和社会影响的过程是（   ）。
   A. 社会影响评价
   B. 财务评价
   C. 项目经济效果评价
   D. 社会效果评价

23. 材料在仓储过程中发生的损耗应计入（   ）。
   A. 材料原价中
   B. 运输损耗费中
   C. 采购及保管费中
   D. 运杂费中

24. 造价工程师职业资格考试专业科目分为 4 个专业类别，即土木建筑工程、交通运输工程、安装工程和（   ）。
   A. 水利工程
   B. 市政工程
   C. 装修工程
   D. 矿山工程

25. 按照国际上流行的项目阶段划分方式，工程项目采用 EPC 总承包模式时可分为项目前期和项目实施两个阶段，下列属于项目实施阶段工作内容的是（   ）。
   A. 组织项目风险识别和分析，并制定项目风险应对策略
   B. 组织或完成基础设计、初步设计和总体设计
   C. 提出项目实施方案，完成项目投资估算
   D. 配合业主进行生产准备、组织试运行和验收

26. 下列关于国产标准设备原价的表述，不正确的是（　　）。
    A. 国产标准设备是指按照标准图纸和技术要求，由我国设备生产厂批量生产的，符合国家质量检测标准的设备
    B. 国产标准设备原价有两种，即带有备件的原价和不带有备件的原价
    C. 在计算时，一般采用不带有备件的原价
    D. 国产标准设备一般有完善的设备交易市场，因此可通过查询相关交易市场价格或向设备生产厂家询价得到国产标准设

27. 采用简易计税方法时，建筑业增值税税率以（　　）。
    A. 9%计取　　B. 8%计取　　C. 3%计取　　D. 16%计取

28. 施工机械台班单价是指一台施工机械在正常运转条件下一个工作班中发生的全部费用，每台班按（　　）。
    A. 6 h 工作制计算　　　　　　B. 8 h 工作制计算
    C. 12 h 工作制计算　　　　　 D. 24 h 工作制计算

29. 某种材料价格为 300 元/t（含税价，采用两票制），采用一般计税方法，扣除增值税进项税额，设增值税税率为 16%，则该种材料的原价应调整为（　　）。
    A. 252.00 元/t　　　　　　　 B. 258.62 元/t
    C. 348.00 元/t　　　　　　　 D. 250.00 元/t

30. 适应市场经济条件的工程量清单计价模式下的施工图预算编制方法是（　　）。
    A. 工料单价法　　　　　　　 B. 综合单价法
    C. 类似工程预算法　　　　　 D. 扩大单价法

31. 合同当事人约定以工程量清单及其综合单价进行合同价格计算、调整和确认的建设工程施工合同，在约定范围内合同单价不作调整的是（　　）。
    A. 单价合同　　　　　　　　 B. 总价合同
    C. 成本加酬金合同　　　　　 D. 以上答案都不对

32. 评标委员会认为需要投标人作出必要澄清、说明的，在通知该投标人时应采用的方式是（　　）。
    A. 书面通知　　　　　　　　 B. 口头通知
    C. 音频通知　　　　　　　　 D. 以上答案都不对

33. 根据《建设工程工程量清单计价规范》GB 50500—2013，下列不能作为竞争费用的是（　　）。
    A. 二次搬运费　　　　　　　 B. 夜间施工费
    C. 社会保险费　　　　　　　 D. 总承包服务费

34. 对招标工程量清单编制的准确性和完整性负责的是（　　）。
    A. 招标人　　　　　　　　　 B. 投标人
    C. 造价咨询企业　　　　　　 D. 施工单位

35. 某工程承包合同总额 6 800 万元，工程预付款总额为 1 360 万元，主要材料及构件所占比例为 65%，按起扣点计算法，工程预付款的起扣点是（　　）。
    A. 4 707.69 万元 B. 1 360.00 万元
    C. 5 440.00 万元 D. 4 420.00 万元

36. 分部分项工程量清单项目编码的第五级（即十到十二位）表示的是（　　）。
    A. 分类顺序码
    B. 分部工程顺序码
    C. 分项工程项目名称顺序码
    D. 工程量清单项目名称顺序码

37. 成本考核指标中项目施工成本降低率的计算公式是（　　）。
    A. 项目施工成本降低额/项目合同施工成本×100%
    B. 目标总成本降低额/项目经理责任目标总成本×100%
    C. 施工责任目标成本降低额/施工责任目标总成本×100%
    D. 施工计划成本实际降低额/施工计划总成本×100%

38. 发包人对承包人的索赔情形，承包人应在收到索赔报告或有关索赔的进一步证明材料后（　　）天内，将索赔处理结果答复发包人。
    A. 7   B. 14   C. 28   D. 36

39. 下列进口设备原价的构成，表述不正确的是（　　）。
    A. 抵岸价通常是由进口设备到岸价（CIF）和进口从属费构成
    B. 进口设备的抵岸价，即抵达买方边境港口或边境车站的价格
    C. 进口设备的原价是进口设备的抵岸价
    D. 进口从属费用包括银行财务费、外贸手续费、进口关税、消费税、进口环节增值税

40. 单位工程设计概算按其工程性质分为建筑工程概算和（　　）。
    A. 设备及安装工程概算   B. 流动资金概算
    C. 其他建设费用概算   D. 预备费概算

41. 某种单一来源材料，采购量 400 t，原价为 120 元/t，运杂费 20 元/t，该种材料的运输损耗率为 0.5%，采购及保管费率为 3.5%，则这种材料的单价是（　　）。
    A. 58 249.80 元/t   B. 120.80 元/t
    C. 124.81 元/t   D. 145.62 元/t

42. 执行政府指导价的合同，当事人一方逾期交付标的物的，则（　　）。
    A. 无论价格升降，均按新价格执行
    B. 遇价格上涨时，按照新价格执行
    C. 无论价格升降，均按原价格执行
    D. 遇价格上涨时，按照原价格执行

43. 建筑安装工程费按费用构成要素划分，下列属于人工费的是（　　）。
    A. 计件工资   B. 职工教育经费
    C. 劳动保护费   D. 管理人员工资

44. 下列关于工程建设各阶段与工程造价的关系，正确的是（   ）。
   A. 初步设计阶段——设计概算   B. 合同签订阶段——中标价
   C. 合同实施阶段——竣工结算价   D. 施工图设计阶段——修正概算

45. 项目建设单位根据国家有关规定，为确定建设项目从筹建到竣工验收，实际发生的全部建设费的财务文件是（   ）。
   A. 竣工决算   B. 竣工结算
   C. 财务结算   D. 财务决算

46. 措施项目中，属于安全文明施工费范畴的是（   ）。
   A. 二次搬运费   B. 工程定位复测费
   C. 临时设施费   D. 已完工程及设备保护费

47. 在确定材料原价时，如果同种材料因来源地或供应单位不同，有几种价格，计算材料原价可采用（   ）。
   A. 最高价格   B. 最低价格
   C. 加权平均法   D. 算术平均法

48. 在详细可行性研究阶段，投资估算的误差率在（   ）。
   A. ±5%内   B. ±10%内   C. ±20%内   D. ±30%内

49. 我国工程造价管理机构发布的高级技工的最低日工资单价不得低于工程所在地人力资源和社会保障部门发布的最低工资标准的（   ）。
   A. 1.3 倍   B. 1.5 倍   C. 2 倍   D. 3 倍

50. 根据索赔事件所造成的损失或成本增加，按费用项目逐项进行分析，并按合同约定的计价原则计算索赔金额的方法是（   ）。
   A. 实际费用法   B. 直接法
   C. 比例计算法   D. 网络图分析法

三、多项选择题（共 20 题，每小题 2 分，共 40 分。每小题所设选项中有两个或两个以上正确答案，至少有一个错项。错选，本题不得分；少选，所选的每个选项得 0.5 分。）

1. 工程索赔和处理索赔的依据文件或凭证包括（   ）。
   A. 工程施工合同文件
   B. 国家法律、法规
   C. 国家、部门和地方有关的标准、规费
   D. 工程施工合同履行过程中与索赔事件有关的各种凭证
   E. 工程量清单

2. 在工程决策和设计阶段，造价管理能提高资金利用率和投资控制效率，体现在（   ）。
   A. 通过编制与审核造价文件，了解工程总价的构成，分析资金分配的合理性
   B. 多方案比选为控制工程造价提供良好的前提

C. 可以用价值工程分析功能与成本的匹配程度
D. 为项目立项提供经济资料
E. 通过对投资估算和概算进行分析，可以确定投资控制重点

3. 必须按国家或省级、行业建设主管部门的规定计算，不得作为竞争性费用的是（　　）。
   A. 规费 B. 脚手架工程
   C. 总承包服务费 D. 安全文明施工费
   E. 垂直运输

4. 暂估价是指招标人在招标文件中提供的用于支付必然发生但暂时不能确定价格的（　　）。
   A. 材料的金额 B. 工程设备的金额
   C. 计日工的金额 D. 总承包服务费的金额
   E. 专业工程的金额

5. 下列属于承包人可以索赔利润的是（　　）。
   A. 工程范围的变更引起的索赔
   B. 发包人提供的文件有缺陷或错误引起的索赔
   C. 发包人未能提供施工场地引起的索赔
   D. 发包人违约导致的合同终止引起的索赔
   E. 基准日后法律的变化引起的索赔

6. 工程计价信息管理的基本原则包括（　　）。
   A. 标准化原则 B. 时效性原则
   C. 有效性原则 D. 定性化原则
   E. 高效处理原则

7. 下列属于投标人相互串通投标行为的是（　　）。
   A. 投标人之间协商投标报价等投标文件的实质性内容
   B. 投标人之间约定中标人
   C. 投标人之间约定部分投标人放弃投标或者中标
   D. 属于同一集团、协会、商会等组织成员的投标人按照该组织要求协同投标
   E. 不同投标人委托同一单位或者个人办理投标事宜

8. 承包人应根据办理的竣工结算文件，向发包人提交竣工结算款支付申请。该申请应包括（　　）。
   A. 竣工结算合同价款总额 B. 累计已实际支付的合同价款
   C. 应扣留的质量保证金 D. 实际应支付的竣工结算款金额
   E. 应扣除的预付款金额

9. 完善工程全过程造价服务的主要任务和措施包括（　　）。
   A. 建立健全工程造价全过程管理制度，实现工程项目投资估算、概算与最高投标限价、合同价、结算价政策衔接

B. 完善建设工程价款结算办法，转变结算方式，推行过程结算，简化竣工结算
C. 推行工程全过程造价咨询服务，更加注重工程项目前期和设计的造价确定
D. 充分发挥项目经理的作用，从工程立项、设计、发包、施工到竣工全过程，实现对造价的动态控制
E. 注重工程造价与项目法人责任制、建设监理制度协调，形成制度合力，保障工程造价的合理确定和有效控制

10. 根据现行《建筑法》，下列属于禁止性行为的是（　　）。
    A. 施工企业允许其他单位以本企业的名义承揽工程
    B. 两个以上的建筑施工企业联合承包大型建筑工程
    C. 施工企业承揽超出本企业资质等级许可范围的工程
    D. 总承包单位将其承包工程的主体结构施工任务分包给具有资质的承包商
    E. 分包单位将承包的部分工程分包给具有相应资质的分包单位

11. 《房屋建筑与装饰工程工程量计算规范》中规定的措施项目包括（　　）。
    A. 脚手架工程项目　　　　　　B. 垂直运输项目
    C. 超高施工增加项目　　　　　D. 裱糊工程项目
    E. 施工排水项目

12. 招标人在编制工程量清单时必须做到（　　）。
    A. 统一项目编码　　　　　　　B. 统一项目名称
    C. 统一计量单位　　　　　　　D. 统一工程量计算规则
    E. 统一计价内容

13. 项目可行性研究对工程造价的影响表现为（　　）。
    A. 可行性研究工作是工程造价管理工作开展的必要条件
    B. 可行性研究结论的正确性是工程造价合理性的前提
    C. 可行性研究的内容是决定工程造价的基础
    D. 工程造价的高低、投资多少也影响可行性研究结论
    E. 可行性研究的深度影响投资估算的精度和工程造价的控制效果

14. 项目效益后评价是项目后评价的重要组成部分，具体包括（　　）。
    A. 经济效益后评价　　　　　　B. 环境效益后评价
    C. 社会效益后评价　　　　　　D. 项目可持续性后评价
    E. 过程后评价

15. 与项目建设有关的其他费用中，建设管理费包括（　　）。
    A. 建设单位管理费　　　　　　B. 工程监理费
    C. 研究试验费　　　　　　　　D. 专项评价费
    E. 市政公用设施费

16. 在对工程项目的设计方案进行评价、比选时，应注意的问题是（　　）。
    A. 对工期进行比较　　　　　　B. 对新材料性能的了解
    C. 采用新技术的分析　　　　　D. 质量的比较
    E. 对产品功能的分析评价

17. 建筑业在计算增值税时，可以采用简易计税方法的情况是（   ）。
    A. 小规模纳税人发生应税行为
    B. 一般纳税人发生常规的应税行为
    C. 一般纳税人以包清工方式提供的建筑服务
    D. 一般纳税人为甲供工程提供的建筑服务
    E. 一般纳税人为建筑工程老项目提供的建筑服务

18. 建设工程概算指标的主要作用是（   ）。
    A. 编制概算阶段投标报价的依据
    B. 编制建设项目主要材料计划的参考依据
    C. 基本建设管理部门估算主要材料用量计划的依据
    D. 考核基本建设投资效果的依据
    E. 设计单位编制初步设计概算、选择设计方案的依据

19. 规费项目清单中的社会保险费包括（   ）。
    A. 养老保险费   B. 失业保险费
    C. 安全文明费   D. 工伤保险费
    E. 生育保险费

20. 与项目建设有关的其他费用包括（   ）。
    A. 建设管理费   B. 可行性研究费
    C. 研究试验费   D. 勘察设计费
    E. 拆迁补偿费

四川省 2020 年建设工程造价管理基础知识真题解析

一、判断题（共 20 题，每小题 0.5 分，共 10 分。你认为正确的请选"√"，错误的选"×"。）

1.【答案】√

【解析】本题考查的知识点是第三章中材料费的组成和定义。运输损耗费是指材料在运输装卸过程中不可避免的损耗。

2.【答案】√

【解析】本题考查的知识点是第三章中工程建设各阶段工程造价的控制。估算造价控制设计方案的选择和初步设计概算造价；概算造价控制技术设计和修正概算造价；再用概算造价控制施工图设计和预算造价，用最高投标限价控制投标价等。

3.【答案】×

【解析】本题考查的知识点是第一章中施工图设计文件的审查。任何单位或者个人不得擅自修改审查合格的施工图。确需修改的，凡涉及上述审查内容（安全性、强制性、绿色节能等）的，建设单位应当将修改后的施工图送原审查机构审查。

4.【答案】×

【解析】本题考查的知识点是第六章中工程量清单的构成。工程量清单作为投标文件的组成部分，主要由分部分项工程量清单、措施项目清单、其他项目清单、规费、增值税项目清单组成。

5.【答案】√

【解析】本题考查的知识点是第四章中工程造价指标的测算方法。当工程造价数据的样本数量达到数据采集要求的最少样本数量时，采用数据统计法测算建设工程造价指标。达不到，则用典型工程法。通过下一层级汇总计算上一层级造价指标时，采用汇总计算法。

6.【答案】×

【解析】本题考查的知识点是第四章中工程造价指标数据的真实性。用于测算工程造价指标的实际工程数据是指完成工程造价计价成果的实际工程计价数据，包括建设工程投资估算、设计概算、招标控制价、合同价、竣工结算价。

7.【答案】×

【解析】本题考查的知识点是第一章中招标工作实施中的禁止投标限制。招标人不得以不合理的条件限制、排斥潜在投标人或投标人：（5）限定或者指定特定的专利、商标、品牌、原产地或者供应商。

8.【答案】√

【解析】本题考查的知识点是第二章中 CM 模式特点及相关知识。CM 模式特别适用于实施周期长、工期要求紧迫的大型复杂工程项目。它可缩短建设周期，控制工程质量和造价。

9.【答案】×

【解析】本题考查的知识点是第一章中投标保证金。投标保证金不得超过招标项目估算价的 2%。

10.【答案】×

【解析】本题考查的知识点是第四章中工程造价依据的分类。工程造价依据按用途分类中，第七类为相关的法规和政策：与产业政策、能源政策、环境政策、技术政策和土地等资源利用政策有关的取费标准，属于工程造价的计价依据之一。

11.【答案】√

【解析】本题考查的知识点是第三章中工程造价的含义。工程造价是工程项目在建设期预计或实际支出的建设费用，是指工程项目从投资决策开始到竣工投产所需的建设费用。

12.【答案】×

【解析】本题考查的知识点是第六章中暂列金额和暂估价的含义。暂列金额是招标人在工程量清单中暂定并包括在合同价款中的一笔款项（不一定发生）。暂估价是指总承包招标时不能确定价格而由招标人在招标文件中暂时估定的工程、货物、服务的金额（必然发生）。

13.【答案】√

【解析】本题考查的知识点是第七章成本费用归集与分配。对于材料费，应根据限额领料单、退料单、报损报耗单、大堆材料耗用计算单等计入工程项目成本。工程竣工后的剩余材料，应填写"退料单"，据以办理材料退库手续，同时冲减相关成本核算对象的材料费。

14.【答案】×

【解析】本题考查的知识点是第四章工程定额改革的主要任务。明确工程定额的定位，对于国有资金投资的工程，作为估算、概算、最高投标限价的依据，对其他工程仅供参考。

15.【答案】√

【解析】本题考查的知识点是第四章施工机械台班单价的概念。当采用一般计税方法时，施工机械台班单价和仪器仪表台班单价中的相关子项均需扣除增值税进项税额，如安拆费及场外运费中涉及的材料费等。

16.【答案】√

【解析】本题考查的知识点是第七章成本核算的对象和范围。成本核算对象应严格区分企业经营成本和项目生产成本，以正确反映工程项目可控成本的收、支、结、转的状况和成本管理业绩。

17.【答案】×

【解析】本题考查的知识点是第五章投资估算中关于基本预备费和价差预备费的估算。基本预备费一般是以建设项目的工程费用和工程建设其他费用之和为基础乘以基本预备费率进行计算。

18.【答案】×

【解析】本题考查的知识点是第五章施工图预算的文件组成中编制说明应包含的内容。施工图预算的编制说明中包括编制依据、图纸变更情况、执行定额有关问题的说明。

19.【答案】√

【解析】本题考查的知识点是第三章以设计阶段为重点的建设全过程造价控制。工程造价控制的关键在于施工前的投资决策和设计阶段，作出决策后，控制造价的关键就在于设计。

20.【答案】√

【解析】本题考查的知识点是第六章合同文件的优先顺序。通用合同条款规定，组成合同的各项文件应互相解释，互为说明。

二、单项选择题（共50题，每小题1分，共50分。每小题仅有一个选项是正确的，请选择你认为正确的答案。）

1.【答案】C

【解析】本题考查的知识点是第五章投资估算中关于基本预备费和价差预备费的估算。（8 000 + 4 500 + 3 000）万元 × 0.5 = 775 万元。

2.【答案】A

【解析】本题考查的知识点是第三章建安工程费用中其他项目费的构成。其他项目费包含：暂列金、计日工、总承包服务费。

3.【答案】A

【解析】本题考查的知识点是第三章工程造价的构成中的工程建设其他费用。工程建设其他费包含三类费用：建设用地费、与项目建设有关的其他费用、与未来企业生产经营有关的其他费用。

4.【答案】A

【解析】本题考查的知识点是第三章工程造价构成中的预备费。B、C、D 三个选项均属于基本预备费的费用内容。

5.【答案】B

【解析】本题考查的知识点是第三章工程造价构成中措施项目费的定义。措施费是指为完成工程项目施工，发生于该工程施工前和施工过程中的技术、生活、安全、环境保护等方面的费用。

6.【答案】B

【解析】本题考查的知识点是第六章材料与工程设备的保管与使用。法律规定材料和工程设备使用前必须进行检验或试验的,承包人应按监理人的要求进行检验或试验,检验或试验费用由承包人承担,不合格的不得使用。

7. 【答案】C

【解析】本题考查的知识点是第四章劳动定额中的工人工作时间。其中不可避免的中断时间包含汽车司机等候装货的时间、安装工人等候构件起吊的时间等。A选项和D选项属于辅助工作时间,B选项属于休息时间。

8. 【答案】D

【解析】本题考查的知识点是第一章合同效力中的无效合同。选项A、B、C属于合同无效的情形,选项D属于部分无效,即免责条款(人身伤害和财产损失)无效。

9. 【答案】A

【解析】本题考查的知识点是第二章工程项目管理中BOT模式。BOO即建设—拥有—经营,最终不移交。

10. 【答案】B

【解析】本题考查的知识点是第五章建设项目经济评价的内容。建设项目经济评价包含财务评价和经济效果评价。其中经济效果评价内容包含:经济效果评价的范围和内容、效益和费用识别、影子价格的选取和计算等。选项A属于财务评价的内容。

11. 【答案】C

【解析】本题考查的知识点是第四章工程计价的基本方法中的综合单价。综合单价的组成包括完成工程量清单中一个规定计量单位项目所需的人工费、材料费、施工机具使用费、管理费、利润及一定范围的风险费组成。

12. 【答案】C

【解析】本题考查的知识点是第四章工程造价指数。工程造价指数是一定时期的建设工程造价相对于某一固定时期工程造价的比值,以某一设定值为参照得出的同比例数值。

13. 【答案】D

【解析】本题考查的知识点是第七章中的预付款相关概念。工程预付款额度一般是根据施工工期、建筑安装工作量、主要材料和构件费用占建筑安装工程费的比例及材料储备周期等因素经测算来确定的。

14. 【答案】A

【解析】本题考查的知识点是第三章建设项目总投资中的流动资投资。生产性建设项目总投资包括工程造价(或固定资产投资)和流动资金(或流动资产投资)。

15. 【答案】D

【解析】本题考查的知识点是第一章《建设工程质量管理条例》中的工程质量保修。电气管道、给排水管道、设备安装和装修工程保修期为2年。

16.【答案】A

【解析】本题考查的知识点是第二章PPP模式运作流程。PPP模式运作流程可分为项目识别、项目准备、项目采购、项目执行、项目移交五个阶段。

17.【答案】A

【解析】本题考查的知识点是第六章工程施工招投标阶段造价管理中的不可抗力。不可抗力造成永久工程、运至现场的材料和工程设备损坏，以及因工程损坏造成的第三人人员伤亡和财产损失由发包人承担。

18.【答案】A

【解析】本题考查的知识点是第三章与项目建设有关的其他费中的专项评价费。专项评价费中的节能评估费是指对建设项目的能源利用是否科学合理进行分析评估，并编制节能评估报告以及评估所发生的费用。

19.【答案】B

【解析】本题考查的知识点是第四章劳动定额的编制方法。统计分析法就是根据过去生产同类型产品、零件的实作工时或统计资料，经过整理和分析，并考虑今后企业生产技术组织条件的可能变化来制定定额的方法。

20.【答案】B

【解析】本题考查的知识点是第三章工程建设其他费中的场地准备及临时设施费。选项B错误，场地准备及临时设施应尽量与永久性工程统一考虑。

21.【答案】C

【解析】本题考查的知识点是第六章工程量清单编制中的项目特征内容。涉及正确计量、结构要求、材质要求、安装方式的内容必须描述。有一些项目如取土运距、弃土运距可不详细描述。注明由投标人自定。

22.【答案】C

【解析】本题考查的知识点是第五章建设项目经济评价。经济效果评价，是在合理配置社会资源的前提下，从国家经济整体利益的角度出发，计算项目对国民经济的贡献，分析项目的经济效益、效果和社会影响，评价项目在宏观上的合理性。

23.【答案】C

【解析】本题考查的知识点是第三章中材料费的组成和定义。采购及保管费包含仓储损耗费。

24.【答案】A

【解析】本题考查的知识点是第一章中造价工程师考试科目。造价工程师职业资格考试专业科目分为4个专业类别，即土木建筑工程、交通运输工程、安装工程和水利工程。

25.【答案】D

【解析】本题考查的知识点是第二章中PMC工作内容。按照国际上流行的项目阶段划分方式，工程项目采用EPC总承包模式时可分为项目前期和项目实施两个阶段,项目实施阶段工作内容具体包括:设计管理,协调有关技术条件,完成项目总体中某些部分详细设计,实施采购管理,配合业主进行生产准备、组织试运行和验收,向业主移交项目文件资料。

26.【答案】C

【解析】本题考查的知识点是第三章中设备购置费的相关内容。选项C错误,国产标准设备的原价,在计算时,一般采用带有备件的原价。

27.【答案】C

【解析】本题考查的知识点是第四章中增值税。采用简易计税方法时,建筑业增值税税率以3%计算。

28.【答案】B

【解析】本题考查的知识点是第四章中施工机具台班单价。施工机具台班单价是指一台施工机械在正常运转条件下一个工作班中发生的全部费用,每台班按8 h工作制计算。

29.【答案】B

【解析】本题考查的知识点是第四章中材料单价的概念及组成。300元/t/(1＋0.16)＝258.62元/t,即为材料的不含税价格。

30.【答案】B

【解析】本题考查的知识点是第五章中施工图预算的编制方法。施工图预算的编制可以采用工料单价法和综合单价法。综合单价法是适应市场经济条件的工程量清单计价模式下的施工图预算编制方法。

31.【答案】B

【解析】本题考查的知识点是第六章中合同价格、计量与支付。总价合同是指合同当事人约定以工程量清单及其综合单价进行合同价格计算、调整和确认的建设工程施工合同,在约定范围内合同单价不作调整。

32.【答案】A

【解析】本题考查的知识点是第一章中投标文件的澄清。投标文件中有含义不明的内容,明显文字或计算错误,评标委员会认为需要投标人作出必要澄清、说明的,应当书面通知该投标人。

33.【答案】C

【解析】本题考查的知识点是第六章中投标文件的编制。规费和增值税应该按国家或省级、行业建设主管部门的规定计算,不得作为竞争性费用,社会保险费属于规费。

34.【答案】A

【解析】本题考查的知识点是第六章中工程量清单的编制要求。招标人对招标工程量清单编制的准确性和完整性负责。

35.【答案】A

【解析】本题考查的知识点是第七章中预付款起扣点计算法。
$T = P - M/N = 6\ 800$ 万元 $- 1\ 360$ 万元$/0.65 = 4\ 707.69$ 万元

36. 【答案】D

【解析】本题考查的知识点是第六章中分部分项工程量清单。分部分项工程量清单项目编码的第五级表示的是工程量清单项目名称顺序码。

37. 【答案】A

【解析】本题考查的知识点是第七章成本考核的内容。

企业的项目施工成本降低率 = 项目施工成本降低额/项目合同施工成本 × 100%

38. 【答案】C

【解析】本题考查的知识点是第六章中索赔的相关内容。承包人应在收到索赔报告或有关索赔的进一步证明材料后 28 天内，将索赔处理结果答复发包人。

39. 【答案】B

【解析】本题考查的知识点是第三章中进口设备原价的构成及计算。进口设备的原价是进口设备的抵岸价，即设备抵达买方边境港口或边境车站，交纳完各种手续费、税费后形成的价格。

40. 【答案】A

【解析】本题考查的知识点是第五章中设计概算的编制内容。单位工程概算分为建筑工程概算、设备及安装工程概算。

41. 【答案】D

【解析】本题考查的知识点是第四章中材料单价的计算。

（120 + 20）元/t × （1 + 0.5%） × （1 + 3.5%） = 145.62 元/t

42. 【答案】D

【解析】本题考查的知识点是第一章合同履行中价款或者报酬不明确问题的处理方法。逾期交付标的物，遇价格上涨时，按照原价格执行；价格下降时，按照新价格执行。

43. 【答案】A

【解析】本题考查的知识点是第三章中人工费的组成和定义。人工费包含计时计件工资、奖金、津贴补贴、加班加点工资、特殊情况下支付的工资。

44. 【答案】A

【解析】本题考查的知识点是第三章中工程建设各阶段工程造价的关系。选项 B，合同签订阶段——合同价；选项 C，合同实施阶段——结算价；选项 D，施工图设计阶段——施工图预算。

45. 【答案】A

【解析】本题考查的知识点是第七章中竣工决算的概念。建设项目竣工决算是指项目建设单位根据国家有关规定，为确定建设项目从筹建到竣工验收，实际发生的全部建设费用而编制的财务文件。

46. 【答案】C

【解析】本题考查的知识点是第三章中措施费中安全文明施工费的组成。安全文明施工费包含：环境保护费、文明施工费、安全施工费、临时设施费。

47. 【答案】C

【解析】本题考查的知识点是第四章中材料原价。在确定材料原价时，如果同种材料因来源地或供应单位不同，有几种价格，计算材料原价可采用加权平均法。

48. 【答案】B

【解析】本题考查的知识点是第五章中工程决策和设计阶段造价管理的工作内容。在详细可行性研究阶段，投资估算的误差率在±10%内。

49. 【答案】D

【解析】本题考查的知识点是第四章中人工单价中日工资单价的管理。我国工程造价管理机构发布的最低日工资单价不得低于工程所在地人力资源和社会保障部门发布的最低工资标准的：普工1.3倍，一般技工2倍，高级技工3倍。

50. 【答案】A

【解析】本题考查的知识点是第七章中费用索赔的计算方法。实际费用法又叫分项法，即根据索赔事件所造成的损失或成本增加，按费用项目逐项进行分析，并按合同约定的计价原则计算索赔金额的方法。

三、多项选择题（共20题，每小题2分，共40分。每小题所设选项中有两个或两个以上正确答案，至少有一个错项。错选，本题不得分；少选，所选的每个选项得0.5分。）

1. 【答案】ABCD

【解析】本题考查的知识点是第七章中索赔的依据。索赔的依据包括：①工程施工合同文件；②国家法律、法规；③国家、部门和地方有关的标准、规费；④工程施工合同履行过程中与索赔事件有关的各种凭证。

2. 【答案】ABCE

【解析】本题考查的知识点是第五章中工程决策和设计阶段造价管理的意义。在工程决策和设计阶段，通过编制与审核造价文件，可以了解工程总价的构成，分析资金分配的合理性。在工程决策阶段，进行多方案比选为控制工程造价提供良好的前提；在工程设计阶段，可以用价值工程分析功能与成本的匹配程度。此外，通过对投资估算和概算进行分析，可以确定投资控制重点。

3. 【答案】AD

【解析】本题考查的知识点是不可竞争费。不可竞争费主要包含：安全文明施工费、规费、增值税。

4. 【答案】ABE

【解析】本题考查的知识点是第六章中暂估价的定义。暂估价是指招标人在招标文件中提供的用于支付必然发生但暂时不能确定价格的材料、工程设备的单价及专业工程的金额。

5. 【答案】ABCD

【解析】本题考查的知识点是第七章中工程索赔的结果。选项E只能索赔费用。

6.【答案】ABCE

【解析】本题考查的知识点是第四章中工程计价信息的动态管理。工程计价信息管理的基本原则包含：标准化原则、有效性原则、定量化原则、时效性原则、高效处理原则。

7.【答案】ABCD

【解析】本题考查的知识点是第一章中属于串通投标的情形。选项E，视为投标人相互串通投标，而不是属于。

8.【答案】ABCD

【解析】本题考查的知识点是第七章中竣工结算款的支付。承包人应根据办理的竣工结算文件，向发包人提交竣工结算款支付申请。该申请应包括下列内容：① 竣工结算合同价款总额；② 累计已实际支付的合同价款；③ 应扣留的质量保证金；④ 实际应支付的竣工结算款金额。

9.【答案】ABC

【解析】本题考查的知识点是第三章中完善工程全过程造价服务的主要任务和措施。它包含：
（1）建立健全工程造价全过程管理制度，实现工程项目投资估算、概算与最高投标限价、合同价、结算价政策衔接。
（2）完善建设工程价款结算办法，转变结算方式，推行过程结算，简化竣工结算。
（3）推行工程全过程造价咨询服务，更加注重工程项目前期和设计的造价确定。

10.【答案】ACDE

【解析】本题考查的知识点是第一章中建筑工程发包与承包。禁止施工企业超越本企业资质，或借用资质承揽工程。禁止建筑施工企业允许其他单位使用本企业资质证书、营业执照、以本企业的名义承揽工程。建筑工程的主体结构的施工必须由总承包单位自行完成。禁止分包单位将其承包的工程再分包。

11.【答案】ABCE

【解析】本题考查的知识点是第六章中措施项目清单。选项D属于分部分项工程项目。

12.【答案】ABCD

【解析】本题考查的知识点是第六章中工程量清单的编制要求。招标人在编制工程量清单时必须做到五个统一，即统一项目编码、统一项目名称、统一计量单位、统一工程量计算规则、统一基本格式。

13.【答案】BCDE

【解析】本题考查的知识点是第五章中可行性研究对工程造价的影响。项目可行性研究与工程造价有着密不可分的联系：① 可行性研究结论的正确性是工程造价合理性的前提；② 项目可行性研究的内容是决定工程造价的基础；③ 工程造价的高低、投资多少也影响可行性研究结论；④ 可行性研究的深度影响投资估算的精度和工程造价的控制效果。

14. 【答案】ABCD

    【解析】本题考查的知识点是第二章中项目后评价的内容。项目后评价包含效益后评价和过程后评价。效益后评价包含：经济效益后评价、环境效益后评价、社会效益后评价、项目可持续性后评价。

15. 【答案】AB

    【解析】本题考查的知识点是第三章中建设管理费。建设管理费包括：建设单位管理费、工程监理费。

16. 【答案】ACE

    【解析】本题考查的知识点是第五章中设计方案的评价、比选应注意的问题。这些问题包含：工期的比较、采用新技术分析、对产品功能的分析评价。

17. 【答案】ACDE

    【解析】本题考查的知识点是第四章中增值税的计算。简易计税方法主要适用于以下几种情况：① 小规模纳税人发生应税行为；② 一般纳税人以包清工方式提供的建筑服务；③ 一般纳税人为甲供工程提供的建筑服务；④ 一般纳税人为建筑工程老项目提供的建筑服务。

18. 【答案】CDE

    【解析】本题考查的知识点是第四章中概算指标的主要作用。概算指标的主要作用为：① 是基本建设管理部门编制投资估算和编制基本建设计划，估算主要材料用量计划的依据；② 是设计单位编制初步设计概算、选择设计方案的依据；③ 是考核基本建设投资效果的依据。

19. 【答案】ABDE

    【解析】本题考查的知识点是第六章中规费项目清单列项。规费项目清单中的社会保险费包括：养老保险费、失业保险费、医疗保险费、工伤保险费、生育保险费。

20. 【答案】ABCD

    【解析】本题考查的知识点是第三章中与项目建设有关的其他费的组成。共计10项。选项 E 属于建设用地费中之一的费用，即征地补偿费和拆迁补偿费。

参考文献

[1] 住房和城乡建部标准定额研究所，四川省建设工程造价管理总站. 建设工程工程量清单计价规范：GB 50500—2013[S]. 北京：中国计划出版社，2013.

[2] 四川省建设工程造价管理总站，住房和城乡建部标准定额研究所. 房屋建筑与装饰工程工程量计算规范：GB 50854—2013[S]. 北京：中国计划出版社，2013.

[3] 住房和城乡建部标准定额研究所，四川省建设工程造价管理总站. 通用安装工程工程量计算规范：GB 50856—2103[S]. 北京：中国计划出版社，2013.

[4] 浙江省建设工程造价管理总站，住房和城乡建部标准定额研究所. 市政工程工程量计算规范：GB 50857—2013[S]. 北京：中国计划出版社，2013.

[5] 江苏省建设工程造价管理总站，住房和城乡建部标准定额研究所. 园林绿化工程工程量计算规范：GB 50858—2013[S]. 北京：中国计划出版社，2013.

[6] 住房和城乡建部标准定额研究所. 建筑工程建筑面积计算规范：GB/T 50353—2013[S]. 北京：中国计划出版社，2013.

[7] 住房城乡建设部、交通运输部、水利部. 2019年版全国二级造价工程师职业资格考试大纲[M]. 北京：中国计划出版社，2019.

[8] 全国造价工程师职业资格考试培训教材编审委员会. 建设工程造价管理基础知识[M]. 北京：中国计划出版社，2020.

[9] 全国造价工程师职业资格考试培训教材编审委员会. 建设工程造价管理[M]. 北京：中国计划出版社，2021.

[10] 全国造价工程师职业资格考试培训教材编审委员会. 建设工程计价[M]. 北京：中国计划出版社，2021.